33 €

Autoría DVD

TECNOLOGÍA MULTIMEDIA

TÍTULO ORIGINAL DE LA OBRA:
Desktop DVD Authoring

RESPONSABLE EDITORIAL:
Víctor Manuel Ruiz Calderón
Susana Krahe Pérez-Rubín

DISEÑO DE CUBIERTA:
Cecilia Poza Melero

Autoría DVD

Douglas Dixon
con Jim Matey

ANAYA
MULTIMEDIA

Authorized translation from the English language edition,
entitled Desktop DVD Authoring, 1st Edition by Dixon
published by Pearson Education, Inc, publishing as New Riders Press,

Juan Ignacio Luca de Tena, 15. 28027 Madrid.
Depósito legal: M. 36.586 - 2003
ISBN: 84-415-1578-6
Printed in Spain.
Imprime: Artes Gráficas Guemo, S.L.
Febrero, 32. 28022 Madrid.

A mis padres,
que me ayudaron a iniciar este viaje,
y a mi familia, Connie, Karin y Brian,
que han hecho de esta experiencia algo fascinante

Agradecimientos

Ha sido un verdadero placer trabajar durante todos estos años para industrias multimedia y de PC y escribir sobre ellas, desde los fabricantes de equipamiento de ordenadores y vídeo hasta los desarrolladores de programas de aplicaciones y sistemas. Lo más fascinante de este campo es que la gente habitualmente disfruta de su trabajo, lo cual queda reflejado en los productos. Me gustaría dar las gracias especialmente a todas las empresas con las que he trabajado en la creación de este libro, por su empeño en estar al día en tecnología y desarrollo de productos. Me gustaría destacar a Andy Marken y Tony Jasionowski, de RDVDC, por su apoyo continuo a lo largo del proceso.

Me siento especialmente orgulloso de la ayuda recibida por parte de mi colega y amigo Jim Matey, por su contribución en cuatro capítulos del libro.

También debo dar las gracias al equipo de New Riders Publishing, por su colaboración en la creación de este libro: Jeff Schultz, que me ayudó a concebir el proyecto; Lloyd Black, que lo puso en marcha; Stacia Mellinger y Gina Kanouse, por su perseverancia; y sobre todo, Clint McCarty, que lo dirigió de principio a fin. Mi agradecimiento a Philip De Lancie, Irwin Eberhardt, Bruce Nazarian y Rob Pinninger, por sus sugerencias para la mejora del libro. Gracias a Neil Salkinf y Studio B, por su apoyo en el desarrollo de estas oportunidades.

Me gustaría dar las gracias a Bob Wolenick, Tony Gómez y Mark Shapiro por la continua oportunidad de cubrir estos desarrollos para *Miller Magazines*, y a Rich Rein y Barbara Fox, por la experiencia tan enriquecedora que supuso escribir para *U.S.I Newspaper* en Princeton. Gracias también a Andy van Dam y a mis compatriotas del Computer Science Program de Brown University, por convertir la escritura en una parte natural de la educación tecnológica.

Sobre el autor

Douglas Dixon es tecnólogo y escritor, y durante más de 20 años ha trabajado para "Video Valley" de Princeton, Nueva Jersey, siempre en el punto donde convergen las aplicaciones de vídeo avanzadas para uso doméstico y los ordenadores personales. Recientemente ha publicado *How to Use Adobe Premiere 6.5* y escribe de forma regular sobre tecnología y comercio para la revista *Camcorder and Computer Video*, así como para *U.S. I Newspaper*, de Princeton.

Como jefe tecnológico de Sarnoff Corp. y, anteriormente como jefe de producto de software de Intel Corp., Doug ha adquirido una gran experiencia en el desarrollo de tecnología multimedia y Web para productos de uso doméstico.

En su faceta de escritor tecnológico, Doug colabora como editor en las revistas *Camcorder and Computer Video* y *Digital Photographer*, donde se encarga de las tecnologías y herramientas relacionadas con la edición en vídeo y los medios emergentes: de DV a DVD, de escritorio y manuales, de uso doméstico y profesional.

Doug ha publicado artículos técnicos relacionados con sus proyectos en medios como *ACM, IEEE* o *Computer Graphics World*. También se dedica a otras actividades profesionales: ha compartido sus conocimientos en encuentros locales, regionales y nacionales, tanto con grupos reducidos de usuarios como en eventos de mayor repercusión como PC Expo, Comdex y ACM SIGGRAPH Conference.

A pesar de escribir sobre las nuevas y más avanzadas tecnologías, el objetivo de Doug es conseguir que la tecnología sea algo comprensible y útil para todo el mundo.

Para obtener más información sobre estos temas, visite su sitio Web Manifest Technology en `www.manifest-tech.com`.

Sobre el colaborador

Jim Matey es miembro sénior del Departamento técnico de Sarnoff Corporation (Princeton, Nueva Jersey) y profesor adjunto de la Rider University de Lawrenceville, Nueva Jersey. Está licenciado en Ciencias por la Carnegie-Mellon University, ostenta un máster en Ciencias y está doctorado por la University of Illinois.

El Dr. Matey lleva programando y creando ordenadores y sistemas computerizados desde finales de los años 60, y ha participado en el desarrollo de equipamientos electrónicos para uso doméstico en Sarnoff, así como en el desarrollo de sistemas de procesamiento de imágenes y vídeo, tanto para clientes comerciales como gubernamentales.

Jim ha trabajado como editor de la revista *Computers in Physics*, ha presidido el Instrumentation and Measurement Science Topical Group para la AIP (*American Institute of Physics*), ha dirigido varios departamentos de la división de la ACM (*Association for Computing Machinery*), de Princeton, y es miembro de la *American Physical Society*, así como miembro sénior de la IEEE (*Institute of Electrical and Electronic Engineers*). Es responsable de 15 patentes en los EE.UU. y ha publicado más de 50 trabajos.

Sobre los revisores técnicos

Estos asesores han aportado toda su valiosa experiencia al proceso de desarrollo de *Autoría de DVD*. A medida que el libro se escribía, estos dedicados profesionales se encargaban de revisar todo el material relacionado con los contenidos técnicos, la organización y la fluidez. Su contribución ha sido fundamental para garantizar que *Autoría DVD* responda a la necesidad de nuestros lectores de obtener información técnica de alta calidad.

Philip de Lancie es escritor *freelance* y se dedica al desarrollo tecnológico y de mercado para los profesionales de la producción en campos como el vídeo, películas, audio, multimedia interactiva e Internet. Ha publicado numerosos trabajos sobre temas como el DVD, el sonido *surround*, los medios emergentes y el vídeo de alta definición. Desde 1985, De Lancie publica artículos de forma regular en *Mix*, de la que es editor de nuevas tecnologías. También colabora como escritor en *Millimeter* y en otras revistas, entre las que destacan *Emedia*, *Video Systems*, *NetMedia* y *Digital Video (DV)*. Sus trabajos se han publicado en *NewMedia*, *Post*, *Electronic Musician* y *WEBTechniques*. Los artículos de De Lancie están estrechamente relacionados con su experiencia profesional como ingeniero de sonido, de la que cabe resaltar 13 años dedicados a la premasterización de CD y la producción multimedia para la Web y CD-ROM.

Bruce Nazarian es Apple Solutions Expert, reputado asesor en DVD, técnico de formación de DVD certificado por la fábrica para Sonic Solutions y aclamado productor de DVD. Además, es miembro de la DVD Association (*Americas Advisory Board*), en la que forma parte del Training and Careers Working Group. Bruce está especializado en la producción de medios digitales para vídeo, emisiones, DVD y la Web. Bruce es propietario de Gnome Digital Media, una reconocida empresa de producción de DVD ubicada en Burbank, California. Es el creador de la DVD Companion para Macintosh, así como de los conocidos productos Pro-Pack. Puede visitar su sitio Web DVD en `www.recipe4DVD.com` para obtener más información sobre cómo crear DVD de una forma más sencilla.

Irwin Eberhart ha aportado sus amplios conocimientos a la industria de las comunicaciones de forma continua y desde distintas perspectivas. Mientras estudiaba producción de programas en la Columbia College de Chicago, colaboró en la promoción de un sello musical de Chicago llamado "House Music". Bajo el nombre artístico de Chip E., produjo y grabó numerosos clásicos del género "House Music". Algunos de sus temas, como por ejemplo "Like This", "Godfather of House Music" y "If You Only Knew" consiguieron un gran éxito en muchas ciudades de EE.UU. y también en Europa, donde llevó a cabo muchas apariciones. Irwin siempre ha estado especialmente interesado en la tecnología, y por esta razón se convirtió en uno de los responsables clave de la industria en Internet, donde dirigió grupos de desarrollo de la Web para diversas corporaciones de comunicaciones líderes en el sector. A medida que el vídeo digital ha ido ganando protagonismo dentro de la industria, Irwin se ha convertido en una especie de gurú del cine, el vídeo y el DVD. Ha compartido sus conocimientos sobre la tecnología DVD en eventos como MacWorld Expo, imparte edición de vídeo y creación en DVD en la Mac University de Chicago y es autor de cientos de DVD para diversos clientes. En la actualidad está produciendo su primera película, un documental sobre la inmersión del estilo "House Music", en el que hace protagonistas a los sospechosos no habituales y a los héroes silenciosos que contribuyeron de forma esencial a este estilo musical. Obviamente, este documental se distribuirá en DVD.

Rob Pinniger, tras abandonar el Corpus Christi College de Oxford en 1994, enseguida empezó a involucrarse en los nuevos medios, y desde entonces ha ocupado diversos puestos ejecutivos en instalaciones de posproducción, empresas de nuevos medios y estudios de grabación de Londres. Además, ha trabajado como asesor *freelance* y como productor musical, y es autor de varios cursos de formación para una serie de importantes paquetes de software. Rob ha creado algunos de los primeros DVD aparecidos en el Reino Unido y, recientemente, ha superado su proyecto número trescientos en DVD. En la actualidad, es director técnico de Abbey Road Interactive, la nueva división de los afamados estudios de grabación EMI. En este puesto ha estado inmerso en la creación de reconocidos sitios Web y DVD para diversos clientes nacionales e internacionales. Para más información, visite `www.abbeyroadinteractive.com`.

Índice

DVD-R

Introducción

Este libro acerca el mundo del DVD a su ordenador (para la reproducción de películas, el almacenamiento de datos y la producción de vídeo). Ya sea para presentaciones comerciales o acontecimientos familiares, el nuevo soporte de DVD ofrece una nueva y espectacular forma de crear y distribuir material de vídeo como presentaciones interactivas de alta calidad.

Del mismo modo que en la pasada década se extendió la utilización del CD para la creación de música personalizada, los DVD están cada vez más disponibles para la creación de vídeo en el ordenador.

Con una unidad de DVD-ROM en el ordenador, es posible visualizar películas en DVD y encontrar todas las características especiales que contiene. Con una unidad de grabación de DVD, es posible utilizar el DVD como si se tratase de un CD más rápido y de mayor volumen con el fin de almacenar una mayor cantidad de datos y archivos. Pero por encima de todo, ya es posible realizar producciones de vídeo en DVD.

Gracias a este libro será muy sencillo crear y compartir producciones de gran nivel en DVD, e incluso en CD, con imágenes y sonido real de la más alta calidad, así como menús de estilo profesional. De hecho, los discos de DVD que cree en el ordenador podrán reproducirse en prácticamente cualquier lugar, no sólo en unidades de DVD de ordenadores, sino además en reproductores DVD de uso doméstico.

Sin embargo, ¿qué se puede decir de los diferentes formatos de DVD que existen? ¿Qué son todos estos productos relacionados con el DVD: domésticos y de ordenador, reproductores y grabadoras? ¿Cómo puede ajustarse el DVD a las necesidades de cada persona? Este libro dará respuesta a estas preguntas explicando todos los aspectos relacionados con el DVD: discos y formatos, productos domésticos y para ordenadores, sistemas computerizados y periféricos, para la reproducción y para la grabación tanto en Windows como en Macintosh.

Este libro ofrece un amplio enfoque ya que las respuestas relacionadas con el DVD son complejas. Este libro muestra todas las posibilidades para la creación de DVD en el ordenador, ya sea para pasar cintas de vídeo a DVD de la forma más rápida y sencilla posible o para diseñar sus propias presentaciones interactivas.

Autoría DVD presenta una gran variedad de herramientas para la creación en DVD para Windows y Macintosh, desde aplicaciones personales hasta herramientas más profesionales. Se encarga de explicar las diferentes clases de herramientas y muestra cómo utilizarlas paso a paso, haciendo hincapié en las diferencias y las características especiales. El Apéndice D, al final del libro, ofrece un resumen visual de muchas de las herramientas disponibles para la creación y edición en DVD.

Además, es posible poner a prueba las aplicaciones de software incluidas en el libro y trabajar con ayuda del mismo descargando las versiones de prueba de estos productos en los sitios Web de las empresas que se enumeran en el Apéndice B.

De CD a DVD

El motivo del gran interés que suscitó el CD para el audio digital radica en la pasión por la música, pero fue la tecnología, los estándares y los precios cada vez más bajos los que hicieron que esto fuera posible. A medida que los ordenadores han ido evolucionando y las unidades de reproducción de CD-ROM han pasado a formar parte del equipamiento estándar, se ha hecho realidad la posibilidad de grabar o pasar música de un CD al disco duro. Gracias a que la capacidad del disco duro es cada vez mayor y debido a la estandarización del formato de compresión de audio MP3 para reducir el tamaño de los archivos, lo más razonable es almacenar las colecciones musicales en el disco para su óptima reproducción. No obstante, el paso más importante ha sido la creciente disponibilidad de unidades de CD-R/RW y la reducción general de los precios de los CD por debajo de 1 €, haciendo posible que todo el mundo cree sus propias mezclas de música para uso particular.

En la actualidad, se repite la historia con el DVD y el vídeo digital. Durante los dos primeros años del recién estrenado milenio, las unidades de DVD-ROM han pasado a formar parte del equipamiento habitual de los ordenadores personales; además, el rendimiento de los procesadores se ha incrementado de tal forma que es posible reproducir películas en DVD con una completa resolución de pantalla, la más alta velocidad y un sonido *surround*. Asimismo, el crecimiento de las videocámaras digitales DV y la adopción de la interfaz FireWire/IEEE 1394 han acercado la reproducción del vídeo digital de alta calidad a los ordenadores, lo que permite capturar, editar y grabar vídeo sin problema alguno.

Esto nos lleva al último elemento: la grabación en DVD. Al igual que sucede con los CD, las unidades de grabación de DVD y los elementos grabables son los responsables de la reducción de precios y del aumento del volumen de producción. El año 2001 fue testigo de la introducción de sistemas informáticos integrados y de unidades de grabación externas de DVD, así como de elementos de DVD a bajo coste para fines generales, todo ello acompañado por una amplia gama de herramientas para la creación en DVD. Y puesto que el precio de las grabadoras DVD está por debajo de los 500 € y los discos de DVD cuestan aproximadamente 1 €, se han conseguido derribar las últimas barreras económicas del DVD.

¿A quién va dirigido este libro?

Autoría DVD va dirigido a todas aquellas personas con cierta experiencia que estén interesadas en trabajar con vídeo en ordenadores (especialmente vídeo digital) y les atraigan las posibilidades que ofrece el DVD para la creación, difusión y almacenamiento de material de vídeo. También a aquellas personas que estén, de alguna forma, familiarizadas con herramientas de edición de fotografías, audio y vídeo, así como con la reproducción y creación de CD, y que ahora deseen explorar la creación en DVD.

Aquellas personas que no tengan mucha experiencia en el uso del vídeo en ordenadores pueden utilizar este libro para aprender a utilizar las herramientas de DVD "automatizadas", con el fin de pasar material en vídeo a DVD sin mayores complicaciones e incluir, además, rótulos y fondos dignos de un profesional. En caso de no contar con una unidad de grabación de DVD, es posible utilizar este libro para crear y difundir producción de DVD en CD.

Para los que quieran realizar producciones interactivas, este libro muestra cómo utilizar las herramientas personales de creación en DVD, cómo agrupar los clips en menús y cómo obtener unos menús y una navegación personalizados.

Con el fin de llevar a cabo producciones más complejas, este libro muestra herramientas profesionales de creación en DVD con características avanzadas de DVD, como por ejemplo pistas múltiples de vídeo, audio y subtitulación.

Gracias a este libro, es posible entender todas las opciones para el DVD y elegir las soluciones que mejor se ajusten a las necesidades de cada uno. Si una herramienta personal más sencilla resulta idónea para lo que se quiere hacer, basta con utilizarla rápidamente y sin coste alguno. En el caso de necesitar elementos de una herramienta más profesional, puede resultar útil hacer uso de una herramienta algo más automatizada para transferir rápidamente material audiovisual sin mayor esfuerzo.

Cómo utilizar este libro

Este libro está organizado en seis partes, y abarca productos y formatos de DVD para uso doméstico, DVD en ordenadores y tres partes sobre herramientas de creación en DVD: automatizadas, personales y profesionales. (La parte final consiste en una serie de referencias de uso.) Las versiones de prueba de muchas de las aplicaciones de software utilizadas en este libro pueden descargarse. Visite el sitio Web del autor en `www.manifest-tech.com`.

Para empezar, el capítulo 1 ofrece un rápido resumen de los diferentes aspectos relacionados con el DVD; el capítulo 2 repasa el uso de los reproductores DVD de uso doméstico para visualizar películas y escuchar música. En la segunda mitad de la Parte I se puede encontrar información sobre cómo grabar en DVD productos de uso doméstico tanto en Macintosh como en Windows.

En la Parte II se enseña cómo reproducir películas DVD en el ordenador, así como explorar la forma en que están organizados los DVD durante su creación.

Las Partes III, IV y V están dedicadas a la creación en DVD. Al entender los diferentes tipos de herramientas y explorar cómo están diseñadas, se puede decidir cuáles son las más idóneas para cada caso. Si trabaja con el libro, podrá crear sus primeras producciones en DVD o utilizar una herramienta más avanzada para crear diseños en DVD más personalizados.

La Parte I presenta todas las dimensiones que abarca el DVD, puesto que su diseño tuvo como principal objetivo ofrecer un medio convergente que permitiera a las películas de Hollywood el almacenaje informático de datos. Esta parte del libro se encarga de explorar los formatos DVD para los distintos contenidos, imágenes y sonido, así como los formatos de disco que hay en el mercado para la grabación. A continuación, trata cómo esta amplia variedad de aplicaciones y formatos de DVD se utiliza tanto en productos de uso doméstico como para ordenador.

La Parte II muestra la forma de sacar el mayor provecho a la unidad de DVD-ROM del ordenador para la reproducción de películas en DVD con ayuda del software de reproducción de DVD de Macintosh y Windows. El ordenador ofrece muchas más posibilidades que el reproductor de DVD de uso doméstico, lo cual permite conocer y comprender los contenidos de una película en DVD con el fin de encontrar las características especiales "ocultas" que contiene el disco. Esta parte también se encarga de analizar las películas DVD de la Web, tanto con aplicaciones de Internet y del ordenador.

La Parte III muestra cómo empezar a crear sencillas producciones en DVD y, a continuación, grabarlas en una unidad de grabación de DVD o CD. Es una guía detallada de cómo seleccionar una serie de clips o incluso grabar directamente desde una cinta, generar menús en DVD con iconos de los clips y grabarlo todo ello en un disco. Estas herramientas son rápidas y sencillas: sólo hay que elegir los clips, grabarlos y reproducirlos.

La Parte IV presenta las herramientas de DVD que ofrecen una mayor flexibilidad a la hora de personalizar el diseño de una producción. Muestra cómo utilizar estas herramientas para importar clips, mostrar menús, unir menús y clips, cambiar el diseño gráfico y crear una grabación en DVD. Estas aplicaciones dan por hecho que se ha editado con anterioridad el contenido de vídeo (ya sea una producción larga o una serie de clips) para dar el último paso y diseñar una producción en DVD para dicho contenido.

La Parte V muestra todo el potencial del DVD presentando las herramientas de creación más avanzadas. Estas aplicaciones permiten crear pistas múltiples de vídeo, audio y subtitulación, ofrecen un control preciso sobre los efectos gráficos interactivos y proporcionan acceso a la escritura y programación del DVD. También incluyen otras características avanzadas del DVD, como por ejemplo codificación, código de región, pantalla ancha y sonido Dolby Digital.

Por último, el Apéndice A ofrece un resumen técnico de los formatos DVD para contenidos y discos.

El Apéndice B incluye una lista de referencias y enlaces Web en los que obtener más información, entre los que destacan productos de software y hardware e información de DVD.

El Apéndice C consiste en un extenso glosario de términos y conceptos que se utilizan en la creación de DVD y en la edición de vídeo y audio.

El Apéndice D es una galería de software para creación en DVD que presenta un resumen visual de éstas y otras herramientas para la creación de DVD y la edición de vídeo.

Parte I

Entender el DVD: Uso doméstico y en el ordenador

DVD-R

1. Explicación del DVD

Antes de adentrarnos en la creación en DVD, es necesario entender las diferentes perspectivas del mismo. En cuanto a los formatos, el DVD engloba tanto formatos de soportes físicos para discos ópticos como formatos de archivos lógicos para el almacenamiento de datos, música y películas. En cuanto a los productos, los reproductores y grabadoras DVD están disponibles como productos electrónicos de uso doméstico y como unidades de disco para el ordenador.

El capítulo 1 ofrece un amplio repaso de las diversas dimensiones del DVD: por qué fue creado, los formatos de disco, los productos de uso doméstico, el hardware y el software.

El capítulo 2 describe cómo conectar un reproductor DVD. Presenta el formato DVD-Video para la reproducción de películas y analiza los formatos similares, como el DVD-Audio y el Video CD. Asimismo, explora las posibilidades que ofrecen los reproductores DVD de uso doméstico y describe la navegación de películas en DVD.

El capítulo 3 introduce las grabadoras DVD de uso doméstico, incluidos los reproductores de vídeo con DVD y las videocámaras digitales que graban en mini-discos DVD. Además, muestra tres ejemplos de productos actuales de grabación para DVD-RW, DVD+RW y DVD-RAM.

El capítulo 4 se encarga de explicar OS X en Macintosh. Apple proporciona sistemas completamente integrados, entre los que destacan una unidad de DVD integrada y el soporte de software integrado para el acceso, reproducción y creación de DVD.

El capítulo 5 está dedicado a Windows XP en el PC. Como ocurre siempre, hay mucho más material relacionado con los sistemas PC, pues hay muchos fabricantes que ofrecen gran cantidad de PC integrados, una amplia variedad de unidades complementarias y muchas opciones para herramientas de software con todo tipo de características.

Por lo tanto, ¿qué es el DVD y por qué resulta tan interesante para los usuarios informáticos?

Las letras de la palabra DVD significan *Digital Versatile Disc* o *Digital Video Disc*, donde *versatile* resume perfectamente la naturaleza del DVD. Un DVD es un formato de disco óptico que fue diseñado como medio "convergente" que unía al ordenador con el usuario, y el almacenamiento de datos con la reproducción multimedia. El DVD satisface las necesidades de Hollywood en relación con la informática, desde la industria del entretenimiento, pasando por la industria electrónica de uso doméstico, hasta los fabricantes de ordenadores, y desde el uso doméstico hasta los negocios.

El DVD ha sobrevivido a la promesa inicial, pues primero se convirtió en un gran éxito para la reproducción de películas y ahora se adentra en el mundo de los ordenadores personales.

Este capítulo ofrece un repaso de las distintas dimensiones del DVD y de cómo se está convirtiendo en una herramienta útil y económica para el almacenamiento de vídeo y datos.

En primer lugar analizaremos los motivos del formato DVD y cómo se ha explotado como producto de uso doméstico.

Seguidamente, explicaremos los diferentes formatos DVD de uso doméstico y los productos para la reproducción de películas e, incluso, para la grabación de vídeo.

Además, trataremos el desarrollo del DVD en el ordenador, incluyendo formatos de grabación, unidades de creación de DVD y herramientas de creación.

El DVD ha supuesto un éxito arrollador como producto de uso doméstico para la reproducción de películas. En la actualidad, todos esos elementos ya están disponibles para el DVD en el ordenador, algo en lo que han influido enormemente los precios cada vez más bajos del hardware y la amplia variedad de herramientas de creación.

El apéndice A ofrece un análisis más detallado sobre los aspectos técnicos de los formatos DVD.

Las dimensiones del DVD

El DVD abarca diversas dimensiones: como concepto, como disco, como base de una nueva categoría de productos de uso doméstico y como una nueva e interesante posibilidad para el vídeo digital en los ordenadores (véase tabla 1.1).

Tabla 1.1. *Las diferentes facetas del DVD.*

	Formato de disco	Disco óptico DVD
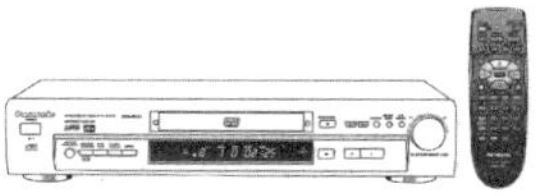	Producto de uso doméstico	Reproductores y grabadoras DVD de uso doméstico
	Formato de datos para ordenador	Unidades de DVD para ordenadores
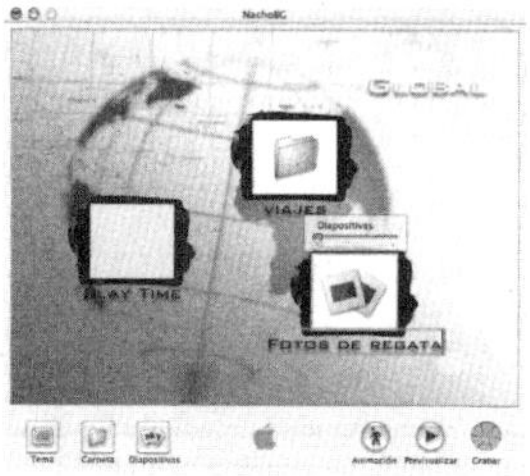	Vídeo digital en el ordenador	Herramientas de creación en DVD

El DVD es muchas cosas, y su alcance se está expandiendo:
En primer lugar, el DVD es un formato de disco óptico.

- El DVD es el paso que sigue al CD, utiliza un disco del mismo tamaño para proporcionar un formato mejor y de mayor capacidad. El formato de disco DVD no sólo puede almacenar siete veces más datos en un disco del mismo tamaño, sino que, además, sirve para todo, desde datos hasta audio o vídeo.

El formato DVD es la base para una gran cantidad de productos electrónicos de uso doméstico.

- Los productos electrónicos de uso doméstico derivados del DVD van desde reproductores de películas DVD (que ofrecen una imagen de alta calidad y sonido *surround*) hasta grabadoras de vídeo digital que graban a discos DVD digitales borrables, e incluso videocámaras digitales que graban en mini-discos DVD.

El DVD también es un formato de datos para ordenadores.

- El DVD ofrece 4.7 billones de bytes de almacenamiento borrable (y más) con velocidades de lectura y escritura muy superiores a las del CD. Puesto que hay productos, como por ejemplo enciclopedias multimedia, que no caben en un solo CD, la gran capacidad que permite el DVD es cada vez más importante para la distribución y protección de los archivos.

Por último, el DVD responde a las expectativas para los medios digitales en el ordenador.

- Con una amplia variedad de *burners* de hardware DVD y herramientas de creación y software asequibles, todos estos elementos hacen que el DVD sea la última pieza del rompecabezas del vídeo digital para ordenadores. En la actualidad, está al alcance de todos los usuarios, desde profesionales de los negocios hasta aficionados al procesamiento de vídeo digital directamente de una videocámara hasta el DVD del ordenador. Se puede capturar vídeo de alta calidad de una videocámara en el ordenador, editarlo con herramientas sin coste, crear videoclips para producciones DVD de aspecto profesional e incluir en ellos menús interactivos y, por último, pasar estas producciones a discos DVD con toda la calidad del vídeo y el audio digital.

Los orígenes del DVD: Soportes convergentes

El formato DVD ha sido impulsado principalmente por el DVD Forum (`www.dvdforum.com`), que es un consorcio industrial de fabricantes de hardware, firmas de software y otros usuarios de formatos DVD, en el que participan un total de 230 empresas. En colaboración con Hollywood y organizaciones industriales informáticas, el DVD Forum desarrolló los estándares iniciales para el formato de vídeo digital (DVD-Vídeo) para las películas y el formato DVD-ROM para el almacenamiento de datos informáticos (véase tabla 1.2).

Hollywood necesitaba que sus películas pudieran visualizarse de forma óptima, con sonido *surround* multicanal y con ayuda de tecnología de protección de contenidos para evitar las copias piratas.

Las necesidades de la industria informática estaban dirigidas a lograr soluciones para el almacenamiento y la grabación de datos, compatibles tanto con los datos como con el vídeo.

Los formatos DVD disponibles en la actualidad han satisfecho en gran medida estas necesidades, aunque, como veremos, todavía hay mucha confusión sobre los formatos para las diferentes aplicaciones.

Tabla 1.2. *La industria de Hollywood y la industria informática necesitan el DVD como medio convergente.*

Necesidades de Hollywood
Imagen de alta calidad, superior al *laser disc*
Sonido de alta calidad en canal 5.1
135 minutos (más de 2 horas) para la grabación
Posibilidad de tener de 3 a 5 idiomas y subtítulos
Diferentes formatos de imagen
Protección anti-copia
Elemento de protección para padres
Unidades y soportes de bajo coste

Necesidades de la industria informática
Formato unificado para AV y PC
Compatibilidad con lectura de CD inversa
Compatibilidad de una escritura (WORM) y regrabación
Único sistema de archivos para todos los tipos de discos y contenidos
Acceso aleatorio, alta seguridad
Sin cápsula obligatoria
Alta capacidad online
Alto rendimiento para datos secuenciales y no secuenciales
Futura capacidad de expansión
Bajo coste

Logotipos utilizados con permiso de DVD Format/Logo Licensing Corporation.

El éxito del DVD como producto de uso doméstico

En los últimos años, el mercado ha juzgado de manera convincente la forma en que se han logrado estos objetivos para el DVD. La Consumer Electronics Association (CEA) ha declarado que el DVD es "el producto electrónico de uso doméstico más vendido de todos los tiempos" y, en septiembre de 2001, las ventas de unidades de DVD superaron por primera vez a las del reproductor de vídeo (véase figura 1.1).

En comparación a las cintas de vídeo VHS, las películas en discos DVD resultan excelentes para los consumidores por muchas razones. El DVD ofrece mayor calidad que el VHS, por supuesto, con una imagen de mayor resolución y un aspecto más nítido, un sonido *surround* multicanal con mayor velocidad de muestreo y más bits por muestra. Además, el DVD ofrece un acceso interactivo, sin necesidad de rebobinar o adelantar, como ocurre con una cinta, de forma que se puede ir directamente a un capítulo o saltar la película para volver a ver una parte en concreto.

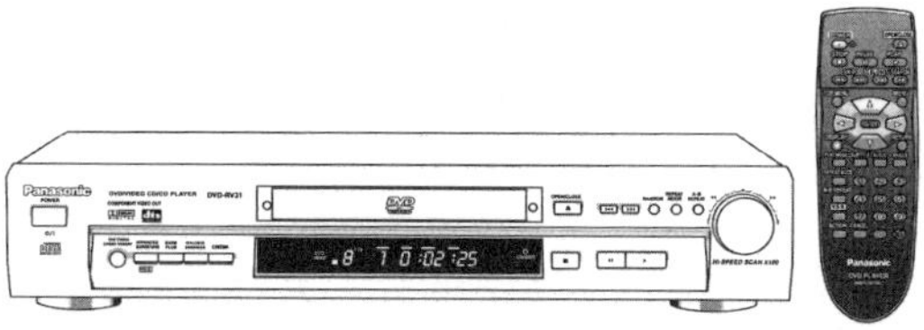

Figura 1.1. *Los reproductores DVD como este Panasonic DVD-RV31S DVD/Vídeo CD/CD se han convertido en el producto electrónico de uso doméstico más vendido de todos los tiempos.*

Otra ventaja destacable del DVD sobre las cintas de vídeo es que los discos pueden reproducirse una y otra vez sin que esto afecte a la calidad. Como bien saben los padres con hijos pequeños, a estos últimos les encanta ver sus películas favoritas repetidamente, pero la reproducción continua de una cinta acaba por dañarla. Las cintas de vídeo se gastan a medida que el cabezal gira sobre la superficie de la cinta. El tiempo y el uso continuo hacen que la calidad de la señal de vídeo sea cada vez peor y, finalmente, provocan la aparición de cortes. Con los discos ópticos como el DVD, no hay contacto físico. Se utiliza la luz de un láser para "leer" las marcas de la superficie del disco y extraer así la información digital. De esta forma, la información no se borra y la calidad digital es exactamente la misma cada vez que se realiza esta lectura. Asimismo, las cintas de vídeo van degradándose porque las partículas metálicas estropean la cinta, por lo que las cintas de vídeo pueden quedar inutilizables en un período de aproximadamente 15 años, dependiendo del cuidado con el que se guarden. Por el contrario, se prevé que los diferentes formatos de discos CD y DVD duren más de 25 años, pudiendo llegar a durar hasta 100 años.

Al mismo tiempo, el formato DVD digital se ajusta perfectamente a tendencias similares, como la adopción de videocámaras digitales (DV) y el crecimiento de grabaciones en CD en ordenadores personales. El DV proporciona una entrada de vídeo de alta calidad, lo que permite que los sistemas informáticos se conviertan en una especie de terminales de trabajo en vídeo. Por otra parte, el DVD llega más lejos que los CD, porque ofrece la posibilidad de grabar producciones de vídeo a un disco borrable, el cual puede reproducirse tanto en equipos de uso doméstico como informáticos.

Películas en DVD de uso doméstico: DVD-Video

Los primeros productos DVD de uso doméstico fueron reproductores de vídeo DVD: unidades que reproducen películas en DVD en el televisor. Estos productos se basan en el formato DVD-Video, que se diseñó específicamente para visualizar películas de Hollywood que duraban más de dos horas, con sonido e imagen de alta calidad (véase tabla 1.3).

Tabla 1.3. *Características del formato DVD-Video para películas.*

DVD VIDEO™

Vídeo y audio digital de alta calidad
Vídeo MPEG-2
Sonido *surround* Dolby Digital (AC-3)
Navegación interactiva
Menús, capítulos, distribución perfecta
Pistas alternativas
Ángulos de visión alternativos
Múltiples pistas de audio para los idiomas
Pistas de Subtítulos
Protección de contenidos
Control para adultos
Código de zona
Macrovisión analógica y codificación CSS

Logotipos utilizados con permiso de DVD Format/Logo Licensing Corporation.

Además de vídeo y sonido digital de alta calidad y los menús interactivos, el formato DVD-Video ofrece características avanzadas para mejorar el visionado con múltiples pistas de vídeo, audio y subtítulos.

Por ejemplo, gracias a las múltiples pistas de vídeo es posible ver una actuación musical y elegir entre diferentes ángulos de cámara para poder ver a los intérpretes y sus instrumentos.

Con las múltiples pistas de audio es posible ver la misma película doblada en diferentes idiomas o escuchar los comentarios del director sobre el proceso de creación de la película.

Mediante la combinación de múltiples pistas de audio y subtítulos, cualquiera puede poner a prueba sus conocimientos de idiomas viendo una película doblada en un idioma con sus correspondientes subtítulos en el mismo idioma o en otro. También se puede utilizar una película como karaoke, escuchando la música mientras se leen los subtítulos y se canta la letra.

Al igual que los CD de audio, las películas DVD-Video están masterizadas; es decir, los contenidos del disco se diseñan y se crean en la productora, y la imagen final del disco se envía a unas instalaciones para que se fabrique en serie. A diferencia de las cintas de vídeo, que hay que grabar de principio a fin, los discos CD y DVD pueden producirse directamente en la fábrica, lo que sin duda reduce los costes de producción.

La definición del formato DVD-Video incluye tanto la estructura física del disco (cómo se almacena la información en él), como la organización lógica del material audiovisual y la información incluida en el disco. Un reproductor DVD de uso doméstico o una aplicación de software para la reproducción de DVD en un ordenador pueden leer de forma individual los datos del disco DVD, buscar dentro de la estructura del archivo del disco para encontrar los menús, ir directamente a los capítulos y reproducir las salidas de audio y vídeo del disco.

En primer lugar, las películas se pasan a DVD digitalizando las imágenes de las películas y los canales asociados de sonido a formato digital. A continuación, los datos digitales se comprimen, normalmente en formato de vídeo MPEG-2 y Dolby Digital (AC-3) o en formato lineal de audio PCM. Posteriormente, la película se crea en formato DVD añadiendo pistas alternativas y subtítulos. Seguidamente se integra la estructura de navegación por la película con capítulos, menús y enlaces. Por último, se combina en la imagen final del DVD todo el material, los contenidos y la navegación, es decir, la información exacta que va a escribirse en el DVD. Con el fin de hacer copias sencillas de un DVD, la imagen del disco puede grabarse en el DVD mediante el uso de una unidad de grabación DVD.

DVD de uso doméstico en CD: Video CD/SVCD

Aunque en los Estados Unidos se cree que el DVD es el formato de disco para vídeo, el formato CD también se utiliza para material premasterizado (especialmente discos CD de audio), y no hay nada que impida la distribución de vídeo en CD. De hecho, los formatos Video CD (VCD) y Super Video CD (SVCD) han logrado mucha popularidad, en especial en Asia, porque es un medio barato para la distribución de cortos, como vídeos musicales, e incluso largometrajes (véase tabla 1.4). En la actualidad, muchos reproductores DVD de uso doméstico y casi todas las aplicaciones de software para la reproducción de DVD también son compatibles con el formato VCD, y en ocasiones también con el formato SVCD.

El VCD hace uso del formato de compresión MPEG-1, y tiene una resolución de vídeo menor que el DVD, aunque puede albergar en un CD hasta 74 minutos de vídeo con calidad VHS. El SVCD es más reciente, y utiliza el mismo formato de compresión MPEG-2 que el DVD, pero con una resolución menor. Puede albergar en un CD hasta 35 minutos de material con calidad muy similar a la del DVD. El SVCD, además, es compatible con la navegación por menús interactivos, al igual que el DVD. Para obtener más información sobre el VCD y el SVCD, visite la página Web de VCD Help en `www.vcdhelp.com`.

La otra razón para que el DVD incluya sus contenidos en discos CD es simple: producciones en DVD lo bastante breves para caber en un CD (aproximadamente 18 minutos con una calidad razonable). Estos discos, normalmente, no son compatibles con los reproductores DVD de uso doméstico, pero sí pueden reproducirse en un ordenador que cuente con un software para la reproducción en DVD. Para que estos discos puedan utilizarse de forma más universal en cualquier ordenador, algunas herramientas de software para la creación en DVD ofrecen la opción de incluir una aplicación de software de reproducción en DVD en el disco CD.

Tabla 1.4. *DVD de uso doméstico en CD: los formatos Video CD y DVCD.*

VCD-Video CD
74 minutos, calidad VHS
Vídeo MPEG-1, resolución a 352x240
COMPACT disc DIGITAL VIDEO

SVCD-Super Video CD
Más de 35 minutos, vídeo con calidad similar al DVD
Vídeo MPEG-2, resolución a 480x480
Menús interactivos
DVD en CD
Formato DVD en CD
Compatibilidad de reproducción limitada
Aproximadamente 18 minutos con calidad razonable

Logotipos utilizados con permiso de DVD Format/Logo Licensing Corporation.

Videocámaras y grabadoras de vídeo DVD

El DVD-Video puede utilizarse para algo más que la reproducción de vídeo. Al igual que ocurre con los CD, los discos DVD están disponibles en formato grabable (una vez) DVD-R y en formato regrabable DVD-RW (múltiples grabaciones). Como resultado de esto, es factible utilizar el soporte DVD para sustituir a la cinta o al disco duro en grabadoras de vídeo digital, así como a la cinta de vídeo en videocámaras digitales.

Los discos DVD pueden utilizarse en grabadoras de vídeo digital para proporcionar una grabación digital en discos borrables. Se pueden utilizar las grabadoras DVD al igual que un vídeo que graba programas de televisión.

A diferencia de las grabadoras digitales, que utilizan discos duros integrados, el DVD es un medio borrable, lo que significa que no hay por qué preocuparse de quedarse sin espacio en el disco (y se pueden guardar gran cantidad de programas para verlos en otro momento). Además, se puede utilizar una grabadora DVD para transferir fuentes de vídeo analógico directamente a DVD. Sólo hay que conectar la videocámara de 8 mm o el vídeo VHS para convertir viejas cintas de vídeo en formato DVD, con el fin de que queden guardadas en formato digital (mucho más accesible y fácil de ver).

Existe un mini formato DVD de la mitad de tamaño (80mm, a diferencia de los 120mm para discos CD y DVD de tamaño completo) que se está utilizando para dispositivos pequeños como videocámaras. Al sustituir la cinta por el DVD, es posible revisar el material que se ha grabado en la videocámara de forma sencilla; además, resulta muy cómodo poder insertar el disco en un reproductor DVD de uso doméstico para verlo en el televisor.

Por desgracia, en la actualidad hay disponible una gran variedad de formatos DVD grabables que no son compatibles; además, algunos formatos grabables no pueden reproducirse en reproductores DVD-Video de uso doméstico o en ordenadores. El capítulo 2 ofrece más información sobre la compatibilidad de los diferentes formatos DVD.

Música en DVD de uso doméstico: DVD-Audio

Recientemente el DVD Forum ha definido un formato de audio digital, el DVD-Audio, que se diseñó como mejora de los CD. Al igual que el DVD-Video, el formato de audio es compatible con el sonido *surround* multicanal, con mayor calidad que el CD-Audio (véase tabla 1.5). Algunos reproductores DVD ya pueden reproducir discos de formato DVD-Audio, pero el mercado de los reproductores DVD-Audio para audio únicamente está aún en vías de desarrollo.

Tabla 1.5. *Características del DVD-Audio*

DVD AUDIO™

Sonido de mayor calidad
Sonido *surround* multicanal
Navegación
Información de pistas Menús
Multimedia
Menús, diseño, presentaciones, vídeo

Logotipos utilizados con permiso de DVD Format/Logo Licensing Corporation.

El formato DVD-Audio es compatible con los menús y la navegación de forma muy similar al DVD-Video. No obstante, el DVD-Audio está diseñado para soportar una gran variedad de dispositivos y posibilidades de reproducción. Los discos DVD-Audio pueden utilizarse incluso en sencillos reproductores de CD para coches (en los que la reproducción se realiza pista por pista), en reproductores más complejos con pantalla de texto que muestra información sobre la pista o en reproductores de DVD universales con información gráfica completa en una pantalla de TV con menús, presentaciones e incluso vídeo.

El formato DVD-Audio se definió recientemente (en el año 2000), de modo que el mercado dedicado a él está todavía en vías de desarrollo. Muchos usuarios se conforman con tener CD-Audio o audio MP3 en su ordenador o en sus reproductores de audio portátiles.

A los aficionados a la música les atrae el CD-Audio por su calidad superior y el sonido *surround*, y a las compañías discográficas les gusta porque ofrece dispositivos anti-copia y de protección de contenidos de los que carece el CD.

El formato CD-Audio cada vez es más accesible, gracias a que algunos reproductores DVD de uso de doméstico y algunos programas de reproducción DVD son compatibles con la reproducción de CD-Audio. Sin embargo, el mercado se encuentra fragmentado a causa de un formato competidor: Super Audio CD (SACD), desarrollado por Sony y Philips.

El DVD en el ordenador

Gracias al éxito del DVD como producto electrónico de uso doméstico para el visionado de películas, las unidades de DVD-ROM para ordenadores se están imponiendo como elementos estándar en los nuevos sistemas. El DVD en el ordenador ofrece una forma divertida de explorar una película en un ordenador de escritorio e, incluso, de ver la película de nuestra elección en un ordenador portátil durante un vuelo. Las aplicaciones de software para reproductores DVD pueden convertir el visionado de una película en una experiencia aún más interesante, porque ofrecen más control que los reproductores de uso doméstico (con características que incluyen el acceso directo a la estructura de navegación del disco, la posibilidad de ver múltiples subtítulos de forma simultánea, búsqueda rápida con capacidad para seguir escuchando el audio y procesamiento Dolby Headphone para escuchar los efectos de sonido *surround* en auriculares estándar).

La popularidad de las películas en DVD ha bastado para aumentar las ventas de unidades de DVD para ordenadores. Asimismo, el DVD se está convirtiendo en una opción común de los ordenadores de escritorio y los portátiles, especialmente con la nueva combinación de lectores DVD-ROM y unidades de lectura/escritura VD-R/RW. A pesar de todo, el objetivo de escribir DVD en el ordenador se hizo factible en el año 2001, gracias al éxito arrollador del DVD-Video y la convergencia de formatos estables, *burners* asequibles y software utilizable.

Discos DVD: Tamaño y capacidad

Los formatos básicos de los discos DVD y su capacidad de almacenamiento han tardado mucho en consolidarse. Incluso a finales de 2001 existía una sorprendente variedad de formatos para distintos usos (es decir, discos grabables frente a discos regrabables; discos de datos frente a discos multimedia) y una activa lucha comercial entre dos formatos diferentes diseñados para el mismo fin. Pero lo positivo es que el mercado se ha inclinado por una capacidad básica estándar, y ya es factible crear discos DVD en un ordenador con garantía razonable de que se puedan utilizar en reproductores DVD de uso doméstico.

La decisión sobre el diseño físico básico para los discos DVD consistió en utilizar la misma forma que tiene el CD, un disco con un diámetro de 12cm (120mm). Gracias a los avances en láser y discos, sin embargo, los discos DVD pueden albergar más información sobre una superficie con la misma área, o dicho de otra forma, 4.7GB (billones de bytes) frente a los 650-700 millones de bytes de un disco CD.

Matemáticas DVD: "Billones de bytes"

Hay que tener cuidado a la hora de calcular la capacidad de almacenamiento de un DVD, por ejemplo, al tratar de insertar la cantidad máxima posible de datos en un disco CD. Sin que exista razón aparente, la capacidad de los medios ópticos como los CD y los DVD a menudo se especifica de forma distinta a los medios magnéticos como los discos duros (véase tabla 1.6).

La capacidad de los discos ópticos como los DVD se mide en billones de bytes en el sentido convencional decimal de un billón (1000^3 ó 10^9). Sin embargo, muchas otras medidas informáticas, como el tamaño de memoria y la capacidad de un disco magnético, se miden en *potencias binarias de dos. La capacidad del disco duro se mide normalmente en gigabytes (GB) en el sentido de la potencia más cercana a casi dos billones (1024^3 ó 2^{30}).*

Como resultado, aunque la capacidad de un disco DVD se anuncia habitualmente como "4.7GB", esto no equivale al espacio 4.7GB del disco duro. La cifra "4.7GB" realmente hace referencia a billones de bytes, 4.377GB en almacenamiento informático o el 93 por 100 del tamaño esperado. Una diferencia como ésta hay que tenerla en cuenta: si intentamos pasar 4.7GB de datos (más de 5 billones de bytes) del disco duro a un DVD, el proceso no funcionará porque el DVD realmente es 347MB más pequeño de lo esperado.

El uso de "GB" para referirse a la capacidad de un DVD es desafortunado y confuso, aunque para la publicidad se puede utilizar una cifra mayor. A pesar de que se ha intentado introducir una nueva terminología internacional estándar para unidades decimales frente a unidades binarias, la idea no ha prosperado. En este libro utilizaremos el término tecnológicamente incorrecto de "GB", al igual que en la industria, y nos referiremos a "billones de bytes" cuando especifiquemos sobre capacidad de almacenamiento.

Tabla 1.6. *Términos y abreviaturas sobre capacidad de almacenamiento*

Abreviatura	Medida	Tamaño real	Potencia en millares	Potencia binaria/decimal
BB	Billones de bytes (decimal)	1.000.000.000	1000^3	10^9
GB	Gigabytes (billón binario)	1.073.741.824	1024^3	2^{30}
MB	Megabytes (millón binario)	1.048.576	1024^2	2^{20}
KB	Kilobytes (millar binario)	1024	1024	2^{10}

A diferencia de los CD, los discos DVD pregrabados están disponibles en formato de doble cara, lo que se traduce en el doble de capacidad de almacenamiento (9.4GB) en un solo disco. Algunas películas en DVD aprovechan este formato para ofrecer dos copias de la misma película, en una cara con formato *widescreen* y en la otra con formato para televisión. También lo aprovechan para incluir material adicional, como los tráileres y el *"making of"*, en la segunda cara.

Los discos DVD pueden fabricarse con dos capas en la misma cara. Mediante un reenfoque del rayo láser, los reproductores DVD pueden "atravesar" la primera capa de un disco de doble capa con el fin de leer los datos de la segunda. Los discos de doble capa (de una sola cara) contienen algo menos del doble de capacidad de almacenamiento (8.5GB). Estos discos son especialmente útiles para almacenar en una sola cara películas de mayor duración, lo que evita tener que dar la vuelta al disco para acceder a la capacidad adicional. Sin embargo, surge un ligero problema técnico al realizar el reenfoque entre capas, de forma que es necesario diseñar el DVD de forma que se disfrace la transición (por ejemplo, durante un cambio de escena que incluya un fundido en negro).

En otro ejemplo de matemáticas confusas en la industria, los discos de tamaño normal (4.7GB) se llaman "DVD-5", los discos de doble capa (8.5GB) se llaman "DVD-9" y los discos de doble cara (9.4GB) se llaman "DVD-10".

Asimismo, al igual que los CD, los discos DVD pueden fabricarse en un tamaño inferior. Los discos CD de menor tamaño son especialmente útiles como tarjetas comerciales y elementos promocionales para ordenadores, ya que pueden incluir información de contacto, e incluso "demos" del producto y folletos. Los discos DVD de menor tamaño se diseñaron para dispositivos electrónicos portátiles, como las videocámaras digitales. Estos mini-discos DVD ofrecen acceso rápido para grabar, visualizar y editar vídeo en la propia videocámara. Pueden extraerse y reproducirse en un reproductor DVD de uso doméstico o leerse directamente en un PC para visualizarlo y editarlo. Estos mini-discos DVD son la mitad de pequeños (8cm) y pueden almacenar 1.4GB (o 2.8GB en dos caras).

Formatos DVD: Discos físicos y lógicos

La definición del formato de un disco DVD incluye dos aspectos: la composición física del disco y la estructura lógica de los datos almacenados en el mismo. El formato físico del disco incluye el material de la superficie, la estructura y las marcas cilíndricas para almacenar datos sobre la superficie, y el tipo y longitud de onda del láser utilizado para leer los datos. El formato lógico del disco incluye la información del cabezal del disco utilizada para identificar el tipo de disco, la estructura de archivos y la información del diseño de los datos utilizada para encontrar los diferentes tipos de datos en el disco (es decir, audio y vídeo, y puntos del capítulo), y los formatos reales de los datos (como MPEG-2 Video).

El formato físico del disco y la composición de la superficie determinan, además, si el disco puede modificarse para la grabación de datos nuevos, es decir, haciendo que el láser "escriba" nuevas marcas de datos en el disco o, incluso, "borre" el material con el fin de eliminar los datos para incluir posteriormente información nueva. El formato del disco puede pregrabarse y fabricarse con información permanente "sólo de lectura"; puede ser grabable (con una superficie "en blanco" en la que se pueden escribir datos una vez) o regrabable (con una superficie en la que se puede escribir, borrar lo escrito y volver a escribir).

Tal y como ocurre con los CD, los diversos formatos lógicos de datos pueden almacenarse en diferentes formatos físicos. Podemos comprar software en discos CD-ROM de datos pregrabados o crear nuestros propios archivos y directorios de datos en discos físicos CD-R (grabable) (véase figura 1.2) o CD-RW (regrabable). También podemos comprar música en CD pregrabados o crear nuestra propia música de formato lógico CD-Audio en discos CD-R o CD-RW.

Figura 1.2. Los medios DVD grabables están disponibles en una variedad de formatos, incluyendo grabables (R) y regrabables (RW).

El DVD Forum, en un principio, definió los formatos básicos para discos pregrabados: primero el DVD-Video para películas, y el DVD-ROM para datos informáticos; y recientemente, añadieron el DVD-Audio para música.

El DVD Forum también definió tres formatos grabables: DVD-R, DVD-RW y DVD-RAM (véase tabla 1.7). Los formatos DVD-R/RW son formatos grabables y regrabables respectivamente, en el mismo sentido que lo son los formatos CD-R/RW.

El formato DVD-RAM, promocionado principalmente por Panasonic, se diseñó para aplicaciones de almacenamiento de datos, con capacidad para leer y escribir aleatoriamente (lo opuesto a escribir y borrar de forma general) y con corrección de errores y gestión de defectos integrados. Aunque los discos DVD-RW pueden sobrescribirse 1000 veces, el DVD-RAM está diseñado para escribir más de 100000 veces. Si su uso se refiere a archivos, estos tipos de discos DVD también pueden durar entre 30 y 50 años.

Además, el formato DVD-R fue dividido en dos versiones a principios de 2001 para promover la rebaja de precios para uso no profesional. El formato original, ahora llamado DVD-R, sigue ofreciendo la posibilidad de hacer discos DVD-Video completos, incluyendo la protección de contenidos y los dispositivos anti-copia. Las unidades de uso profesional continúan soportando el antiguo formato de creación 3.95GB. Un nuevo formato más asequible, el DVD-R General, fue introducido sin dispositivos de protección de contenidos, pero a pesar de ello permite que los sistemas de creación en DVD creen discos DVD-Video que pueden reproducirse en casi cualquier reproductor DVD de uso doméstico.

No obstante, el DVD Forum es una coalición industrial, no un organismo regulador internacional, por lo que el éxito de estos formatos depende del apoyo de sus miembros a la creación de producto y, en última instancia, de su aceptación en los mercados profesionales y de consumo.

Tabla 1.7. *Formatos grabables del DVD Forum.*

Formato	Propiedades	Descripción
DVD-ROM	Sólo lectura	Pregrabado, datos PC, referencia
DVD-R	Grabable	Una escritura, mejor compatibilidad, reproductores de uso doméstico

Formato	Propiedades	Descripción
DVD-R General		Negocios y uso doméstico
DVD-R Authoring		Profesional, protección de contenidos
DVD-RW	Múltiple escritura	Regrabable
DVD-RAM	Acceso aleatorio	Lectura y escritura como el disco duro

Logotipos utilizados con permiso de DVD Format/Logo Licensing Corporation.

Mientras tanto, un segundo grupo industrial, el DVD+RW Alliance (`www.dvdrw.com`), desarrolló un formato alternativo de escritura múltiple, el DVD+RW ("más RW"). El formato DVD+RW se creó para ofrecer muchas de las ventajas propias del DVD-RW y el DVD-RAM, y para ser más compatible con los reproductores DVD de uso doméstico. Tras un largo periodo de desarrollo, los productos derivados del DVD+RW empezaron a salir al mercado en la segunda mitad de 2001. Un segundo formato relacionado, el DVD+R, también se definió para competir con el formato grabable DVD-R (véase tabla 1.8). El DVD+RW está respaldado por un grupo principal de compañías, entre las que destacan Hewlett-Packard, Mitsubishi/Verbatim, Philips, Ricoh, Sony y Yamaha, y ha recibido el apoyo de Dell y Thomson/RCA.

Tabla 1.8. *Formatos grabables de DVD+RW Alliance*

Formato	Propiedades	Descripción
DVD+R	Grabable	Una escritura

Formato	Propiedades	Descripción
DVD+RW	Múltiple escritura	Regrabable

Logotipos utilizados con permiso de DVD Format/Logo Licensing Corporation.

Por desgracia, estos formatos competidores seguirán resultando confusos para el mercado y frustrantes por sus incompatibilidades. La competencia entre ellos radica en factores técnicos (de utilización y de márketing), entre los que se encuentran necesidades de compatibilidad, preferencia de los usuarios por medios de escritura múltiple, y la conveniencia de que las compañías introduzcan una amplia variedad de productos compatibles con estos formatos.

El resultado para los consumidores, esperamos, incluirá un inmediato descenso de los precios y una mejor compatibilidad con los reproductores de uso doméstico o las diferentes unidades para PC. El resultado para las compañías que definan estos formatos será una mejor participación en el mercado y una parte de los ingresos por la patente.

Formatos DVD: Compatibilidad

Dados todos estos formatos diversos, y visto que la batalla continúa, lo que hará que algunos de ellos queden obsoletos; entonces, ¿cómo elegir qué formatos debemos utilizar? ¿Sería mejor no tomar ninguna decisión en espera de que las cosas se aclaren en un futuro próximo?

La respuesta es bastante evidente: si estamos dispuestos a utilizar el DVD en nuestro ordenador, debemos seguir adelante y ponernos manos a la obra. Podemos considerar el DVD como un disco de datos mayor para archivar y compartir nuestros archivos informáticos. Podemos utilizar el DVD para crear producciones en vídeo para su posterior reproducción en reproductores de uso doméstico y en PC. Y también podemos utilizar el DVD para crear archivos digitales de nuestras grabaciones caseras.

Más en concreto, el formato DVD-R está bastante consolidado, por lo que los discos DVD-R que creamos en el ordenador deberían poder reproducirse en casi cualquier reproductor DVD de uso doméstico y en las unidades de

DVD-ROM del ordenador. El formato DVD-RW es físicamente similar, pero algunas unidades antiguas no están diseñadas para reconocerlo y pueden rechazarlo. Los nuevos formatos DVD+RW y DVD+R se diseñaron para ofrecer un buen nivel de compatibilidad, pero siguen buscando su lugar en el mercado y sólo el tiempo dirá qué ocurrirá con ellos. Por último, el formato DVD-RAM es físicamente muy diferente a la línea básica del DVD-R, y sólo puede utilizarse en reproductores y unidades que estén diseñadas exclusivamente para soportarlo.

Pero al margen del formato, los discos DVD que creamos hoy en día seguirán siendo compatibles en el futuro, y no importa lo que ocurra con la popularidad de ese medio de grabación en el futuro. De hecho, la competitividad entre los diferentes formatos regrabables (RW) puede volverse discutible, especialmente para su uso en el ordenador. Al fin y al cabo, los formatos grabables (R) seguirán siendo populares en la creación permanente de copias de material para compartir y archivar. Asimismo, tal y como han bajado los precios de los soportes CD-R, si el precio de los soportes grabables es lo bastante bajo, resulta más económico y conveniente utilizar únicamente el mismo soporte grabable para todo, incluso si tenemos la intención de reutilizar ese disco con posterioridad.

Sin embargo, y a diferencia del CD, el DVD cuenta con un mercado potencial adicional mucho más importante para soportes regrabables en productos electrónicos de uso doméstico, como grabadoras de vídeo digital y videocámaras digitales. Éste es el punto clave de la competencia entre los diferentes formatos regrabables: ofrecer un soporte digital borrable que permita grabar, regrabar, editar y reproducir vídeo en grabadoras y videocámaras. Pero el problema con estos formatos es que los discos que creemos pueden ser menos compatibles con los reproductores DVD de uso doméstico y las unidades de PC.

DVD para ordenadores: Equipamiento y soportes asequibles

Otro hecho destacable relacionado con el DVD para ordenadores tuvo lugar en el año 2001, y fue la importante reducción en los precios de los soportes y el hardware, así como el incremento de compañías dedicadas a la venta de equipamiento DVD (reproductores DVD de uso doméstico, unidades de PC y aparatos electrónicos para usuarios, como grabadoras de vídeo y videocámaras).

Pioneer ha sido un impulsor importante del DVD-R, creando las primeras unidades profesionales y colaborando en la reducción de precios con el lanzamiento de unidades para usuarios en 2001. Entre los años 1997 y 1998, la creación de DVD en PC requería un *burner* de 17000 euros, soportes DVD de aproximadamente 50 euros cada uno (con una capacidad menor de 3.95GB) y herramientas de creación profesionales que costaban decenas de miles de euros. A mediados del año 1999, Pioneer introdujo un *burner* de segunda generación por sólo 5400 euros, y el precio de los soportes había bajado hasta los 35 euros. Aunque ésta fue una mejora significativa, no resultaba un precio asequible para un mercado masivo. De forma sorprendente, se había desarrollado paralelamente un amplio mercado para herramientas de creación en DVD con potentes elementos por debajo de los 1000 euros, y herramientas de usuario por debajo de los 150.

El paso decisivo ocurrió a principios de 2001: Pioneer introdujo la primera unidad combinada de DVD y CD grabable para PC de usuarios. El DVR-103/DVR-A03 de Pioneer consistía en una unidad de DVD interna que costaba 1000 euros y que podía grabar a DVD-R/RW; además, ofrecía la posibilidad de crear CD-R/RW, de modo que podía sustituir al *burner* de CD (véase figura 1.3). El soporte DVD-R General se introdujo junto con esta unidad a un precio notablemente bajo, de forma que la unidad profesional seguía siendo necesaria para la creación de producciones profesionales en DVD-R para soportes de creación.

Asimismo, a principios de 2001, Apple y Compaq introdujeron nuevos sistemas de creación en DVD integrados en la nueva unidad Pioneer. Apple incluyó la nueva unidad Pioneer en sus recién creados sistemas Power Mac G4, como la combinación CD-RW/DVD-R SuperDrive. Apple, además, introdujo dos herramientas de creación en DVD: iDVD para usuarios y DVD Studio Pro para profesionales. El sistema Compaq Presario 7000 PC incluía la unidad Pioneer junto con un software de edición de vídeo. Al margen de estos sistemas, llegó una importante reducción en el precio del soporte DVD-R General, que llegó a los 10 euros.

La segunda mitad de 2001 fue testigo de una explosión de nuevas opciones para las unidades de DVD grabables, incluyendo el DVD-R/RW, el DVD-RAM y el DVD+R/RW. Pioneer redujo el precio del DVR-A03 hasta los 649 euros, y el del soporte DVD-R hasta los 15.99 euros. Los fabricantes a terceros sustituyeron las unidades internas por unidades externas, pasando de la interfaz SCSI a la interfaz FireWire o IEEE 1394 (también denominada iLink por Sony). Con la interfaz 1394, las unidades de DVD podrían ser mucho más sencillas de utilizar y podrían usar la interfaz que cada vez era más popular para videocámaras digitales DV. Gracias a toda esta actividad, el precio de las unidades de DVD grabables se redujo rápidamente hasta los 500 euros.

Figura 1.3. *La unidad combinada DVR-A03 de Pioneer escribe en los soportes DVD-R/RW y CD-R/RW.*

Aplicaciones de software para DVD

Tal vez el desarrollo más estimulante dentro del crecimiento del DVD para ordenadores en 2001 fue la disponibilidad de una amplia gama de aplicaciones de software para DVD. El uso del DVD en el ordenador requiere numerosos tipos de software: soporte del sistema operativo para acceder a las unidades de disco, software de reproducción para visualizar películas en discos DVD-Vídeo, software de creación de datos para pasar archivos de datos informáticos a discos DVD y software de creación en DVD para crear nuestras propias producciones de vídeo en DVD.

El primer paso para utilizar el DVD en PC consiste en ofrecer el soporte necesario del sistema operativo, incluyendo soportes borrables y *plug-and-play* (enchufar y usar). Al igual que las unidades de CD, los soportes son borrables y pueden modificarse libremente. Gracias a las unidades externas, la propia unidad puede encenderse, enchufarse o extraerse mientras el ordenador está en marcha. A finales de 2001, todos estos elementos presentaban un perfecto posicionamiento en las plataformas Windows y Macintosh, porque estos sistemas ya eran compatibles con otros tipos de soportes borrables y unidades *plug-and-play* y habían conseguido que las interfaces 1394/FireWire fueran compatibles con videocámaras digitales.

Software de reproducción en DVD

El siguiente tipo de software, necesario incluso con las unidades sólo de lectura DVD-ROM, es un software de reproducción en DVD para leer, decodificar y reproducir películas DVD-Video en el ordenador (permite incluso ver una película a pantalla completa en un ordenador portátil). Gracias a los rápidos avances en procesamiento informático y ancho de banda para datos, estos reproductores ya pueden leer datos comprimidos del DVD, decodificar vídeo MPEG-2 y sonido Dolby Digital (AC3), y reproducirlos en tiempo real en el ordenador.

En la plataforma Macintosh, el reproductor de DVD Apple viene integrado en los sistemas equipados con DVD. En Windows, aplicaciones de reproducción como CyberLink PowerDVD e InterVideo WinDVD ya están disponibles con descargas de prueba en la Web y mejoras de Windows XP, y a menudo vienen integradas con el hardware DVD.

Además de las funciones estándar de los reproductores de DVD de uso doméstico, estos reproductores de software también ofrecen características adicionales, especialmente acceso directo a todos los datos del DVD (pistas de audio alternativas, múltiples subtítulos y contenido "oculto"). Algunos reproductores, incluso, permiten acercar y alejar la imagen, realizar búsquedas rápidas mientras se escucha el audio y proporcionar sonido *surround* mediante audífonos con la tecnología Dolby Headphone.

Algunos DVD comerciales también incluyen elementos para su uso en ordenadores, incluidos en el mismo disco que la película. Estos DVD avanzados incluyen una sección de DVD-Video con el contenido de la película y una sección DVD-ROM con archivos que únicamente pueden usarse en un ordenador. Estas características avanzadas incluyen aplicaciones informáticas o juegos, páginas Web con enlaces a contenidos online e, incluso, material que combina el visionado del vídeo y el acceso a los contenidos online. Esta clase de elementos DVD-Web pueden incluir, además, enlaces del menú del DVD, que abre automáticamente un explorador Web para mostrar una página Web.

Software para la creación de datos en DVD

Cuando pasamos de una unidad DVD-ROM de sólo lectura a un *burner* DVD grabable, necesitamos otro tipo de software para pasar archivos de datos a DVD. Este dispositivo para pasar datos a DVD y CD, finalmente, se ha integrado en los sistemas operativos, especialmente Macintosh OS X y Windows XP.

Podemos escribir datos en los discos DVD de dos formas, de manera similar a lo que hacemos con los discos CD-R/RW. Podemos utilizar una herramienta independiente para la grabación de datos en DVD para especificar una serie de directorios y archivos y, a continuación, pasarlos a DVD. Y en el caso de los formatos regrabables como DVD-RAM, es posible acceder a un DVD como si se tratase de un disco duro y arrastrar y soltar los archivos para escribirlos en el disco.

Software de creación en DVD

No obstante, la creación de películas en discos DVD-Video no resulta tan sencilla como crear CD de audio. El directorio y el formato de datos de los discos CD Audio son muy básicos, pues sólo contienen una lista de archivos que engloban datos de audio descomprimidos. Como resultado, las herramientas de creación de un CD, normalmente, ofrecen la opción de crear discos de audio y datos desde la misma aplicación. Por el contrario, los discos DVD-Video tienen un formato mucho más complejo, pues contienen múltiples canales de datos de vídeo y audio comprimidos, gráficos para menús y subtítulos e información para la navegación. Por todo ello, la creación de discos DVD-Video requiere herramientas de creación especializadas.

El mercado del software para la creación en DVD se desarrolló rápidamente durante el 2001; había herramientas para usuarios por menos de 50 euros y herramientas profesionales por menos de 1000 euros. La variedad de herramientas hizo que no estuviera muy clara la diferencia entre el DVD y las herramientas de creación (que incluían elementos para la edición de vídeo) y los editores de vídeo (que incluían posibilidades propias del DVD).

A principios de 2001, Apple introdujo dos herramientas de creación en DVD independientes. La herramienta iDVD para usuarios venía integrada en el Power Macintosh G4, y se diseñó como herramienta fácil de usar siguiendo el modelo del editor de vídeo iMovie de Apple (véase figura 1.4). La herramienta profesional DVD Studio Pro ofrecía todos los elementos para la creación en DVD por 999 euros, de nuevo siguiendo el modelo de la aplicación para edición de vídeo Final Cut Pro de Apple.

En cuanto a la plataforma Windows, Sonic Solutions ha desarrollado una amplia gama de herramientas para la creación en DVD: el producto MyDVD para usuarios, por 99 euros, y el producto DVDit! para profesionales, cuya edición estándar costaba 299 euros a finales de 2001 y cuya edición profesional costaba 599 euros. En julio de 2001, Sonic había comercializado más de un millón de unidades de estas aplicaciones de publicación en DVD para ordenadores. La gama de productos Sony también incluye una amplia línea de herramientas de producción en DVD profesionales y sistemas para Windows y Macintosh, incluyendo ReelDVD (alrededor de 1500 euros), DVD Producer (desde 4000 euros por el software hasta sistemas de 13000 euros) DVD Fusion, DVD Creator y Scenarist (de 10000 a 30000 euros).

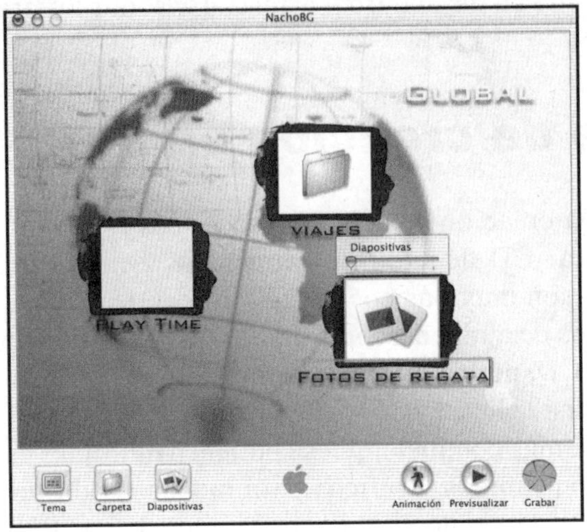

Figura 1.4. *iDVD de Apple es una herramienta de creación en DVD integrada en los sistemas Macintosh con* burners *DVD.*

Al mismo tiempo, las compañías que desarrollaban herramientas para la edición de vídeo ampliaban sus líneas de productos para incluir herramientas de creación en DVD. Pinnacle Systems cuenta con una gran gama de software y hardware de vídeo para usuarios y profesionales en la que destaca el editor de vídeo Pinnacle Studio 7, por 130 euros. En 2001, Pinnacle lanzó al mercado el producto independiente Pinnacle Express, para la creación básica en DVD, por 50 euros, así como el producto Impression DVD-Pro, por aproximadamente 1000 euros.

Estas herramientas tan económicas evolucionaban con mucha rapidez. A finales de 2001, los nuevos lanzamientos de herramientas incluían creación en DVD integrada por aproximadamente 130 euros, como MGI VideoWave 5 y Ulead VideoStudio 5. Ulead, además, introdujo una sencilla e independiente herramienta para la creación en DVD, DVD MovieFactory, por sólo 50 euros.

Las posibilidades integradas en algunas de estas herramientas de baja capacidad resultan sorprendentes. Podemos capturar vídeo directamente de una videocámara DV, o importar videoclips de archivos en nuestro disco duro en diferentes formatos. Las herramientas incluyen asistentes y diseños de plantillas integrados para visualizar los clips automáticamente en menús, además de una estructura de navegación DVD. Cuando capturamos vídeo, estas herramientas pueden segmentarlo en clips independientes a partir de los cortes de escena del vídeo, o en las marcas temporales de los DV que muestran cuándo empezamos y dejamos de grabar cada segmento.

Algunas de estas herramientas también ofrecen la posibilidad de transferir material de una cinta de vídeo a DVD. Capturan el vídeo y el audio de entrada de una videocámara, convierten el material comprimido en DV a audio MPEG y DVD, crean los menús DVD necesarios y las estructuras de datos y pasan todo ello a un disco DVD. Algunas herramientas, como MedioStream NeoDVD, incluso realizan una conversión completa de DV a DVD en tiempo real mientas la cinta DV de entrada está reproduciéndose. Y todo puede hacerse en un ordenador de usuario, aunque es conveniente contar con uno de mayor capacidad, de 1.2Ghz o superior.

El futuro del DVD

El futuro del DVD parece un camino de rosas. Como producto de uso doméstico, las ventas de reproductores DVD no paran de alcanzar nuevos hitos. Como periférico de ordenadores, los lectores DVD-ROM se están convirtiendo en elementos estándar de los nuevos sistemas, e incluso los *burners* DVD cada vez son más comunes. La historia de la electrónica de uso doméstico y la industria informática dejan claro que los precios seguirán bajando, tal y como ha ocurrido con los productos derivados del CD.

En cuanto a la compatibilidad, los reproductores más modernos están diseñados para leer formatos cada vez más diversos. Debemos confiar en que la inversión en discos grabables no quede obsoleta, pero aún hoy tenemos que comprobar la compatibilidad de *burners*, reproductores y soportes de discos, por si acaso.

La situación de los formatos regrabables (RW, RAM) está menos clara. Obviamente, podemos utilizar este tipo de soporte para aplicaciones concretas, como copias de seguridad para datos, discos de comprobación y grabadores de vídeo de uso doméstico. Sin embargo, tenemos que tener siempre presente el tema de la compatibilidad si queremos utilizar estos discos en otros sistemas.

Al mismo tiempo, la tecnología sigue mejorando, y la capacidad de 4.7GB de un DVD empieza a parecer poca, al igual que ocurre con los disquetes y los discos CD.

Se están llevando a cabo nuevos estudios tecnológicos para aumentar la capacidad del DVD en el futuro, especialmente para la grabación y el almacenamiento de material en formato de vídeo de alta definición (HD).

A comienzos de 2002, el DVD Forum se inclinó por el uso de una compresión más agresiva para el almacenamiento de material de alta definición. La intención era permanecer dentro de la tecnología DVD existente utilizando un formato de compresión más moderno, como MPEG-4.

Paralelamente, un segundo consorcio de nueve empresas, también miembros del DVD Forum, presentó un nuevo formato de disco de gran capacidad para la grabación de vídeo llamado Blu-Ray Disc. Éste puede almacenar hasta 27GB en cada disco de una cara, hasta dos horas de vídeo de alta definición, o más de 13 horas de vídeo de definición estándar (a 3.8Mbps). La tabla 1.9 muestra más detalles sobre el formato Blu-Ray Disc.

Este formato sustituye el láser rojo utilizado para el DVD por un láser azul de longitud de onda más breve, lo que reduce la marca de las pistas a la mitad y permite una grabación de mayor densidad. Con esta mayor capacidad, Blu-Ray puede seguir utilizando el mismo formato MPEG-2 utilizado en el DVD y la televisión de alta definición.

Este grupo también planea desarrollar formatos de mayor capacidad, como discos de una sola cara con más de 30GB y discos de doble capa y una sola cara con más de 50GB.

Tabla 1.9. *Especificaciones del formato Blu-Ray.*

Blu-ray Disc

Láser Blue-Violet de longitud de onda corta
Mayor capacidad de grabación, hasta 27BB por cara
Transferencia de datos de alta velocidad a 36Mbps
Formato de vídeo MPEG-2
Uso de cápsula de disco óptico

La aceptación de estos nuevos formatos está siendo impulsada por el desarrollo de la televisión de alta definición en todo el mundo. El enfoque del DVD Forum ofrece la posibilidad de utilizar una compresión más avanzada para ubicar programas de alta definición en DVD de láser rojo, al menos para vídeos premasterizados. El formato Blu-Ray se une con MPEG-2 para ofrecer la posibilidad de realizar grabaciones caseras en tiempo real de material de alta definición, pero esto requiere nueva tecnología y costes más altos para nuevo equipamiento.

A pesar de todo, el ritmo de desarrollo tecnológico y la correspondiente amenaza de quedar rápidamente obsoleto pueden hacer que la adquisición de nueva tecnología, en ocasiones, se convierta en una situación incómoda. El arrollador éxito del DVD nos hace pensar que va a ser duradero, pues ha demostrado su amplia adopción dentro de las industrias electrónicas e informáticas para usuarios, así como en los mercados profesionales y de usuarios.

Resumen

Aunque los reproductores DVD de uso doméstico han obtenido un éxito abrumador como producto electrónico de consumo, 2001 fue un año decisivo para el DVD en el ordenador, con la convergencia de la reducción de precios y las herramientas para la creación en DVD. El DVD significa el último eslabón para el procesamiento de vídeo digital en ordenadores.

En la actualidad, podemos procesar vídeo de alta calidad en cualquier ordenador estándar: realizar capturas en una videocámara DV, procesar el material con editores de vídeo y herramientas para la creación de DVD y, seguidamente, pasarlo a un disco DVD para su posterior reproducción no sólo en ordenadores, sino también en reproductores DVD de uso doméstico.

Como resultado de la frenética actividad y competencia en software DVD, ya podemos empezar a crear DVD por menos de 150 euros. Algunas de estas completas herramientas pueden ser más que adecuadas para ediciones sencillas y creaciones automatizadas en DVD; mientras que las herramientas DVD básicas resultan óptimas para reunir rápidamente una serie de clips o copiar una cinta de vídeo en DVD sin mayores esfuerzos. Sin embargo, a medida que vayamos conociendo estas herramientas, es posible que deseemos ir más allá y probar herramientas más profesionales dedicadas a la creación en DVD, que nos ofrecen mayor flexibilidad y control para realizar presentaciones más personalizadas y pulidas.

DVD-R

2. Reproductores DVD de uso doméstico: Vídeo y audio en DVD

El DVD ha alcanzado una enorme popularidad durante los últimos años, tal y como hemos señalado en el capítulo 1. Como resultado de dicho éxito, los precios se han reducido notablemente: a comienzos de 2002, era posible adquirir un reproductor DVD de uso doméstico por menos de 100 euros, un reproductor de discos de buena calidad por menos de 300 euros, e incluso un cambiador multidisco por menos de 300 euros.

Los reproductores DVD están disponibles en muchas formas: reproductores DVD de uso doméstico que se conectan a la televisión y al sistema de audio; reproductores DVD portátiles para utilizar en aviones; unidades combinadas de TV/DVD; grabadoras DVD; e incluso plataformas para videojuegos, como Sony PS/2 y Microsoft Xbox. Obviamente, también podemos ver DVD en el ordenador, como se explica en la Parte II.

Las ventajas del DVD para el visionado de películas incluyen una mejor imagen y una mejor calidad de sonido frente a las cintas VHS, y la comodidad de un acceso interactivo para ir directamente a nuestra parte favorita de la película.

Además, el DVD promete una visualización mejor. Los reproductores DVD pueden visualizar vídeo en sistemas que van desde televisiones de 50 años (con ayuda de un económico conversor RF), modernos aparatos de televisión (con ayuda de cables de audio y vídeo para los conectores auxiliares de entrada), hasta avanzados sistemas de "cine en casa" (con pantalla ancha y sonido *surround* multicanal). Con todas estas características, sin embargo, surgen ciertos problemas y confusiones. Si vamos a adquirir un reproductor DVD, veremos en los paneles frontales una increíble variedad de logotipos para los distintos formatos de vídeo y audio, una sorprendente serie de diez o más conectores en el panel posterior y mandos a distancia con 20 o más botones con extraños nombres.

Este capítulo ayudará a aclarar estos asuntos mediante la presentación de los formatos DVD, las conexiones de vídeo y audio, y los controles y menús de reproducción.

En caso de que tengamos prisa y queramos adquirir un reproductor hoy mismo, o si ya lo hemos adquirido, este capítulo comienza con dos secciones que incluyen listas de lo que debemos buscar a la hora de comprar un nuevo reproductor, así como diagramas para conectar un reproductor DVD.

Si ya estamos familiarizados con los reproductores DVD, este capítulo expone la gran variedad de formatos y posibilidades del DVD y muestra cómo éstos se pueden utilizar para los reproductores comunes y las películas comerciales. La Parte II describe cómo podemos visualizar discos DVD en un ordenador para entender mejor su estructura.

Con estos antecedentes, podemos entender el diseño y la terminología utilizados en las herramientas de creación en DVD que presentamos en este libro, desde herramientas iniciales que crean una estructura de menú hasta herramientas profesionales que ofrecen un control total sobre casi cada aspecto del diseño y la navegación del DVD.

Si ya tenemos un sistema de "cine en casa" o somos muy aficionados al cine y la música, podemos pensar que este capítulo no se adentra lo suficiente en la esencia de la imagen progresiva de las pantallas *widescreen* o la corriente de bits de audio digital y los formatos de cable. Pero, puesto que ya entendemos todo esto, conectar un reproductor DVD puede consistir simplemente en instalar el reproductor con el fin de conocer los dispositivos a los que está conectado y después utilizar los cables apropiados para hacerlo.

Inicio rápido: Adquisición de un reproductor DVD

O bien, olvida los detalles, esta tarde voy a la tienda...

Si tenemos prisa por adquirir un reproductor DVD y no queremos dedicar tiempo a leer primero este capítulo, podemos utilizar este apartado como resumen y lista de temas en los que debemos pensar cuando adquiramos un nuevo reproductor DVD, ya sea uno de uso doméstico para conectarlo al televisor o un reproductor portátil en el que poder ver películas mientras viajamos.

Adquisición de un reproductor DVD de uso doméstico

Los reproductores DVD de uso doméstico (véase figura 2.1) están diseñados para ser conectados a un aparato de televisión con el fin de ver películas; también pueden utilizarse como parte de un sistema de "cine en casa" con un monitor de pantalla ancha (*widescreen*).

Figura 2.1. *Reproductor DVD de uso doméstico. El modelo Elite DV-47A de Pioneer reproduce diferentes formatos, entre ellos DVD audio, Multi-Channel SACD y MP3 CD.*

Lo primero que debemos tener en cuenta a la hora de adquirir un reproductor DVD de uso doméstico es asegurarnos de que podemos conectarlo a nuestro equipo actual de vídeo y audio. Tal y como muestran los diagramas del siguiente apartado, con las televisiones más modernas se puede conectar el reproductor DVD directamente a un segundo grupo de conectores del televisor (además de la conexión existente del reproductor de vídeo o cable/antena). Sin embargo, con las televisiones más antiguas, que únicamente tienen un grupo de entradas, es posible que tengamos que utilizar una caja de seccionamiento para conectar la entrada existente (vídeo o cable/antena) y el nuevo reproductor DVD. Hay que recordar que no podemos conectar el DVD a las entradas de nuestro vídeo: la señal de vídeo del DVD queda alterada para impedir la copia de películas DVD en cintas de vídeo, de forma que no se puede ver la señal de la mayoría de reproductores DVD cuando están conectados mediante un reproductor de vídeo.

La mejor opción es llevar los manuales de usuario de nuestros sistemas de vídeo y audio a la tienda. Allí podemos comprobar con ayuda del vendedor qué reproductores son compatibles con nuestros sistemas y asegurarnos de que tenemos la clase de cables necesarios para conectar el reproductor DVD a nuestros sistemas de vídeo y audio. Si no tenemos los manuales, podemos hacer un dibujo de los conectores de los sistemas de audio y vídeo. Es aconsejable que anotemos la marca y el modelo de nuestros sistemas de vídeo y audio, y que incluyamos en el dibujo los nombres que aparecen junto a los conectores o aquellos que aparecen en la caja. La tabla 2.3 nos ayuda a identificar los tipos de conectores.

En ambos casos, esto debería bastar para que un vendedor nos ayude a seleccionar un reproductor si lo que buscamos es reproducir DVD pregrabados. No obstante, si lo que queremos es utilizar otros tipos de discos en el reproductor DVD o utilizar DVD y CD que nosotros mismos hemos grabado, lo mejor es leer el resto del capítulo y, tal vez, el resto del libro.

Ésta es una lista con algunos aspectos importantes a tener en cuenta a la hora de adquirir un reproductor DVD de uso doméstico:

1. ¿Qué tipos de discos reproducirá?
   - Películas DVD (DVD-Video).
   - Álbumes CD (CD-Audio) y grabaciones en discos CD-R y CD-RW.
   - Películas/clips VideoCD (VCD) en discos CD.
   - Grabaciones DVD en discos grabables DVD-R y DVD+R.
   - Grabaciones DVD en discos regrabables DVD-RW y DVD+RW.
   - Audio MP3 en discos CD.
2. ¿Es compatible con nuestros sistemas de vídeo y audio?
   - ¿Necesitamos actualizar nuestros sistemas de vídeo y audio?
   - ¿Necesitamos un *switcher* (por ejemplo, entre el vídeo y el DVD)?
3. ¿Con qué formatos de salida de vídeo es compatible?
   - ¿Queremos salida de búsqueda progresiva a un televisor de alta capacidad o de pantalla ancha?
4. ¿Con qué salidas de audio es compatible?
   - ¿Es compatible con Dolby Digital/dts para la conexión a un sistema *surround*?
5. ¿Los controles del mando a distancia y del panel frontal son fáciles de utilizar?
   - ¿Están estos controles organizados lógicamente? ¿El mando es luminoso o tiene botones con formas diferentes para poder utilizarlo en una sala sin iluminación?

6. ¿Cómo funciona cuando se prueba a través de un sistema de vídeo y audio de similar calidad al nuestro?
7. ¿Qué características avanzadas de vídeo y audio queremos?
    - ¿Contamos con un equipamiento de alta capacidad para que estas características queden patentes?
8. ¿Qué controles avanzados queremos?
    - ¿Consideramos importantes controles como la búsqueda rápida, el avance por fotograma, la previsualización de capítulos y la navegación de CD de audio?

Adquisición de un reproductor DVD portátil

Los reproductores DVD portátiles (véase figura 2.2) permiten ver películas en cualquier sitio; podemos verlas durante un viaje o en un lugar que no sea el salón. El aspecto clave relacionado con los reproductores DVD portátiles es el equilibrio entre el tamaño del reproductor (cuánto más pequeño, más manejable), el tamaño de la pantalla, la duración de la batería y otras características.

Figura 2.2. *Reproductor DVD portátil. El modelo DVD-LA95 PalmTheater de Panasonic tiene un monitor LCD de 9 pulgadas y permite la reproducción de formatos como DVD-Audio, DVD-RAM, CD y Video CD.*

A pesar de que los ligeros y pequeños reproductores DVD portátiles han sido creados para viajar, al igual que los ordenadores portátiles, también se utilizan en casa o en la oficina. Si tenemos previsto utilizar un reproductor portátil en una mesa, el tamaño de la pantalla y los altavoces estéreos integrados son temas importantes. También podemos conectar las salidas de audio del reproductor portátil a nuestro sistema estéreo o de sonido *surround*.

Además de la lista anterior para reproductores DVD de uso doméstico, la siguiente lista enumera varios aspectos adicionales a tener en cuenta a la hora de adquirir un reproductor DVD portátil:

1. ¿Qué peso tiene el reproductor? ¿Cuánto dura la batería?
   - ¿Es recargable la batería? ¿Podemos llevar un repuesto?
2. ¿Qué tamaño y visibilidad tiene la pantalla?
   - ¿Es la pantalla lo bastante grande para el uso que vamos a hacer del reproductor?
   - ¿Es de pantalla ancha (*widescreen*)?
   - ¿Se puede ajustar el brillo de la pantalla para diferentes condiciones de visualización?
   - ¿Se puede ver la pantalla desde un ángulo más amplio para la visualización en grupo?
3. ¿Con qué salidas es compatible?
   - ¿Cuenta con unos buenos auriculares para viajar?
   - ¿Cuenta con altavoces estéreos para el visionado en grupo?
   - ¿Cuenta con conectores externos para utilizarlo como reproductor "no portátil"?
4. ¿Son completos los controles del panel frontal?
   - ¿Podemos utilizar el sistema sin necesidad de un mando a distancia independiente?

Inicio rápido: Instalación de un reproductor DVD de uso doméstico

O bien, olvida los detalles, ya compré el reproductor y voy a ver una película.

Aunque estemos impacientes por instalar nuestro nuevo reproductor DVD, estos dispositivos y sus conexiones son bastante complejos, de forma que es aconsejable leer el manual. La lectura de éste nos ayudará a ahorrarnos tiempo y frustraciones. Con suerte (o una buena planificación), veremos que los tipos de señales y conectores de nuestro reproductor DVD y nuestros sistemas de vídeo y audio son compatibles, y que el reproductor DVD cuenta con los cables que necesitamos.

En caso de que las conexiones no parezcan compatibles, no debemos forzar los conectores ni conectar las señales que no sean compatibles. Si es así, debemos llevar el manual del reproductor DVD y el de los sistemas de vídeo y audio a la tienda y pedir la ayuda necesaria. Si no tenemos los manuales del sistema de vídeo y audio, es aconsejable hacer el dibujo que se ha explicado en el apartado anterior y llevarlo a la tienda.

Los siguientes diagramas ilustran dos instalaciones típicas que pueden utilizarse para conectar la mayoría de reproductores DVD a sistemas de televisión y audio modernos. La figura 2.5 muestra un diagrama del panel posterior de un reproductor DVD de uso doméstico.

Conexión directa a un televisor

La manera más sencilla de conectar un reproductor DVD es hacerlo directamente a la televisión. Las televisiones más modernas cuentan con una serie de entradas auxiliares diseñadas para este mismo propósito, además del conector principal utilizado para una antena, un cable o un reproductor de vídeo. (Como se ha explicado anteriormente, no podemos esperar poder conectar el reproductor DVD a un reproductor de vídeo, porque la protección anti-copia diseñada en los reproductores DVD degradará la señal.) Si nuestra televisión no cuenta con una serie adicional de entradas, necesitaremos utilizar una caja de seccionamiento de vídeo para enlazar la conexión actual y el reproductor DVD.

Podemos conectar el reproductor DVD a nuestro televisor utilizando enchufes estándar tipo RCA con sencillos conectores habituales en los equipos de audio (más información sobre conectores en los siguientes apartados). Sólo tenemos que conectar los tres enchufes de salida en el reproductor DVD a los correspondientes enchufes de entrada del televisor (véase figura 2.3). Debemos tener en cuenta el etiquetado del bastidor y el código de color para realizar las conexiones: vídeo de banda de base analógica (normalmente amarillo) y audio *Left* y *Right* estéreo (blanco y rojo).

A continuación, con el fin de ver la imagen del DVD, necesitamos seleccionar la entrada auxiliar en nuestra televisión. Dependiendo del equipo que tengamos, esto se puede hacer seleccionando un canal especial o pulsando el botón de entrada para vídeo.

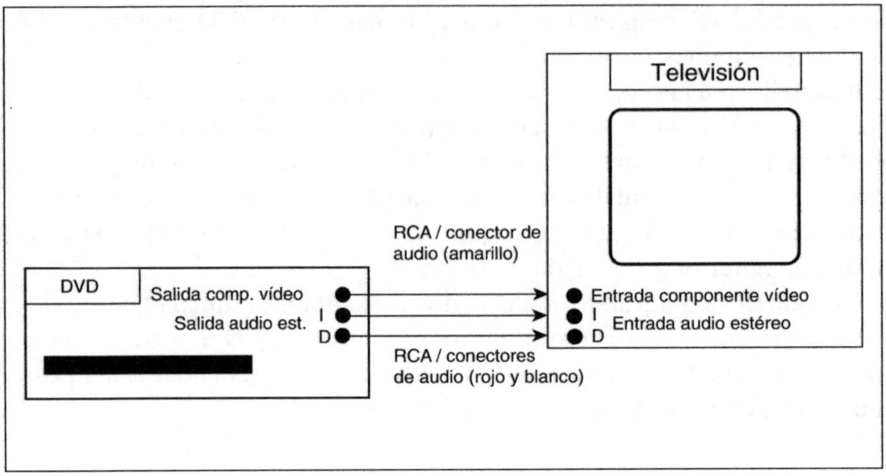

Figura 2.3. *La instalación más sencilla: conectar el reproductor DVD directamente a las entradas de audio y vídeo del televisor.*

Conexión a un televisor y a un sistema de audio estéreo

Aunque la mejor forma de disfrutar de un DVD es mediante un sistema de "cine en casa" con sonido *surround* multicanal, también podemos hacerlo en condiciones mucho más sencillas. Otra forma de conexión consiste en conectar las salidas de audio estéreo de nuestro reproductor DVD a nuestro sistema de audio actual.

Puesto que este último, habitualmente, cuenta con mejores altavoces que la televisión, nuestros DVD sonarán mucho mejor mediante el uso del sistema de audio.

La mayoría de los sistemas de audio cuenta con una entrada auxiliar disponible, además de entradas para un receptor, un reproductor CD y un sistema de cintas. Sólo hay que desconectar los cables de audio *Left* y *Right* (blanco y rojo) de nuestro televisor y conectar el reproductor DVD directamente a nuestro sistema de audio (véase figura 2.4).

Hay que recordar que para ver un DVD, es necesario conectar el televisor a su entrada auxiliar, encender el sistema de audio y conectarlo también.

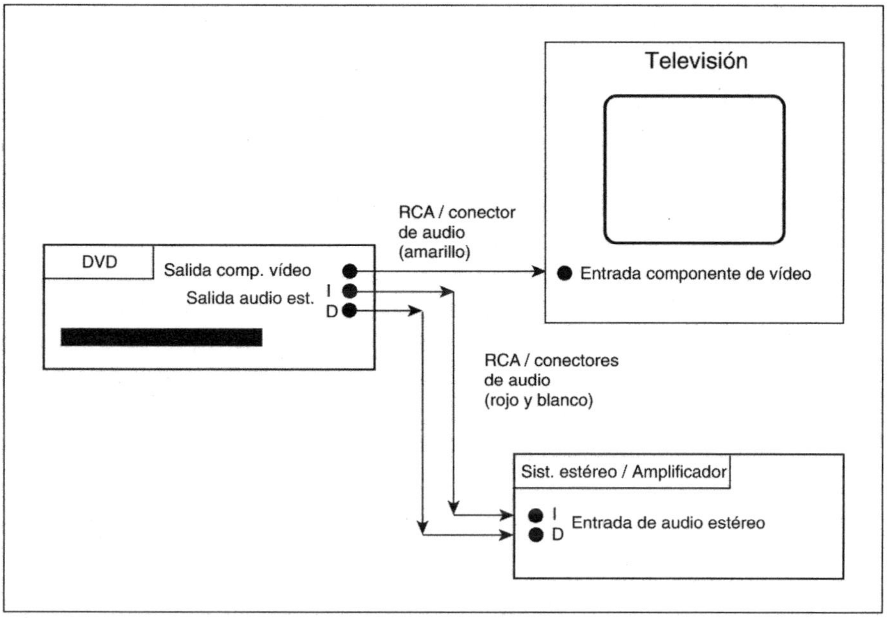

Figura 2.4. *Para disfrutar de un mejor sonido: conectar las salidas de audio estéreo del reproductor DVD a nuestro sistema de audio.*

Formatos de discos DVD

El primer asunto acerca de los reproductores DVD es el tipo de discos que reproducen. Obviamente, un reproductor DVD reproducirá películas comerciales en DVD, pero, ¿qué ocurre con los CD de música o los nuevos formatos de audio, como DVD-Audio? Y, además de los discos comerciales pregrabados, ¿puede el reproductor utilizar discos de formato CD-R o CD-RW que hemos grabado nosotros mismos o formatos grabables como DVD-R?

Este apartado describe una variedad de formatos de discos DVD y CD para vídeo y audio. Además de estos formatos, también deberíamos tener en cuenta aspectos relacionados con la protección anti-copia de DVD y los códigos de región cuando utilicemos un reproductor DVD.

Formatos de discos DVD y CD

Tal y como se ha descrito en el capítulo 1, los diferentes formatos de DVD incluyen formatos de contenido lógico como DVD-Video y CD-Audio, y formatos de discos físicos, como CD-RW y DVD-RAM. Los distintos reproductores DVD son compatibles con diferentes formatos, aunque los reproductores más modernos normalmente son compatibles con un número mayor de formatos.

La buena noticia es que todos los reproductores DVD deberían reproducir películas comerciales en discos DVD-Video, incluyendo discos de una y doble capa, y discos de una y dos caras. Todos los reproductores deberían reproducir discos de películas DVD-Video de una y dos caras (es posible que tengamos que darle la vuelta manualmente), aunque deberíamos comprobar qué hace un cambiador con los discos de dos caras. La mayoría de los reproductores también deberían reproducir discos más pequeños de 8 cm, aunque esto hay que comprobarlo en caso de que sea una cuestión importante.

La mala noticia es que a pesar de los esfuerzos de la industria de DVD por establecer estándares universales, no todos los formatos son compatibles. Asimismo, algunos reproductores DVD, especialmente los más antiguos, pueden tener problemas para reproducir discos grabados en un soporte grabable (R), mientras que los formatos regrabables (RW) son menos compatibles con reproductores actuales. Esto nos obliga a entender los tipos de discos que queremos utilizar, ya sean del ordenador o de una grabadora DVD, y a comprobar que el reproductor que hemos adquirido puede reproducirlos.

Los formatos se clasifican de la manera que viene a continuación, de mayor a menor compatibilidad. En este caso ignoraremos detalles como discos DVD-Video de dos caras o doble capa, o discos DVD-RAM de 8 cm de diámetro, puesto que habitualmente son compatibles si el formato básico lo es.

Por norma general, el reproductor DVD incluirá los siguientes términos o logotipos para identificar si puede reproducir el tipo de disco correspondiente, como muestra el Apéndice A.

Formatos pregrabados comunes

La mayor parte de los reproductores DVD puede reproducir películas comerciales en DVD y música en CD pregrabados.

Todos los reproductores DVD, por definición, deberían reproducir películas pregrabadas en DVD:

- **DVD-Video**: Películas pregrabadas en DVD.

Muchos reproductores DVD también pueden utilizarse como reproductor CD para reproducir, saltar de una canción a otra e, incluso, configurar listas de reproducción:

- **CD-Audio**: Música pregrabada en CD.

Puesto que los *burners* de CD-R/RW son tan habituales en los ordenadores actuales, los reproductores DVD que pueden reproducir CD, normalmente, también pueden reproducir música grabada en CD grabables:

- **CD-R/RW (CD-R** y **CD-RW)**: CD de audio grabado en discos grabables.

Muchos reproductores DVD también son compatibles con el formato VideoCD (VCD) para vídeos breves en CD. La compatibilidad con discos VCD comerciales debería significar que también podemos crear nuestros propios discos VCD en CD-R/RW:

- **VideoCD (VCD)**: Producciones breves de vídeo (y audio) en CD, CD-R/RW.

Formatos DVD grabables

Los reproductores DVD actuales también deberían reproducir películas DVD-Video grabadas en discos grabables (R), mientras que los más recientes deberían también reproducir soportes regrabables (RW). Tanto las grabadoras DVD de uso doméstico como las de ordenadores de escritorio pueden grabar discos DVD en formato DVD-Video. Hasta que la industria avance un poco más, sin embargo, seguirá habiendo incompatibilidades entre los diferentes productos de reproducción y las diferentes marcas de soportes. Los formatos grabables (R) están diseñados para ser compatibles con los reproductores DVD más modernos:

- **DVD-R**: Formato grabable original del DVD Forum.
- **DVD+R**: Formato grabable competidor.

La mayoría de los reproductores deberían estar diseñados para dar cabida a los formatos regrabables (RW):

- **DVD-RW**: Formato regrabable original del DVD Forum.
- **DVD+RW**: Formato regrabable competidor.

El tercer formato grabable del DVD Forum, el DVD-RAM, sólo puede reproducirse en reproductores DVD que estén expresamente diseñados para ello. El logotipo DVD-Multi se utiliza para identificar aquellos reproductores compatibles con los tres formatos del DVD Forum:

- **DVD-RAM**: Formato de acceso aleatorio del DVD Forum.
- **DVD-Multi**: Compatible con DVD-R, DVD-RW y DVD-RAM.

Formatos de audio adicionales

Además de los CD de audio, algunos reproductores DVD pueden reproducir audio en otros formatos, bien para comprimir más canciones en un CD para una mayor cantidad de reproducción, o bien para ofrecer sonido *surround* de alta calidad. Los formatos especializados sólo aparecen como característica especial en reproductores de alta capacidad.

Tal y como ocurre con muchos reproductores CD, algunos reproductores DVD también pueden reproducir CD que han sido creados con canciones comprimidas en formato MP3. Puesto que los CD en MP3 pueden albergar muchas más canciones que un CD de audio, resulta de gran ayuda que el reproductor ofrezca una navegación en pantalla con los nombres de los archivos MP3.

- **Audio MP3**: Archivos de audio MP3 en CD-R/RW.

El formato Microsoft Windows Media Audio (WMA) cada vez está más disponible para los reproductores portátiles, y ofrece más nivel de compresión que el MP3. Algunos reproductores DVD también pueden reproducir CD con canciones en formato WMA:

- **Audio WMA**: Archivos Windows Media Audio en CD-R/RW.

Además del DVD-Video para películas en DVD, el formato DVD-Audio ha sido creado para los amantes de la música que exigen grabaciones de audio de alta calidad con sonido *surround*:

- **DVD-Audio**: Audio pregrabado con sonido *surround* en soporte DVD.

Sony y Philips también han presentado un formato competidor, el SACD (Super Audio CD), para grabaciones de audio de alta calidad:

- **SACD**: Audio de alta calidad Super Audio Compact Disc en soporte SACD.

Formatos de vídeo adicionales

Algunos reproductores DVD también son compatibles con otros formatos de vídeo. Estos formatos resultan muy interesantes para la creación de producciones breves en DVD, porque pueden crearse y distribuirse en CD baratos en lugar de discos DVD. Son formatos poco comunes, y casi ningún reproductor puede reproducirlos.

El formato avanzado SuperVCD (SVCD) ofrece vídeo de alta calidad en CD, aunque el tiempo de reproducción es menor:

- **Super VideoCD (SVCD)**: Producciones breves de vídeo (y audio) en CD-R/RW.

Para producciones breves, también podemos grabar archivos de datos en formato DVD a CD en lugar de DVD.

- **DVD on CD/cDVD**: Archivos DVD en CD-R/RW.

De nuevo, Microsoft está promoviendo el uso del formato de vídeo Windows Media (WMF) como método para comprimir más vídeo en un CD o incluso un DVD:

- **Windows Media Video**: Archivos de vídeo y audio comprimidos WMF en discos CD y DVD.

Protección anti-copia analógica

Además de la confusión derivada de los discos DVD, es necesario tener en cuenta las ramificaciones de los esquemas de protección anti-copia integrados en los reproductores DVD y los DVD pregrabados.

En lo que se refiere a la mayoría de los DVD, la salida de vídeo analógica del reproductor DVD cuenta con protección anti-copia Macrovision, similar a la protección anti-copia incorporada en las cintas VHS. Esta protección anti-copia presenta distorsiones en las señales de sincronización de la salida de vídeo para que las grabadoras de vídeo no puedan sincronizar la señal correctamente. En consecuencia, si intentamos copiar la película en una cinta, la imagen resultará distorsionada en varias formas: la imagen aparecerá fragmentada o puede moverse o saltar. Puesto que las televisiones sólo muestran la señal, no intentan grabarla, son más tolerantes a esta clase de distorsiones de sincronización, y el vídeo DVD aparece correctamente en los televisores. No obstante, éste es un acto de malabarismo, ya que en algunos casos poco habituales, este tipo de protección anti-copia causa problemas en las reproducciones legítimas.

Protección anti-copia digital y código de región

Además de la protección anti-copia analógica, los DVD pregrabados también contienen protección anti-copia digital mediante la codificación de los datos en el disco. Esta codificación está diseñada para impedir la copia de películas en formato digital. Además de la inclusión de datos codificados en una parte del disco que no puede escribirse mediante grabadoras DVD normales, también tiene como objetivo impedir la copia de los propios discos.

Para la mayoría de reproducciones legítimas en reproductores de uso doméstico y reproductores de software, este esquema de codificación no tendría mayor importancia, excepto por el hecho de que ayuda a soportar una característica del DVD conocida como "gestión regional". Los estudios cinematográficos estrenan películas en diferentes momentos y en diferentes partes del mundo. Una película puede estar ya disponible en vídeo o DVD en los EE.UU. mientras se acaba de estrenar en los cines de otro país. Para proteger la taquilla, los estudios insistieron en que el formato DVD debía incluir un sistema para evitar que los discos vendidos en una región pudieran reproducirse en otra.

Las películas comerciales y otros discos DVD con gestión regional tienen un código que identifica la región en la que pueden reproducirse, normalmente situado en la parte trasera de la caja del disco, junto con el formato de TV (NTSC o PAL). Cuando adquirimos un reproductor DVD, éste cuenta con un código de región predeterminado para la región en la que el reproductor se va a vender. Esto no supone ningún problema si adquirimos el reproductor y los discos en la misma región. Sin embargo, si intentamos mezclar y emparejar discos y reproductores de regiones diferentes, lo más normal es que los discos no funcionen. También supone un problema si viajamos con frecuencia entre distintas regiones y queremos adquirir y ver DVD mientras nos desplazamos en ambas direcciones.

Algunos reproductores permiten cambiar las regiones, al menos unas cuantas veces. Los reproductores de software también asumen una región predeterminada cuando empezamos a reproducir discos, y ofrecen únicamente un número limitado de cambios de región. Si tenemos prevista la reproducción entre regiones (véase tabla 2.1), debemos comprobar las posibilidades de gestión regional de nuestro reproductor.

Tabla 2.1. *Regiones geográficas generales definidas para la gestión regional de DVD.*

Número de región	Descripción
1	Norteamérica
2	Japón, Europa Occidental, Sudáfrica, Turquía y Oriente Medio
3	Sudeste asiático
4	Australia, Nueva Zelanda, Sudamérica y Centroamérica y Sur del pacífico
5	Noroeste asiático, Rusia, Subcontinente indio y la mayor parte de África

Número de región	Descripción
6	China y Tibet
7	Reservado
8	Lugares especiales (aviones, cruceros)

En lo referente a la creación personal en DVD, podemos ignorar la protección anti-copia y las regiones, y limitarnos a crear discos que puedan reproducirse en cualquier reproductor. En cuanto a la creación profesional, algunas herramientas permiten especificar códigos de región y codificación concretos al crear un DVD maestro para usarlo para el duplicado.

Conexión de un reproductor DVD: Entradas y salidas

Por sí solo, un reproductor DVD no sirve para nada. No cuenta con una pantalla para visualizar imágenes ni altavoces para escuchar el sonido. Un reproductor DVD se vuelve interesante cuando lo conectamos a otros aparatos: un sistema de vídeo y un sistema de audio para ver y oír los contenidos de nuestros DVD.

Los aspectos más importantes a la hora de conectar cualquier aparato en un sistema son las interfaces entre los aparatos: lo que entra (una entrada) y lo que sale (una salida) de cada uno de ellos. Debemos asegurarnos de que las salidas de un aparato concuerdan con las entradas del otro.

En un reproductor DVD, hay tres tipos generales de entradas y tres tipos de salidas, como muestra la tabla 2.2.

Tabla 2.2. *Tipos de entradas y salidas de un reproductor DVD de uso doméstico.*

Categoría	Tipo
Alimentación	Entrada
Disco DVD/CD	Entrada
Controles	Entrada
Pantalla de estado	Salida
Salida de vídeo	Salida
Salida de audio	Salida

Los formatos de discos DVD y CD compatibles con varios reproductores DVD se han descrito anteriormente, mientras los controles de entrada y la pantalla de estado se describen en el siguiente apartado.

Estas salidas de vídeo y audio se utilizan para la conexión a una amplia variedad de pantallas de vídeo y sistemas de audio, desde televisiones estándar hasta monitores digitales de pantalla ancha, y desde receptores estéreos hasta sistemas de sonido *surround* multicanal. (Véase figura 2.5, un ejemplo del panel posterior de un reproductor DVD.)

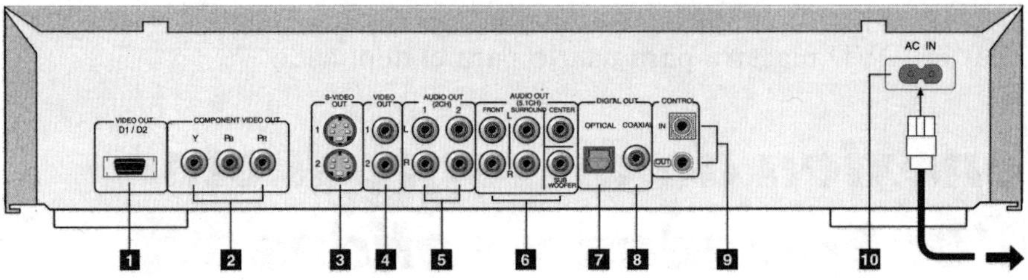

Figura 2.5. *Panel posterior del reproductor DVD de uso doméstico Elite DV-47A de Pioneer.*

1. D1/D2 VIDEO OUT (Conectores de vídeo D).
2. Componente de salida de vídeo: Y, Pb, Pr (conector RCA).
3. Salida S-Video: Y C (conector S-Video).
4. Salida de vídeo compuesta: (RCA amarillo/conector de audio).
5. Salida de audio estéreo: dos canales L y R (RCA rojo y blanco/conector de audio).
6. Salida de audio *surround*: 5.1-Channel Front y Surround Left y Right, más Center y Sub-Woofer (enchufe RCA).
7. Salida de vídeo digital óptico (conector digital óptico).
8. Salida de vídeo digital coaxial (conector RCA).
9. Entrada/Salida de control: Encadena múltiples componentes para funcionar con un solo mando a distancia (mini-enchufe estéreo).
10. AC Power In (entrada de alimentación).

Cable de alimentación

El conector más obvio del panel posterior de un reproductor DVD es el cable de alimentación. Los reproductores vendidos en los establecimientos locales se ajustarán a la potencia propia de la zona. Sin embargo, si tenemos pensado viajar con nuestro reproductor DVD, debemos comprobar que éste es compatible con el tipo de potencia que encontramos en nuestros desplazamientos.

Conexión de señales de vídeo

Para ver películas en DVD, necesitamos conectar nuestro reproductor DVD a una pantalla y un sistema de audio. Como se ha explicado anteriormente, esto es tan sencillo como conectar cables al televisor. Sin embargo, si somos amantes del cine o la música, entonces los reproductores DVD también pueden ofrecer una gran variedad de conexiones de mayor calidad a sistemas de "cine en casa".

En primer lugar, para ver las imágenes necesitamos conectar la señal de salida de vídeo del reproductor DVD a algún tipo de pantalla.

Señales de vídeo y conectores

Los tipos de señales de vídeo habitualmente utilizados para los reproductores DVD incluyen:

1. RF.
2. Compuesta (banda de base).
3. S-Video/SVHS.
4. Componente (RGB), (Y,B-Y, R-Y), (Y, Pr, Pb).
5. Vídeo digital.

La mayoría de reproductores ofrecen, al menos, muchos tipos de salidas de vídeo, mientras que los reproductores de alta capacidad ofrecen salidas adicionales de mayor calidad.

Para ver un DVD, nuestro televisor o sistema de pantalla debe ser compatible con al menos uno de los tipos de señales que tiene nuestro reproductor DVD. Si no es así, necesitaremos una caja de conversión de señal adecuada para conectar el DVD a la pantalla.

Si asumimos que nuestro reproductor DVD tiene una salida de vídeo compatible con una entrada de vídeo en la pantalla, a continuación necesitamos conectar la salida del DVD a la entrada de la pantalla con un cable. Nuestro reproductor debería incluir una serie de cables. Si éstos no son compatibles con los conectores de nuestra pantalla, tendremos que utilizar adaptadores de cable que conviertan diferentes clases de conectores, o bien adquirir cables con diferentes tipos de conectores en el extremo. La tabla 2.3 muestra una serie de conectores de cable comunes.

El conector F se utiliza con frecuencia para las señales RF. Se utiliza para las salidas de conversores de telivisión por cable y como conexiones de antena para reproductores de vídeo y televisiones. El conector de audio RCA se desarrolló originalmente para el audio, pero también se utiliza habitualmente para vídeo compuesto y componente. El conector BNC ofrece un conector más resistente que el conector de audio RCA; es más caro y se encuentra en sistemas de alta capacidad. El conector S-Video es un conector especializado utilizado para señales S-Video. El conector Firewire se utiliza para señales de vídeo digital, como videocámaras DV y otras conexiones digitales IEEE 1394.

Tabla 2.3. *Conectores de cable de vídeo.*

Tipo	Conector
Conector F	
Conector de audio RCA	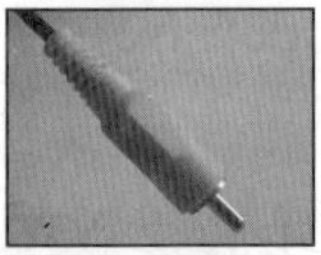
Conector BNC	
Conector S-Video	
Conector Firewire/IEEE 1394	

Formato de vídeo RF

El vídeo RF es la conexión de señal de vídeo más sencilla y de más baja calidad. Es el mismo tipo de señal que tenemos en la antena de nuestro servicio de TV por cable (no digital). Además, es una de las salidas incluidas en la mayoría de videojuegos y reproductores de vídeo.

RF significa *radio frequency* (frecuencia de radio); este término es un vestigio de los primeros días de la radio. Significa que la señal de vídeo compuesta ha sido modulada en una onda de radio de alta frecuencia que podía transmitirse a los hogares desde una torre de antena, siempre que la onda de radio fuera lo bastante resistente para llegar hasta allí. Cuando sintonizamos la TV en el canal correspondiente a la frecuencia de la onda de radio, el televisor desmodula la señal de vídeo compuesta de la RF de manera que recibimos una imagen. Cuando conectamos un dispositivo como un reproductor de vídeo o una consola de videojuegos a un televisor, la señal RF va hasta la entrada de la antena de nuestro receptor de televisión y es recibida en el canal 3 ó 4. La señal RF también lleva señal de audio, de modo que el audio se reproducirá también mediante el receptor. Es la única forma de recibir una señal en muchos televisores antiguos.

La RF es la señal de vídeo menos deseada, porque la modulación y desmodulación del vídeo y el audio en el portador RF reducen la calidad de las señales de vídeo y audio. En consecuencia, muy pocos reproductores DVD tienen una salida RF, por lo que podemos esperar aun menos en el futuro, ya que las televisiones más modernas vienen equipadas con salidas integradas para tipos de señales de mayor calidad.

Si nuestro reproductor DVD no tiene una salida RF, y el televisor es un modelo antiguo que sólo tiene entradas de antena, podemos conectar el reproductor DVD al televisor mediante un modulador RF externo, que pasará la señal DVD a nuestro televisor en el canal 3 ó 4. Si ya contamos con una antena o reproductor de vídeo conectados a nuestro televisor, también necesitaremos un *switcher* de vídeo y audio para seleccionar entre la antena/reproductor de vídeo y el DVD.

Formato de vídeo compuesto/banda de base

Vídeo compuesto o banda de base es el siguiente paso a la RF. El vídeo compuesto es simplemente el vídeo que sería modulado dentro de la RF. Si utilizamos el vídeo directamente en la pantalla, el formato compuesta se salta los pasos de modulación/desmodulación y muestra una imagen de mejor calidad.

Sin embargo, el estándar de vídeo en color compuesto se diseñó a comienzos de los años 50. Una preocupación importante de la época era garantizar que las entonces nuevas señales de TV en color fueran compatibles con los televisores existentes en blanco y negro. Los ingenieros hicieron un trabajo excelente en 1950 (desarrollaron un estándar que perduró más de 50 años, en el que la electrónica de uso doméstico pasó de ser una tecnología analógica, de componente discreto y de tubo vacío, a ser una tecnología digital, de circuitos integrados y semiconductores). No obstante, el vídeo compuesto no puede explotar completamente las posibilidades de la tecnología DVD actual.

A pesar de todo, la salida de vídeo compuesta reproducida desde un disco de buena calidad en un reproductor DVD económico y en una pantalla de buena calidad ofrece una experiencia visual mejor que una televisión de antena normal, una cinta VHS o un cable analógico.

El vídeo compuesto no lleva señal de vídeo. Si utilizamos vídeo compuesto, necesitamos contar con un medio alternativo para el audio, tal y como se describe en el apartado siguiente.

Formato S-Video

El S-Video es el siguiente paso al vídeo compuesto. Se denomina en ocasiones Super VHS o SVHS, porque su primer uso extendido fue en sistemas de cintas SVHS.

En el vídeo compuesto, las señales de brillo y color se combinan, pero de tal forma que una TV en blanco y negro puede separarlas e ignorar la imagen en color. El S-Video mantiene las dos señales separadas. Un cable de S-Video, en realidad, contiene dos cables más pequeños en su interior, uno para el brillo y otro para el color. Esto es importante para los DVD, porque el disco almacena las señales de brillo y color de forma separada; con el S-Video se saltan los pasos para combinar el color y el brillo en el reproductor, y para separarlos en la pantalla. El S-Video ofrece una imagen más nítida con mejor reproducción del color que el vídeo compuesto.

El S-Video no lleva señal de audio. Si utilizamos el S-Video, necesitamos tener medios alternativos para el audio.

Formato de vídeo componente

El vídeo componente es el paso siguiente al S-Video. Aunque el S-Video separa el brillo y el color, sigue combinando toda la información del color en una sola señal. El formato componente separa la señal de vídeo en tres señales separadas (y tres cables diferentes), con el fin de evitar la pérdida de calidad al mezclar las señales. Esto es importante para el DVD, porque el disco almacena la información sobre el color en un formato componente. Con vídeo componente, nos saltamos los pasos para combinar la información de color en un solo canal y para separarla de nuevo en la pantalla.

El formato componente más obvio es RGB (rojo, verde y azul). Si hemos creado imágenes en color en un ordenador o hemos mirado con atención el punteado en un televisor o un monitor, sabemos que podemos combinar diferentes cantidades de rojo, verde y azul para crear todos los demás colores. Una forma alternativa de vídeo componente utiliza señales con la forma Y, B-Y, R-Y, en la que Y es intensidad; este tipo de formato también se llama YUV, YCbCr o Y Pr Pb. La mayoría de reproductores con una salida componente pueden alternar entre las diferentes formas de salida de componente. Sólo hay que comprobar que el reproductor que adquirimos puede tener salida en el formato componente que requiere la pantalla.

El vídeo componente no lleva señal de audio. Si utilizamos vídeo componente, necesitamos tener medios alternativos para el audio.

Formato de vídeo digital

La última salida de vídeo, el vídeo digital, aún no está disponible comercialmente para reproductores DVD, aunque existen cámaras DV y otros aparatos que pueden generar vídeo digital y ordenadores equipados con tarjetas gráficas digitales FireWire/IEEE 1394 que pueden aceptar la salida.

Un aspecto importante del vídeo digital es la protección del material registrado: cómo hacer respetar los derechos de autor en una corriente de vídeo digital de un reproductor DVD.

Pantalla de vídeo ancha (4:3 y 16:9)

Cuando conectamos correctamente la señal de vídeo de nuestro reproductor DVD a la pantalla, seguimos teniendo opciones relacionadas con la forma en que las imágenes se visualizarán, especialmente para películas que se hicieron originalmente para su entreno en cines (más que vídeo).

El formato de pantalla estándar para la televisión convencional tiene un formato de imagen de 4:3; la anchura es un tercio más larga que la altura. Sin embargo, las películas se ruedan con un formato de imagen de pantalla ancha para la proyección en salas de cines (para visualizarse en una pantalla de cine que sea aproximadamente el doble de ancha que de alta).

Cuando vemos una película realizada para pantalla ancha (*widescreen*) en una pantalla estrecha, algo ocurre: no podemos encajar una pieza rectangular ancha (la película) en un agujero casi cuadrado (la pantalla de TV convencional). Las dos formas más habituales de solucionar esto son los procesos *pan & scan*, y *letterbox*. En cuanto al primero, la película se pasa del formato *widescreen* a un formato de pantalla estrecho mediante la colocación de una ventana 4:3 alrededor de los bordes de la pantalla ancha y del recorte de los extremos que quedan fueran de la ventana. En lo que se refiere al segundo, la película pasa a tener un formato de imagen de 4:3 reduciéndola hasta que encaje en la pantalla de 4:3 y añadiendo después unas bandas negras en las partes superior e inferior. En *letterbox*, vemos la escena completa, si bien es cierto que con una resolución de pantalla completa; confiamos en el operador *pan & scan* para ajustar la posición de la ventana en 4:3 y mostrar la parte más importante de la acción en la pantalla *widescreen*.

Las cintas pregrabadas y las informaciones sobre películas a menudo incluyen una advertencia como la siguiente:

Esta película ha sido formateada para su óptima visualización en tu pantalla de televisión.

Esta advertencia nos informa de que la película ya ha pasado por el proceso de reformateo *pan & scan* con el fin de que se ajuste al tamaño de las pantallas de televisión 4:3.

El formato favorito para las películas en DVD es la imagen completamente *widescreen* original con un formato de imagen de 16:9. Algunas películas también incluyen una versión *pan & scan* adicional, y habitualmente se fabrican con las dos versiones en las dos partes del disco o en discos separados. Sin embargo, los DVD están diseñados para visualizarse más allá de las pantallas de 4:3; también pueden verse en las pantallas *widescreen* más modernas.

Los reproductores DVD son compatibles con múltiples tipos de pantalla. En cuanto a las pantallas de televisión estándar en 4:3, los reproductores DVD realizan el proceso *letterbox* en un DVD de pantalla ancha (*widescreen*) para que se ajuste en pantalla. Para las pantallas anchas, los reproductores DVD de alta capacidad amplían la salida de vídeo para llenar la pantalla completamente. En función del reproductor DVD y las conexiones, el reproductor hará esto automáticamente, o bien tendremos que seleccionar el formato de vídeo de salida desde el menú de configuración.

Si somos apasionados del cine y contamos con un sistema de "cine en casa" o queremos llegar a serlo, debemos asegurarnos de adquirir un reproductor DVD que sea compatible con el formato de salida de vídeo de mayor calidad en nuestra pantalla *widescreen*.

Pantalla de vídeo intercalada y progresiva (3-2 *Pull-Down*)

Un segundo tema relacionado con la pantalla es si la película que vemos en DVD ha sido originalmente creada como vídeo para televisión o se ha rodado como película. La televisión y las películas se visualizan en diferentes formatos: 30 imágenes por segundo para el vídeo NTSC (el estándar de EE.UU.) y 24 imágenes por segundo para las películas.

Para evitar el parpadeo, el vídeo de televisión se configura en pantalla a velocidad doble. La televisión hace uso de un *scan* intercalado: la pantalla se actualiza 60 veces por segundo (a 60Hz), pero sólo la mitad de las líneas de la imagen se agrega con la actualización. Son necesarios dos ciclos de actualización (dos campos) para agregar todas las líneas en una imagen de vídeo completa. Las líneas del primer campo se intercalan, una sí y otra no, con las líneas del segundo para generar la imagen completa. El intercalado es parte del legado de los estándares de la televisión: hizo posible obtener imágenes sin apenas parpadeo y de buena calidad de escenas en movimiento dentro del ancho de banda disponible en un canal de TV.

No obstante, la tecnología ha mejorado a lo largo de estos últimos 50 años. El monitor de nuestros ordenadores utiliza un *scan* progresivo: todas las líneas se actualizan 60 veces por segundo o más deprisa. Las pantallas de vídeo de *scan* progresivo también están disponibles para el ocio doméstico, aunque son mucho más caras que las pantallas de intercalado. El *scan* progresivo elimina varios de los efectos de las pantallas de intercalado, especialmente en contornos en movimiento y líneas estrechas.

Los discos DVD están diseñados en un formato intercalado para su visualización en televisores estándar, incluso para aquel material que proviene de una película o de un sistema de *scan* progresivo. Cuando el material de la película se pasa a vídeo, cada fotograma completo de la película debe convertirse en formato intercalado, y los diferentes formatos de imagen también han de ajustarse, de 24 a 30 fotogramas por segundo. El reajuste de la velocidad de fotograma se denomina *3-2 pulldown*, y consiste en duplicar los campos individuales en un patrón 3-2 para ampliarlos a lo largo de los 30 fotogramas/60 campos.

Para el material en DVD que proviene de películas o un sistema de *scan* progresivo, el diseñador del disco puede incluir pistas en la corriente de vídeo que un reproductor DVD adecuadamente equipado puede utilizar para convertir el vídeo intercalado en vídeo de *scan* progresivo. Puesto que algunos discos no cuentan con estas pistas, o bien éstas son incorrectas, los reproductores DVD de alta capacidad incluyen la posibilidad de detectar automáticamente material con *3-2 pulldown* y pasarlo al formato progresivo original. Podemos ver cómo esto ocurre tras un corte en una película de material con un patrón *pulldown* distinto, cuando el intercalado es visible durante un instante y el reproductor vuelve a la imagen progresiva correcta.

Los reproductores DVD de alta capacidad ofrecen salidas de vídeo intercaladas estándar y salidas progresivas utilizando formatos componente para pantallas *widescreen* y digitales.

Conexión de señales de audio

Ninguna de las señales de vídeo llevan señales de audio, exceptuando la RF. En lo que se refiere a los formatos de alta calidad, tenemos que conectar cables separados desde el reproductor DVD, bien a una televisión equipada con entradas de audio separadas o bien a un sistema de audio para disfrutar de un sonido estéreo *surround* (véase figura 2.5).

Las señales de audio más comunes son:

1. RF.
2. Estéreo analógico (*line level*).
3. Estéreo analógico (auricular).
4. Analógico multicanal.
5. Audio digital.

En caso de no tener un sistema de audio independiente y si nuestra televisión sólo tiene entradas de antena, necesitaremos utilizar una conexión de vídeo/audio RF para nuestro televisor.

Señales y conectores de audio

Los tipos de conectores que veremos con más frecuencia en la parte posterior de nuestro reproductor DVD o sistema de audio incluyen conectores de audio y de auriculares para el audio analógico, así como una variedad de conectores adicionales para las señales de audio digital:

1. RCA fonográfico: (Analógico/digital).
2. Auricular: (Analógico).
3. SCART: (Analógico).
4. BNC: (Analógico/Digital).
5. FireWire/IEEE 1394: (Digital).
6. Toslink fiberoptic: (Digital).

El audio analógico normalmente se conecta mediante conectores de audio y enchufes RCA, aunque algunos sistemas de alta capacidad utilizan conectores BNC más caros y algunos sistemas europeos utilizan conectores SCART que combinan audio y vídeo analógico en un solo conector. Si el sistema de audio y el reproductor DVD no tienen el mismo tipo de conectores, tendremos que adquirir los conectores adecuados o adaptadores entre los distintos tipos de conectores.

La forma más popular de conectar señales de audio digitales incluye el cable coaxial (el mismo tipo que se utiliza para conexiones de vídeo), IEEE 1394, el estándar de interfaz digital utilizado en videocámaras DV y Toslink (un estándar de interfaz digital de fibra óptica).

Si nuestros sistemas utilizan el cable coaxial para conexiones de audio digital, los conectores pueden ser fonográficos o BNC. Si nuestro sistema utiliza IEEE-1394 o Toslink, los conectores son estándar.

Formatos de audio analógico

La mayoría de reproductores DVD cuenta con salidas de audio estéreo *Left* (izquierda) y *Right* (derecha) que pueden conectarse a convencionales sistemas analógicos estéreos. Estas conexiones son *line level*, es decir, para interconexiones de equipamiento y sin la amplificación requerida para conectar a los altavoces.

Asimismo, los canales de audio izquierdo y derecho pueden codificarse para el sonido Dolby Surround. Éste es un método para lograr un sonido envolvente con señales de audio analógico convencional. Es necesario que sea compatible con el codificador Dolby Surround Pro Logic del amplificador de audio, con el fin de extraer los canales adicionales. Mediante el uso de astutos trucos de procesamiento de señales, el Dolby Surround codifica dos canales extra en los canales izquierdo y derecho, de modo que podemos seguir oyendo sonido estéreo en dos canales durante una reproducción en un sistema estéreo convencional. Sin embargo, si nuestro sistema de audio está equipado con un codificador Dolby Surround Pro Logic, éste extraerá los dos canales adicionales: *Center* y *surround*.

Los canales adicionales van a los altavoces *Front Center* que hay entre los canales izquierdo y derecho y al altavoz *Rear*, situado detrás de nosotros, para ofrecer un entorno de sonido óptimo.

Formatos de audio Surround

El estándar DVD-Video es compatible con el uso de diversos formatos de audio digital:

1. Dolby Digital (AC-3).
2. MPEG-2.
3. Linear PCM (LPCM).
4. Digital Theather Systems (DTS).
5. Sony Dynamic Digital Sound (SDDS).

No todos los reproductores tienen que ser compatibles con todos los formatos; y no todos los discos deben incluir todos los formatos. Los discos de formato NTSC son necesarios para ofrecer al menos una pista de audio en Dolby Digital o PCM. Los discos PAL/SECAM son necesarios para ofrecer al menos una pista de audio en Dolby Digital, MPEG-2 o PCM. Obviamente, los discos pueden incluir, además, pistas de audio adicionales en formatos alternativos.

En la práctica, el Dolby Digital (también denominado AC-3) se utiliza para las pistas de audio en casi todos los discos. El Dolby Digital soporta audio con 1 a 5 canales, además de un canal de altavoces graves para llevar sonidos graves. Los cinco canales son *Front Left*, *Front Center*, *Front Right*, *Back Left* (o *Left Surround*) y *Back Right* (o *Right Surround*). El sonido Dolby Digital totalmente envolvente se denomina 5.1 (por los 5 canales más el canal de baja frecuencia). Los discos DVD, normalmente, cuentan con un audio estéreo o Dolby Digital en canal 5-1.

El sistema de sonido *surround* DTS (*Digital Theater Systems*) se utiliza en muchas salas de cine de todo el mundo, pero es un formato opcional para el DVD. El formato SDDS (*Sony Dynamic Digital Sound*) también es compatible con el estándar DVD-Video, pero en la práctica no se utiliza.

Estos formatos de audio digital almacenados en los discos DVD pueden pasarse directamente a un sistema de audio externo de sonido *surround*, que puede procesar la señal de audio codificada, o bien pueden convertirse en el reproductor DVD a formatos analógicos que pueden reproducirse en sistemas de audio convencionales.

Mezclas y sonido *surround* virtual

Con ayuda de un completo sistema de "cine en casa", podemos reproducir DVD con sonido *surround* mediante un sistema de audio de alta capacidad (véase el siguiente apartado). Pero incluso con una instalación de audio más sencilla, podemos seguir disfrutando de un audio DVD de alta calidad.

Si no contamos con un sistema de audio con sonido *surround*, los reproductores DVD pueden mezclar la banda sonora del DVD en sonido estéreo analógico de dos canales, con o sin Dolby Surround, de forma que el DVD puede reproducirse en una televisión o sistema estéreo.

Algunos reproductores DVD, así como algún software de reproductores DVD, también ofrecen un procesamiento virtual de sonido *surround*. Esta capacidad crea un efecto simulado de sonido *surround* que puede reproducirse en dos altavoces y que resulta especialmente efectivo con auriculares estéreo.

Formatos de audio digital

Algunos reproductores DVD incluyen codificadores Dolby Digital y DTS integrados, que extraen los canales de audio 5.1 de forma que la salida se realiza directamente como seis señales de audio analógico (normalmente denominados *Front L/R*, *Center*, *Surround L/R* y *Sub-Woofer*). Seguidamente, éstos pueden conectarse a un amplificador de audio externo con entradas para el canal 5.1.

Muchos reproductores DVD también ofrecen la opción de conectar una señal de audio digital directamente del reproductor DVD a un sistema de audio externo. En función del diseño del disco DVD y de la configuración interna de nuestro reproductor DVD, la salida de audio digital normalmente es PCM, Dolby Digital o DTS. Formatos como DTS y SDDS son opcionales para el formato DVD, y no necesitan incluirse en un disco o reproductor. La conexión digital puede utilizarse para audio estéreo básico o Dolby pro Logic, o audio con sonido *surround* en el canal 5.1.

Si estamos especialmente interesados en disfrutar de un sonido *surround* de alta calidad, tenemos que comprobar que nuestro nuevo reproductor DVD es compatible tanto con los formatos de audio como con las conexiones externas utilizadas en nuestro sistema de audio.

Reproducción de un DVD: Funciones de control y estado

El control y el estado son las entradas y salidas que nos permiten ver lo que está haciendo el reproductor y decirle que haga algo distinto. Los estándares DVD incluyen diversos elementos de control y navegación, de los que muchos son opcionales. Aunque nuestro reproductor DVD tal vez no incorpore todas estas características, siempre podemos seleccionar, controlar y dirigir aquellas que sí incorpore.

La mayor parte de los DVD tiene un panel frontal con una pantalla de estado y una serie de botones para los controles básicos: Encender/Apagar (*On/Off*), Abrir/Cerrar (*Open/Close*) para cargar y extraer un disco, así como controles parecidos a los de un vídeo, como Reproducir (*Play*), Detener (*Stop*) y Pausa (*Pause*). Incluso más que los reproductores DVD de uso doméstico, los reproductores DVD portátiles necesitan una serie completa de controles integrada en el reproductor para que pueda utilizarse sin necesidad de un mando a distancia (véase figura 2.6).

Figura 2.6. Controles integrados en un reproductor DVD portátil: el reproductor portátil DVD-LA95 Palm Theater de Panasonic.

Sin embargo, las características potenciales de un reproductor DVD son muchas, y un disco DVD también puede incorporar características propias del disco. Por tanto, es complicado ofrecer controles en el panel frontal para todas las funciones incluidas en un reproductor normal. En lugar de eso, los reproductores DVD de uso doméstico incluyen un mando a distancia con múltiples botones con el propósito de acceder a las funciones de control y utilizar la pantalla para la interacción con la mayor parte de funciones de estado mediante menús en pantalla (véase figura 2.8). Los reproductores DVD portátiles, con frecuencia, incluyen mandos a distancia de menor tamaño con menos botones (véase figura 2.7).

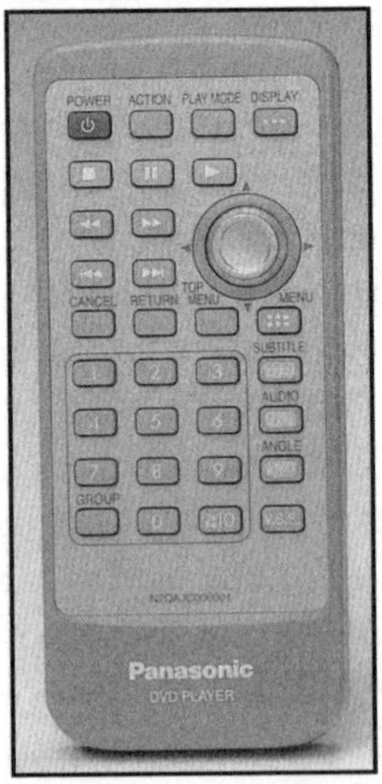

Figura 2.7. Mando a distancia de un reproductor DVD portátil: el modelo DVD-LA95 Palm Theater de Panasonic, con controles básicos de menú y reproducción.

Figura 2.8. *Mando a distancia de un reproductor DVD de uso doméstico: el modelo Elite DV-.47A de Pioneer.*

Truco

Es importante recordar que los controles del DVD no están completamente estandarizados. Las funciones de control y estado del libro son sólo ilustrativas; las funciones de otros reproductores pueden estar organizadas de manera distinta, y el disco utilizado puede cambiar la forma en que se accede a las funciones del reproductor.

Funciones básicas de un reproductor

El primer control que hay que usar en un reproductor DVD es el botón *Power* para encender el reproductor. También es necesario encender la televisión a la que está conectada el reproductor, así como cualquier sistema de audio. Tal vez también sea necesario conectar la televisión y el sistema de audio a las entradas de vídeo y audio correctas.

La pantalla de estado del panel frontal de un reproductor DVD normalmente muestra un mensaje de encendido, seguido de otro mensaje para cargar un disco. Pero incluso antes de insertar un disco, nuestro reproductor DVD debería mostrar su propio menú de inicio en el monitor de televisión. Esto nos permite seleccionar diversas funciones de configuración del reproductor, incluyendo la configuración de vídeo y audio, bloqueo parental e idiomas (ver a continuación). La configuración predeterminada normalmente está diseñada para conectar el reproductor directamente al equipo de televisión.

Para insertar un disco DVD (o CD), pulse el botón *Open/Close* para abrir la bandeja del disco. Inserte el disco y pulse de nuevo el botón o empuje la bandeja para cerrarla. El reproductor comienza entonces a girar el disco para leer su contenido. Cuando el reproductor reconoce el tipo de disco (por ejemplo, DVD-Video, Audio CD o Video CD) y empieza a leer y reproducir sus contenidos, habitualmente realiza una indicación en la pantalla de estado o aparece un texto en pantalla. Incluso puede mostrar el nombre del disco, que normalmente es la abreviatura del título de la película.

En este momento, el DVD que hemos insertado domina el reproductor. El propósito de las especificaciones del DVD es que toda la interacción posterior esté controlada por los contenidos del disco en la forma en que el disco fue diseñado y creado. La interacción incluye la navegación por los menús del DVD, el salto entre los puntos de capítulos establecidos e, incluso, el uso de botones superpuestos en la imagen en marcha. Por ejemplo, para cambiar el idioma de la banda sonora o activar los subtítulos, normalmente necesitamos ir a un menú de opciones incluido en la creación del DVD.

El diseñador del DVD puede especificar el primer elemento de reproducción del DVD, el clip inicial o el menú que aparece al insertar el disco en el reproductor. Lo primero que vemos al comienzo de un DVD comercial no es habitualmente la película, sino información legal. Ni siquiera podemos saltarnos esta parte porque los DVD pueden crearse para desactivar los controles de reproducción. Los DVD comerciales pueden incluir otros materiales de promociones, como pueden ser tráileres de otras películas.

Por último, la reproducción llegará con el menú principal del DVD. A este menú normalmente se accede directamente desde cualquier parte del DVD pulsando los botones *Main Menu* o *Top Menu* (Menú principal) en el mando a distancia del DVD o en el panel frontal, que se denomina menú *Title* (Título).

Para la reproducción de la película DVD, es necesario seleccionar la opción *Play Movie* (Ver película) en el menú principal. Ésta es, por norma general, la selección predeterminada, por lo que basta con pulsar el botón *Enter* (Aceptar), habitualmente situado en la parte central de los controles de navegación del mando a distancia.

En ese instante, el DVD irá al comienzo de la película y empezará a reproducirla. En lo que se refiere a las películas en pantalla ancha (*widescreen*), esto implica el cambio de formato de pantalla del 4:3 estándar (para los menús) al de pantalla ancha (o formato *letterbox* en una pantalla de televisión estándar).

Normalmente, los controles del mando a distancia del DVD contienen toda clase de botones, incluyendo controles de reproducción, navegación de menús y otras opciones del reproductor. Los paneles frontales de los reproductores DVD habitualmente contienen menos controles, pero los reproductores incluyen cada vez más los controles básicos de reproducción (*Skip Forward/Reverse/ Pause*), así como los controles de navegación de menús para poder iniciar la reproducción sin tener que utilizar el mando a distancia. Obviamente, en lo referente a los reproductores portátiles, es aún más importante tener toda clase de controles en el propio reproductor, de forma que no necesitemos un mando a distancia complementario.

Navegación en los menús del DVD

Aunque el formato DVD-Video está perfectamente especificado, la estructura de navegación varía enormemente de un reproductor a otro; además, no hay un estándar para la distribución del mando a distancia o los menús en pantalla. De forma similar, aunque existen convencionalismos para la distribución de los menús de películas comerciales en DVD, la estructura de navegación final, los términos usados y el diseño gráfico dependen completamente del diseñador del DVD a la hora de crearlo.

Esta estructura de navegación es el elemento clave de la creación en DVD. Con las herramientas de creación iniciales, la navegación puede generarse automáticamente, mientras que las herramientas más profesionales ofrecen un completo control para personalizar tanto el aspecto y la conexión entre los menús como los botones y los clips.

Sin embargo, puesto que la estructura básica del disco es visible para el reproductor DVD, puede ofrecer un método alternativo de exploración del disco. Una de las grandes ventajas de reproducir un DVD en un ordenador es esta capacidad para ver los títulos, los capítulos y las pistas en el DVD. Los reproductores DVD de uso doméstico incluyen cada vez más este tipo de funcionalidad para explorar los contenidos del disco independientemente de la estructura de los menús.

Selección de botones

El formato DVD está diseñado para funcionar desde un menú principal, que es lo primero que vemos al iniciar la reproducción del disco (después del material de presentación), y al que se accede utilizando el botón ***Top Menu/ Main Menu*** (**Menú principal**). El disco habitualmente vuelve a él tras reproducir cada sección principal.

El menú principal, generado por las herramientas de creación automatizadas que se describen en capítulos posteriores, se utiliza normalmente para acceder a una serie de clips almacenada en el disco. El menú principal contiene un botón para cada clip, con una imagen en miniatura del primer fotograma de dicho clip. Puesto que un DVD puede contener más de los seis u ocho clips que encajan de forma correcta en una pantalla de televisión, el menú principal puede servir de enlace a menús adicionales con más clips mediante el uso de las flechas **Siguiente** y **Anterior**, o puede contener botones que actúan como carpetas de menús adicionales de clips organizados jerárquicamente.

Para navegar por esta clase de estructura, necesitamos un método para seleccionar botones individuales y activarlos para salir hasta el menú o clip asociados. Al reproducir un DVD en un ordenador que utiliza software de reproductor DVD, esto resulta tan sencillo como mover el cursor del ratón sobre un botón y hacer clic. En los reproductores DVD y los mandos a distancia, nos desplazamos entre los botones utilizando un panel de navegación, con las flechas **Arriba/Abajo/Izquierda/Derecha** (véase figura 2.9). De nuevo, incluso el orden en el que estos botones se desplazan por las opciones del menú queda definido por el creador del DVD.

Figura 2.9. *Controles de navegación de menús del reproductor DVD portátil DVD-LA95 Palm Theater de Panasonic. Pulse los extremos para desplazarse arriba/abajo/izquierda/derecha, o en el centro para aceptar la selección actual del menú.*

A medida que nos desplazamos por los botones disponibles de un menú, el botón seleccionado actualmente debería resaltarse de alguna forma, normalmente cambiando de color o mostrando un contorno alrededor del botón. Para activar el botón y realizar la acción a la que está asociado, pulse el botón ***Enter*** en el mando a distancia, que normalmente está situado en el centro de los botones de cursor.

Desplazamiento entre los menús

Puesto que los menús del DVD están habitualmente organizados siguiendo una estructura jerárquica, el formato DVD ofrece una serie de botones de navegación especiales que puede utilizarse para retroceder en la estructura del menú (véase figura 2.10).

Figura 2.10. *Controles dedicados de menú de DVD del reproductor portátil DVD-LA95 Palm Theater de Panasonic.*

El botón ***Top Menu*** o ***Menu Title*** (o ***Title***) salta al menú principal que aparece cuando reproducimos el DVD por primera vez. Debería ofrecer acceso a todos los contenidos y funciones del DVD.

El botón ***Return*** sirve para volver al último menú desde el que se ha accedido al menú actual, pero puede no estar incluido en muchos discos DVD.

El botón ***Menu*** (o ***Root***) sirve para saltar al menú principal de la sección actual del disco (como ***Special Features*** (**Extras**)). Sin embargo, ese uso depende totalmente del diseñador del DVD.

La utilidad de los botones ***Return*** y ***Menu*** depende de la organización de la estructura del menú en cada DVD en particular, y si su uso ha sido definido de forma consistente por el autor del DVD.

Menús del DVD y pistas alternativas

La estructura del menú de un DVD para la mayoría de películas comerciales sigue una serie de convenciones generales. Éstas ofrecen acceso no sólo al contenido de la película, sino a las opciones de reproducción como el idioma o los subtítulos.

El menú principal de las películas comerciales habitualmente contiene las siguientes opciones:

1. ***Play Movie*** (**Ver película**): Salta a la película y empieza a reproducirla desde el principio.
2. ***Scene Index*** (**Índice de escenas**): Muestra una serie de menús con botones en miniatura para cada capítulo o escena clave de la película. Al igual que ocurre con los menús producidos y creados con herramientas de creación en DVD automatizadas, estos menús permiten saltar direc-

tamente a una escena concreta, con lo que podemos ver la película desde ese punto hasta el final.

3. ***Special Features*** **(Extras)**: Enlaza con un menú que ofrece acceso a material secundario como tráileres de películas, reportajes del "*Making of*" y biografías del reparto. Esta opción, a veces, incluye la opción de ver la película con una banda sonora alternativa en la que el director u otros miembros del equipo comentan la película.

4. ***Setup*** **(Configuración)**: Enlaza a un menú que ofrece acceso a pistas alternativas de material asociado con la película en el DVD. Esta opción puede incluir formatos de audio alternativos, como sonido *surround* Dolby Digital 5.1; pistas de audio alternativas con diferentes idiomas; y subtítulos, también en idiomas diferentes.

Estas opciones de reproducción del DVD también pueden controlarse mediante el menú de configuración del reproductor DVD y mediante las teclas dedicadas del mando a distancia.

Controles de reproducción de la película

Los controles de reproducción del DVD incluyen controles similares a los de un reproductor de vídeo para desplazarse por la película como si se tratase de una cinta secuencial, además de la posibilidad de saltar directamente entre distintos capítulos y pistas (véase figura 2.11).

La pantalla de estado del panel frontal del reproductor DVD también ofrece información sobre el material que se reproduce actualmente, como el número de capítulo y el tiempo transcurrido. Muchos reproductores DVD también incluyen menús adicionales en pantalla para ofrecer información cuando controlamos el disco o cambiamos de capítulo o pista.

Figura 2.11. *Controles de reproducción del reproductor DVD portátil DVD-LA95 Palm Theater de Panasonic. Éstos incluyen* **Play** ***(Reproducir)***, **Scan** ***(Buscar)*** *y* **Chapter Skip** ***(Salto de capítulo)***.

Controles de un reproductor de vídeo

Los controles básicos de un reproductor de vídeo incluyen ***Play*** **(Reproducir)**, ***Pause*** **(Pausa)** y ***Stop*** **(Detener)**. La opción ***Pause*** congela la reproducción en el punto actual; para reanudar la reproducción basta con pulsar el botón ***Play***. Con el DVD, la calidad de la imagen congelada es muy alta, clara y nítida, sin los efectos que acostumbramos a ver en un reproductor de vídeo.

El botón ***Stop*** detiene la reproducción y actúa como la opción de rebobinado en una cinta de vídeo. Cuando pulsamos ***Play***, la reproducción de la película vuelve al principio. Puesto que este tipo de comportamiento puede resultar enormemente irritante si por error detenemos y extraemos un disco, muchos reproductores (y software DVD) están incluyendo la posibilidad de recordar el último punto de reproducción y así poder ofrecer la opción de reanudarla desde ahí.

Al igual que los reproductores de vídeo, los reproductores DVD ofrecen la posibilidad de realizar búsquedas en el disco: con desplazamiento hacia delante y hacia atrás, a velocidad rápida o lenta e, incluso, ir fotograma a fotograma. Los saltos y los desplazamientos hacia atrás en un DVD resultan algo complicados debido a la forma en que la compresión MPEG-2 utilizada para el vídeo divide el material en grupos de fotogramas, aunque los reproductores más modernos ahora ofrecen mucha más flexibilidad en relación con estas funciones.

Los botones ***Scan*** o ***Search Forward*** y ***Reverse*** pasan rápidamente la imagen, ofreciendo una variedad de velocidades que llegan a ser 100 veces superiores a la velocidad normal. El audio normalmente no se escucha, pero algunos reproductores sí lo incluyen.

Los botones ***Slow Motion Forward*** y ***Reverse*** mueven la imagen a menor velocidad, ofreciendo diferentes velocidades.

Cuando la imagen está en pausa, los botones ***Step Forward*** y ***Reverse*** pasan la imagen fotograma a fotograma, de forma que podemos examinar cada fotograma estático.

Algunos reproductores DVD incluyen un *joystick* o mando circular para controlar el movimiento en toda la película con diferentes velocidades.

Controles de los capítulos del DVD

Los DVD, al igual que los CD, son algo más que una larga secuencia de material. En los CD, el audio está organizado en canciones individuales, mientras que en los DVD el contenido está organizado en series de títulos y capítulos, donde cada título consiste en uno o más capítulos. Por norma general, la película está almacenada como un título. Otros materiales secundarios, como los tráileres, están almacenados en grupos de títulos separados a los que se puede acceder mediante el menú principal.

Los botones ***Skip Forward*** y ***Reverse*** saltan directamente al inicio del capítulo anterior o siguiente del título actual, de forma que podemos ir directamente de una escena importante a otra.

Además, algunos reproductores permiten seleccionar un capítulo concreto insertando un número en el teclado del mando a distancia.

Controles de imagen del DVD

Los reproductores DVD empiezan a incluir efectos de vídeo y audio (y mejoras), a los que se accede mediante el menú de configuración (véase a continuación).

Asimismo, algunos reproductores incluyen la función de **Zoom**, que nos permite ampliar de forma interactiva la imagen en pantalla, de forma similar a la función de zoom de las cámaras y videocámaras digitales. Esto puede ser especialmente interesante si se combina con la función ***Pause***: podemos detener la película en un fotograma concreto y a continuación utilizar el zoom sobre una parte de la imagen.

Controles de reproducción de las pistas alternativas

Puesto que las pistas alternativas de audio y subtítulos están bien definidas en el formato DVD, especialmente para su uso en la selección de un idioma diferente, también es posible seleccionar pistas alternativas directamente con el mando a distancia en lugar de tener que utilizar el menú de configuración proporcionado por el desarrollador del DVD (véase figura 2.12). Asimismo, podemos saltar entre los diferentes ángulos de imagen y pistas alternativas si están incluidos en el DVD.

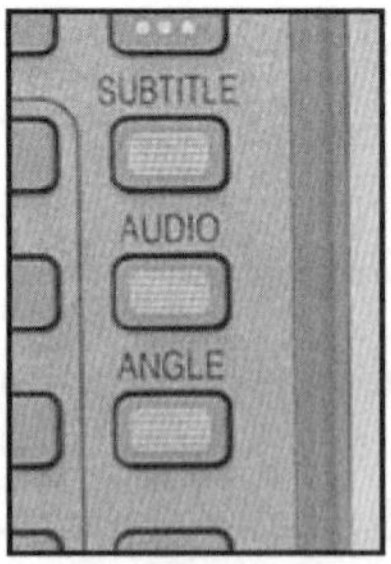

Figura 2.12. *Controles de pistas alternativas del reproductor DVD portátil DVD-LA95 Palm Theater de Panasonic.*

Los mandos a distancia de los DVD incluyen habitualmente botones dedicados para estas tres funciones:

1. ***Subtitle*** **(Subtítulo)**: Alterna entre las diferentes pistas de subtítulos disponibles en la sección actual del DVD. Estas pistas normalmente incluyen diferentes idiomas.
2. ***Audio*** **(Audio)**: Alterna entre las diferentes pistas de audio disponibles en la sección actual del DVD. Estas pistas pueden incluir diferentes idiomas y otras pistas, como por ejemplo los comentarios del director.
3. ***Angle*** **(Ángulo)**: Alterna entre las diferentes pistas de vídeo disponibles en la sección actual del DVD. Esta función se diseñó para contenidos (como actuaciones musicales) en los que podemos cambiar de ángulo o ver diferentes perspectivas de la actuación.

Menús de configuración del reproductor

El menú ***Setup*** **(Configuración)** de un reproductor DVD normalmente es más complejo que la función de configuración de un reproductor de vídeo, ya que el reproductor DVD puede hacer muchas más cosas. Los menús de configuración incluyen opciones para la selección de idiomas predeterminados, la configuración de las salidas y entradas de audio y la mejora del vídeo y el audio (opcional).

Todas estas opciones se encuentran en el reproductor DVD dentro del menú interno de configuración al que se accede cuando no hay ningún disco insertado o cuando el reproductor está detenido.

Conexiones y formatos de salida

Si vamos a conectar nuestro reproductor DVD a un sistema de "cine en casa", necesitamos utilizar los menús ***Setup*** del reproductor DVD para configurar las salidas adecuadas de audio y vídeo. Aunque el reproductor DVD puede tener numerosos conectores en el panel posterior, no todos están activos al mismo tiempo, y diferentes tipos de señales pueden ser generadas en el mismo conector.

En lo referente a la salida de vídeo, las opciones de configuración incluyen el formato normal 4:3 o el formato de imagen *widescreen* 16:9 (o *pan & scan*).

En cuanto a salida de audio, las opciones de configuración incluyen definir la salida digital a nuestro sistema de audio, seleccionar los formatos como Dolby Digital y DTS, así como determinar si la salida es la corriente de bits codificada, o descodificada y transformada por el reproductor DVD en formato PCM. La configuración del audio también puede permitir definir la configuración del altavoz en nuestra sala para equilibrar el sonido.

Soporte para múltiples idiomas

El formato DVD ofrece un importante grado de compatibilidad con la creación de títulos multilingües: con pistas de audio, subtítulos y menús disponibles en diferentes idiomas. Los DVD habitualmente se crean con un menú de configuración que podemos utilizar para seleccionar un idioma para el audio y los subtítulos, que también resulta de utilidad para practicar nuestros conocimientos en idiomas extranjeros. Los reproductores DVD y los mandos a distancia también ofrecen botones ***Audio*** y ***Subtitle***, que pueden utilizarse para desplazarse por las pistas disponibles.

La compatibilidad de idiomas en el formato DVD va incluso más allá. El estándar DVD especifica códigos únicos para identificar una gran variedad de idiomas concretos, de forma que el autor del DVD pueden marcar explícitamente material en el disco con su idioma correspondiente. Seguidamente, podemos utilizar el menú ***Setup*** en el propio reproductor DVD para seleccionar el idioma que prefiramos. Los DVD correctamente creados reproducirán automáticamente, con el idioma adecuado en los menús, la pista de audio e incluso los subtítulos.

Soporte para clasificación moral

El formato DVD también incluye la función de bloqueo parental (***Parental Lock***) para impedir la reproducción de discos con contenidos para adultos. Esta función es opcional y depende de que los discos DVD estén adecuadamente marcados con las clasificaciones morales apropiadas y de que se utilice el menú ***Setup*** del reproductor para restringir la reproducción de películas que estén por encima de esa clasificación.

Mediante el uso de una contraseña para proteger esa configuración, podemos establecer un nivel en el reproductor correspondiente al nivel moral (es decir, G, PG, R y NC-17). Cualquier disco con una clasificación superior a la que elijamos no se reproducirá, a menos que sepamos la contraseña. También podemos establecer el nivel para que no exista ningún tipo de restricción o para prohibir cualquier disco que no tenga clasificación (aunque esto impide la visualización de discos que hemos creado en un ordenador).

También es posible crear discos que soporten múltiples clasificaciones: el disco reconoce la configuración del reproductor y reproduce una versión de la película que es compatible con la clasificación. Por ejemplo, un disco que está clasificado como R puede saltarse o sustituir ciertas escenas o diálogos cuando el disco se reproduce en un reproductor configurado como PG. Aunque esta función de clasificación es parte del estándar DVD, la clasificación del disco es voluntaria por parte del productor del disco. Esta función no se utiliza habitualmente, debido principalmente a la dificultad para crearla.

Funciones avanzadas de vídeo y audio

A medida que los reproductores se vuelven más sofisticados, ofrecen funciones adicionales para mejorar el vídeo y el audio. Muchas de estas funciones ya son comunes en reproductores de software cuando vemos DVD en PC, y ahora están empezando a aparecen en reproductores DVD de uso doméstico.

Los reproductores DVD pueden ofrecer controles similares a los de la televisión y opciones para el procesamiento de la imagen para mejorar la calidad de la misma. Estas opciones incluyen controles de imagen individuales (como brillo, color, contraste y nitidez), así como otras mejoras generales para mejorar la imagen de la película en un salón (incluyendo la mejora de las áreas oscuras para resaltar los detalles).

Los reproductores DVD pueden ofrecer numerosas opciones para incrementar y clarificar el audio de una película. Éstas incluyen un ajuste dinámico para ampliar o reducir el nivel de volumen (por ejemplo, para la noche); potencia de graves para la salida de altavoces de graves, incluso con sonido en dos canales; y mejora de los diálogos para ampliar el canal central, en el que se encuentra la mayor parte del diálogo, para que la escucha sea más sencilla.

Para aquellos reproductores DVD que pueden reproducir discos DVD-Audio, el menú ***Setup*** puede ofrecer una opción para reproducir contenidos DVD-Audio o mostrar el contenido DVD-Video correspondiente que también se incluye en los discos.

Resumen

Como hemos visto, incluso los reproductores DVD más económicos pueden ser compatibles con una gran variedad de formatos de disco, conexiones de audio y vídeo y sofisticados controles para interactuar con el contenido de los discos.

Los reproductores DVD más modernos pueden reproducir películas DVD, álbumes CD y material en Video-CD; así como CD-R/RW grabable y, al menos, DVD-R/+R grabable para la creación de DVD en el ordenador. Los últimos reproductores cada vez son más compatibles con los formatos regrabables DVD-RW/+RW, y algunos lo son con DVD-RAM (con la etiqueta DVD-Multi). Para los aficionados al sonido, la amplia compatibilidad del CD con el MP3 permite el almacenamiento de enormes bibliotecas en un solo CD, tal y como ocurre con Windows Media Audio. Para los amantes del sonido, el DVD-Audio y SACD ofrecen música con sonido *surround* de alta calidad.

Asimismo, los reproductores DVD ofrecen una amplia gama de opciones para su conexión a pantallas y sistemas de audio externos. Sólo tenemos que realizar la conexión a la entrada auxiliar de nuestro televisor, reproducir el audio en nuestro equipo estéreo o vivir una experiencia única con una pantalla *widescreen* y sonido *surround* digital 5.1.

Tras la instalación del reproductor DVD, llega el momento de reproducir una película. Más allá de reproducir una película de forma secuencial, el formato DVD ofrece menús interactivos; acceso aleatorio por capítulos; y la visualización desde diferentes ángulos, con diferentes pistas de audio y subtítulos. Todas estas opciones están controladas normalmente por las opciones de la estructura del menú del DVD, que han sido creadas por el diseñador del DVD cuando éste se creó. Aunque los mandos a distancia del DVD incluyen botones dedicados que pueden utilizarse para desplazarse por el menú jerárquicamente y cambiar de forma dinámica de pista, algunos reproductores DVD también ofrecen opciones alternativas para ver y explorar la estructura de los discos DVD.

El capítulo 3 explora las unidades de uso doméstico que reproducen y graban a discos DVD. Podemos utilizarlos como sustitutos del reproductor de vídeo para ver programas grabados en otro momento, o para transferir nuestros propios vídeos en discos DVD con el fin de guardarlos y archivarlos.

Sin embargo, para entender completamente el formato DVD, la forma en que están diseñados y la estructura de los discos DVD, el mejor enfoque consiste en reproducir y explorar películas DVD en un ordenador personal, como se describe en la Parte II.

Mediante el uso de una aplicación de software de un reproductor DVD, podemos explorar la organización de un disco por títulos y capítulos, ver toda la estructura de navegación y saltar directamente a cualquier parte del disco. Si nos interesa, también podemos explorar el formato físico del disco con el fin de ver las carpetas y los archivos de datos utilizados para los distintos formatos.

DVD-R

3. Grabadoras DVD de uso doméstico: Formatos grabables

Los reproductores DVD-Video de uso doméstico, como se explicó en el capítulo 2, han ganado una enorme popularidad durante los últimos años para la reproducción de películas y, hoy en día, ya se pueden encontrar en numerosos hogares junto al reproductor de vídeo. Asimismo, las unidades de DVD-ROM cada vez son más habituales en los ordenadores de escritorio y los portátiles para la reproducción y exploración de películas.

A medida que las unidades grabables de CD-R/RW se han ido convirtiendo en elementos comunes, las unidades sólo de reproducción de DVD para ordenadores están evolucionado como *burners* de DVD que pueden utilizarse para producciones de creación de DVD en el ordenador.

Sin embargo, el formato DVD tiene más aplicaciones en la electrónica de uso doméstico: en grabadores de vídeo DVD e incluso en videocámaras DVD. Al fin y al cabo, la búsqueda en una cinta de vídeo se está quedando obsoleta, especialmente cuando por error grabamos encima de un programa. Por otra parte, las nuevas grabadoras de vídeo digital con disco duro, como TiVo (`www.tivo.com`) y SONICblue Replay TV (`www.SONICblue.com`) resultan muy útiles para grabar nuestros programas favoritos durante la semana, pero tenemos que verlos poco después o acabar borrándolos para hacer sitio a los programas de la semana siguiente.

Las grabadoras DVD parecen prometer una combinación insuperable en un solo aparato (véase figura 3.1): grabación de alta calidad en discos digitales en combinación con soportes borrables que podemos guardar para ver en otro momento y por precios por debajo de los 1000 euros. Pero más allá de unificar un reproductor DVD y un reproductor de vídeo en un solo aparato, las grabadoras DVD también ofrecen otras posibilidades. Además de grabar programas de TV, podemos grabar nuestros propios vídeos domésticos en DVD, con videocámaras analógicas y digitales o utilizando nuestras antiguas cintas de vídeo. También podemos reproducir los discos que grabamos en otros reproductores DVD o en unidades de DVD para ordenadores. Puesto que el vídeo está en formato digital, incluso existe la posibilidad de editarlo en un ordenador.

Figura 3.1. *La grabadora DVD DMR-E30 de Panasonic funciona como una grabadora de vídeo digital.*

Algunas de las más modernas grabadoras DVD también incluyen un disco duro y un *burner* de DVD. Esto nos permite capturar material en el disco duro, incluso sin cargar soportes DVD y, a continuación, copiar los programas o los clips en un disco DVD para su posterior visionado.

Sin embargo, el potencial de las grabadoras DVD está limitado por la continua confusión que afecta a los diferentes formatos DVD y a los diferentes modos de uso para cada formato. Los distintos formatos procuran equilibrar las posibilidades y la compatibilidad, puesto que la inclusión de elementos de grabación de acceso aleatorio limita la capacidad para reproducir los discos en otros sistemas DVD.

Pero, a pesar de todos estos inconvenientes, la generación actual de grabadoras de vídeo DVD ofrece características muy positivas para guardar vídeos y saltos de tiempo en discos DVD. Únicamente tenemos que asegurarnos de entender las diferentes posibilidades que ofrecen los formatos del mercado y cómo éstos se ajustan a nuestras necesidades. Aunque estos productos son nuevos y están en pleno desarrollo, también están ayudando a que se ralentice el ritmo de reducción en los precios de los reproductores DVD.

Este capítulo explora las posibilidades de las grabadoras DVD para la grabación de programas, la copia de cintas a discos y la organización de nuestras colecciones de clips. Si estamos deseando adquirir una grabadora, debemos revisar primero el siguiente apartado, que incluye una lista de lo que debemos buscar cuando adquirimos una nueva grabadora DVD. Este capítulo, además, describe las características más comunes de las grabadoras DVD para la grabación, la reproducción y la edición. Por último, hace un repaso de las características y diferencias entre tres grabadoras que utilizan distintos formatos DVD.

Inicio rápido: Adquisición de una grabadora DVD

O bien, olvida los detalles, esta tarde voy a la tienda...

Si tenemos prisa por adquirir una grabadora DVD y no queremos dedicar tiempo a leer primero este capítulo, podemos utilizar este apartado como resumen y lista de temas en los que debemos pensar cuando barajemos las diferentes opciones.

Ésta es una lista que incluye algunos aspectos importantes que hay que tener en cuenta cuando compremos una grabadora DVD de uso doméstico:

Como grabadora de vídeo:

1. ¿Qué tipo de formatos de disco utiliza para grabar?
2. ¿Graba en soportes grabables para un almacenamiento permanente?
3. ¿Ofrece los controles adecuados para la grabación de programas? (Por ejemplo, programación de las grabaciones.)
4. ¿Funciona bien con nuestro televisor y reproductor de vídeo?
5. ¿Podemos realizar grabaciones de diferentes fuentes externas? (Reproductor de vídeo y videocámaras.)
6. ¿Ofrece conexiones analógicas y digitales de alta calidad para audio y vídeo, incluyendo DV/IEEE 1394?
7. ¿Qué nivel de flexibilidad ofrece para la eliminación y reutilización del espacio disponible del disco?

8. ¿Qué gama de velocidades de grabación y niveles de calidad podemos seleccionar?
9. ¿Qué nivel de calidad ofrece para los diferentes modos de grabación?

Como reproductor DVD (véase el apartado anterior):

1. ¿Qué tipo de discos reproduce?
2. ¿Es compatible con mis sistemas de audio y vídeo?
3. ¿Con qué clase de formatos de salida de vídeo es compatible?
4. ¿Con qué clase de formatos de salida de audio es compatible?
5. ¿Qué características de procesamiento de audio y vídeo de alta capacidad queremos?
6. ¿Qué controles de reproducción avanzada queremos?

Como editor DVD y herramienta de creación:

1. ¿Qué tipo de menú indexado crea?
2. ¿El menú indexado incluye imágenes en miniatura de los clips?
3. ¿Qué tipo de información muestra automáticamente?
4. ¿Podemos editar títulos o seleccionar imágenes en miniatura?
5. ¿Se añaden los puntos de capítulo de forma automática, con intervalos regulares o de forma manual?
6. ¿Cuál es la interfaz para la edición de listas de clips?
7. ¿Podemos modificar el orden, ocultar y mostrar, para crear listas de reproducción?
8. ¿Podemos eliminar clips y reutilizar el espacio?
9. ¿Cuál es el proceso para utilizar un disco en un reproductor DVD normal?
10. ¿En necesario "finalizar" o "adaptar" el disco primero?
11. ¿Cuánto se tarda en hacer esto?
12. ¿Hay límite en cuanto a la cantidad de material en los discos?
13. ¿Cuál es el proceso para utilizar discos grabados en otros aparatos?
14. ¿Existe algún proceso de "adaptación" necesario para convertir el formato?
15. ¿Cuál es el equilibro entre las características de edición y la compatibilidad?
16. ¿Empeora la emisión cuando el disco se visualiza en reproductores normales?

Grabación y reproducción DVD

Las grabadoras DVD consiguen un equilibrio entre las características de grabación de los reproductores de vídeo y las características de reproducción de los reproductores DVD. Además de las diferencias en los formatos de disco, las grabadoras DVD también se distinguen por una serie de elementos para estas funciones básicas.

Grabación de emisiones en directo

Al igual que las grabadoras de vídeo, las grabadoras DVD incluyen un sintonizador de cable y televisión integrado para grabar emisiones en directo. Estas grabadoras ofrecen la posibilidad de programar grabaciones y, al igual que la grabadora de vídeo Plus+, incluyen características para simplificar la grabación programada. Además, incluyen una variedad de velocidades de grabación que van de una a seis, con el consiguiente efecto en la calidad de la imagen debido a la velocidad reducida de datos.

A diferencia de las cintas de vídeo, las grabadoras DVD ofrecen una grabación "al instante", pues comienzan a grabar de forma inmediata sin necesidad de adelantar o colocar la cinta (siempre que haya espacio no utilizado en el disco). Es más, la reproducción también puede ser instantánea, sin necesidad de rebobinar una cinta. Con ayuda de los menús DVD, podemos ir directamente a un programa del disco; y con ayuda de los puntos de capítulos, podemos saltar rápidamente clips, sin tener que realizar la búsqueda visual en la cinta.

Grabación de vídeo externo

Aunque las grabadoras DVD funcionan con vídeo digital, normalmente ofrecen entradas de vídeo y audio analógicas para la grabación de fuentes analógicas, como una grabadora de vídeo o una videocámara de 8mm. Además, muchas grabadoras ofrecen una interfaz FireWire (también llamada iLink o IEEE 1394) para la entrada de vídeo digital de un DV o una videocámara Digital8 u otra fuente FireWire (como un ordenador para la edición de vídeo).

Las grabadoras DVD utilizan los mismos formatos de soporte digital que los DVD comerciales, incluyendo MPEG-2 para vídeo y (a menudo) Dolby Digital AC-3 para sonido estéreo. Incluyen un hardware para convertir en tiempo real la entrada de vídeo en estos formatos comprimidos.

La variedad de velocidades compatibles y la calidad dependen del reproductor. Algunos utilizan compresión de vídeo de velocidad de bits constante (CBR), mientras otros ofrecen compresión VBR (velocidad de bits variable), que puede ajustarse de forma dinámica a la complejidad del vídeo para ofrecer una mejor calidad (por ejemplo, utilizan menos bits en escenas relativamente estáticas y más bits en segmentos de movimiento más veloz o detalle alto).

Características y conexiones de los reproductores DVD

Puesto que las grabadoras DVD también son reproductores DVD, pueden reproducir varios formatos DVD y CD grabables y pregrabados. Las grabadoras pueden incluir la misma variedad de elementos de reproducción avanzada, como salida de vídeo de exploración progresiva y los descodificadores de audio integrados Dolby Digital y DTS (Digital Theatre System).

Conectar una grabadora DVD es exactamente igual que conectar una grabadora de vídeo: con señales de entrada vídeo para grabar y salidas de vídeo para reproducir. Las grabadoras y reproductores DVD con compatibles con conexiones de vídeo y audio de mayor calidad que las grabadoras de vídeo, especialmente conexiones de señal digital.

El panel posterior de una grabadora DVD común (véase figura 3.2) no incluye únicamente las tradicionales conexiones de televisión RF, además incluye conexiones S-Video y conexiones coaxiales y ópticas de audio digital.

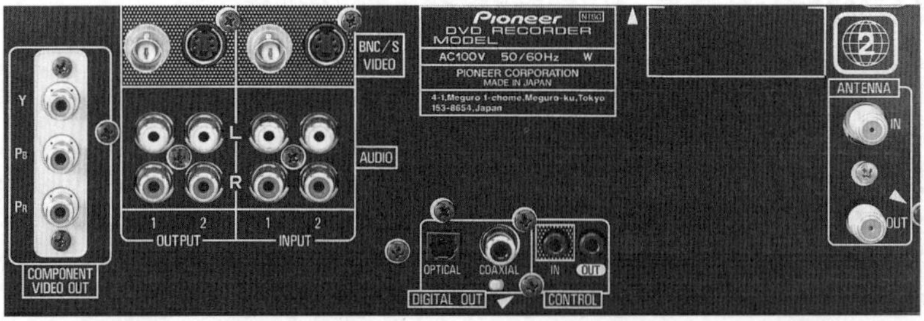

Figura 3.2. Conexiones del panel posterior de una grabadora DVD. Cortesía de Pioneer Corporation.

Los diversos conectores de una grabadora DVD se detallan en la figura 3.3.

Conexiones del panel posterior

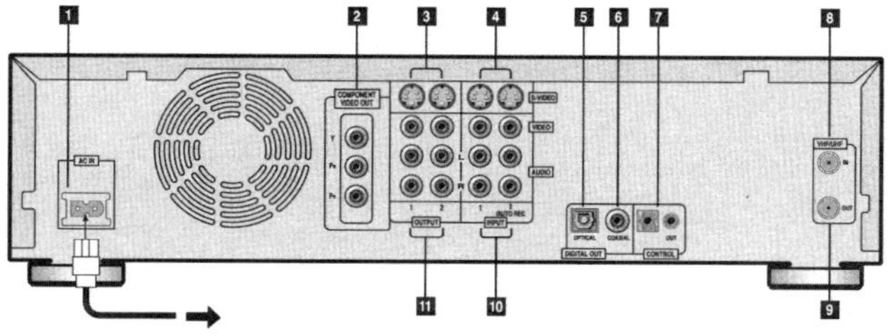

Figura 3.3. *Ejemplo de las conexiones del panel posterior de una grabadora DVD (grabador Pioneer DVR-7000).*

1. AC POWER IN
2. COMPONENT VIDEO OUT: Conexión de vídeo a TV o monitor.
3. S-VIDEO OUTPUT 1, 2: Conexión de mayor calidad de vídeo a TV, monitor o receptor AV.
4. S-VIDEO INPUT 1, 2: Para grabar de una videocámara, una grabadora de vídeo o cualquier otra fuente de vídeo con salida S-Video.
5. DIGITAL PUT OPTICAL: Conexión óptica de audio digital a un receptor AV o un descodificador Dolby Digital/DTS.
6. DIGITAL OUT COAXIAL: Conexión coaxial de audio digital a un receptor AV o un descodificador Dolby Digital/DTS.
7. CONTROL IN/OUT: Para la conexión a otros componentes A/V.
8. VHF/UHF IN: Entrada de televisión para antena de TV.
9. VHF/UHF OUT: Paso de la entrada de televisión VHF/UHF a TV o monitor.
10. AUDIO/VIDEO INPUT 1, 2/AUTO REC: Entrada y audio/vídeo adicional para grabar de una videocámara, grabadora de vídeo, receptor satélite u otro equipamiento.
11. AUDIO/VIDEO OUTPUT 1, 2: Entrada y audio/vídeo adicional para la conexión a las salidas A/V de un TV, un monitor, un receptor AV u otro equipamiento.

Las grabadoras DVD a menudo incluyen conectores FireWire/IEEE 1394 para la conexión a videocámaras de vídeo digital DV (véase figura 3.4). La conexión FireWire permite transferir de una videocámara y grabar a DVD, así como editar clips en DVD y después transferir y grabar los resultados de nuevo en una cinta DV.

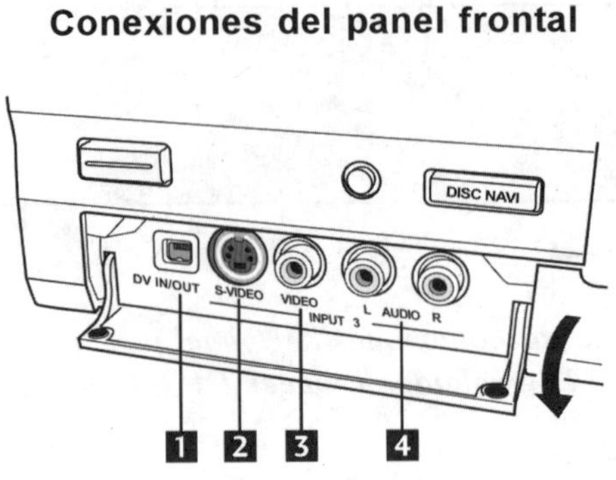

Figura 3.4. *Ejemplo de las conexiones del panel frontal para una grabadora DVD (grabadora Pioneer DVR-7000).*

1. DV IN/OUT JACK: Interfaz FireWire/IEEE 1394 para la conexión a una videocámara digital DV.
2. S-VIDEO INPUT (INPUT 3): Salida S-Video adicional.
3. VIDEO INPUT (INPUT 3): Entrada adicional de vídeo compuesto.
4. AUDIO L/R (INPUT 3): Entrada adicional de sonido estéreo analógico.

Menús y edición DVD

Para acceder fácilmente a los clips durante la grabación y la reproducción, las grabadoras DVD pueden crear un menú DVD en los discos. Éstos pueden incluir el número de canal y la hora en que se capturó ese clip, un nombre o título insertado por el usuario e información adicional disponible para la grabadora (como la identificación del canal y el nombre del programa). Es más, algunas grabadoras pueden crear menús indexados de forma automática con imágenes en miniatura de cada segmento del disco. Estos menús resultan de gran ayuda cuando cogemos los discos creados en estas grabadoras y los reproducimos en reproductores DVD normales o unidades de DVD.

Cuando utilizamos discos regrabables, las grabadoras DVD pueden ofrecer características de edición para los clips que hemos creado en el disco, siempre en función del disco y el formato de grabación. Podemos eliminar un clip, claro está, y modificar el orden del clip en el índice del disco. Con algunos formatos, podemos adjuntar clips, dividir un clip o añadir puntos de capítulo adicionales dentro de un clip.

Además, podemos crear una lista de reproducción para visualizar varios clips en un orden concreto. Para ello, no es necesario mover los clips, simplemente se crea esta lista para reproducirlos siguiendo un orden específico.

Algunas grabadoras pueden almacenar la fecha y la hora del vídeo digital grabado junto con el vídeo en pistas de subtítulos, de forma que podemos optar por verlos durante la reproducción.

Compatibilidad DVD

La característica más relevante de una grabadora DVD es la gama de formatos de discos DVD que soporta, lo cual determina la flexibilidad de la grabadora para la edición de clips y la compatibilidad de los discos que grabamos con otros reproductores DVD, tanto de uso doméstico como en ordenadores.

Si usamos nuestro reproductor principalmente como grabadora de vídeo digital para guardar programas y verlos más adelante, el tema de la compatibilidad con otros reproductores no es importante. Deberíamos utilizar un formato regrabable (RW o RAM; véase figura 3.5) y prestar especial atención a la flexibilidad de la grabadora para acceder, eliminar y añadir programas al disco.

Figura 3.5. *Soportes DVD regrabables: DVD-RAM, DVD-RW y DVD+RAM.*

Si además vamos a utilizar la grabadora para copiar cintas de vídeo a DVD (para tener copias digitales), necesitamos que los discos puedan reproducirse en otros reproductores de uso doméstico o en ordenadores. En este caso, al margen del formato regrabable que soporta la grabadora, deberíamos utilizar un formato grabable (R; véase figura 3.6) para que nuestra grabación sea permanente y no se pueda borrar por error. Estos formatos deberían ser compatibles con la mayoría de reproductores DVD, más que los formatos regrabables.

Figura 3.6. *Soportes DVD grabables: DVD-R y DVD+R.*

El tema del formato se complica cuando queremos acceder a lo mejor de ambos mundos: la capacidad para editar un disco después de grabarlo, pero con la expectativa de poder reproducirlo en reproductores DVD normales. La elección de los formatos depende de nuestras necesidades y preferencias y del uso que vayamos a hacer del reproductor.

Grabadoras DVD-R/RW

Pioneer Electronics (`www.pioneerelectronics.com`) ha sido el impulsor de los formatos originales DVD-R/RW. Pioneer introdujo hace muchos años los primeros *burners* DVD-R como apoyo a la creación profesional en DVD, y en el año 2001 alentó la creación en DVD en ordenadores con nuevas generaciones de *burners* de bajo coste para uso general, integrados por los fabricantes de ordenadores, entre ellos Apple y Compaq.

Pioneer lanzó su primera grabadora DVD-R/RW para el mercado norteamericano, la Pioneer Elite DVR-7000, en otoño de 2001 (véase figura 3.7).

Éste fue un producto realmente bien acogido, con elementos de alta capacidad, entre los que destaca un corrector temporal y salida de búsqueda progresiva, por 2.000 euros (precio recomendado). Pioneer también sacó al mercado una grabadora DVD-R/RW profesional, la PRV-9000, en noviembre de 2001 por 2.050 euros.

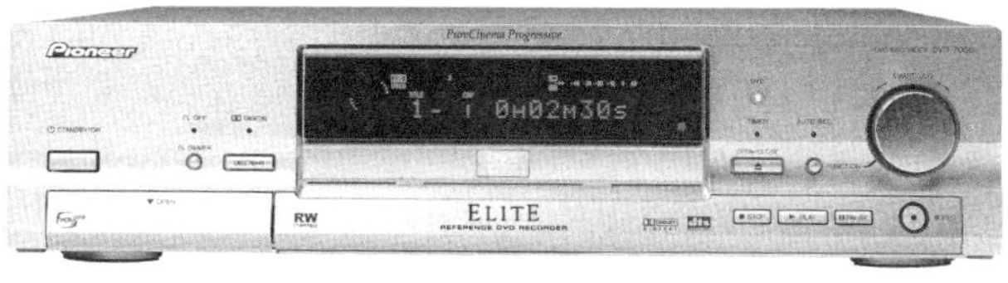

Figura 3.7. *Grabadora Elite DVR-7000 DVD-RW/DVD-R de Pioneer.*

Estas unidades son compatibles con dos modos de grabación: un modo Video para una óptima compatibilidad de DVD-R y DVD-RW con los reproductores DVD; y un modo Video Recording (VR), que ofrece más flexibilidad de edición para los discos regrabables DVD-RW, aunque menos compatibilidad.

Al utilizar un disco DVD-R, podemos seguir grabando hasta que el disco esté lleno o hasta que finalicemos el disco (cerrar y completar). Al utilizar un disco DVD-RW, podemos liberar espacio eliminando lo último que hemos grabado en el disco.

Los discos incluyen un menú con una lista de títulos sólo de texto desde la que podemos reproducir, nombrar y crear clips, así como grabar clips adicionales. Una vez que el disco esté finalizado, éste será el menú principal para la reproducción de los contenidos del DVD.

Modo Video: DVD-R/RW

Las grabaciones en modo Video se pueden reproducir en reproductores DVD normales (tras su finalización), pero cuentan con pocas características de grabación y edición.

Las grabaciones en modo Video en el DVR-7000 ofrecen dos configuraciones de calidad de imagen/tiempo de grabación: una hora de alta calidad o dos horas de calidad normal.

Podemos eliminar clips del menú del disco tras grabar en modo Video. El material sigue presente en el disco, pero no se puede acceder a él desde el menú.

Modo Video Recording (VR): DVD-RW

El modo Video Recording (VR) puede utilizarse únicamente en discos DVD-RW. Las grabaciones pueden editarse de forma muy amplia, pero no se pueden reproducir en la mayoría de reproductores DVD normales.

Las grabaciones en modo VR ofrecen dos opciones de grabación: dos horas de reproducción estándar o un modo de configuración manual con 32 configuraciones de calidad/tiempo (entre una y seis horas).

En el modo VR, podemos utilizar un modo de navegación de disco visual para visualizar los clips en miniatura, crear una lista de reproducción, ordenar clips, insertar títulos, eliminar clips y añadir puntos de capítulo. Además, podemos acceder a un índice visual de los capítulos dentro de cada clip. En el modo Video, los puntos de capítulo sólo pueden insertarse automáticamente en intervalos regulares.

Temas de compatibilidad

De forma muy parecida a "cerrar" un disco grabable, es necesario finalizar el disco para poder reproducirlo en un reproductor DVD normal o en una unidad de DVD de un ordenador. Al finalizar un disco, se escribe en él toda la información de control necesaria y se añade un menú principal. Cuando un disco en el modo Video se finaliza, no se puede editar o añadir más material en él, mientras que los discos en modo VR pueden editarse tras la finalización.

La cantidad de tiempo de finalización depende del tiempo de disco, la cantidad de material grabado en el disco y el número de clips en él. Los discos grabados en el modo Video pueden tardar hasta 20 minutos en finalizarse; los discos grabados en el modo VR pueden tardar hasta una hora.

Grabadoras DVD+R/RW

Las grabadoras "+" pueden crear automáticamente un menú indexado con imágenes en miniatura de cada clip del disco. Cada uno de ellos se identifica con el nombre del programa, la duración de la grabación, el modo/velocidad de grabación y la fecha de grabación.

Podemos grabar desde este menú, renombrar los clips, agregar, dividir o eliminar los clips. Podemos ocultar y mostrar los clips individuales que queramos saltar cuando se reproduzca el disco.

Figura 3.8. *Grabadora DVDR985 DVD+RW/DVD+R de Philips.*

El modelo DVDR985 puede grabar a cuatro velocidades: una hora con alta calidad (9,73Mbps), dos horas con calidad estándar (5,07Mbps), y tres y cuatro horas de grabación extendida (3,38Mbps y 2,54Mbps). Podemos establecer marcadores de capítulo de forma manual durante la grabación o insertar capítulos automáticamente a intervalos regulares.

Grabación DVD+R

Al añadir soporte al nuevo formato grabable DVD+R, las nuevas grabadoras permiten realizar grabaciones permanentes sin temer que se eliminen o reescriban. Pero, puesto que el formato no es regrabable, tiene ciertas limitaciones en cuando a las posibilidades de editar el material en los discos.

Por ejemplo, no podemos dividir un clip en un disco DVD-R. Podemos realizar ediciones de pantalla indexada o marcadores de capítulo después de la grabación y antes de la finalización, pero estas ediciones no están disponibles en reproductores DVD normales.

Temas de compatibilidad

Para la reproducción en un reproductor DVD normal, los discos DVD+R/RW necesitan contar con, al menos, de cinco a veinte minutos de material grabado (dependiendo de la configuración de calidad).

Los discos DVD+R necesitan finalizarse antes de su reproducción en reproductores DVD normales. El disco no puede modificarse tras la finalización.

Aunque los discos DVD+RW no necesitan finalizarse, si hemos realizado ediciones en un disco regrabable, es necesario realizar un proceso similar para que el reproductor lo modifique o adapte para hacer que sea compatible con reproductores normales.

Si surgen problemas de compatibilidad, el modelo DVDR985 ofrece tres modos distintos de modificación que podemos probar, aunque esto puede provocar que el disco sea incompatible con los reproductores con los que anteriormente era compatible. Es posible que también necesitemos este proceso si queremos grabar en un disco que fue creado en una grabadora de una marca diferente.

Grabación DVD-RAM

Además de los formatos R/RW, el DVD Forum también definió un tercer formato grabable, el DVD-RAM (*Random Access Memory*) para ofrecer la posibilidad de acceder a un DVD como si se tratase de un disco duro. Sin embargo, el formato DVD-RAM es notablemente distinto al resto de la familia DVD, y por ello no puede reproducirse en otras unidades de DVD, a menos que incluya soporte especial para ello. Los discos DVD-RAM están disponibles en diversos tamaños y formatos, todos borrables y almacenados en un lugar independiente (véase figura 3.4). Panasonic Consumer Electronics (`www.panasonic.com/consumer_electronics/dvd_recorder`) ha sido el principal impulsor del formato DVD-RAM tanto para productos informáticos como para uso doméstico. Panasonic introdujo la primera grabadora DVD, el modelo DMR-E10 a finales de 2000 por 3.999 euros (precio recomendado). A finales de 2001, Panasonic introdujo su grabadora de segunda generación, el modelo DMR-E20, por 1.499 euros (precio recomendado) y disponible por menos de 999 euros. Esta nueva grabadora incluía la grabación DVD-R para realizar grabaciones compatibles con la mayoría de reproductores. En junio de 2002, Panasonic anunció la siguiente generación, DMR-E30 (véase figura 3.9), por un precio aproximado de 899 euros (precio recomendado), con pantalla de búsqueda progresiva y grabación larga.

Figura 3.9. *Grabadora DMR-E30 DVD-RAM y DVD-R de Panasonic.*

En junio de 2002, Panasonic también anunció el lanzamiento del modelo DMR-HS2, una combinación de grabadora DVD con grabadora de disco duro, por 1.199 euros (precio recomendado). Este modelo incluye una unidad de disco duro de 40GB, que soporta hasta 52 horas de grabación. Podemos grabar programas o nuestros propios vídeos en el disco duro, crear listas de reproducción y copiarlo todo en el DVD para verlo en otro momento. También podemos copiar de un DVD al disco duro, editar las secuencias y volver a grabarlo en el DVD.

Grabación DVD-RAM

Los discos DVD-RAM pueden utilizarse para grabar hasta 12 horas en un disco DVD-RAM de doble cara (en modo EP, en ambas caras), o hasta seis horas en un disco DVD-R. En los soportes DVD-RAM, podemos grabar hasta una hora en el modo XP de alta calidad, dos horas en el modo SP estándar, cuatro horas en el modo de larga duración LP, o seis horas en el modo de duración extendida EP. La grabadora ofrece además un modo Flexible Recording, que selecciona la mejor calidad de imagen posible para la duración de la grabación y el espacio disponible en el disco.

Con los soportes DVD-RAM, la grabadora también puede ofrecer grabación instantánea. No es necesario preocuparse por preparar el disco o encontrar un segmento vacío en el que grabar; la grabadora buscará automáticamente el espacio disponible en el disco y empezará a grabar.

La grabadora DVD-RAM ofrece funciones de edición de vídeo para la creación de listas de reproducción personalizadas de nuestras escenas favoritas. Podemos seleccionar y modificar el orden de las escenas, saltarnos las escenas que no queramos y copiar las selecciones. Incluso podemos recortar la duración de un clip insertando o eliminando puntos.

No obstante, la característica más impresionante de las grabadoras DMR-E30 es la función de división de tiempo, controlada por un rodillo en la parte frontal del reproductor. La velocidad de acceso del disco DVD-RAM es tan rápida que podemos grabar y reproducir el material del disco simultáneamente. Esto no es simplemente grabar un programa y ver otro al mismo tiempo. Significa que podemos detener el programa que estamos viendo, o ver una escena una y otra vez y después seguir viendo el resto del programa. También podemos acceder a un programa que ya ha empezado a grabarse y verlo desde el principio, todo mientras se sigue grabando el resto. Además, podemos buscar en la sección grabada gracias a una pequeña ventana que aparece en pantalla.

Grabación DVD-R

El modelo DMR-E20 incluye soporte para grabar en discos DVD-R grabables. Podemos grabar clips independientes en un disco y realizar funciones de edición, como incluir títulos a los discos y a los programas o eliminar programas (aunque esto no libera espacio).

Tras terminar de grabar un clip, la grabadora tarda aproximadamente 30 segundos en completar la información de gestión de la grabación. La grabadora optimiza el disco para cada grabación cuando empezamos a grabar tras insertar el disco o encender la unidad. No podemos grabar en un disco después de haberse optimizado unas 50 veces.

Temas de compatibilidad

Los discos DVD-R deben finalizarse antes de su reproducción en reproductores DVD normales. La finalización tarda hasta 15 minutos. No podemos grabar o editar un disco DVD-R si se ha grabado con otra unidad, ya esté finalizado o no.

Tras la finalización, los discos DVD-R deben poderse reproducir en la mayoría de reproductores DVD, tanto de uso doméstico como en ordenadores.

Algunos discos DVD-RAM no están formateados, o podemos optar por formatear un disco para eliminar sus contenidos. El formateo tarda hasta 70 minutos. No podemos eliminar los datos escritos en DVD-RAM en un ordenador.

Los discos DVD-RAM sólo pueden reproducirse en aquellos reproductores DVD de uso doméstico y en las unidades de ordenador que sean compatibles con el formato DVD-RAM. El DVD Forum ha adoptado por un logotipo DVD-Multi para identificar a los reproductores compatibles con todos los formatos del Forum, incluyendo DVD-R/RW y DVD-RAM.

Videocámaras DVD

El formato DVD-RAM también ha encontrado un hueco en las videocámaras digitales con el uso de formatos de disco de la mitad de tamaño, que también pueden reproducirse en unidades DVD-RAM de uso doméstico.

La videocámara VDR-M10 DVD-RAM de Panasonic ofrece hasta una hora de grabación de vídeo MPEG-2 por 2.499 euros (precio recomendado). En junio de 2002, Panasonic anunció la nueva videocámara VDM-20 DVD-RAM y DVD-R (véase figura 3.10), cuyo lanzamiento estaba previsto para el otoño por 999 euros (precio recomendado).

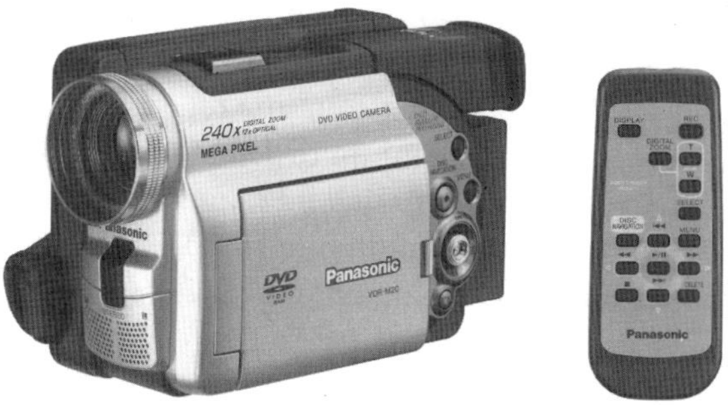

Figura 3.10. *Videocámara VDR-M20 DVD-RAM y DVD-R de Panasonic.*

Con el disco de acceso aleatorio, podemos empezar a grabar de forma inmediata en el espacio disponible del disco en lugar de tener que avanzar rápidamente o rebobinar la cinta para tenerla preparada. Además, podemos acceder directamente a los clips grabados para su reproducción con ayuda de las imágenes en miniatura, e incluso realizar funciones de edición en la cámara. Es más, podemos extraer el disco de la cámara y reproducirlo inmediatamente en un reproductor DVD-RAM compatible (e incluso en un PC con unidad de DVD-RAM).

El modelo VDR-M10 ofrece dos modos de grabación: 30 minutos con calidad buena (aproximadamente 6Mbps) o una hora con calidad estándar (3Mbps). Panasonic advierte que pueden aparecer cortes de sonido en grabaciones de material difícil con calidad estándar como árboles, movimientos rápidos del sujeto o ampliación de la cámara. Además, podemos grabar hasta 999 imágenes estáticas en el disco en formato MPEG-2 para TV, con una resolución a 704x480, o en formato JPEG para ordenadores, con una resolución a 1280x960.

Después de grabar los clips en la cámara, podemos buscar en la grabación o ir directamente de un clip al siguiente. En el modo de navegación del disco, podemos visualizar miniaturas de todos los clips grabados, eliminar los que no queramos y editarlos en una lista de reproducción. Además, podemos añadir títulos a los clips, cortar o dividir clips en dos partes o combinar múltiples clips; y añadir efectos especiales, como fundidos. Cuando editamos listas de reproducción, podemos añadir o saltar clips, modificar el orden de reproducción de los clips y añadir diferentes títulos y efectos.

Los discos DVD-RAM más pequeños son de 8cm, frente al tamaño estándar de 12cm, y contienen 1,4GB por cada cara o 2,8GB en ambas. Existen dos tipos de discos de 8cm diseñados para su uso en cámaras de vídeo (AV) o en ordenadores personales. Algunos discos DVD-RAM para videocámaras pueden extraerse de su cápsula, de forma que pueden insertarse en las bandejas de los reproductores DVD de uso doméstico o en las unidades de los ordenadores.

El modelo VDR-M10 incluye salidas y entradas de vídeo analógico, de forma que podemos grabar nuestras cintas de VHS y otros vídeos en DVD y reproducir las grabaciones directamente en una televisión. También incluye un puerto USB, que permite conectarlo a un ordenador para descargar imágenes estáticas. Además, podemos acceder a las imágenes directamente desde el disco en un ordenador que tenga una unidad de DVD-RAM.

Hitachi también es líder en videocámaras DVD (`www.hitachi.com/dvdcam`).

Resumen

Aunque puede parecer que las grabadoras DVD son un accesorio natural de uso doméstico para la grabación y el almacenamiento de vídeo, por desgracia el mercado se muestra confuso con respecto a todos estos diferentes formatos, e incluso con los modos de cada formato. Pero a pesar de ello, hay varias tendencias que emergen de forma destacada.

Si queremos grabar material para verlo posteriormente, debemos utilizar soportes regrabables. El formato DVD-RAM ofrece una flexibilidad óptima para este uso.

Si lo que queremos es realizar grabaciones permanentes de nuestras viejas cintas de vídeo, deberíamos grabar directamente en soportes grabables. Las grabadoras DVD-R son muy compatibles, y el nuevo formato DVD+R que comenzó su andadura en la primera mitad de 2002, promete conseguirlo también.

Los usos intermedios son los que provocan más confusión: grabar material y después editarlo; guardar varios clips y borrar otros; decidir, después de la grabación, que queremos guardar el disco. En estos casos, al margen del formato, tendremos que prestar atención al modo de grabación. El DVD-RW es cada vez más compatible con los reproductores más modernos, pero debemos comparar las posibilidades de edición y la compatibilidad con los modos VR y Video. EL DVD-RAM es el más flexible, pero necesita reproductores expresamente compatibles con el formato. El nuevo formato DVD+RW promete ambas cosas: dispositivos de edición de clips y un nivel de compatibilidad razonable.

Si lo que queremos es crear nuestros propios vídeos en DVD para guardarlos y compartirlos, estas grabadoras DVD resultan muy adecuadas para pasar nuestras viejas cintas a DVD, además de incluir capítulos y un menú principal. Pueden utilizarse también para grabar una serie de clips más breves y organizarlos mediante una lista de reproducción, aunque este tipo de uso está más relacionado con las características del formato grabable DVD-R o puede exigir un equilibro de compatibilidad al utilizar un formato regrabable.

Más allá de las grabadoras DVD de uso doméstico, están los ordenadores con *burners* DVD y software de creación. En la Parte III se describen las herramientas de creación para ordenadores que pueden utilizarse para transferir cintas a DVD y que ofrecen más control para la organización de una serie de clips dentro de una producción en DVD.

DVD-R

4. Soportes digitales y DVD en Macintosh

Apple recondujo su línea productiva de soportes digitales a principios de 2001 con la presentación de los sistemas Power Mac G4 y del nuevo sistema operativo Mac OS X. Puesto que Apple estableció el ordenador personal gráfico con Macintosh y ayudó a llevar a cabo la revolución de los ordenadores de escritorio, actualmente coloca a Macintosh como "nodo" de la experiencia en soporte digital.

La plataforma Macintosh incluye en la actualidad todos los componentes de hardware necesarios y las aplicaciones de software para la adecuada producción de vídeo en ordenadores de escritorio (e incluso para la creación en DVD).

Mac OS X ofrece una potente plataforma para la mejora y optimización de las aplicaciones para soportes digitales. El sistema Macintosh también incluye una completa serie de aplicaciones para soportes digitales integrada con herramientas de imagen, audio y vídeo.

Este capítulo explora la plataforma de soportes digitales de Macintosh, incluyendo el hardware del sistema Macintosh con puertos USB y FireWire/IEEE 1394 y unidades de CD y DVD, así como el software del sistema operativo Mac OS X y las aplicaciones integradas para el acceso a dispositivos de soporte digital y la reproducción de archivos en soporte digital.

Éstas son las herramientas que podemos utilizar para explorar los DVD existentes con el propósito de entender cómo están diseñados y saber cómo capturar y editar material para utilizarlo en la creación de nuestras propias producciones en DVD.

Los sistemas Macintosh y Mac OS X vienen equipados con una completa serie de herramientas de soporte digital integrada para el acceso a discos en este tipo de soporte, así como dispositivos para ver y editar fotos, música y vídeo (véase tabla 4.1).

Tabla 4.1. *Aplicaciones para soportes digitales de Mac OS X*

Logotipo	Resumen del producto	Descripción detallada
DVD Maine 2 Clips	Creación a CD/DVD	Podemos acceder a archivos en unidades de CD y DVD conectadas y crear archivos de datos en unidades de CD y DVD grabables.
iPhoto	Importación de cámaras digitales USB y organizar álbumes de fotos con ayuda de iPhoto	Podemos importar imágenes de cámaras digitales en una conexión USB utilizando la aplicación iPhoto; a continuación, podemos organizar, editar y exportar las imágenes en una variedad de formatos.
iTunes	Reproducir y modificar desde CD con iTunes	Podemos utilizar la aplicación iTunes para reproducir e importar música de CD de audio y, además, crear nuestras propias mezclas en CD para guardarlas en un reproductor portátil.
QuickTime Player	Ver material con QuickTime Player	Podemos utilizar la aplicación QuickTime Player para visualizar en una gran variedad de formatos digitales (imágenes, audio y películas) y para reproducir material en Internet.

Logotipo	Resumen del producto	Descripción detallada
iMovie	Captura de DV y edición de películas con iMovie	Podemos capturar clips de vídeo y audio en videocámaras DV con una conexión FireWire/IEEE 1394 y utilizar el editor de vídeo iMovie para crear nuestras propias películas.
DVD Player	Reproducir películas en DVD con Reproductor de DVD	Podemos ver películas en DVD con la aplicación Reproductor de DVD en pantalla completa con nuestro sistema de sonido del ordenador, o en un portátil durante un viaje.
iDVD	Crear producciones en DVD con iDVD	Podemos utilizar las herramientas de creación iDVD para crear nuestras propias producciones en DVD y grabarlas en discos DVD.

Mac OS X

El nuevo sistema operativo de Macintosh, Mac OS X, también se presentó en 2001. Mac OS X combina la potencia de un sistema operativo UNIX con la tradicional sencillez y elegancia de la interfaz de Macintosh.

Mac OS X se inicia con la nueva interfaz Aqua. Ésta presenta un nuevo aspecto con iconos mayores y más expresivos, colores brillantes y un movimiento fluido. Las ventanas de fondo se vuelven transparentes y los objetos tienen sombreado.

OS X también incluye un nuevo Finder con una barra de herramientas personalizable para la navegación de carpetas; además incluye el área Dock, que está diseñada para asistir en la navegación y organización de nuestro sistema y nos ofrece acceso directo a las aplicaciones, carpetas y ventanas minimizadas más utilizadas (véase figura 4.1).

Mac OS X tiene como objetivo combinar la sencillez y elegancia de Macintosh con la potencia y estabilidad de una nueva creación subyacente: el sistema operativo UNIX. El sistema operativo central derivado de UNIX, llamado Darwin, ofrece las potentes funciones avanzas de Mac OS X, como memoria protegida, multi-tarea anticipada, gestión avanzada de memoria y multiprocesamiento simétrico. Este diseño puede ofrecer un mejor rendimiento de las aplicaciones; por ejemplo, permite que iDVD 2 comprima nuestros videoclips en el fondo mientras seguimos trabajando en la creación de los menús y la navegación del DVD.

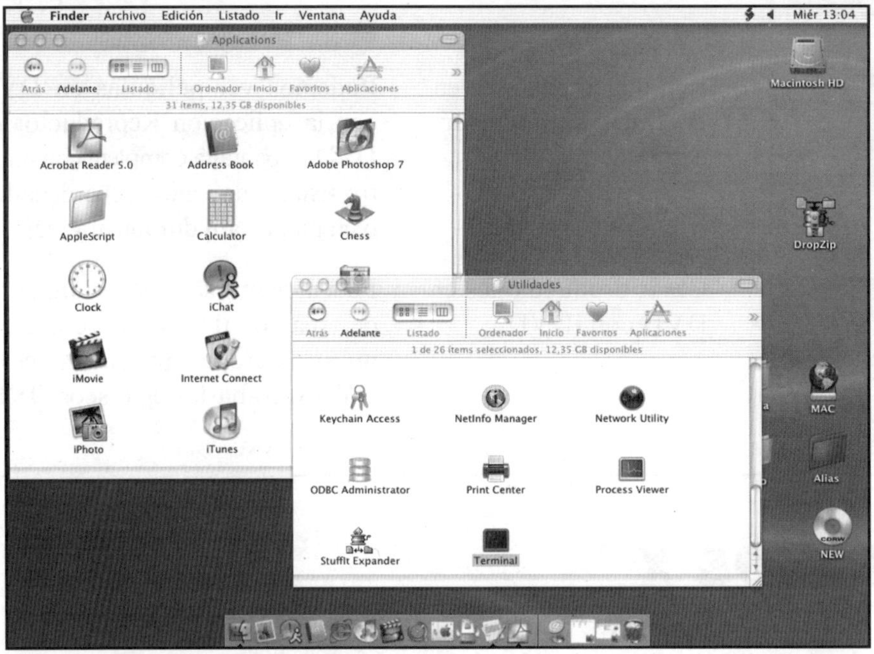

Figura 4.1. El escritorio de Mac OS X con la barra Dock *en la parte inferior y las ventanas de* Finder*, que muestran la carpeta* Aplicaciones *y las carpetas de usuario integradas.*

Los gráficos y las opciones de soporte de OS X están diseñados en tres tecnologías gráficas: el motor gráfico Apple Quartz 2D, con soporte integrado de PDF y PostScript; el estándar OpenGL para gráficos y efectos 3D; y Apple QuickTime 5, para la reproducción de imágenes y soporte digital.

Cuando Apple hizo la transición de Mac OS 9 a Mac OS X en 2001, comercializó sistemas con ambos sistemas operativos instalados. Esto permitió a los usuarios seguir trabajando en las aplicaciones existentes en el entorno del antiguo OS 9 y pasar después a OS X para utilizar las últimas aplicaciones diseñadas con el fin de aprovechar las funciones del nuevo sistema operativo y trabajar con la nueva interfaz. Macintosh puede cambiar rápidamente de sistema operativo mediante el uso de panel de control Arranque, que selecciona la Carpeta del sistema adecuado para OS 9 u OS X y a continuación reinicia.

Sistemas Macintosh y CD/DVD SuperDrive

Apple fue propulsor inicial del DVD en el ordenador de escritorio con la introducción de los sistemas Power Mac G4 a principios de 2001, y después mejoró la línea en julio de ese mismo año. Estos sistemas incluían todos los componentes e interfaces necesarios para el procesamiento integral de soportes digitales, desde la captura y edición de vídeo DV con iMovie hasta la creación y grabación de producción en DVD con iDVD.

Estos sistemas Power Mac introdujeron la grabación de DVD en ordenadores personales mediante la inclusión de SuperDrive, una combinación de unidades de CD-RW/DVD-R que lee y graba discos CD-R/RW y DVD-R. Con este hardware, Apple también introdujo sus dos herramientas de creación en DVD: iDVD y DVD Pro Studio, así como el nuevo formato DVD-R, con un precio inicial de aproximadamente 10 euros.

Para una cómoda conexión cuando funciona con dispositivos externos (como cámaras digitales o videocámaras DV) los sistemas Power Mac G4 incluyen puertos UBS y FireWire (IEEE 1394).

Para el funcionamiento con videocámaras DV u otros periféricos (como cámaras digitales) los sistemas Power Mac G4 incluían un puerto FireWire (IEEE 1394) de 400Mbits/seg y puertos USB de 12Mbits/seg. En cuanto a las comunicaciones, ofrecían una red Ethernet 10/100/1000BASE-T, así como un módem integrado 56K V.90. En previsión de una futura expansión, los sistemas también incluían ranuras PCI de 33MHz, una ranura 4X AGP para una tarjeta gráfica NVIDIA GeForce2, y espacio para discos duros y unidades de CD y DVD.

Transferencia de datos a CD y DVD

Con la introducción de unidades de grabación en DVD, como SuperDrive, podemos utilizar los discos DVD de la misma manera que los CD en Macintosh para archivar y compartir nuestros archivos de datos. Además, podemos utilizar la aplicación musical para CD iTunes para crear nuestros propios CD de audio, y la herramienta de creación iDVD para crear nuestras propias producciones y grabarlas en DVD. Sin embargo, también podemos utilizar el DVD para el almacenamiento de datos informáticos extraíbles. En lugar de archivar y compartir nuestros archivos grabándolos en CD de 650MB, ahora podemos grabar 4,7GB de datos en un disco DVD. Con una capacidad 7 veces mayor, los DVD resultan especialmente útiles para almacenar archivos en soporte digital.

Este apartado describe el proceso para la grabación de archivos y carpetas de datos en un disco CD o DVD grabable. Gracias a Mac OS X, podemos hacer esto directamente en Finder.

Formateo de un disco grabable

Mac OS X cuenta con soporte integrado para la grabación de archivos de datos en DVD. El proceso, en realidad, es el mismo para CD y DVD: insertamos e inicializamos el disco, arrastramos y soltamos los archivos que queremos copiar e iniciamos la grabación. En comparación con las aplicaciones de grabación de CD/DVD para Windows, no tenemos demasiadas opciones para la grabación, pero resulta de lo más sencillo: sólo hay que insertar, arrastrar y extraer.

Cuando insertamos por primera vez un disco grabable virgen (CD-R/RW o DVD-R), Mac reconoce el formato del disco y muestra un cuadro de diálogo que sugiere inicializarlo y prepararlo para la grabación (véase figura 4.2). Haga clic en el botón **Preparar** y Finder subirá el disco al escritorio, vacío y listo para recibir archivos.

Tras la grabación en disco CD-RW regrabable, necesitamos eliminar sus contenidos antes de volver grabar de nuevo en él. Utilice la opción Borrar del panel de control Utilidad de disco para eliminar la información del disco con el fin de que vuelva a estar vacío (véase figura 4.3).

Copia de los archivos de grabación

Con el fin de grabar datos en un disco virgen, arrastre y suelte en el espacio del disco vacío del escritorio los archivos y carpetas que desea grabar. En realidad, esto no copia los archivos; simplemente estamos agrupando la lista de archivos que van a grabarse en el disco. Podemos ver los contenidos del disco en una ventana de Finder y añadir o quitar archivos. Abra el menú Archivo y seleccione Mostar información para comprobar el tamaño de los archivos agrupados y el tamaño disponible en el disco (véase figura 4.4).

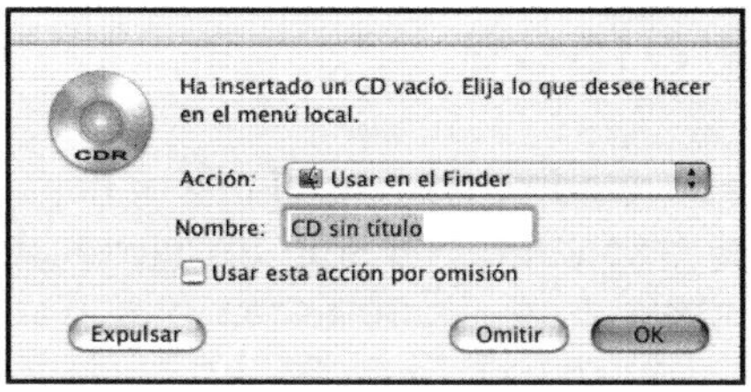

Figura 4.2. Antes de utilizar un disco CD o DVD virgen, primero debe prepararlo (inicializarlo).

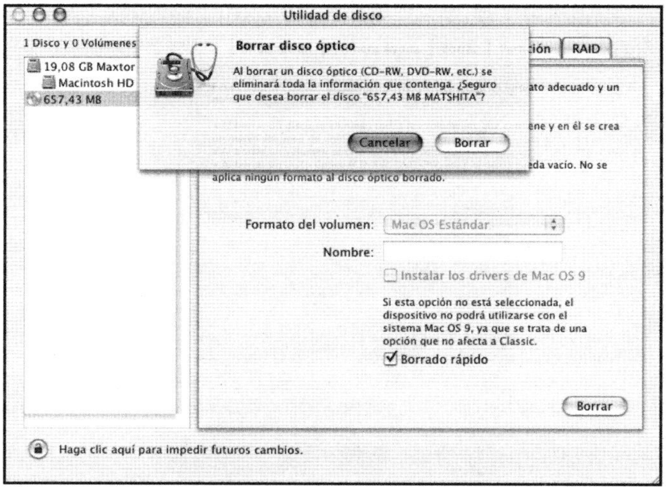

Figura 4.3. Utilice el panel de control Utilidad de disco *para eliminar un disco regrabable CD-RW grabado anteriormente.*

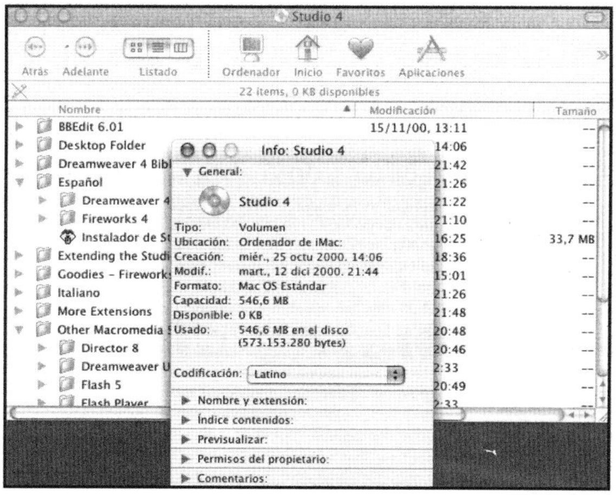

Figura 4.4. Arrastre y suelte los archivos que desea copiar en la carpeta del disco. Utilice la opción Mostrar información *para ver el espacio disponible.*

Copia de un disco

Cuando terminemos de añadir archivos al disco, llega el momento de copiarlos. Podemos iniciar la grabación con sólo arrastrar el icono del disco CD o DVD hasta el icono Papelera en el Escritorio, o bien abriendo el menú Archivo y seleccionando Grabar disco. Si arrastramos a la Papelera un disco anteriormente grabado, se convierte en un icono Expulsar, y el disco es expulsado de la unidad. Pero si arrastramos un disco virgen a la Papelera, se convierte en un icono Grabar, porque el disco está listo para grabarse (véase figura 4.5).

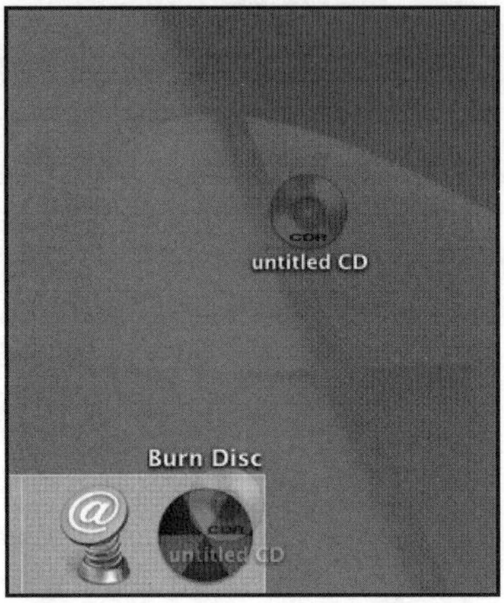

Figura 4.5. *Arrastre el icono del disco al icono* Papelera/Grabar *para iniciar la grabación de los archivos que ha arrastrado al disco.*

Mac muestra un cuadro de diálogo de confirmación y comienza la grabación del disco. Cuando la grabación finaliza, los archivos y carpetas que hemos seleccionado han quedado grabados en el disco.

Para extraer el disco, arrástrelo al icono Papelera/Expulsar en el Escritorio, pulse la tecla **Expulsar** en el teclado o abra el menú Archivo y seleccione Expulsar. Los discos de datos que creamos pueden leerse en cualquier Macintosh o PC Windows.

Acceso a cámaras digitales USB con iPhoto

Mac OS X ofrece soporte integrado para la conexión a cámaras digitales mediante la interfaz USB (*Universal Serial Bus*). Los sistemas Macintosh también pueden utilizar la USB para conectar el teclado y el ratón, porque la USB se diseñó expresamente para compartir múltiples dispositivos. La USB también ofrece una cómoda forma de conexión: podemos conectar y eliminar dispositivos mientras el sistema está en marcha; e incluso incluye energía, de forma que los dispositivos pequeños no necesitan suministro de energía independiente.

Con una velocidad de datos de 12 Mbit/seg (1,5 Mbytes/seg), la USB puede utilizarse para conectarse a otros dispositivos, como impresoras o escáneres. Una nueva versión, USB 2.0, empieza a introducirse en el mercado, con velocidades de datos de hasta 480 Mbits/seg. La USB también se ha hecho popular para funcionar con unidades de disco externas, especialmente con soportes extraíbles, como *burners* de CD.

Puesto que una conexión IEEE 1394/ FireWire es notablemente más rápida que la especificación original de la USB, FireWire se utiliza para funcionar con la generación actual de videocámaras DV y otros dispositivos rápidos, como discos duros de gran tamaño y grabadoras DVD.

Este apartado muestra cómo utilizar la aplicación iPhoto bajo Mac OS X para descargar imágenes de una cámara digital USB, así como organizar, editar, exportar y compartir nuestras imágenes. Describe cómo utilizar bajo Mac OS X dispositivos USB como unidades de disco instalables.

Acerca de iPhoto

La aplicación iPhoto está incluida en Mac OS X para ayudar en la descarga de imágenes de una cámara digital a nuestro disco duro. iPhoto está diseñado para funcionar con cámaras digitales que ofrecen una interfaz informática mediante una conexión USB. Se abre automáticamente cuando conectamos nuestra cámara a un puerto USB.

Con iPhoto, podemos importar fotografías de nuestra cámara digital o carpetas locales, clasificarlas en álbumes, editarlas y guardarlas, y organizarlas en libros para imprimir y compartir.

Antes de que Apple lanzara iPhoto, Mac OS X incluía otras dos aplicaciones para el acceso y visualización de fotografías digitales; la aplicación Image Capture se diseñó para descargar imágenes de una cámara digital al disco duro.

Podía configurarse para automatizar el proceso de descarga de imágenes, abrirlas en una aplicación e, incluso, crear una página Web a partir de ellas. Image Capture también accede a los clips de vídeo y audio de estas cámaras.

La aplicación Vista previa se diseñó para visualizar imágenes y archivos PDF (*Portable Document Format*). También puede utilizarse para girar imágenes y pasarlas a diferentes formatos de archivo.

Conexión a la cámara

Para iniciar iPhoto, basta con conectar nuestra cámara digital a Macintosh mediante un cable de la interfaz USB que incluye la cámara. Seguidamente, encienda la cámara y seleccione el modo correcto para que funcione con un ordenador (normalmente, la configuración Play para modo PC o modo Transfer).

A continuación, iPhoto se inicia automáticamente cuando Macintosh reconoce la cámara (véase figura 4.6). Consulte la documentación online si la cámara no funciona con iPhoto.

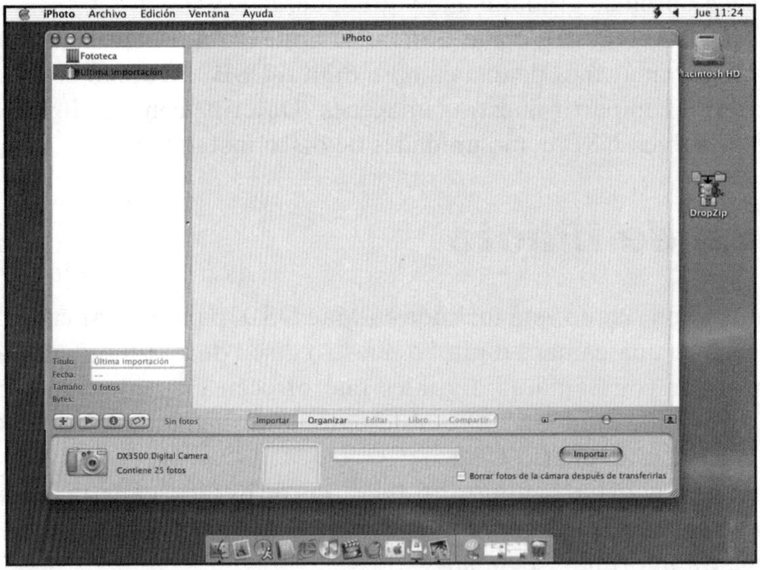

Figura 4.6. *La aplicación iPhoto se inicia automáticamente al conectar una cámara digital. La cámara digital USB se instala en el escritorio Mac como un disco Untitled (Sin título).*

La cámara digital también aparece en el escritorio como un nuevo disco Untitled, como si se tratara de una nueva unidad de disco externa o disco extraíble.

Independientemente de la aplicación iPhoto, podemos utilizar Finder para explorar los contenidos de la memoria de la cámara, como si fuera una unidad de disco externa, y acceder a los archivos de imagen individuales almacenados en ella (véase figura 4.7).

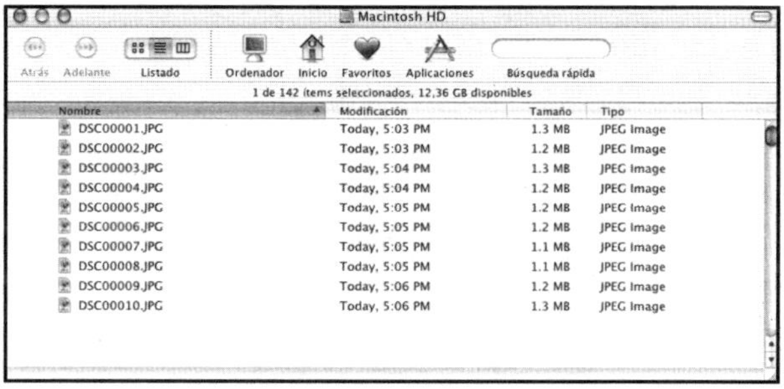

Figura 4.7. *Puede explorar los contenidos de la cámara en una ventana de* Finder.

Importación de fotografías de una cámara USB

Cuando iPhoto se inicia automáticamente al conectar una cámara USB, lo hace en el modo Import (señalado por el botón de modo **Importar** en la barra inferior, bajo la pantalla principal). iPhoto también muestra información sobre la cámara en la esquina inferior izquierda de la pantalla, incluyendo el número de fotografías almacenado en ella.

Con el objetivo de importar las fotografías, haga clic en el botón **Importar**, en la parte inferior derecha de la pantalla. También puede activar la casilla de verificación para eliminar las fotografías tras su transferencia. A continuación, iPhoto transfiere las fotografías a archivos del disco duro (véase figura 4.8).

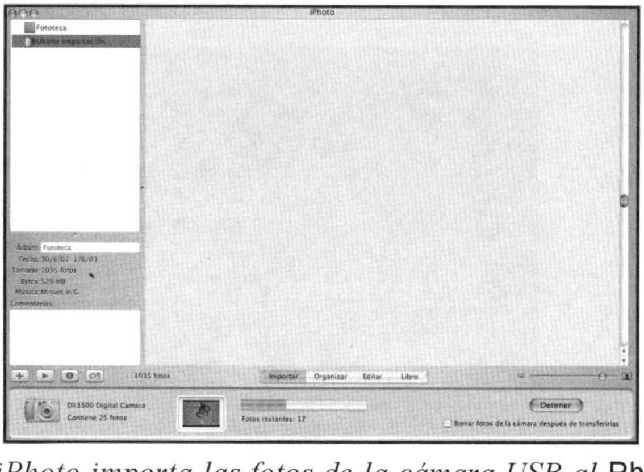

Figura 4.8. *iPhoto importa las fotos de la cámara USB al* Photo Library.

iPhoto muestra todas las imágenes que hemos importado en nuestra Fototeca. El álbum predeterminado aparece en la parte superior izquierda de la pantalla. Tras finalizar la importación, muestra únicamente las últimas fotos transferidas bajo Última importación, con una imagen en miniatura para cada archivo de imagen (véase figura 4.9).

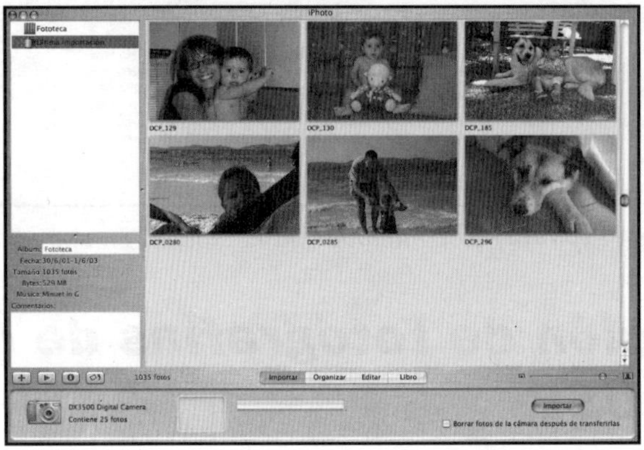

Figura 4.9. *Haga clic en el álbum* Última importación *para ver la colección de fotografías que acabamos de importar a iPhoto.*

Desconexión de la cámara

Antes de apagar o desconectar la cámara, arrastre el icono del disco para la cámara al icono Papelera en el Dock (que se convierte en un icono Expulsar; véase figura 4.10).

A continuación, ya puede desconectar la cámara. La ventana de iPhoto cambia para indicar que no hay ninguna cámara conectada.

Figura 4.10. *Arrastre el icono del disco de la cámara al icono* Papelera/Expulsar *en el* Dock *para desinstalar la cámara antes de desconectarla.*

Importación de fotografías de un disco local

iPhoto también puede importar fotografías de discos locales, CD u otros dispositivos de almacenamiento. Con el fin de importar archivos locales de imágenes, abra el menú Archivo y seleccione **Importar**. Utilice el cuadro de diálogo Importar fotografías para seleccionar uno o más archivos de imágenes, o bien una carpeta entera.

Seguidamente, iPhoto importa las imágenes y las muestra en la sección Última importación (véase figura 4.11).

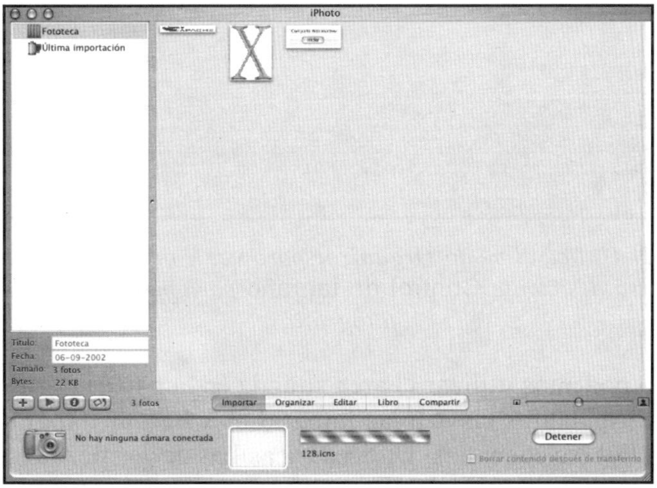

***Figura 4.11.** iPhoto también puede importar fotografías de archivos locales de imágenes.*

Organización de las fotografías

Para poder ver todas las fotografías, haga clic en el botón del modo **Organizar**, debajo de las fotografías. A continuación, podrá explorarlas y clasificarlas en álbumes.

Con el fin de que iPhoto organice las fotografías automáticamente, abra el menú Editar y seleccione Por película o Por fecha, o bien seleccione Manual.

Para modificar el tamaño de imagen de las fotografías, arrastre la barra deslizante Control de tamaño situada en la parte inferior derecha de la ventana. A continuación, iPhoto ajusta de forma dinámica la imagen del álbum a medida que reduzcamos o ampliemos las fotografías. Para acercar la imagen sobre una fotografía en particular, haga clic para seleccionarla y ajuste la barra deslizante (véase figura 4.12).

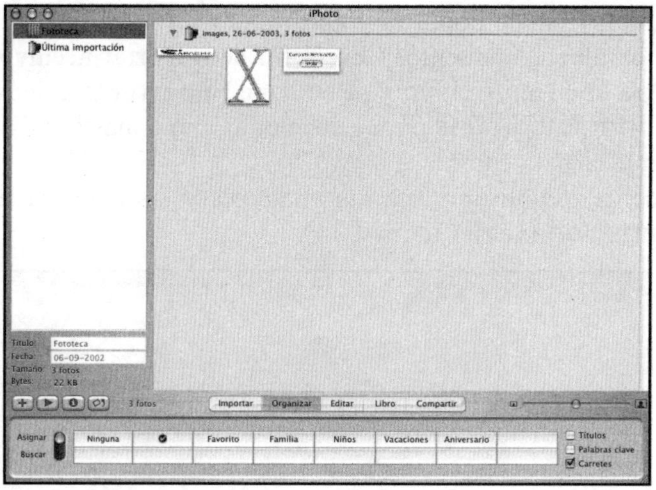

Figura 4.12. *Utilice el modo* ***Organizar*** *para ver y organizar las fotografías. Utilice la barra deslizante* Control de tamaño *para modificar el tamaño de las fotografías.*

Asimismo, podemos utilizar el área situada en la parte inferior de la ventana para asignar palabras clave a las fotografías y buscar fotografías que concuerden con palabras concretas. Utilice las casillas de verificación para mostrar Títulos y Palabras clave con las fotografías y para mostrar los divisores Carretes.

Abra el menú Archivo y seleccione Nuevo álbum para crear un nuevo álbum de fotos para agruparlas, o bien haga clic en el botón Nuevo álbum + bajo la lista de álbumes. A continuación, podemos arrastrar las fotografías hasta los álbumes para organizarlos por temas o motivos. Los álbumes sólo sirven para organizar; la colección completa de las fotografías siempre permanece en la Fototeca principal, por lo que podemos incluir la misma fotografía en varios archivos.

Edición de las fotografías

Para ver y editar una fotografía individual, haga clic en el botón del modo **Editar**, debajo de las fotografías.

A continuación, podemos utilizar los controles situados en la parte inferior de la ventana para girar las fotografías y seleccionar una zona rectangular de la foto para cortar (**Recortar**), eliminar los ojos rojos (**Ojos rojos**) y convertir a blanco y negro (**Blanco y negro**) (véase figura 4.13).

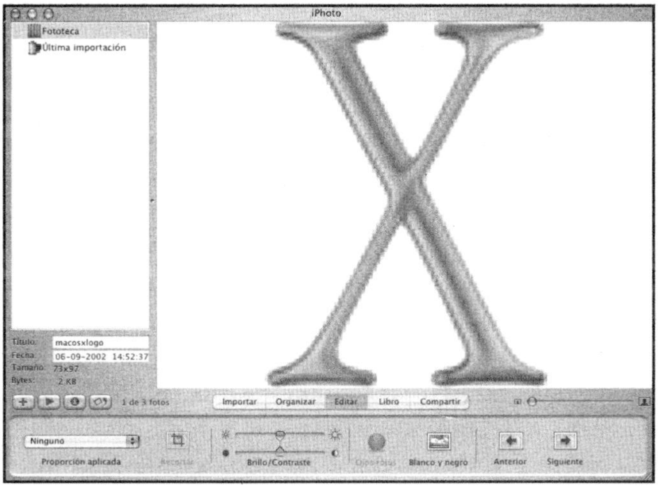

Figura 4.13. *Utilice el modo **Editar** para ver y modificar las fotografías de manera individual.*

También podemos hacer doble clic en una fotografía para abrirla en una ventana separada. A continuación, haga clic en el botón situado en la esquina superior derecha de la ventana para ver la barra de herramientas **Editar** con el fin de acceder y personalizar las herramientas de edición (véase figura 4.14).

Figura 4.14. *Haga doble clic en una fotografía para editarla en una ventana independiente.*

Antes de aplicar cambios en una fotografía, es posible que deseemos abrir el menú Archivo y seleccionar Duplicar para hacer una copia de la misma. También podemos utilizar la opción Deshacer para deshacer una serie de cambios. Asimismo, iPhoto guarda la versión original de todas las fotografías que editemos, de forma que siempre podamos abrir el menú Archivo y seleccionar Volver al original para eliminar todos los cambios y restablecer la fotografía original.

Creación de libros con las fotografías

iPhoto también ayuda a crear libros con las fotografías, que podemos imprimir después. Además, también podemos imprimirlos y encuadernarlos de manera profesional. Haga clic en el botón del modo **Libro** situado bajo las fotografías. Podemos seleccionar un motivo (Tema) para el diseño gráfico del libro, cambiar el diseño general de la página (Diseño), distribuir las fotografías y añadir títulos y texto (véase figura 4.15). Cuando hayamos terminado, podemos imprimir el libro en la impresora, guardarlo en formato Acrobat (PDF) o encargar una copia impresa profesional mediante una conexión a Internet.

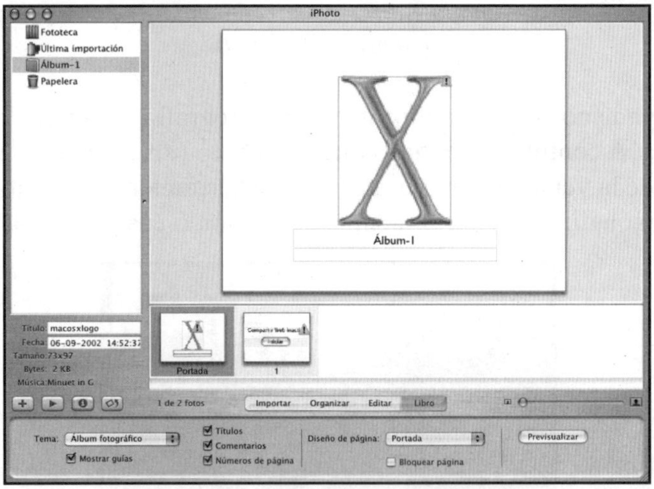

Figura 4.15. *Utilice el modo **Libro** para crear el diseño de un libro de fotografías.*

Exportación de las fotografías

Con el fin de compartir y exportar las fotografías, haga clic en el botón del modo **Compartir**, situado bajo las fotografías, o bien abra el menú Archivo y seleccione Exportar.

Utilice los botones situados en la parte inferior de la ventana para imprimir (Imprimir) las fotografías seleccionadas, crear una presentación (Diapositivas) con acompañamiento musical, encargar una copia impresa o un libro en Internet, publicar en la página de inicio, o exportar (Exportar) a archivos de imágenes, una página Web o un archivo QuickTime (véase figura 4.16).

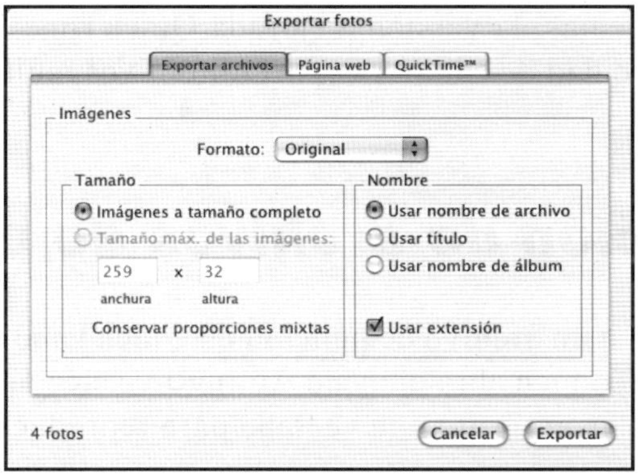

Figura 4.16. *Utilice el menú* Exportar *para guardar y compartir las fotografías.*

Archivos de vídeo con QuickTime Player

De la misma forma que podemos utilizar iPhoto para ver y editar archivos de imágenes, Mac OS X también incluye soporte integrado para visualizar archivos de películas con audio y vídeo mediante QuickTime Player. QuickTime Player puede mostrar una amplia variedad de formatos en soporte digital, incluyendo vídeo, audio, animaciones e imágenes estáticas. Con la versión mejorada QuickTime Pro, se convierte, además, en una herramienta de edición, de forma que podemos realizar sencillas operaciones de edición y convertir diferentes formatos.

Apple ha trabajado activamente para desarrollar QuickTime como sistema de soporte digital para diferentes plataformas, tanto para Macintosh como Windows. Al margen del que utilicemos, QuickTime Pro resulta una herramienta cómoda y económica para realizar sencillas ediciones de "cortar y pegar" y cambiar de formato. En Macintosh, Apple ofrece, además, el editor de vídeo iMovie para la captura de clips de una videocámara DV y la edición de vídeo y audio, con la inclusión de transiciones, títulos y efectos. Podemos guardar y compartir nuestras producciones en vídeo como archivos digitales o compartirlas con nuestra página Web con iTools. Asimismo, podemos utilizar iDVD para crear producciones de vídeo en DVD.

Acerca de QuickTime Player

QuickTime Player puede mostrar y reproducir una amplia variedad de más de 200 formatos de archivos en diferentes soportes, desde imágenes estáticas, vídeo en movimiento y audio. También puede reproducir archivos en diferentes soportes y emisiones en Internet.

Apple ofrece, además, la versión mejorada QuickTime Pro, por 30 euros, para incluir la capacidad de editar y exportar archivos multimedia en una variedad de formatos.

Reproducción de archivos de películas

Haga doble clic en un archivo de película de QuickTime en una ventana de Finder para abrirla, o bien abra el menú Archivo y seleccione Abrir. La aplicación QuickTime Player abrirá una ventana para reproducir la película (véase figura 4.17).

Figura 4.17. *Utilice la aplicación QuickTime Player para ver películas.*

Utilice los controles de reproducción de la parte inferior de la pantalla para visualizar la película o arrastre la barra deslizante en la parte inferior de la pantalla para desplazarse a un punto concreto. Utilice el menú Película para continuar la reproducción (Loop); y para establecer el tamaño de la imagen a la mitad (50%), normal (100%), a tamaño doble (200%) o a pantalla completa (Llenar pantalla).

Visualización de información en archivos de películas

Para ver más detalles del archivo de la película, abra el menú Movie (Película) y seleccione Obtener propiedades de la película. QuickTime muestra la ventana Propiedades (véase figura 4.18).

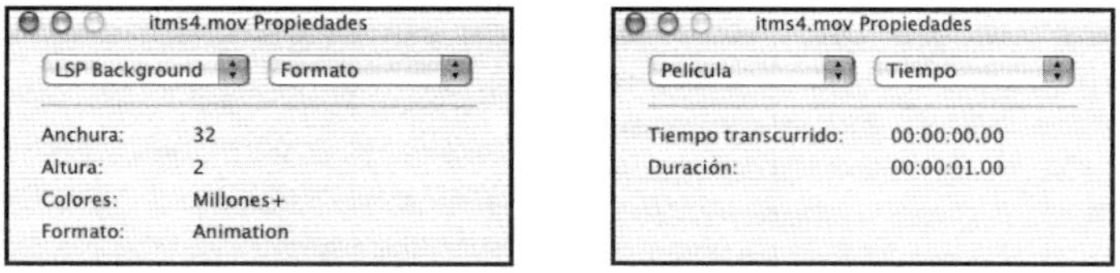

Figura 4.18. *Utilice la ventana* Propiedades *para ver información sobre la película y sus pistas.*

Utilice el menú desplegable de la izquierda para ver información sobre la película (Película), la pista de vídeo (Pista vídeo) o la banda sonora (Pista sonido). A continuación, utilice el menú desplegable de la derecha para ver detalles sobre el formato, las anotaciones u otras propiedades de la película o la pista seleccionada.

Además, podemos previsualizar archivos de vídeo digital para conocer información sobre ellos en Finder. En una ventana de Finder, haga clic en el icono Vista Columna, en la esquina superior izquierda de la ventana de Finder para ver el orden completo de las carpetas. Haga clic en un archivo de película para ver detalles sobre la película, incluyendo el formato, el tamaño, la resolución y la duración (véase figura 4.19).

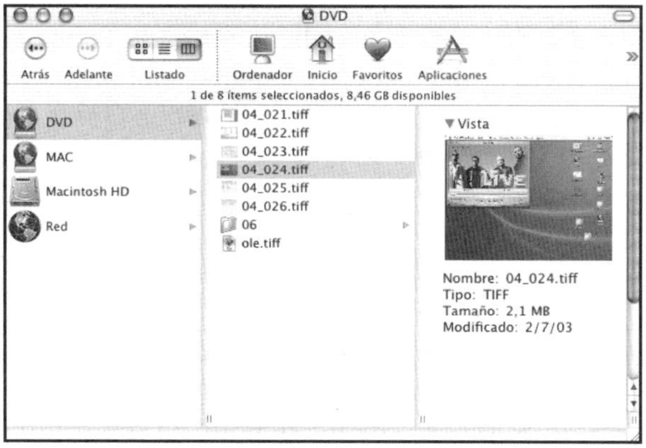

Figura 4.19. *Utilice la opción* Vista columna *en la ventana de* Finder *para ver información sobre los archivos de películas.*

Asimismo, podemos seleccionar el archivo en Finder, abrir el menú Archivo y seleccionar Mostrar información.

Finder muestra una ventana de información; seleccione Previsualizar en el menú desplegable para ver información sobre el archivo y previsualizarlo (véase figura 4.20).

Figura 4.20. *Puede previsualizar el archivo en una ventana* Info.

Reproducción de archivos de sonido

También podemos utilizar QuickTime Player para reproducir otros archivos multimedia, incluyendo archivos de sonido. Algunos formatos de archivo (es decir, MP3) se asocian con otras aplicaciones, de forma que se abrirán en dicha aplicación (es decir, iTunes) cuando hagamos doble clic en ellas en Finder. Sin embargo, podemos reproducir estos archivos con QuickTime Player arrastrándolos al icono de QuickTime Player en el Dock del escritorio. Además, podemos abrir archivos dentro de QuickTime Player abriendo el menú File (Archivo) y seleccionado Abrir película en otro reproductor.

Cuando abrimos un archivo de sonido, la aplicación QuickTime Player abre otra ventana para reproducirlo (véase figura 4.21).

Utilice los mismos controles de reproducción en la parte inferior de la ventana para reproducir el clip. Para ajustar el sonido, abra el menú Película y seleccione Mostrar controles de sonido, o bien haga clic en la pantalla del indicador a la derecha de la barra deslizante. Podrá ajustar las opciones de balance, graves y agudos.

Figura 4.21. Puede reproducir archivos de sonido con QuickTime Player con controles de audio.

Visualización de información en archivos de sonido

De nuevo, abra el menú Película y seleccione Obtener propiedades de la película para ver información acerca del archivo de sonido en la ventana Propiedades (véase figura 4.22).

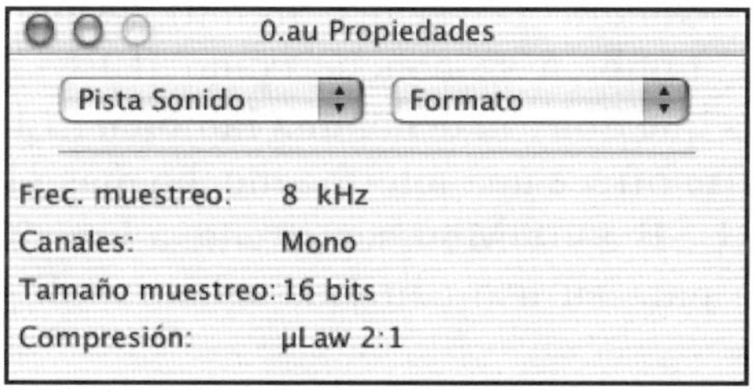

***Figura 4.22.** Utilice la ventana* Propiedades *para ver información acerca del formato del audio.*

Edición y conversión de archivos en diferentes soportes con QuickTime Pro

QuickTime Player es algo más que un visor de formatos de archivos en soporte digital. Con la versión mejorada QuickTime Pro, podemos utilizar QuickTime Player para editar formatos de soportes digitales. La mejora Pro incluye la posibilidad de cortar y pegar partes de los clips; añadir, extraer y eliminar pistas; y exportar y guardar en una variedad de formatos.

Asimismo, también podemos mejorar películas e imágenes estáticas con filtros y efectos. En particular, QuickTime Pro puede modificar el tamaño de las películas, crear presentaciones con una pista musical, preparar y comprimir contenidos *streaming* para su visionado en la Web, y trabajar con el formato de videocámara DV de alta calidad.

Podemos editar clips con sólo seleccionar segmentos en la barra deslizante y después cortándolos y combinándolos mediante el uso de "cortar y pegar" (véase figura 4.23).

Figura 4.23. *Utilice la mejora QuickTime Pro para editar pistas cortando y pegando segmentos.*

Edición de vídeo DV con iMovie

Apple popularizó la interfaz FireWire en el sistema Macintosh para su funcionamiento con videocámaras DV (vídeo digital). (Aunque Apple denomina a la interfaz FireWire, también se conoce como IEEE 1394, tal y como se estandarizó, mientras que Sony la denomina también i.Link.)

Puesto que FireWire ofrece una interfaz mucho más rápida que la especificación original de la USB a 400Mbit/seg (frente a los 12Mbit/seg. Para USB 1.0), se ha adoptado para su uso con videocámaras digitales y unidades de disco externas.

Al igual que la USB, FireWire ofrece una interfaz sencilla, donde podemos conectar y desconectar múltiples dispositivos mientras el sistema está en marcha. Sin embargo, las videocámaras no son tratadas como un disco externo (como lo eran las cámaras USB). Por el contrario, el funcionamiento con un dispositivo DV requiere una aplicación con conocimiento tanto para controlar la videocámara como para transferir vídeo y audio sobre la conexión FireWire entre el ordenador y la videocámara.

Este apartado muestra cómo utilizar la aplicación iMovie bajo Mac OS X para capturar clips de vídeo y audio de una videocámara DV mediante una conexión FireWire y para realizar una sencilla edición de vídeo.

Acerca de iMovie

Apple ofrece la aplicación iMovie para que funcione con videocámaras DV con el fin de capturar, editar, mejorar y compartir películas en un ordenador de forma rápida y sencilla. Podemos utilizar iMovie para capturar clips de forma rápida de una videocámara DV, organizarlos en un guión gráfico y exportar el resultado final a la cinta DV. También podemos importar una variedad de clips, y utilizar la pantalla Timeline para editarlos y añadir transiciones, títulos, efectos y audio. A continuación, podemos exportar a los archivos QuickTime o directamente a formato iDVD.

La versión 2 de iMovie, presentada a finales de 2001, incluía más herramientas de edición de vídeo y audio, así como efectos, pero todo ello sin perjudicar a la sencillez de la interfaz de usuario.

Captura de DV

Para empezar a trabajar con iMovie, en primer lugar abra la aplicación iMovie. A diferencia de lo que ocurre con las cámaras digitales USB, la aplicación no se abre automáticamente al conectar una videocámara a un cable FireWire.

Cuando se inicia iMovie, nos pide que iniciemos un nuevo proyecto o que abramos uno ya existente. Haga clic en Proyecto nuevo (véase figura 4.24).

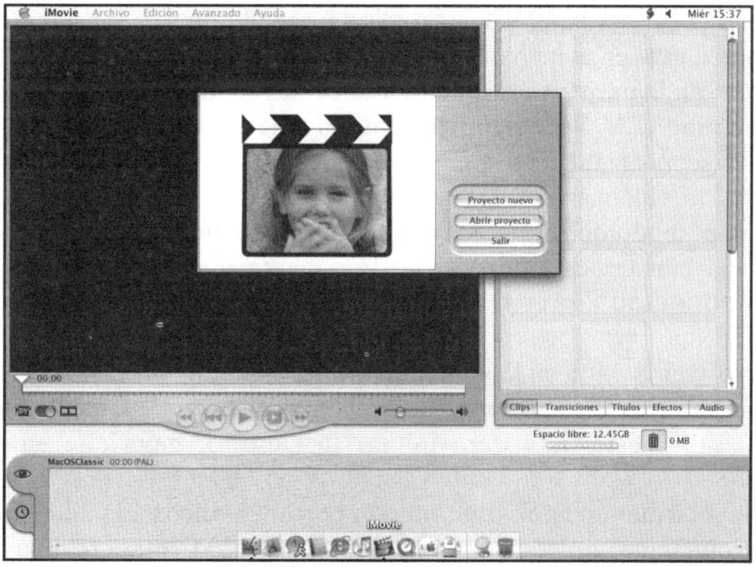

Figura 4.24. *Cuando abra iMovie por primera vez, opte por iniciar un nuevo proyecto o abrir uno ya existente. Aparecerá esta pantalla.*

iMovie muestra el cuadro de diálogo Proyecto nuevo (véase figura 4.25). Acceda hasta la carpeta en la que quiera guardar el proyecto y escriba un nombre para el mismo. Haga clic en icono de la flecha hacia abajo situado en la parte inferior derecha del cuadro de diálogo para ver una vista en columna que le ayude a desplazarse por las diferentes carpetas.

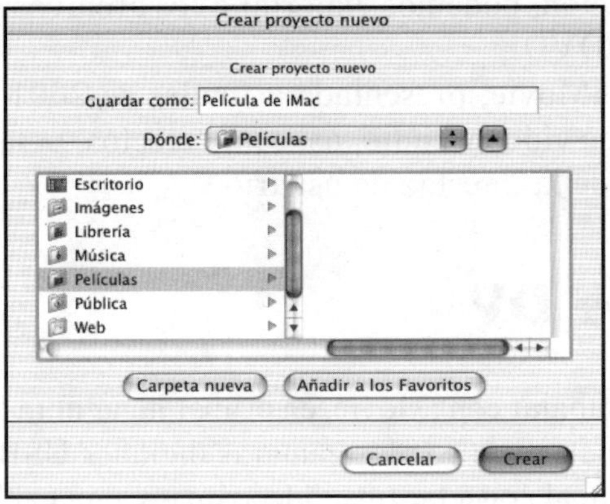

Figura 4.25. *Utilice el cuadro de diálogo* Proyecto nuevo *para especificar el lugar en el que va a guardar el nuevo proyecto.*

iMovie muestra a continuación un nuevo proyecto vacío con la ventana Monitor en la izquierda, el Visor de clips junto al botón, y el estante de almacenamiento Clips, en el lado derecho de la pantalla. La opción Camera Mode/ Edit Mode, en la parte inferior izquierda de la ventana Monitor, está establecida como modo DV Camera, y la pantalla muestra Camera Disconnected (Cámara desconectada).

Conecte la videocámara DV utilizando un cable FireWire, enciéndala y seleccione el modo de reproducción o VCR. iMovie automáticamente reconoce que la cámara está conectada, y la ventana Monitor ahora muestra Cámara conectada; muestra el código de tiempo actual en la cinta (véase figura 4.26).

Podemos ver la cinta en la ventana Monitor mientras utilizamos los controles de reproducción bajo la ventana y buscamos en la cinta. Cuando haya colocado la cinta y esté listo para iniciar la captura, haga clic en el botón **Importar**.

iMovie inmediatamente comienza a importar el vídeo y el audio en formato DV de resolución completa a clips en el disco duro. Mientras realiza la captura, iMovie detecta cambios de escena en el vídeo y añade clips individuales al estante de almacenamiento Clips, en el lado derecho de la pantalla, en el que cada uno incluye su nombre y su duración (véase figura 4.27). Puede hacer clic en el botón **Importar** para iniciar y detener la captura de cada clip, o bien iMovie iniciará automáticamente un nuevo clip cada vez que haya un cambio de escena en la cinta de vídeo de entrada.

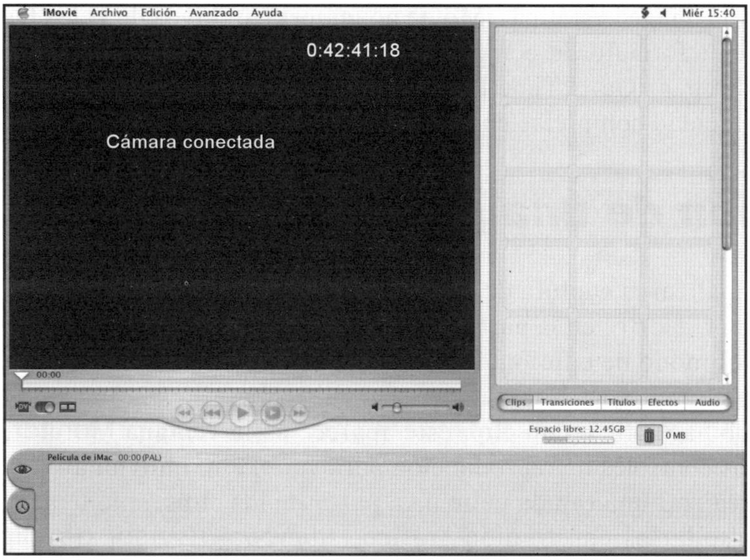

Figura 4.26. *iMovie reconoce que hay una cámara conectada y muestra el código de tiempo actual.*

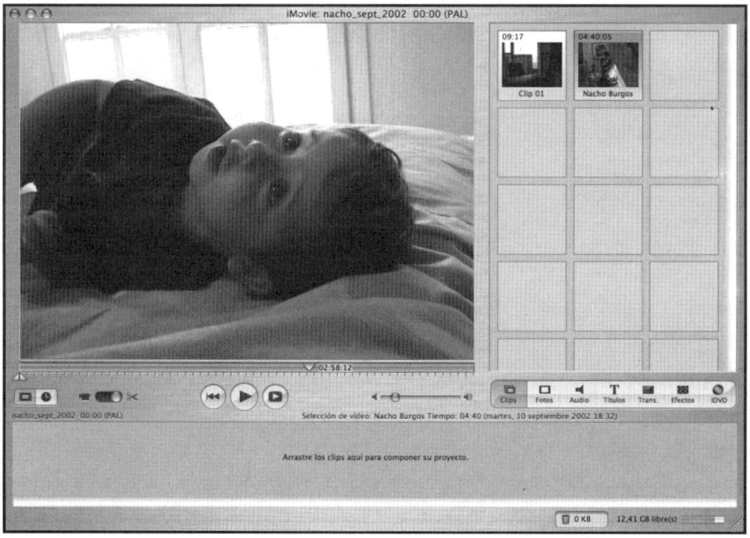

Figura 4.27. *Mientras captura vídeo, iMovie detecta automáticamente cambios de escena y añade clips individuales al estante de almacenamiento.*

También podemos importar archivos de clips del disco duro, en formato de corriente DV (como si fuera capturado de una cinta DV) o en una variedad de formatos de imagen estática. iMovie no importa archivos de vídeo QuickTime en cualquier formato de compresión o resolución arbitrarios. Sin embargo, podemos utilizar QuickTime Pro para convertir archivos de vídeo de resolución y velocidad completas en formato DV *streaming*.

Edición de una película

Tras finalizar la captura de clips, haga clic en una de las opciones `Camera Mode/Edit Mode`, en la parte inferior izquierda de la ventana Monitor, para cambiar al modo de edición, o bien haga clic en la imagen en miniatura de un clip.

Cuando hace clic en un clip, éste aparece en la ventana Monitor, y puede utilizar los controles de reproducción para ver el clip individual.

Para realizar una rápida película a partir de los clips, sólo tiene que arrastrarlos y soltarlos en el guión gráfico (*storyboard*) Visor de clips, en la parte inferior de la pantalla, y organizarlos en el orden que desee (véase figura 4.28).

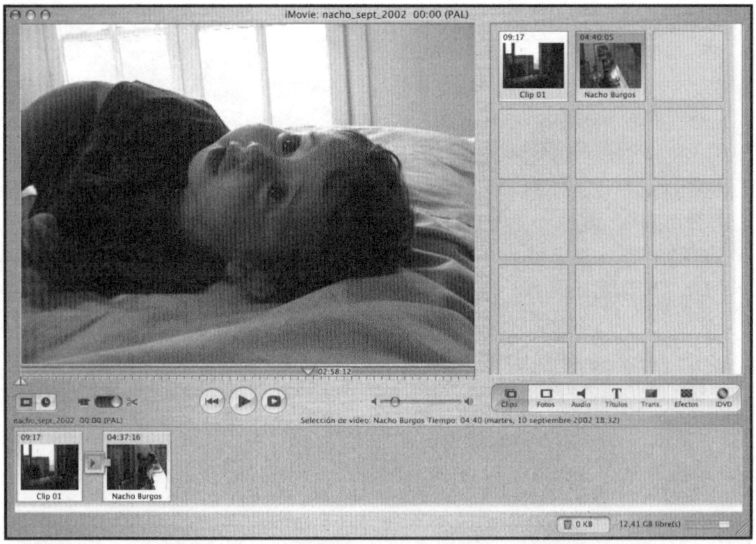

Figura 4.28. *Cambie al modo* ***Editar*** *y arrastre y suelte los clips en el* Visor de clips *para convertirlos en una película.*

iMovie también incluye operaciones de edición en las pistas de vídeo y audio de los clips. Podemos cortar los clips individuales en la pantalla Monitor haciendo clic y arrastrando los marcadores de corte hasta la barra de nivelación. Utilice el menú Editar para dividir videoclips y crear un clip estático. Utilice el menú Avanzado para invertir la dirección del clip, extraer y bloquear audio.

Para mejorar la película con efectos más sofisticados, haga clic en las diferentes pestañas del panel de diseño, a la derecha de la ventana Monitor, para seleccionar Transiciones, Títulos, Efectos y pistas o efectos de audio adicionales (Audio).

Para obtener un control avanzado de las pistas de vídeo y audio, haga clic en la pestaña Visor de control temporal, bajo la ventana Monitor, para pasar a una vista con línea de tiempo (véase figura 4.29). Podemos colocar y ver los clips con múltiples pistas de audio, así como transiciones y efectos.

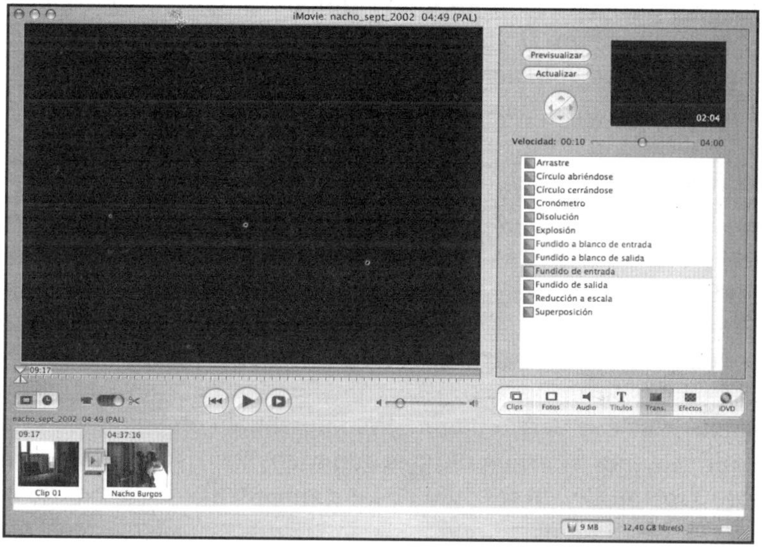

Figura 4.29. Añada elementos de los paneles de diseño Transiciones, Títulos *y* Efectos *y utilice el* Visor de control temporal *para conseguir producciones más sofisticadas.*

Exportación de la película

Cuando hayamos terminado la edición, podemos exportar la película a un formato QuickTime o a formato iDVD-ready (DV). Para exportar a un archivo QuickTime, iMovie ofrece configuraciones predeterminadas para pequeños formatos Web, formatos CD-ROM de tamaño normal y formato DV de alta calidad; también podemos seleccionar cualquier formato de vídeo y audio QuickTime que sea compatible. iMovie también puede exportar una película de nuevo a la videocámara DV para grabarla en una cinta DV.

Resumen

Este capítulo ha ofrecido un repaso de cómo la plataforma Apple Macintosh se está convirtiendo en un nodo de soporte digital con ayuda del sistema operativo Mac OS X y una serie completa de aplicaciones integradas. En estos sistemas, podemos importar soportes digitales con interfaces integradas a cámaras digitales (a través de la USB) y a videocámaras DV (a través de FireWire). Podemos guardar y compartir archivos digitales mediante la copia en discos CD y ahora ya en discos DVD. Podemos ver, editar y convertir archivos de soporte digital con las aplicaciones precargardas de Apple.

Para trabajar con imágenes, podemos realizar capturas de cámaras digitales USB con iPhoto, para organizarlas y compartirlas en álbumes.

Para trabajar con una amplia variedad de formatos de soporte digital y películas, podemos utilizar QuickTime Player para ver archivos, y la mejora QuickTime Pro para editarlos y convertirlos.

Para trabajar con películas en videocámaras DV, podemos utilizar iMovie para capturar, editar y mejorar producciones de vídeo. Seguidamente podemos guardar y compartir nuestras producciones de vídeo como archivos de películas QuickTime, exportarlas a iDVD, transferirlas de nuevo a videocámaras DV o compartirlas en nuestra página Web personal con ayuda de iTools.

Estas aplicaciones vienen incluidas con todos los sistemas Macintosh (con el hardware asociado) y en función de las capacidades integradas en Mac OS X. Con estas herramientas, podemos importar y preparar los materiales multimedia que después podemos utilizar para crear producciones en DVD.

Si deseamos trabajar con herramientas de edición de vídeo más avanzadas, podemos pasar de iMovie al software de edición de vídeo profesional Final Cut Pro de Apple, que ofrece edición, composición y efectos especiales sofisticados.

DVD-R

5. Soportes digitales y DVD en Windows

Como hemos explicado en el capítulo anterior, Apple modificó su línea de productos Macintosh para ofrecer servicio integrado a los soportes digitales de forma completa, incluyendo los puertos de hardware y unidades de disco necesarios, así como las herramientas de edición asociadas. Como veremos en este capítulo, Microsoft está orientándose en la misma dirección con Windows XP, aunque las perspectivas para el universo del PC y Windows parecen más complicadas. Existen numerosas variaciones en las características de hardware de los diferentes sistemas informáticos, diferencias en el soporte con los medios digitales integrado en varias versiones del sistema operativo Windows y más uso de herramientas de terceras partes que también varían entre los sistemas.

Este capítulo explora los soportes digitales bajo Windows XP, que se ha convertido en un entorno completo para adquirir, ver y editar soportes digitales. Podemos transferir fotografías de una cámara digital mediante un puerto USB y capturar vídeo y audio digital de una videocámara DV mediante una conexión FireWire/IEEE 1394. Obviamente, también podemos importar soportes de otras fuentes, como escáneres y dispositivos de captura analógicos, así como descargar y transferir material en Internet. Muchos de los aspectos relacionados con este tema (y, por supuesto, los conceptos generales) también se aplican a versiones anteriores de Windows, especialmente Windows 2000 y Windows ME para el hogar.

A pesar de que en 2002 la mayoría de PC ya se vendían con Windows XP, sigue siendo posible adquirir un ordenador Windows con capacidad limitada de soporte digital (como sólo un lector de CD-ROM) y, por tanto, sin posibilidad de leer DVD o escribir CD y DVD. Cuando adquirimos un ordenador para soportes digitales, debemos asegurarnos de que cuenta con los componentes apropiados de software y hardware para soportes digitales, como muestra la tabla 5.1. Si adquirimos un ordenador Windows XP con estos componentes preinstalados, el vendedor también debería instalar todas las unidades y software asociado.

Tabla 5.1. *Hardware propuesto para soportes digitales bajo Windows XP.*

Puerto USB/USB-2	*Universal Serial Bus* es el estándar en la mayoría de ordenadores Windows en la actualidad. Una interfaz estándar para la conexión a periféricos a velocidades moderadas (12Mbits/seg). Se utiliza para transferir fotografías digitales de una cámara digital. También se utiliza para reducir cables, reemplazar los puertos paralelos y de serie uniendo el teclado y el ratón, y para otros dispositivos, como impresoras y escáneres. El nuevo puerto USB-2, que empezó a aparecer a mediados de 2002, ofrece conexiones de mayor velocidad para dispositivos externos, incluyendo unidades de disco duro y unidades de DVD.
Puerto FireWire/IEEE 1394	Opción con coste adicional en la mayoría de ordenadores Windows. Una interfaz estándar para la conexión a periféricos que requieren mayor velocidad (400Mbits/Seg). Se utiliza para transferir vídeo digital de una videocámara DV. También se utiliza para la conexión a dispositivos externos, como grabadoras DVD y discos duros.
Unidad de CD-R/RW	Unidad de CD de lectura y escritura (grabable y regrabable). Sigue siendo una opción con coste adicional en muchos ordenadores Windows, pero cada vez es más común.
Unidad de DVD-ROM	Unidad de DVD sólo de lectura. Lee DVD de datos y vídeo y, normalmente, también CD. Sigue siendo una opción con coste adicional en muchos ordenadores Windows, pero cada vez es más común.
Unidad DVD-R o DVD-RW	Unidad de DVD de lectura y escritura (grabable y regrabable). Existen muchos tipos de unidades de DVD grabables. Lee DVD de datos y vídeo y, en ocasiones, también graba CD. Una opción con coste adicional que cada vez está más disponible en ordenadores Windows.

Este capítulo explora Windows XP como una plataforma para los soportes digitales, incluyendo la copia de datos en unidades grabables de CD y DVD, la adquisición y organización de fotografías digitales en la carpeta My Pictures, y la importación de vídeo y edición de películas con Windows Movie Maker. Con el uso de estas herramientas podemos adquirir y preparar los materiales que posteriormente podemos importar a las herramientas de creación en DVD que veremos en otros apartados del libro. Estos materiales incluyen videoclips, pistas de audio adicionales, fondos estáticos para menús e, incluso, presentaciones fotográficas.

Transferencia de datos a CD y DVD

Aunque relacionemos los discos CD y DVD con la música y las películas, un ordenador considera estos discos como un dispositivo de almacenamiento de datos digitales. El contenido del disco puede ser audio o vídeo, pero para el ordenador son simplemente datos. Un ordenador con una unidad grabable de CD o DVD puede escribir cualquier clase de datos en CD o DVD, no sólo música y vídeo. Por ello, podemos utilizar los CD o DVD para hacer una copia de seguridad, archivar o compartir archivos. Un CD alberga de 650 a 700 MB de datos, y un DVD aproximadamente 4,7 GB.

Truco

En un principio, las aplicaciones para grabar datos en CD descritas funcionaban sólo con CD, no con DVD, por lo que la escritura de DVD requería otro tipo de herramientas. Más recientemente, el soporte integrado en Windows XP y en estas aplicaciones han extendido el soporte tanto en CD como DVD. No obstante, muchos de los cuadros de diálogo de las aplicaciones y el lenguaje explicativo siguen refiriéndose únicamente al CD, no al DVD. Este capítulo generalmente hace referencia a ambos, con algunas diferencias entre el funcionamiento de las unidades grabables y regrabables.

Grabación de CD y DVD en Windows XP

En la actualidad, Windows XP incluye la capacidad para grabar datos a un CD o DVD directamente del ordenador mediante la copia de archivos a la unidad de CD o DVD en el Explorador de Windows. En realidad Windows crea un archivo de imagen de disco temporal con los archivos que hemos copiado. Una vez seleccionados todos los archivos que queremos grabar, comienza el proceso de grabación de los datos al disco. Esto funciona de una forma muy similar en Macintosh.

Asimismo, muchos sistemas Windows también se comercializan con herramientas de grabación de terceras partes, como Roxio (anteriormente Adaptec) Easy CD Creator y DirectCD (`www.roxio.com`). Easy Creator CD nos permite crear CD de audio y organizar los archivos y carpetas de datos que van a copiarse en un CD de datos para, seguidamente, copiar la serie completa en una sola operación. DirectCD se adentra en el sistema de archivos de Windows para permitirnos arrastrar y soltar archivos a un CD como si se tratase de un disco duro, de manera que escribe pequeños paquetes de datos de forma continua a medida que añadimos elementos al disco.

Sin embargo, el uso simultáneo de la función de grabación en CD de Windows XP y DirectCD puede resultar confuso. En lugar de esto, podemos desactivar la función de grabación de Windows, o podemos ver que queda desactivada en algunos sistemas cando se instala DirectCD. Para comprobarlo, abra Mi PC para ver las unidades de disco, haga clic para seleccionar el icono de la unidad grabable de CD (o DVD), y haga clic con el botón derecho del ratón y seleccione Propiedades en el menú desplegable.

En el cuadro de diálogo Propiedades, haga clic en la pestaña Grabación (véase figura 5.1).

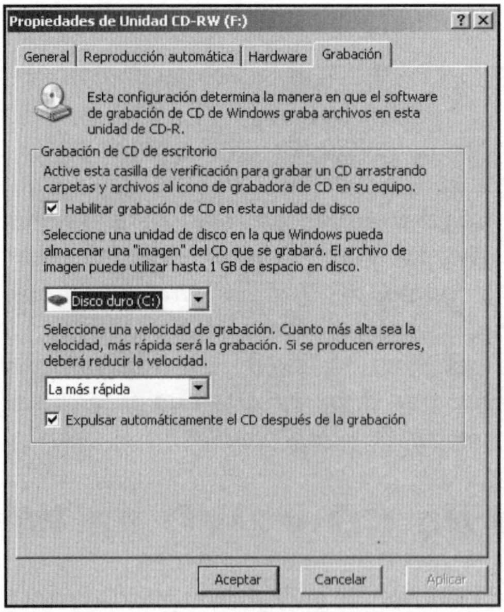

Figura 5.1. *Utilice la pestaña* Grabación *en el cuadro de diálogo* Propiedades *para controlar la grabación de CD de Windows.*

Para desactivar la función de grabación de CD de Windows, desactive la casilla de verificación Habilitar grabación de CD en esta unidad de disco. (Si está instalado DirectCD, es posible que no aparezca la pestaña Grabación, y es posible que se hayan añadido las pestañas Configuraciones y Opciones de DirectCD.)

Selección de formatos de discos grabables

Antes de copiar datos en un CD, éste debe formatearse o prepararse para añadir los directorios y los archivos. Los discos vírgenes que adquirimos en un establecimiento no están formateados. En cuanto a los discos CD-R (grabables), los formateamos una vez, y a continuación ya podemos copiar uno o más grupos de datos hasta que estén llenos. En cuando a los discos CD-RW (regrabables), podemos formatearlos y grabar en ellos como si se tratara de un CD-R, y reformatearlos para eliminar esos contenidos antes de volver a utilizarlos.

Los CD pueden formatearse de diferentes formas, en función del uso que vayamos a hacer de ellos y de los requisitos de compatibilidad con antiguos reproductores o plataformas:

1. CD-Audio.
2. UDF 1.5, el nuevo formato de disco universal.
3. High Sierra ISO 9660, el estándar de Windows para CD-ROM.
4. Macintosh HFS.

Estos estándares definen el sistema de archivos utilizado para organizar los archivos de datos en el disco, incluyendo si los archivos pueden tener nombres largos o deben limitarse al modelo 8.3 de DOS (nombre de archivos de ocho letras y tipo de archivo de tres letras). Por norma general, podemos ignorar estos detalles y aceptar el formato apropiado utilizado por las herramientas de creación de discos. Hay que recordar que después de formatear el disco para un audio o datos, no podemos utilizar un formato distinto en el mismo disco.

Tras copiar los datos en un disco CD, podemos dejarlo en uno de los siguientes estados: abierto o cerrado. Si tenemos previsto añadir más datos al disco, podemos dejarlo abierto para copias posteriores. Si hemos acabado de copiar datos y queremos leer el disco en otra unidad, debemos cerrar o finalizar el disco para marcarlo como completo. Muchos reproductores CD de audio sólo leen discos que han sido cerrados.

Formateo de discos grabables

Aunque debemos formatear un disco grabable (R) antes de escribir datos en él, este proceso de formateo a menudo se combina con el de copia. Por tanto, por lo general no tenemos que realizar una operación de formateo por separado cuando insertamos un disco virgen en el ordenador.

Los discos regrabables (RW) pueden reformatearse con el objetivo de eliminar los datos almacenados en ellos y prepararlos para volver a utilizarlos. Haga clic con el botón derecho del ratón en el icono del disco en el Explorador de Windows y seleccione Dar formato, o bien utilice Easy CD Creator para abrir el menú CD y seleccione Borrar (véase figura 5.2). Utilice el cuadro de diálogo Formato de DirectCD para preparar un disco y utilizarlo con DirectCD. Utilice la opción Borrado rápido para preparar el disco si va a volver a utilizarlo, o Borrado completo para eliminar realmente todos los contenidos del disco.

Creación de discos de datos con la función de grabación de Windows

Para copiar datos en CD o DVD grabables con ayuda de Windows, primero copie los archivos en el icono del disco CD e inicie el proceso de grabación.

Podemos copiar archivos arrastrándolos y soltándolos en el icono del disco o utilizando la opción Copiar en los menús. Además, podemos seleccionar los archivos en la ventana del Explorador de Windows y hacer clic en Copiar, en el panel de tareas del Explorador. Windows muestra el cuadro de diálogo Copiar elementos para seleccionar el dispositivo del disco grabable.

A continuación, Windows crea un archivo de imagen temporal de los datos que van a grabarse en el CD. Abra la unidad de CD en el Explorador de Windows para ver los archivos y carpetas que están listos para grabarse (véase figura 5.2).

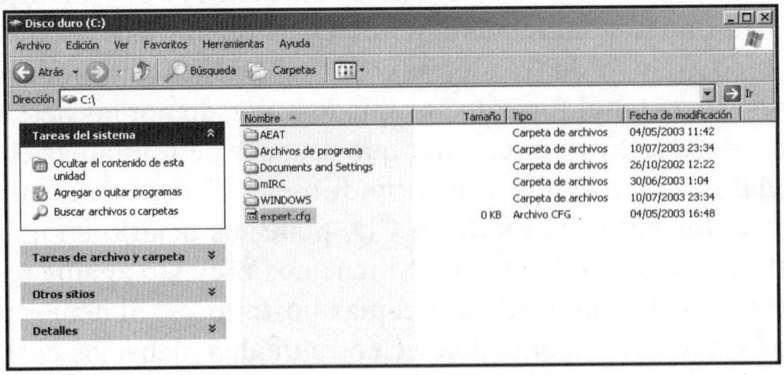

Figura 5.2. *Utilice el Explorador de Windows para agrupar los archivos que va a copiar en un CD o DVD.*

Por último, haga clic en Escribir estos archivos en CD, en el panel de tareas del Explorador de Windows. Seguidamente, Windows muestra el cuadro de diálogo Asistente para grabación de CD para guiarnos en el proceso de grabación de datos en CD (véase figura 5.3).

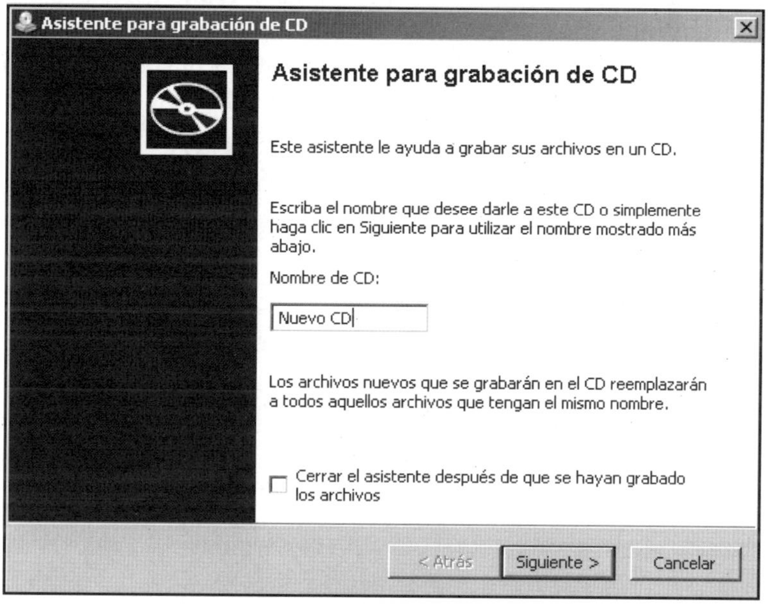

Figura 5.3. *A continuación utilice el* Asistente para grabación de CD *para escribir los archivos en el CD.*

Truco

*En el Explorador de Windows, haga clic en el botón **Carpetas** para alternar el panel izquierdo* Barra del explorador *entre una lista jerárquica de las carpetas y una barra de tareas sensible al contexto. La barra de tareas muestra las acciones apropiadas para los archivos y las carpetas, en función del tipo. Utilice el menú* Ver *(o el menú desplegable del icono* Vistas*) para seleccionar diferentes vistas de la lista de archivos en la sección derecha.*

Selección de la opción Reproducción automática del disco

Cuando Windows percibe que hemos insertado un nuevo disco en la unidad de CD o DVD, examina los contenidos del disco. A continuación, realiza de forma automática la función de reproducción automática en función del tipo de datos, como por ejemplo, abrir el Reproductor Windows Media para reproducir un CD de audio.

Para configurar la acción predeterminada cuando insertamos un disco virgen, haga clic con el botón derecho del ratón en el icono del CD o DVD en el Explorador de Windows y seleccione Propiedades en el menú desplegable. En el cuadro de diálogo Propiedades, seleccione la pestaña Reproducción automática y seleccione CD vacío en la lista desplegable (véase figura 5.4).

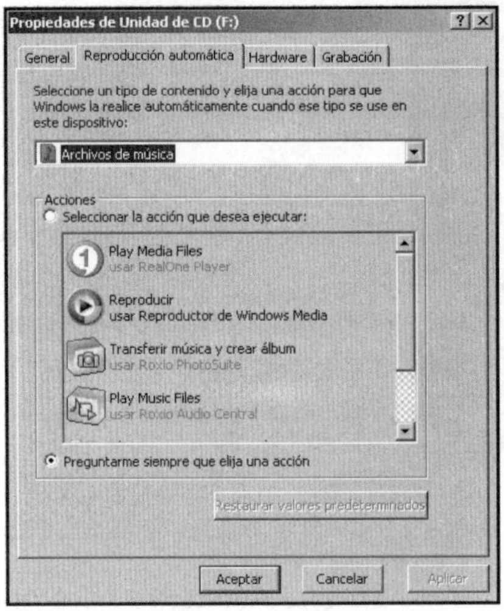

Figura 5.4. *Utilice las opciones de Reproducción automática en el cuadro de diálogo* Propiedades de CD *para determinar la opción que será realizada al insertar un CD vacío en el equipo.*

A continuación, podemos seleccionar una opción de reproducción automática, como abrir automáticamente Roxio Easy CD Creator para crear un nuevo CD de datos. Podemos optar por que Windows realice una acción cada vez que insertemos un disco virgen o seleccionar Ninguna acción para poder abrir directamente la aplicación que deseemos. La opción de Reproducción automática abre la Pantalla de selección de proyectos Easy CD Creator cuando insertamos un disco vacío (véase figura 5.5). Utilice esta pantalla para seleccionar la opción a realizar con este disco: crear un CD de audio o MP3, crear un CD o DVD de datos con Easy CD Creator o DirectCD, crear un CD de fotografías o vídeo o copiar un disco entero.

La versión básica de Easy CD Creator instalada en muchos equipos no cuenta con todas las opciones para música y fotografías. Podemos conseguir la versión Platinium para acceder a todas las funciones.

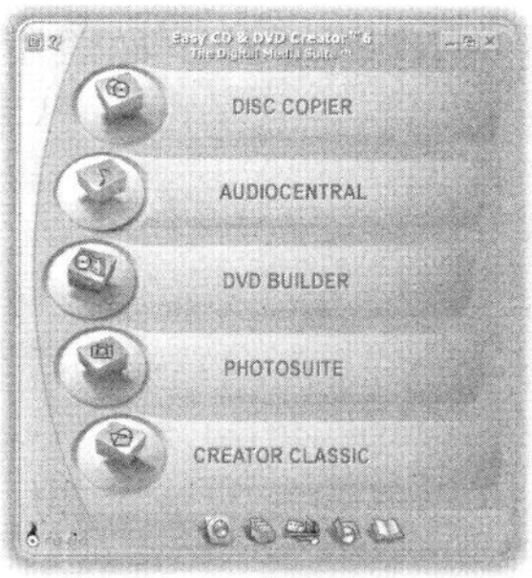

Figura 5.5. Utilice la Pantalla de selección de proyectos *de* Easy CD Creator *para iniciar un proyecto con un disco vacío.*

Creación de discos de datos con Easy CD Creator

Para crear un CD o DVD de datos, seleccione Proyecto de datos en la Pantalla de selección de Proyectos o abra directamente Easy CD Creator (véase figura 5.6). Utilice la sección inferior de la ventana de Easy CD Creator para organizar los datos que quiera copiar en el disco. Arrastre y suelte las carpetas y los archivos en la sección superior, cree nuevas carpetas y reorganice la carpeta jerárquicamente en la sección inferior. Compruebe la barra Tamaño del proyecto en la parte inferior de la ventana para asegurarse de que los archivos seleccionados caben en el disco.

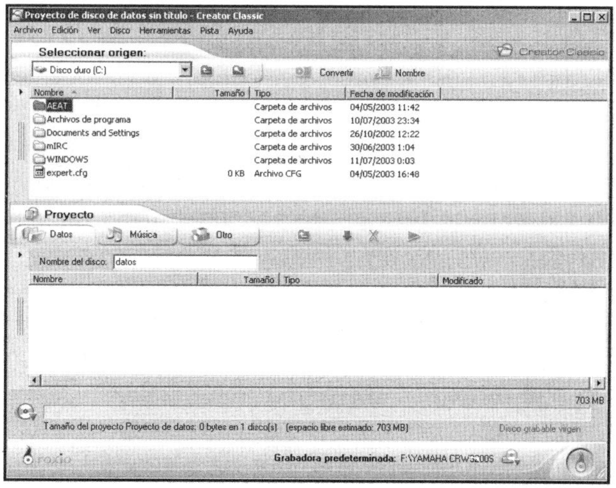

Figura 5.6. Utilice Roxio Easy CD Creator para organizar los archivos y carpetas y grabarlos en un CD o DVD de datos.

Por último, haga clic en el botón **Grabar** para iniciar la grabación de los datos en el disco. Easy CD Creator abrirá el cuadro de diálogo Configuración de grabación de CD. Seleccione la unidad de destino y el número de copias que desee grabar. Establezca la velocidad de escritura teniendo en cuenta la velocidad de la unidad, la velocidad del disco y su propia experiencia en grabaciones. Es posible que desee probar velocidades menores para conseguir más compatibilidad o garantías, especialmente si está utilizando un soporte sin marca comercial o necesita que los discos puedan leerse en una amplia variedad de reproductores.

Puede optar por copiar en el disco duro primero con el fin de crear un archivo de imagen del disco antes de escribir, pero por lo general esto no es necesario en los equipos actuales. Compruebe que la opción Protección contra desbordamiento de búfer está activada; la mayoría de PC y unidades de CD deberían ser lo bastante rápidos para grabar los discos sin los problemas técnicos que aparecían en el proceso de grabación en el pasado.

Haga clic en el botón **Opciones** para establecer las opciones de grabación. Es aconsejable utilizar la opción Probar y grabar CD para revisar el proceso de grabación las primera veces que lo utilizamos. Utilice la opción Método de grabación para saber cuándo ha terminado la grabación. Utilice la opción Grabación en una sola fase para grabar el disco entero en una sola operación y cerrarlo para que pueda leerse en otras plataformas. Utilice la opción Una pista cada vez para grabar datos en múltiples operaciones y finalizar cada sesión de grabación. Cuando el disco esté completo, puede finalizar y cerrar el CD.

Grabación de archivos con DirectCD

Además de utilizar la función de grabación de Windows o Easy CD Creator para escribir series enteras de datos en una sola sesión de grabación, Roxio DirectCD ofrece un enfoque alternativo que hace que el CD actúe como una unidad de disco normal, de forma que podemos arrastrar y soltar archivos individuales para grabarlos en un disco. DirectCD incluye una técnica que permite copiar archivos al disco y posteriormente añadir más archivos. Sin embargo, esta posibilidad afecta a la compatibilidad con otros formatos. Tras acabar de grabar un disco con DirectCD, podemos modificar el disco para que sea compatible con el formato UDF o ISO 9660.

En función de la configuración del sistema, la versión de DirectCD instalada en nuestro equipo y las opciones de DirectCD, puede ejecutarse automáticamente al insertar un disco virgen o cerrar un disco cuando lo extraemos.

Para utilizar un disco CD o DVD grabable con DirectCD, primero es necesario formatearlo. Utilice Direct CD Format Utility para formatear un CD virgen para la grabación mediante el método "arrastrar y soltar" (véase figura 5.7). Haga clic en el botón **Format CD** para iniciar el formateo, que puede completarse en menos de un minuto si se trata de un CD-R virgen. El formateo completo de un CD-RW y la comprobación del mismo puede tardar entre 15 y 60 minutos, en función de la velocidad de la unidad.

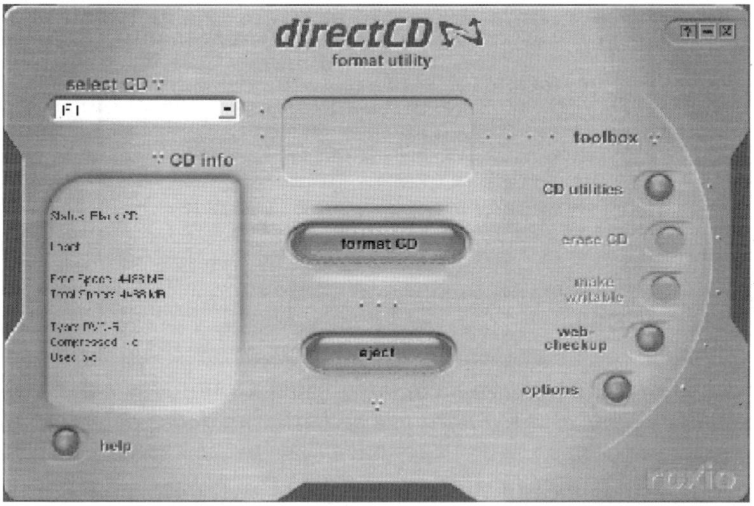

Figura 5.7. *Utilice* Direct CD Format Utility *para formatear un CD o DVD virgen grabable para acceder al método "arrastrar y soltar".*

Cuando el proceso de formateo finalice, el disco aparece en el Explorador de Windows, como cualquier otro disco. Podemos arrastrar archivos hasta él, eliminar archivos y utilizarlo en los cuadros de diálogo Save File dentro de nuestras aplicaciones. También podemos cambiarle el nombre, moverlo y eliminar archivos. Las únicas diferencias son que el acceso al disco es más lento que al disco duro y que cuando eliminamos un archivo en un CD-R, éste desaparece, pero el espacio que ocupaba no queda libre para el uso de otros archivos.

Extracción de un disco DirectCD

Cuando extraemos un disco grabable formateado para utilizarlo con DirectCD, aparece el cuadro de diálogo Eject Options (véase figura 5.8). Podemos seleccionar Leave as Is para que pueda seguir utilizándose para

DirectCD o seleccionar Close to Read on Any Computer para reformatearlo y hacerlo accesible a unidades de CD-ROM y DVD-ROM estándar.

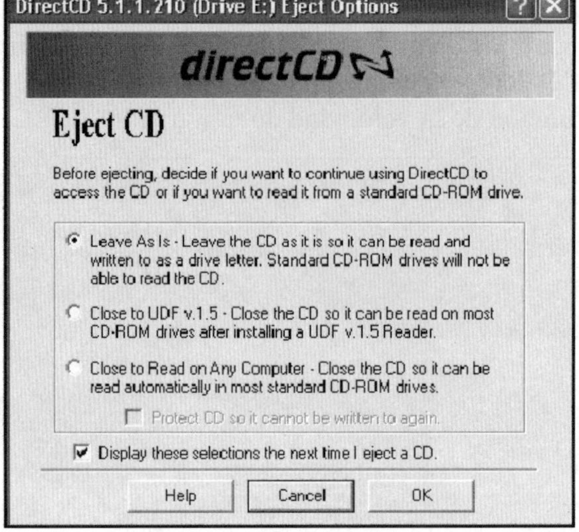

Figura 5.8. *Utilice el cuadro de dialogo* Eject Options *de DirectCD para reformatear y cerrar el disco para que se lea en unidades de datos estándar.*

Si estamos utilizando un disco CD-RW, al extraerlo podrá utilizarse en unidades CD-RW y la mayoría de unidades de CD-ROM actuales. Al reinsertarlo, podemos seguir utilizándolo para el proceso de "arrastrar y soltar" de DirectCD.

Importación y visualización de imágenes en Windows XP

Windows XP incluye soporte integrado para la conexión con la mayoría de cámaras digitales USB. La importación de fotografías consiste en conectar la cámara como si se tratara de un disco extraíble, visualizar las imágenes almacenadas en él mediante el Explorador de Windows y copiar los archivos de fotografías en el disco duro.

Windows XP incluye la carpeta Mis imágenes para almacenar y organizar nuestras fotografías. El Explorador de Windows, además, incluye soporte avanzado para la visualización de carpetas de imágenes, con opciones en la barra de tareas que incluyen la visualización de la carpeta en forma de presentación.

Podemos utilizar el accesorio Windows Paint u otra herramienta para editar nuestras imágenes.

Conexión y desconexión de una cámara USB

Windows XP incluye soporte integrado para la conexión a la mayoría de cámaras digitales USB. En primer lugar, conecte la cámara al puerto USB del ordenador y encienda la cámara en el modo de reproducción. Windows reconoce automáticamente el dispositivo y lo instala en el sistema como si se tratara de una nueva unidad de disco externa. Seguidamente, podrá visualizar los archivos de fotografías almacenados en la memoria de la cámara como si estuvieran almacenados en una unidad de disco conectada al ordenador.

Cuando conectamos la cámara por primera vez, Windows XP muestra el mensaje *"Found New Hardware"* en la barra de tareas, en la parte inferior derecha de la pantalla. Al conectar la cámara, Windows añade el icono Safely Remove Hardware a la barra de tareas.

Antes de desconectar o apagar la cámara, deberíamos utilizarlo para desinstalar la cámara y el disco asociado de nuestro equipo. Esto evita el peligro de romper la conexión eléctrica cuando el equipo y la cámara se encuentran en mitad de una operación.

Para preparar la desconexión de la cámara, haga clic en el icono Safely Remove Hardware y seleccione Safely Remove Hardware. Windows desinstala el disco y a continuación muestra el mensaje *"Safe to Remove Hardware"* (véase figura 5.9). Desde este momento podemos desconectar la cámara de forma segura. Windows utiliza este mismo proceso para instalar y desconectar otros dispositivos, como unidades externas (tanto USB como FireWire).

Figura 5.9. *Utilice el icono* Safely Remove Hardware *para desinstalar la cámara del equipo antes de desconectarla.*

Acceso a la cámara USB

Cuando conectamos e instalamos la cámara digital en el equipo como si fuera un disco, podemos acceder a sus contenidos como hacemos con cualquier unidad de disco. Abra el Explorador de Windows mediante Mi PC y visualice los contenidos del disco de la cámara. Windows reconoce los contenidos como una colección de imágenes y muestra los archivos en forma de fotografías en miniatura (véase figura 5.10).

El Explorador de Windows también ofrece una interfaz de visualización con botones para desplazarse por las fotografías; además, incluye opciones dentro de Picture Tasks, incluyendo la visualización de las fotografías en forma de presentación. Sin embargo, las fotografías siguen almacenadas en la cámara digital, y el acceso a ellas se realiza mediante una conexión USB relativamente lenta. Es aconsejable copiar los archivos en el disco duro para guardar y editar (normalmente en la carpeta My Pictures). De esta forma podemos eliminar las imágenes almacenadas en la cámara.

De forma similar, podemos importar fotografías de otras cámaras utilizando lectores USB para los soportes extraíbles. Podemos obtener fotografías de un escáner, o procesar y digitalizar la película para pasarla a CD o colocarla en la Web para su descarga.

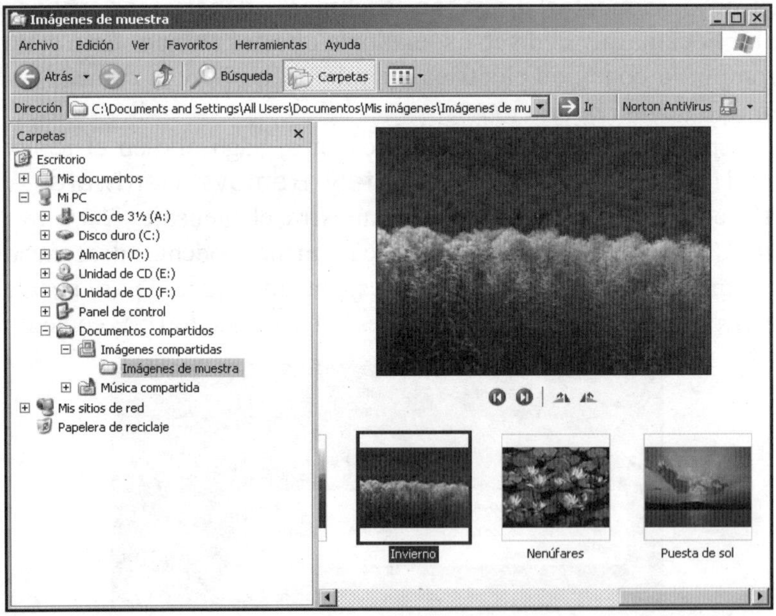

Figura 5.10. *Utilice el Explorador de Windows para visualizar las fotografías almacenadas en la cámara digital.*

Organización de las fotografías en la carpeta Mis imágenes

Windows incluye carpetas estándar que podemos utilizar para organizar nuestros archivos; entre ellas la carpeta Mis documentos, para hojas de cálculo, procesadores de textos y otros tipos de documentos. Windows XP amplía esta opción con la carpeta Mis imágenes, dentro de Mis documentos, que puede servirnos para organizar imágenes. Bajo Windows XP, cada sesión de usuario cuenta con su propia copia de la carpeta Mis documentos.

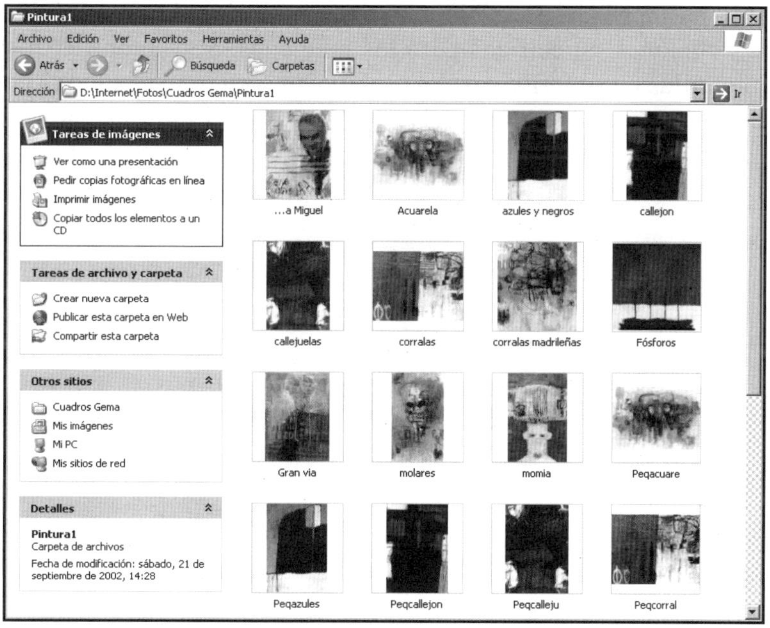

Figura 5.11. *Utilice las opciones de vista del Explorador de Windows para visualizar la carpeta* Mis imágenes.

Cuando utilizamos el Explorador de Windows para visualizar la carpeta Mis imágenes (o cualquier carpeta con archivos de imágenes), el Explorador de Windows optimiza la ventana para visualizar las imágenes. Esto se indica mediante una imagen semitransparente situada en la parte inferior derecha de la ventana del mismo. Obviamente, puesto que las imágenes son simplemente archivos, también están disponibles las funciones relacionadas con la visualización de archivos normales. Utilice el menú Ver para seleccionar el modo de vista para los archivos. Seleccione Película para desplazarse por los distintos archivos (véase figura 5.10). Seleccione Imágenes en miniatura para ver imágenes en miniatura de cada imagen y carpetas con pequeñas imágenes en miniatura en la propia portada de algunas de las imágenes que contienen (véase figura 5.11).

Haga clic en el botón **Carpetas** para alternar el panel izquierdo Barra del explorador entre una lista jerárquica de las carpetas y una barra de tareas sensible al contexto. La barra de tareas incluye Tareas de imágenes para archivos de fotografías, Tareas de archivos y carpetas para todos los archivos, Otros lugares y Detalles para ver detalles del archivo seleccionado actualmente. En Tareas de imágenes, podemos ver los contenidos de cualquier carpeta en forma de presentación e, incluso, encargar online copias impresas de las fotografías.

También podemos hacer clic con el botón derecho del ratón sobre un archivo para ver un menú desplegable con acciones generales del Explorador de Windows y acciones específicas para las imágenes. Seleccione Propiedades para examinar las características del archivo de imagen. Seleccione la pestaña Resumen y haga clic en el botón **Avanzado** para ver la información almacenada por la cámara con cada fotografía, incluyendo el tipo de lente y la hora en que se hizo (véase figura 5.12).

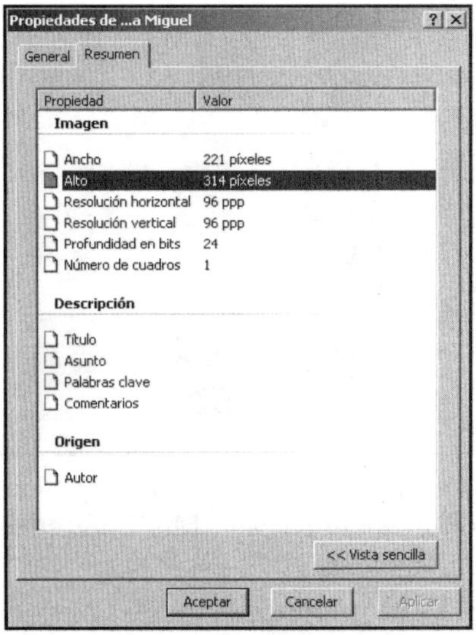

Figura 5.12. *Abra el cuadro de diálogo* Propiedades *del archivo de imagen para ver información sobre cómo y cuándo se realizó la fotografía.*

Podemos organizar las imágenes con ayuda de carpetas y accesos directos. Por ejemplo, podemos guardar las fotografías de todas nuestras vacaciones en una carpeta llamada Vacation, con subcarpetas para cada año. Si optamos por crear una presentación, podemos seleccionar y copiar las fotografías que nos interesen, moverlas a la carpeta Highlights y utilizar Pegar acceso directo para crear accesos directos a los originales en la carpeta Highlights. Los originales permanecen en su lugar, y los accesos directos ocupan poco espacio.

Si optamos por almacenar los archivos de fotografías en otra carpeta que no sea Mis imágenes, el Explorador de Windows puede ofrecer las mismas opciones de vista (Ver), como Película o Imágenes en miniatura. Además, podemos personalizar una carpeta como álbum de fotos con ayuda de la pestaña Personalizar, en el cuadro de diálogo Propiedades.

Edición de vídeo DV con Windows Movie Maker

Tal y como ocurre con las fotografías digitales y la carpeta Mis imágenes, Windows XP incluye soporte integrado para explorar y visualizar archivos de vídeo en la carpeta Mis vídeos.

Windows también incluye la aplicación Windows Movie Maker para capturar, editar y exportar vídeo de cámaras digitales DV mediante un puerto FireWire/IEEE 1394. Podemos editar y guardar películas, descargarlas a un dispositivo portátil y colocarla en la Web.

Visualización de vídeo en la carpeta Mis vídeos

De la misma forma que la carpeta Mis imágenes es optimizada con capacidades integradas para la visualización de fotografías, Windows XP también incluye la optimización de la carpeta Mis vídeos para visualizar videoclips (véase figura 5.13). Al igual que ocurre con las imágenes, el Explorador de Windows ofrece automáticamente estas mejoras para cualquier carpeta que contenga archivos de vídeo, como muestra la imagen semitransparente en la parte inferior derecha de la ventana del mismo.

La carpeta Mis vídeos funciona de forma muy similar a la carpeta Mis imágenes, con una imagen en miniatura para cada archivo que muestra un fotograma de la secuencia de vídeo. Podemos organizar los vídeos mediante los mismos métodos utilizados para las imágenes, es decir, podemos cambiarles el nombre, moverlos, copiarlos, publicarlos en la Web, enviarlos por e-mail y eliminarlos. Podemos seleccionar y reproducir los vídeos de forma individual o todos los que contiene una carpeta.

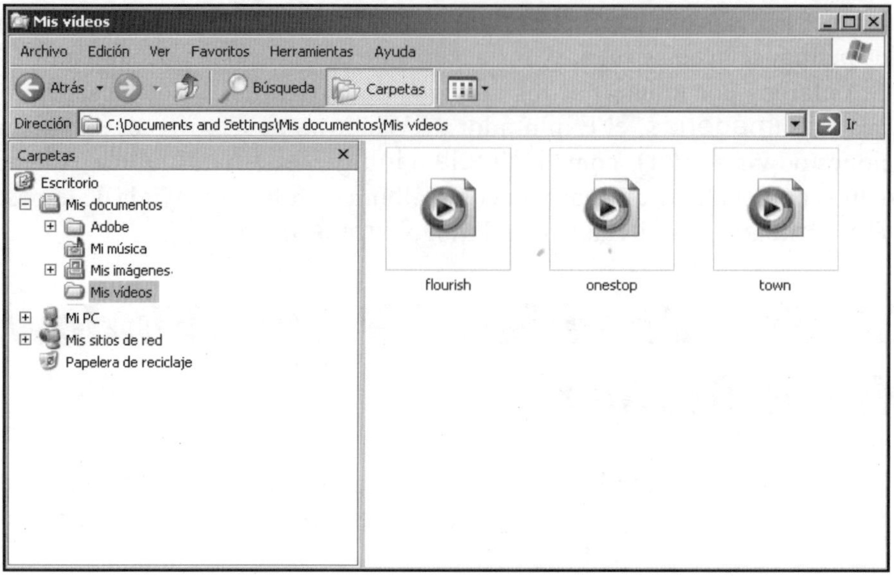

Figura 5.13. *El Explorador de Windows incluye herramientas de optimización para visualizar la carpeta* Mis vídeos.

Acerca de Windows Movie Maker

Windows Movie Maker es la herramienta de edición de vídeo básica integrada en las últimas versiones de Windows. Habitualmente se encuentra dentro de Accesorios, en el menú Inicio. Con Movie Maker para Windows XP, podemos importar archivos, capturar vídeo de videocámaras DV o grabarlo de otros dispositivos, e importar y editar clips para crear proyectos; posteriormente, podemos exportar la película a un archivo de vídeo, copiarlo a un dispositivo portátil o colocarlo en una página Web.

Captura de DV con Windows Movie Maker

Un proyecto de Movie Maker se crea a partir de una serie de materiales en diferentes soportes. Podemos importar vídeo, audio e imágenes estáticas en diversos formatos. Además, podemos capturar vídeo, audio e imágenes estáticas de cualquier dispositivo de entrada disponible, incluyendo fuentes digitales y analógicas. Movie Maker puede grabar de videocámaras digitales a archivos mediante conexiones FireWire o USB.

Al conectar y encender la videocámara digital, Windows reconoce el tipo de dispositivo y lo añade en forma de icono a la barra de tareas. Recordemos que, a diferencia de las cámaras digitales, una videocámara no funciona como un dispositivo de disco, de forma que no podemos visualizar sus contenidos en el Explorador de Windows.

Para empezar a realizar capturas, abra el menú Archivo y seleccione Grabar para abrir el cuadro de diálogo Grabar (véase figura 5.15). Utilice el botón **Cambiar dispositivo** para seleccionar entre los diferentes dispositivos de entrada disponibles en el sistema, y las opciones disponibles cambiarán en función del dispositivo seleccionado. Utilice el menú desplegable Grabar para seleccionar entre grabar Sólo vídeo, Sólo audio o Video y Audio.

También podemos establecer el límite de tiempo de grabación y utilizar la casilla de verificación Crer Clips para que Movie Maker divida la grabación de entrada en clips individuales a partir de transiciones de escena reconocibles.

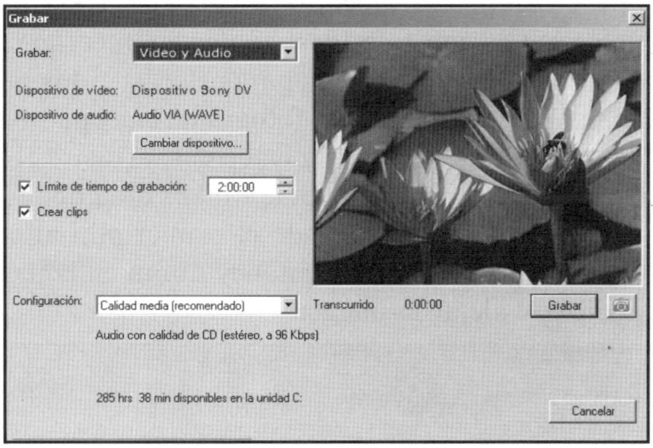

Figura 5.14. *Utilice el cuadro de diálogo* Grabar *en Windows Movie Maker para capturar material de entrada de una videocámara DV.*

Movie Maker siempre graba los archivos en formato Windows Media. Utilice el menú desplegable Configuración para elegir el tipo de compresión: Calidad baja, Calidad media o Calidad alta, o bien seleccione Otro para seleccionar la velocidad de los datos. Para las videocámaras digitales conectadas por una interfaz FireWire, podemos utilizar los controles de reproducción para poner en marcha la cinta y colocarla al inicio del material que deseamos utilizar.

Por último, haga clic en **Grabar** para empezar la grabación. Pulse **Detener** para detener la grabación del clip.

En la vista Timeline, también podemos grabar clips de audio abriendo el menú Archivo y seleccionando Narración de grabación. La fuente de audio puede ser cualquiera del equipo, desde un micrófono o entrada en línea, un CD de audio, o la salida de nuestro mezclador de sonido. Si ya tenemos videoclips o clips de audio de otra fuente de nuestro equipo, podemos utilizar el menú Import para añadirlos a nuestra colección y utilizarlos en la película.

Edición de la película

Cuando hayamos importado y grabado la colección de clips, creamos la película en el área Storyboard, en la parte inferior de la ventana. También podemos utilizar el menú Ver para pasar a una vista en Timeline con el objetivo de controlar con mayor precisión la superposición de las diferentes corrientes (véase figura 5.15).

Cuando trabajamos con clips, podemos editar el orden arrastrándolos hasta Storyboard o Timeline. Utilice el menú Clip para cortar (Trim), dividir (Split) y combinar (Combine) clips adyacentes. Seleccione Establecer punto de corte inicial y una serie de controles deslizantes aparecerán en cada extremo del clip. Mueva los controles deslizantes para establecer los puntos de corte y la imagen irá cambiando para mostrar el fotograma en el punto de corte actual.

Para crear una transición entre clips adyacentes, arrastre el segundo clip de forma que se solape con el primero. Movie Maker crea de forma automática una transición en forma de fundido desde el primer clip al segundo para la duración del solapamiento. Utilice los botones **Zoom** en la parte izquierda de Timeline para acercar y alejar la imagen.

Figura 5.15. *Utilice la pantalla* Timeline *para conseguir un control más preciso durante la edición de la película.*

Durante el proceso de edición, podemos utilizar los controles de reproducción bajo la ventana del vídeo para previsualizar la duración completa de los clips agrupados, o bien arrastrar el control deslizante para desplazarnos a una sección concreta de la película. Además, podemos utilizar las opciones del menú Reproducir para trabajar escena a escena o incluso fotograma a fotograma.

Exportación de la película

Tras previsualizar la película, podemos exportarla a un disco, reproducirla y distribuirla grabándola en un CD o copiándola en un dispositivo portátil como PocketPC (PC de mano). También podemos guardar una película directamente en una página Web o enviarla por e-mail.

Abra el menú Archivo, seleccione Guardar película para que aparezca el cuadro de diálogo Guardar película, y seleccione el formato de archivo de vídeo de salida (véase figura 5.16). Podemos exportar a un archivo Windows Media y seleccionar el formato de compresión y la velocidad de datos, o bien guardar la película como archivo DV-AVI o en formato DV NTSC o PAL. Además, podemos incluir información sobre las propiedades que pueden aparecer en la ventana de visualización para la carpeta Mis vídeos. Tras guardar el videoclip, podemos utilizar Windows Media Player para reproducir la película. Asimismo, podemos utilizar las opciones del menú Enviar película para enviar la película a un servidor Web o vía e-mail. En lo que se refiere al e-mail, es especialmente importante asegurarnos de comprimirla a un tamaño razonablemente pequeño.

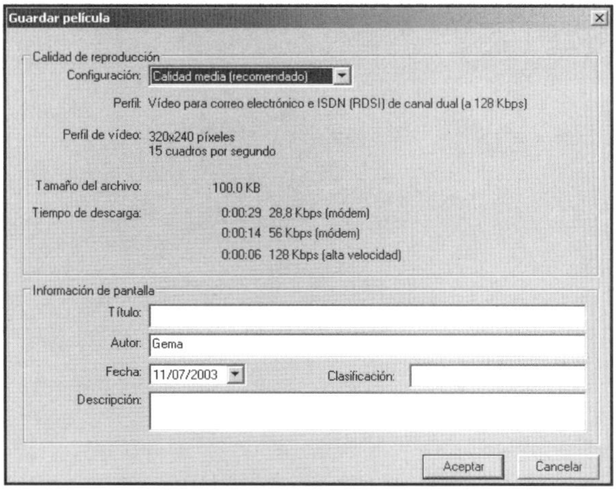

Figura 5.16. *Utilice el cuadro de diálogo* Guardar película *para exportar la película a Windows Media o en formato DV-AVI.*

Resumen

Este capítulo ofrece un repaso del uso de Windows XP en un PC para importar, organizar, editar y exportar soportes digitales.

En un sistema con los puertos USB y FireWire apropiados y *burners* de discos grabables, podemos grabar archivos de datos a CD o DVD; importar y visualizar fotografías digitales; e importar, editar y guardar películas de vídeo y audio.

Windows XP ofrece soporte integrado para acceder a cámaras digitales mediante el puerto USB y a videocámaras digitales mediante puertos FireWire (y USB), así como para realizar capturas de otros dispositivos analógicos de vídeo y audio mediante hardware compatible. El Explorador de Windows también ofrece mejoras para la exploración y visualización de carpetas de archivos con imágenes estáticas y videoclips.

Además, podemos utilizar Windows Movie Maker para realizar sencillas ediciones de vídeo y preparar clips para su importación a las herramientas de creación en DVD.

Parte II

Explorar el DVD en el ordenador

DVD-R

6. Reproducción de DVD en Macintosh OS X

Una vez que hemos visto el DVD en acción a lo largo de la Parte I, llega el momento de reproducir y explorar los DVD en el ordenador. Mediante la reproducción de películas en DVD y la exploración de su estructura, podemos entender mejor la forma en que las distintas herramientas de creación en DVD organizan y automatizan las diversas capacidades del formato DVD-Video.

La reproducción de los contenidos de los CD y DVD pregrabados en un ordenador requiere que el ordenador tenga una unidad de disco con capacidad para leer el disco físico y las aplicaciones de software adecuadas que entiendan los archivos de datos almacenados y puedan descodificar y reproducir sus contenidos.

Sin embargo, mientras el formato CD-Audio es bastante sencillo, con archivos simples de pistas de audio descomprimidas, el formato DVD-Video es mucho más sofisticado, con múltiples pistas de vídeo y audio, comprimidas en diferentes formatos y enlazadas mediante menús y navegación.

Esta parte del libro se encarga de mostrar cómo utilizar las herramientas de reproducción de Mac y Windows, no sólo para reproducir discos, sino además para explorar y entender sus contenidos y estructura.

El capítulo 6 describe cómo utilizar las aplicaciones integradas OS X iTunes y Reproductor de DVD para acceder y reproducir CD de música y películas en DVD. También explica los contenidos de datos de los discos mediante el uso de Finder.

El capítulo 7 muestra cómo utilizar Windows Media Player de forma similar en el PC. A continuación, se explica cómo debemos utilizar los reproductores CyberLink PowerDVD e InterVideo WinDVD para ir más allá de la reproducción, con el fin de explorar la estructura de pistas y navegación del contenido del DVD. También muestra otro aspecto de los DVD, la capacidad de incluir información y datos adicionales que un ordenador puede leer, además del contenido de las películas. Con ayuda de herramientas como InterActual/PC Friendly Player, estos DVD avanzados pueden incluir aplicaciones informáticas para proporcionar acceso a información adicional almacenada en el disco, material online, eventos en la Web e, incluso, juegos y actividades enlazadas a la película.

El capítulo 4 ha descrito cómo Apple ha desarrollado la plataforma Macintosh y el sistema operativo Mac OS X como un "nodo" de soportes digitales para la captura, edición y grabación de vídeo y audio digital. También ha mostrado cómo utilizar unidades de CD y DVD grabables para escribir archivos de datos en discos. Este capítulo explora las aplicaciones integradas de Macintosh para la reproducción de CD de música y películas en DVD premasterizadas.

Los sistemas Macintosh pueden servir como reproductores de soportes digitales para CD de audio y películas en DVD comerciales, al igual que un reproductor de uso doméstico, y mucho más. Todo lo que se necesita para reproducir discos en un ordenador es una unidad de hardware que pueda leer el disco y la aplicación de software apropiada que pueda entender y reproducir los datos de audio y vídeo pregrabados en el disco. Apple ofrece dos aplicaciones integradas en Macintosh para este propósito: iTunes, para reproducir, crear y copiar CD de audio; y Reproductor de DVD, para reproducir películas en DVD (véase figura 6.1).

La reproducción de discos CD y DVD comerciales no requiere una unidad de grabación. Podemos reproducir CD de música en cualquier unidad de CD, desde un reproductor CD-ROM hasta una unidad grabable de CD-R/RW. De forma similar, podemos reproducir películas DVD en cualquier unidad de DVD, desde un reproductor DVD-ROM hasta una unidad grabable de DVD-R/RW. En la actualidad, cada vez son más comunes las unidades combinadas. Unidades de DVD-ROM que pueden leer CD; unidades grabables de CD-R/RW combinadas con lectores DVD-ROM; y unidades, como SuperDrive, que pueden hacerlo todo: leer y grabar tanto CD como DVD.

Este capítulo explora los formatos de CD-Audio y DVD-Video con ayuda de aplicaciones de reproducción, así como el uso de Finder para visualizar los datos de los discos. Tras entender estos formatos, podemos adentrarnos en el capítulo 10 para crear nuestras propias producciones en DVD con la aplicación iDVD.

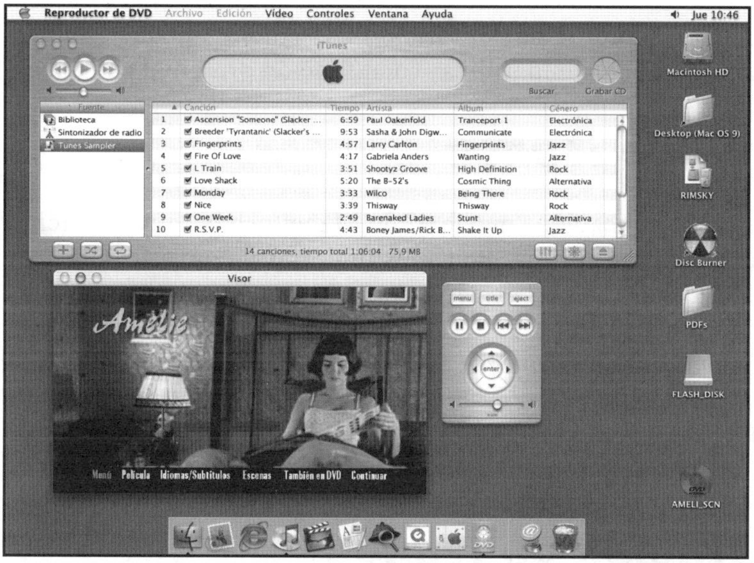

Figura 6.1. *Mac OS X con aplicaciones de reproducción: iTunes para CD de música, y Reproductor de DVD para películas en DVD.*

Reproducción de CD de audio con iTunes

El formato CD-Audio se diseñó originalmente como un formato relativamente sencillo para su utilización en sistemas de audio de uso doméstico, pero el formato de archivos del disco también podían leerlo los ordenadores. El formato de disco CD-Audio contiene únicamente un archivo por canción en el disco, y cada archivo contiene datos de audio descomprimidos. No hay más información en el disco, ni siquiera para identificar sus contenidos.

En un principio, resultaba sorprendente poder reproducir estos CD de audio en un ordenador. Sin embargo, los tiempos han cambiado gracias al notable crecimiento en la potencia de los ordenadores domésticos, la disponibilidad de gigabytes de almacenamiento de disco, los avances en tecnología de compresión de audio y el acceso a los recursos de Internet. Ahora no sólo es posible, sino muy habitual "preparar" copias de una colección completa de CD en formato MP3 en un disco duro, organizar la colección, crear pistas de reproducción personalizadas y copiar nuestras propias mezclas en un CD o descargarlas a un reproductor portátil.

Este apartado ofrece un recorrido por la aplicación iTunes de Apple, que combina todas estas funciones en una sencilla interfaz. Nos centraremos en la reproducción y exploración del formato CD-Audio, aunque también haremos un repaso general de cómo utilizar cada función principal en iTunes.

Acerca de iTunes

iTunes es la aplicación "musical" de Macintosh para reproducir, importar, organizar y guardar música. Podemos importar y convertir CD de música en archivos MP3, crear listas de reproducción y crear nuestras propias mezclas como CD de música.

Una nueva versión, iTunes 2, fue lanzada a finales de 2001 como descarga gratuita para Mac OS 9 y Mac OS X. Incluye ecualizador de 10 bandas, potenciador de sonido, mezclador, *burner* de CD MP3 y sincronización automática con el reproductor de música portátil iPod de Apple.

Exploración de iTunes

Cuando ejecutamos iTunes por primera vez, se abre la ventana Biblioteca, con una ecléctica selección de la música precargada de distintos géneros (véase figura 6.2). Esta ventana muestra una lista de todas nuestras canciones, con información del título de la canción, la duración, el artista, el álbum y el género. Haga clic en los encabezamientos de las columnas para ordenar la lista según diferentes categorías.

Figura 6.2. La ventana de iTunes con una serie de canciones precargadas.

Para empezar a reproducir un archivo, haga doble clic sobre su nombre en la lista. El icono del altavoz en la parte izquierda de la lista muestra la canción que está reproduciéndose actualmente. Utilice los controles de reproducción en la parte superior izquierda de la ventana para ajustar el volumen, reproducir, detener y cambiar de canción.

Reproducción y exploración de CD de audio

Asimismo, podemos utilizar iTunes para reproducir música directamente de un CD de audio. Inserte un CD de música en Macintosh OS X reconocerá el formato del disco como un CD de audio y mostrará un icono de CD-Audio en el escritorio. Además, abrirá iTunes si aún no lo está. El nuevo CD de audio aparecerá como una nueva fuente (Fuente) en la columna izquierda de la ventana iTunes (véase figura 6.3).

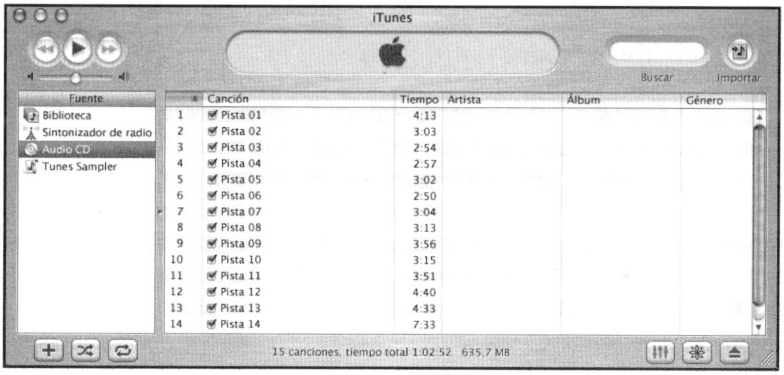

Figura 6.3. *Cuando cargamos un CD de audio, el disco aparece en el escritorio y, a continuación, iTunes se inicia para reproducirlo.*

Para reproducir directamente del CD, haga doble clic en la pista de la lista de iTunes.

A diferencia de los DVD, el formato CD-Audio no se diseñó para incluir información acerca de los contenidos que pudiera leer un ordenador, como el nombre del álbum, el artista o el título de la canción. Por consiguiente, si nuestro ordenador no está conectado a Internet, iTunes puede mostrar sólo nombres genéricos para cada pista.

Si nuestro ordenador está conectado a Internet, iTunes puede buscar en la base de datos de CD (CDDB) para conseguir esta información para el CD que vamos a guardar en nuestra colección (véase figura 6.4). Consulte la página Web de GraceNote para obtener más información sobre CDDB (`www.gracenote.com`).

Figura 6.4. *Si existe conexión a Internet, iTunes puede conseguir información sobre el álbum en la base de datos de CD en la red.*

A continuación, haga doble clic en el icono de Audio CD para abrir la ventana de Finder y ver sus contenidos. Haga clic en el icono Listado para ver el tamaño de los archivos (véase figura 6.5).

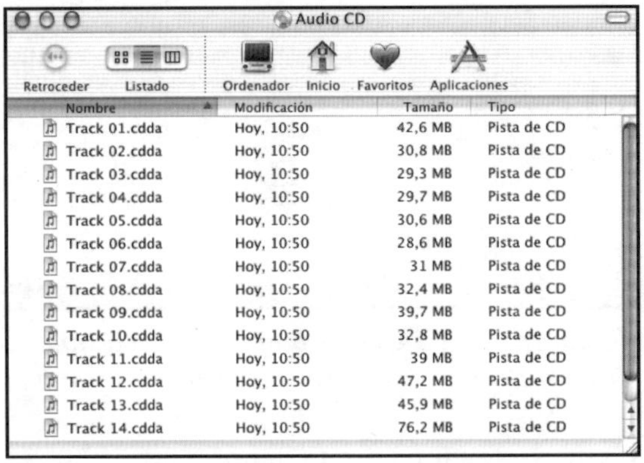

Figura 6.5. *Abra el CD de audio en una ventana de* Finder *para ver las pistas como archivos.*

A diferencia de los DVD, el formato de disco CD-Audio es tremendamente sencillo, puesto que cada pista individual está almacenada en un archivo independiente. Los archivos contienen datos de música descomprimidos, requiriendo aproximadamente 10 MB por minuto de música estéreo. Por tanto, podemos almacenar más de 74 minutos de música en un disco CD de 650 MB, o aproximadamente 80 minutos en un CD de 700 MB.

Haga clic en el icono del disco Audio CD en el escritorio para seleccionarlo, abra el menú Archivo y seleccione Mostrar información. Finder mostrará la ventana Información Audio CD (véase 6.6).

Figura 6.6. *La ventana Información muestra que Macintosh reconoce el formato de disco CD-Audio.*

El disco se creó en formato CD-Audio y se puede leer en diferentes plataformas: Macintosh, Windows y UNIX. Como resultado, el nombre de las carpetas y el nombre de los archivos están limitados a ocho caracteres, con tres caracteres para la extensión del tipo de archivo. Las cifras de capacidad del disco muestran qué porcentaje de los 650 MB disponibles se utiliza para este álbum.

Truco

Técnicamente, CD-Audio está configurado a una velocidad de 44,1 KHz (44.100 muestras por segundo) con dos muestras de estéreo a 19 bits, que funciona a 10,09 MB/min.
La capacidad de los discos CD grabables era, en un principio, de 650 MB (o 74 minutos); aunque los nuevos CD están disponibles con 700 MB (80 minutos).

Importación de música de un CD

Aunque podemos utilizar nuestro Mac como reproductor CD para reproducir nuestros discos, iTunes puede hacer muchas más cosas. Con ayuda de las unidades de disco duro actuales y la descompresión de los archivos de audio, es más factible importar y organizar nuestros CD como archivos en el disco duro. Seguidamente, podemos acceder y reproducir cualquier canción de forma instantánea sin necesidad de buscar y cargar el CD, e incluso podemos crear listas de reproducción personalizadas que alberguen diferentes álbumes.

Para importar las pistas de las canciones del CD de audio actual, haga clic en el botón **Importar**, en la parte superior derecha de la ventana iTunes. A continuación, iTunes comprime cada pista en formato de audio MP3 y las añade a la colección. Haga clic en Biblioteca, en la columna Fuente, para ver las nuevas canciones (véase figura 6.7).

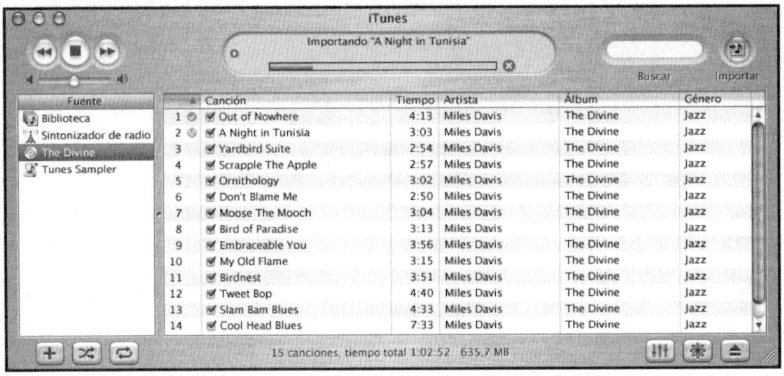

Figura 6.7. *Utilice iTunes para importar pistas de canciones de un CD de audio a archivos en el disco duro.*

Para ver el nivel de compresión de los archivos de canciones, haga clic para seleccionar una canción, abra el menú Archivo y seleccione Mostrar archivo de canciones. iTunes abrirá una ventana de Finder. Haga clic en el icono Listado para ver el tamaño de los archivos (véase figura 6.8).

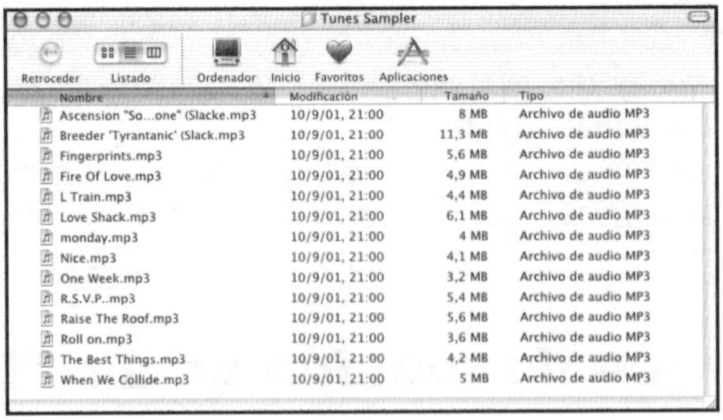

Figura 6.8. *Utilice* Mostrar archivo de canciones *para abrir una ventana de* Finder *y ver los archivos de canciones comprimidos en formato MP3.*

Los archivos MP3 son notablemente más pequeños que el CD-Audio (casi diez veces más pequeños), están comprimidos a 128Kb por segundo a aproximadamente 1 MB por minuto de música, frente a los 10 MB para el formato CD-Audio descomprimido. Por tanto, un álbum entero en formato MP3 comprimido puede utilizar aproximadamente 60 MB de espacio en el disco duro, frente a los 650 MB del álbum original en un CD de audio. (El tamaño de los archivos MP3 puede variar, porque los archivos de audio en formato MP3 pueden comprimirse a diferente velocidad.)

Compresión de audio MP3

El formato de compresión de audio que conocemos como MP3 es, en realidad, MPEG-1, compresión de audio Layer 3, y viene de la mano de los mismos estándares del Motion Picture Expert Group (MPEG) que definió la compresión de vídeo MPEG-1 y MPEG-2 para el DVD-Video.

El MP3 es una técnica de compresión peculiar: algunas de las señales de audio se eliminan o se pierden durante el proceso de compresión para reducir de forma notable la cantidad de datos. Sin embargo, esta pérdida no se percibe durante la escucha porque el MP3 utiliza una técnica de compresión perceptiva, que procura eliminar únicamente aquellas partículas de la señal de sonido original que no son perceptibles para la mayoría de los oyentes.

El formato MP3, además, ofrece un gran grado de flexibilidad y control de los parámetros, incluyendo la velocidad de muestra y velocidad de datos de compresión, de forma que podemos seleccionar diferentes niveles de compresión para equilibrar el tamaño del archivo y la calidad del sonido.

Configuración de las opciones de compresión de MP3

Con el fin de modificar las opciones de compresión de MP3, abra el menú iTunes y seleccione Preferencias para ver el cuadro de diálogo Preferencias iTunes. En la pestaña Importación, puede optar por importar audio en los formatos MP3, Macintosh AIFF o Windows WAVE (véase figura 6.9).

En cuanto al formato MP3, podemos seleccionar entre las configuraciones Buena calidad, Mejor calidad o Calidad alta, que corresponden a una velocidad de datos de 128, 160 o 192Kbits por segundo. La velocidad de 128Kbps se utiliza habitualmente, y corresponde a 1 MB por minuto.

Abra el menú desplegable Configuracion y seleccione Personalizar para ver el cuadro de diálogo Codificador MP3 (véase figura 6.10). iTunes ofrece opciones de compresión MP3 para seleccionar sonido Mono o Estéreo, cambiar la velocidad de muestra del CD (Frecuencia de muestreo), seleccionar una velocidad de bits personalizada (Velocidad de bits) y activar Ajustes de codificación avanzados y otras técnicas para mejorar la calidad del sonido y reducir el tamaño de los datos.

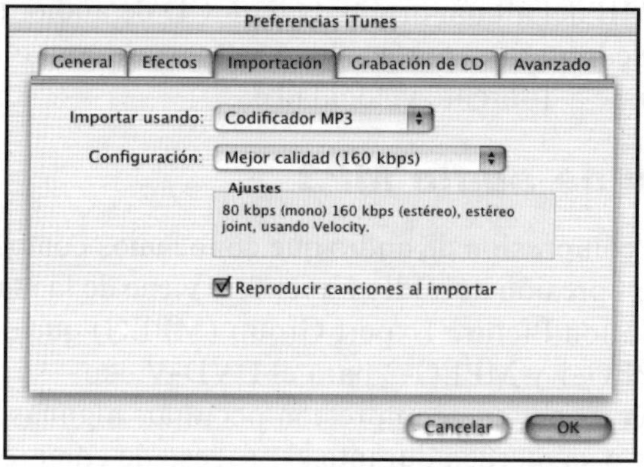

Figura 6.9. *Utilice el cuadro de diálogo* Preferencias iTunes *para controlar la forma de compresión de la música durante la importación.*

Figura 6.10. *El cuadro de diálogo* Codificador iTunes MP3 *ofrece control sobre los parámetros de compresión.*

Organización y distribución de música con iTunes

Como si se tratase de una máquina de discos, iTunes hace algo más que simplemente reproducir e importar CD de audio; podemos utilizarlo para organizar nuestra discoteca con listas de reproducción personalizadas, y para copiar nuestras colecciones en CD o descargarlas en un reproductor portátil, como iPod de Apple. Haga clic en el botón **Lista de reproducción**, en la parte inferior izquierda de la ventana iTunes para crear una nueva lista de reproducción.

Si contamos con conexión a Internet, podemos hacer clic en Sintonizador de Radio, en la columna Fuente, para acceder a emisoras de radio de todo el mundo mediante la red.

iTunes incluye diversos métodos para trabajar con una gran colección a medida que vayamos añadiendo más música. Haga clic en el botón **Navegar** (en la parte superior derecha de la ventana) para ver nuestra colección por artista y álbum, o bien utilice el cuadro Buscar para ver sólo los elementos que coincidan con las primeras letras de una canción, el título de un álbum o el nombre de un artista.

Para deleite de la vista, haga clic en el botón **Efectos visuales** en la parte inferior derecha de la ventana (o utilice el menú Visual) para ver gráficos en pantalla que vayan al ritmo de la música (véase 6.11).

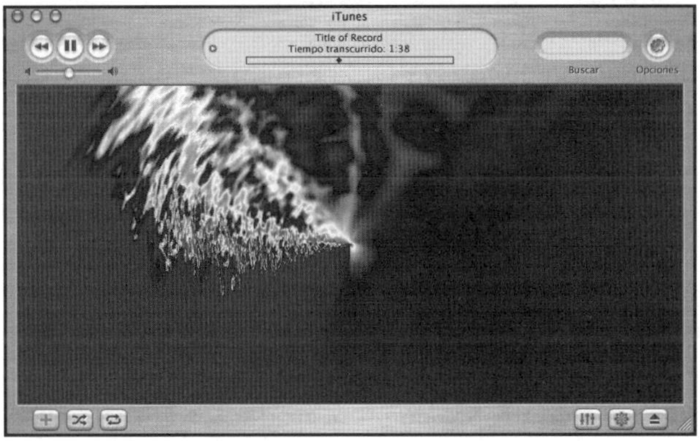

***Figura 6.11.** iTunes incluye efectos visuales que van al ritmo de la música.*

Para deleite de los oídos, haga clic en el botón **Equalizador** de la parte inferior derecha de la ventana (o seleccione el menú Window) para ver los controles del ecualizador de 10 bandas con configuraciones predefinidas EQ (véase figura 6.12). Además, en el cuadro de diálogo Preferencias, haga clic en la pestaña Efectos para utilizar la opción Reproducción con fundido y conseguir suaves transiciones entre las canciones de nuestra lista de reproducción, y para utilizar la opción Potenciador del sonido con el fin de añadir vida y riqueza a la música.

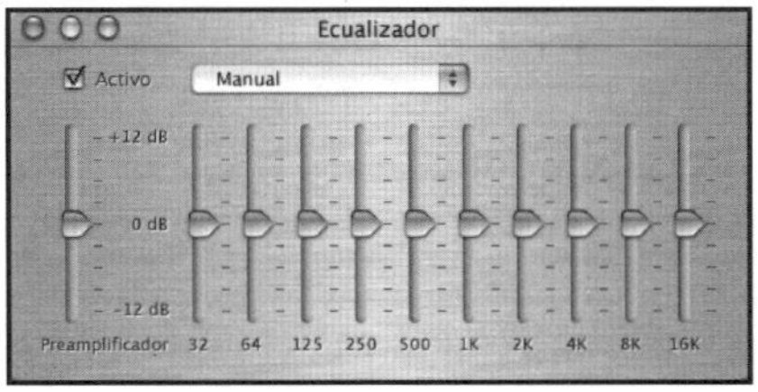

***Figura 6.12.** Utilice las configuraciones predefinidas de* Equalizador *para ajustar las frecuencias de audio para el tipo de música y el entorno de escucha.*

Reproducción de películas DVD con Reproductor de DVD

Al igual que los CD en formato CD-Audio, OS X puede reconocer discos DVD en formato DVD-Video y, automáticamente, ejecuta la aplicación Reproductor de DVD para reproducir los contenidos del disco. Podemos reproducir películas DVD en aquellos sistemas Mac equipados con una unidad de DVD, ya sea una unidad de DVD-ROM para la lectura de DVD, o SuperDrive, para la grabación de DVD.

Este apartado ofrece un recorrido por la aplicación Reproductor de DVD de Apple, que incluye una sencilla interfaz para la navegación por los menús del DVD y para el control de la reproducción. Utilice Reproductor de DVD para explorar la creación de los DVD: la organización en diferentes títulos, la segmentación en capítulos y el acceso mediante menús de navegación.

Acerca de Reproductor de DVD

Reproductor de DVD es la aplicación de Macintosh para la reproducción de películas en DVD. Ofrece una sencilla y clara interfaz, como las que estamos acostumbrados a utilizar, para controlar la reproducción de DVD en Mac con un mando a distancia gráfico propio de un reproductor DVD de uso doméstico.

Podemos configurar Reproductor de DVD para que se ejecute de forma automática al insertar un disco DVD y reproduzca la película a pantalla completa en nuestro monitor. Lo único que tenemos que hacer es sentarnos y disfrutar.

Inicio de la reproducción DVD

Cuando instalamos una película DVD-Video en la unidad de DVD, el sistema Mac reconoce el formato y automáticamente ejecuta Reproductor de DVD para que podamos ver la película. (Podemos configurar Reproductor de DVD para que inicie la reproducción automáticamente e incluir la imagen a pantalla completa en el cuadro de diálogo Preferencias.)

La pantalla principal de Reproductor de DVD es la ventana Visor, utilizada para ver el vídeo (véase figura 6.13). Podemos colocar y ajustar el tamaño de la ventana Ventana según nuestras necesidades. Seleccione el tamaño deseado en el menú View: Tamaño medio para reducir la ventana en una esquina de la pantalla mientras trabajamos, Tamaño normal para ajustarla al tamaño del vídeo en el DVD, o Tamaño maximo para ampliarla completamente en el monitor.

Seleccione Entrar en pantalla completa para ocultar el escritorio de Mac y ver la película en pantalla completa. Utilice el cuadro de diálogo Preferencias, bajo la pestaña Reproductor, para determinar cómo se verán la película y el mando en este modo. Haga doble clic para restablecer el escritorio o mueva el cursor hasta la parte superior de la pantalla para ver la barra del menú.

Figura 6.13. *Al insertar un disco DVD, el icono del disco DVD aparece en el escritorio de Mac y la aplicación* Reproductor de DVD *se ejecuta automáticamente.*

Reproductor de DVD también incluye la ventana Controlador, que actúa como mando a distancia del DVD. Si es necesario, abra el menú Ventana y seleccione Mostrar controlador para ver la ventana Controlador. Podemos controlar la reproducción del DVD haciendo clic en los botones del mando o seleccionando los elementos equivalentes en el menú Controles. Además, podemos utilizar el elemento Tipo de controlador para cambiar el mando entre una imagen Horizontal (y colocarlo bajo la ventana Visor) o un diseño Vertical (y colocarlo junto a la ventana).

Haga clic en el botón **Reproducir** a la izquierda del mando para iniciar la reproducción del DVD. Reproductor de DVD reajusta de forma automática el tamaño de la ventana Visor para que se ajuste al formato en pantalla completa de la película, si fuera necesario.

Las películas en DVD normalmente cuentan con un menú principal Title, que es lo primero que vemos al iniciar la reproducción del DVD (en ocasiones, tras un clip de presentación). Además de reproducir la película, los menús Title también ofrecen acceso a material adicional y extras. Ésta es la parte más divertida de ver películas en DVD (además de la posibilidad de ir rápidamente a nuestras escenas favoritas).

Haga clic en las flechas **Arriba** y **Abajo** del panel de navegación situado en el centro del mando para desplazarse por los elementos del menú. Haga clic en el botón central **Enter** para seleccionar la opción actual. No obstante, podemos hacer aún más cosas. Al fin y al cabo, estamos reproduciendo el DVD en un ordenador que cuenta con un ratón, así que podemos colocar el cursor sobre un elemento del menú para seleccionarlo y hacer clic para activarlo.

Haga clic en **Reproducir**, en el menú Title, para reproducir la película.

Control de la reproducción del DVD

El mando de Reproductor de DVD incluye controles muy sencillos, especialmente para la reproducción. Estos controles albergan gran cantidad de funciones en solo cuatro botones: **Reproducir/Pausa**, **Detener**, **Avance rápido** y **Rebobinar**.

Haga clic en **Reproducir** para empezar a reproducir la película. En ese momento, pasa a ser el botón **Pausa**. Haga clic en **Pausa** para detener temporalmente la reproducción con el fotograma actual en pantalla.

Haga clic en **Detener** para detener la reproducción de la película. Si pulsa **Detener** y después **Reproducir** , la reproducción se reinicia desde el principio.

Haga clic en **Avance rápido** y **Rebobinar** para saltar al punto de capítulo anterior o siguiente, tal y como se estableció al crear el DVD. Además, podemos mantener pulsados estos botones para pasar rápidamente la película. Abra el menú Controles y seleccione una velocidad de búsqueda en velocidad de escaneado entre 2x, 4x y x8.

Cuando utilizamos los controles de reproducción, Reproductor de DVD abre una pantalla para confirmar las diferentes acciones. A continuación, abra el menú Archivo y seleccione Mostrar información para abrir la ventana Información. Ésta ofrece información de estado sobre el capítulo y los títulos que estamos viendo actualmente (véase figura 6.14).

Figura 6.14. *Modifique el tamaño y la posición de las ventanas como desee. Abra la ventana* Información *para ver el tiempo de reproducción actual y el capítulo del disco.*

Para examinar la película más detenidamente, haga clic en la parte derecha o inferior del mando (dependiendo de su orientación) para ver los controles adicionales (véase figura 6.15).

Figura 6.15. *Abra el mando para acceder a los controles adicionales, que sirven para ver la imagen a cámara lenta o para saltar fotograma a fotograma.*

Haga clic en el botón **Lento**, en la parte superior izquierda, para reproducir la película a cámara lenta. Haga clic de nuevo en el botón **Lento** para seleccionar las diferentes velocidades, 1/2x, 1/4x y 1/8x.

Haga clic en el botón **Paso** para pasar la película fotograma a fotograma.

Navegación del DVD

Además de un largometraje, el DVD contiene otros materiales a los que se accede a través del menú principal. Una manera de navegar por el DVD es saltar de capítulo, pero esto sólo nos da acceso a la porción de película del DVD que normalmente está dentro de un título del formato DVD-Video. Se puede acceder a los demás segmentos del disco mediante la estructura de navegación diseñada dentro de los menús. Haga clic en el botón **Película** del mando para saltar al menú principal Película (véase figura 6.16).

Figura 6.16. *Haga clic en el botón* ***Película*** *para acceder al menú principal* Película.

Además de ofrecer la opción Reproducir para reproducir la película, los menús de los títulos incluyen habitualmente la opción Idiomas/subtítulos para acceder a los extras del DVD, la opción Escenas, con un índice visual de la película que permite ir a nuestras escenas favoritas, y la opción Extras, que nos lleva a material extra, como tráileres y escenas eliminadas.

Haga clic en Escenas para ver un índice visual de la película (véase figura 6.17).

Muchas películas incluyen índices de escenas o capítulos de las secciones principales de la película, con imágenes en miniatura de las escenas para que podamos ir directamente a ellas. El índice de escenas habitualmente enlaza con otros muchos menús, de forma que podemos revisar cada grupo de escenas y obtener un resumen visual de toda la película.

Haga clic en una escena concreta para ir directamente a esa parte de la película, o haga clic en los elementos de navegación del menú con el índice de escenas para ver las diferentes escenas. Los menús también deben incluir un elemento que nos permita volver al menú principal.

Figura 6.17. *Los menús con el índice de escenas ofrecen un índice con imágenes en miniatura de los contenidos de la película.*

Asimismo, el formato DVD-Video incluye numerosos controles de navegación directa para desplazarnos dentro de una jerarquía de menús agrupados y enlazados.

Como hemos visto, el botón **Title** está diseñado para ir directamente al menú Title principal o superior.

El botón **Menu** (junto a **Title**) está diseñado para ir hasta el menú correspondiente al lugar del disco en el que nos encontramos actualmente, normalmente el menú principal del título actual.

El botón **Retorno** (y los controles adicionales) está diseñado para subir un nivel dentro de la jerarquía de los menús, algo así como el botón **Atrás** en un explorador Web.

Por desgracia, aunque el uso de estos controles está definido como convención para el formato DVD-Video, la forma en que en realidad funcionan en un DVD depende de lo que hizo el desarrollador del DVD cuando creó los contenidos del disco. Por consiguiente, su uso en diferentes películas es inconsistente.

Elementos del DVD

Haga clic en el botón **Title** para volver al menú principal Title. Seleccione la opción Extras y reproduzca algunos de los materiales adicionales almacenados en el disco, como tráileres, reportajes o escenas eliminadas.

Cuando reproducimos el material adicional, podemos ver información sobre el título y el capítulo en la ventana Información (véase figura 6.18). Veremos que el material adicional está almacenado en grupos de títulos independientes de la película principal. Cada tipo de material (tráileres o escenas eliminadas) a menudo está situado en su propio título y también puede dividirse en capítulos.

Figura 6.18. *Consulte la información de la ventana* Información *cuando explore los contenidos adicionales del DVD para ver su organización en diferentes títulos y capítulos.*

Sin embargo, el formato DVD-Video no sólo alberga múltiples grupos de material en diferentes títulos, sino que además incluye numerosas pistas alternativas de audio, vídeo y subtítulos. Al igual que la estructura de navegación, se puede acceder a éstas mediante la estructura del menú del disco o directamente con ayuda del mando a distancia. De nuevo, las pistas disponibles de una película concreta dependen de cómo se creó y diseñó el DVD.

Haga clic en el botón **Title** para ir hasta el menú principal Title. Seleccione la opción Idiomas/subtítulos para abrir el menú Idiomas/subtítulos (véase figura 6.19).

Figura 6.19. *Utilice el menú* Idiomas/subtítulos *para seleccionar entre las diferentes vistas alternativas de audio y subtítulos.*

El menú Idiomas/subtítulos creado en el disco nos permite seleccionar una opción de audio y los subtítulos para la reproducción de la película, y se utiliza habitualmente para seleccionar múltiples idiomas, comentarios del director y distintos formatos de sonido *surround*. Pero, debido a la flexibilidad y a las limitadas opciones de programación del formato DVD-Video, podemos encontrar otros usos interesantes en numerosas películas.

El formato DVD-Video es compatible con la inclusión de múltiples idiomas, de forma que podemos seleccionar un idioma concreto para el reproductor DVD que sirva para todos los discos DVD que reproduzcamos, puesto que las pistas pueden especificarse como idiomas concretos durante la creación del DVD.

En Reproductor de DVD, utilice la pestaña Disco en el cuadro de diálogo Preferencias para establecer la configuración predeterminada del idioma para el audio, los subtítulos y los menús del DVD, o bien utilice la opción predeterminada para cada disco individual.

Seleccione diferentes opciones de audio y subtítulos y consulte la ventana Info para ver el número de pista correspondiente. A continuación, vuelva al menú principal Title para iniciar la reproducción de la película. La ventana Info muestra ahora el idioma correspondiente a las pistas seleccionadas (véase figura 6.20).

De nuevo, el diseño del menú Idiomas/subtítulos puede variar en los diferentes DVD. Algunos incluyen todas las opciones posibles, de forma que podemos seleccionar diferentes idiomas para el audio y los subtítulos, a diferencia de otros grupos de selecciones.

Figura 6.20. *La ventana* Información *muestra los números de pista actuales para el audio y los subtítulos, además del nombre del idioma correspondiente.*

De forma parecida, muchas películas en DVD actualmente incluyen los comentarios del director, que en realidad es una pista de audio alternativa en la que el director comenta la película con la banda sonora de fondo. Algunos DVD están diseñados con esta opción dentro del menú Idiomas/subtítulos, aunque otros ofrecen la misma opción dentro de Extras. En ambos casos, estamos seleccionando la misma pista de audio alternativa.

Tal y como ocurre con la navegación de los menús DVD, los mandos a distancia del DVD normalmente incluyen botones dedicados para seleccionar pista alternativas. El mando del Reproductor de DVD incluye estos botones dentro del grupo adicional. Haga clic en Subtítulos para desplazarse por los diferentes subtítulos de texto disponibles y haga clic en Audio para desplazarse por las distintas pistas de audio.

Si el DVD incluye pistas de vídeo alternativas, tal vez para un concierto rodado desde diferentes ángulos, por ejemplo, también puede utilizar el botón **Ángulo** para cambiar de ángulo.

Exploración de los datos del DVD

Podemos utilizar Reproductor de DVD para explorar la estructura del disco DVD, tal y como fue diseñado durante su creación: dividido en múltiples títulos, marcado con puntos de capítulo, y conectado mediante una estructura de navegación de menús. Sin embargo, el disco DVD también incluye otra estructura: un soporte de almacenamiento informático con una estructura de directorios y archivos de datos.

Haga clic en el icono del disco DVD en el escritorio para seleccionarlo, abra el menú Archivo y seleccione Mostrar información (véase figura 6.21).

El disco se creó en *Universal Disc Format* (UDF), un formato de intercambio estándar para los discos DVD. Al igual que los CD de audio, el formato de disco DVD se puede leer en diferentes plataformas: Macintosh, Windows y UNIX. Por tanto, el nombre de las carpetas y de los archivos está limitado a ocho caracteres, con tres caracteres para la extensión que define el tipo de archivo.

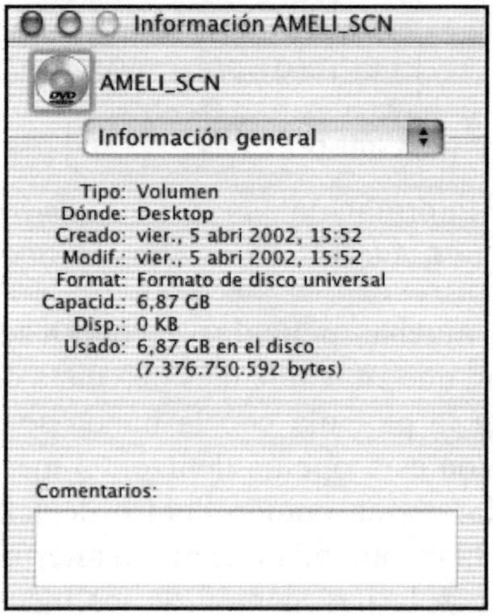

Figura 6.21. *La ventana* Información *de los discos DVD muestra que Macintosh reconoce el formato de disco DVD-Video.*

Para algunas películas, la capacidad del disco puede ser superior a los 4,7 GB que estamos acostumbrados s ver. Este tamaño superior indica que la película ha sido masterizada en un disco de doble capa con el objetivo de que toda la película y el material adicional quepa en una sola cara del disco.

Haga clic en el icono del disco DVD en el escritorio para abrir una ventana de Finder y ver los archivos del disco (véase figura 6.22).

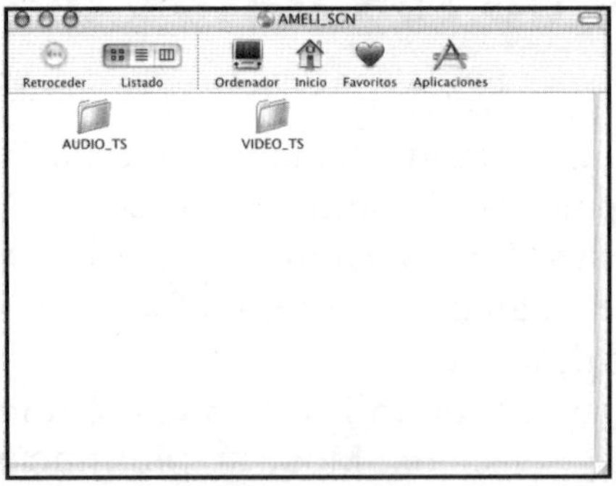

Figura 6.22. *Abra una ventana de* Finder *para ver los datos del disco DVD.*

Dependiendo de la película que estemos viendo, podemos ver sólo una carpeta VIDEO_TS o también otros archivos, como veremos en el siguiente apartado. Sin embargo, para la reproducción en reproductores DVD de uso doméstico y en ordenadores con aplicación de software para la reproducción de DVD, el formato DVD requiere únicamente la carpeta VIDEO_TS. Las demás carpetas y archivos son ignorados en la reproducción normal del DVD.

La carpeta VIDEO_TS incluye los títulos para el contenido del DVD-Vídeo. (De forma similar, los discos DVD-Audio contienen la carpeta AUDIO_TS.)

Haga doble clic en la carpeta VIDEO_TS para abrirla y seleccione la vista de la lista (**List**) (véase figura 6.23).

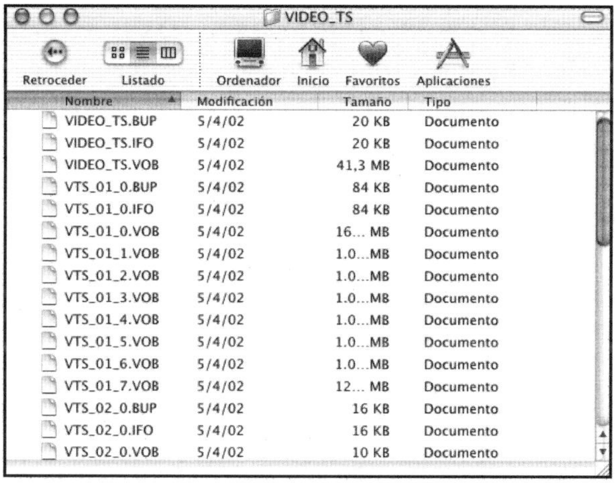

Figura 6.23. *La carpeta* VIDEO_TS *incluye la información y los archivos de datos del contenido de la película.*

La carpeta VIDEO_TS incluye todo el contenido que aparece cuando reproducimos la película, incluyendo los menús: la estructura de navegación y las pistas de vídeo, audio y subtítulos. A diferencia del formato CD-Audio, existen muchos tipos diferentes de datos y todos están combinados, es decir, que cada capítulo o pista no se encuentra dentro de un archivo independiente.

Los archivos `Information` (`.IFO`) contienen información de menús y control para acceder al vídeo y al audio, y los archivos `Video Object` (`.VOB`) contienen los datos de vídeo y audio comprimidos, con información de navegación adicional. Los archivos `Backup` (`.BUP`) contienen una copia de los datos de los archivos `.IFO`.

Los primeros archivos de la carpeta VIDEO_TS contienen la información inicial necesaria para iniciar la reproducción del disco. Los archivos `VTS_xx_x` contienen los datos para los diferentes títulos de vídeo. Para evitar restricciones en el tamaño de los archivos en algunas plataformas, los archivos `.VOB` están limitados a un máximo de 1 GB, y los datos para ese título continúan en archivos adicionales con nombres consecutivos.

Podemos ver la razón por la que necesitamos una aplicación de reproducción DVD para leer y entender el formato del disco DVD y los archivos para descodificar y reproducir el contenido del DVD.

Exploración de datos DVD avanzados

Como muestra la figura 6.22, las películas en DVD contienen algo más que material DVD-Video. También contienen archivos que pueden leer los ordenadores para ofrecer una visualización óptima. Estas características avanzadas del DVD pueden incluir aplicaciones informáticas, como juegos que se ejecutan en nuestro equipo o páginas Web y enlaces a recursos online.

Estos archivos adicionales se describen habitualmente como características "DVD-ROM" porque el disco contiene archivos DVD-Video y datos informáticos que se leen en unidades de DVD-ROM de ordenadores. Muchos de estos DVD utilizan los logotipos "A" y "PC Friendly" de InterActual en la parte posterior del estuche de los discos para identificar los discos que utilizan la interfaz de InterActual Player.

Al explorar estos discos DVD, podemos encontrar programas de instalación para las aplicaciones, copias de páginas Web e incluso sitios enteros para explorarlos localmente. También podemos encontrar material combinado, como páginas Web con animación *Flash* y aplicaciones que pueden ejecutarse en el explorador Web.

Es más, los DVD avanzados pueden albergar lo mejor de ambos mundos: ver la copia de la película DVD mientras accedemos a información relacionada en la Web. Ésta es la promesa de WebDVD, la combinación de una calidad superior del DVD almacenado con material interactivo y actualizado de la Web.

Por desgracia, muchas de estas aplicaciones sólo pueden ejecutarse en Windows. En Mac, podemos acceder a las páginas Web almacenadas y ejecutar aplicaciones Web desarrolladas usando herramientas como Macromedia Flash.

Apple también ha implementado DVD@CCESS en la aplicación Reproductor de DVD de Mac para que el contenido del DVD-Video pueda enlazarse a páginas Web. Esta función también puede utilizarse en Windows con algunas aplicaciones de reproducción de DVD.

Resumen

Macintosh ofrece una cómoda plataforma para la reproducción y exploración de películas DVD y CD de audio mediante las aplicaciones iTunes y Reproductor de DVD bajo Mac OS X.

Este capítulo ha utilizado estas aplicaciones para explorar los CD de audio y las películas en DVD con el propósito de entender los formatos CD-Audio y DVD-Video y para ver ejemplos de cómo aprovechar todas las posibilidades del formato DVD.

DVD-R

7. Reproducción de DVD en Windows XP

Los ordenadores personales se están convirtiendo en el medio preferido para disfrutar y trabajar con música y vídeo digital. A medida que las películas en DVD han consolidado su éxito para el uso doméstico, también resulta divertido y útil poder ver películas DVD en nuestros PC.

Obviamente, podemos ver películas en aparatos electrónicos de uso doméstico, como reproductores DVD, tal y como hemos descrito en el capítulo 2. Sin embargo, el ordenador nos permite hacer muchas otras cosas, pues tenemos más libertad para personalizar la reproducción. En especial, si estamos interesados en crear nuestros propios DVD, podemos utilizar las aplicaciones de software para la reproducción de DVD para explorar y entender cómo se diseñan las películas en DVD.

Este capítulo describe cómo reproducir CD y DVD utilizando un ordenador Windows. Prosigue los contenidos del capítulo 6 para mostrar cómo utilizar las aplicaciones incluidas en Windows XP con el objetivo de reproducir audio en CD y, a continuación, reproducir y analizar películas en DVD.

Este capítulo comienza con el reproductor de Windows Media, la herramienta integral de Microsoft para la organización y reproducción de material tanto de audio como de vídeo. Presenta herramientas DVD de otros fabricantes de CyberLink e InterVideo, que ofrecen más capacidad para explorar la estructura de navegación de un disco. La exploración de DVD en el ordenador puede resultar muy útil tanto para entender la forma en que se diseñan los discos comerciales como para probar nuestros propios discos. Por último, el capítulo explica las funciones DVD avanzadas que se incluyen en muchos DVD comerciales. Estas funciones, incluyendo juegos y enlaces Web, sólo pueden verse en un ordenador, y habitualmente utilizan InterActual Player (anteriormente PC Friendly).

Después de ver cómo se organizan las películas comerciales en los discos DVD, podemos adentrarnos en la Parte III para empezar a crear nuestros propios DVD.

Reproducción de soportes digitales en Windows XP

Con el fin de visualizar DVD en un ordenador es necesario contar con hardware y software: una unidad de DVD-ROM que lea físicamente el disco y un software de reproducción de DVD para descodificar y mostrar los datos del disco. Al igual que las unidades de CD-ROM han pasado a formar parte del equipamiento estándar de los PC, las unidades de DVD-ROM también son cada vez más comunes y ya son estándar en algunos modelos.

Para la reproducción de soportes digitales, Windows XP incluye una nueva versión del Reproductor de Windows Media de Microsoft, un reproductor de audio y vídeo que organiza y administra soportes digitales en el disco duro entre los discos extraíbles, la Web e, incluso, dispositivos portátiles. Microsoft lanzó una versión mejorada del Reproductor de Windows Media en septiembre de 2002, la versión 9 de Windows Media (`www.microsoft.com/windows/windowsmedia`).

Hardware del PC para la reproducción de soportes digitales

El primer paso para el acceso y reproducción de CD y DVD en un PC Windows consiste en comprobar que el sistema cuenta con las unidades de disco necesarias. Como se ha descrito en el capítulo 6, los sistemas Macintosh más modernos vienen equipados con una unidad de DVD y los programas iTunes y DVD Player. Puesto que los sistemas y el software de Macintosh están diseñados e integrados por Apple, podemos estar seguros de que reproducirán CD y DVD de forma inmediata.

Éste no es necesariamente el caso de los PC. El hardware de la unidad de nuestro sistema depende de la configuración original del mismo o de las mejoras que se hayan implementado desde entonces. En la actualidad, prácticamente todos los PC vienen equipados con al menos una unidad de CD-ROM, porque la mayoría del software se distribuye en CD. Los CD ya no sólo sirven para leer; la mayoría de unidades de CD tiene capacidad para grabar en formatos CD-R/RW (grabables y regrabables). El DVD, sin embargo, es a menudo una opción por la que se debe pagar.

A medida que los precios de estas unidades han ido bajando, parece lógico contar con ambas clases de unidades en un equipo: una unidad de DVD-ROM para la lectura de DVD (y CD) y una unidad de grabación de CD-R/RW. Las unidades de DVD también pueden leer formatos DVD grabables compatibles, en especial DVD-R.

Otra opción que cada día es más popular es una única unidad combinada con capacidad para leer DVD-ROM y grabar CD-R/RW (aunque sigue siendo más práctico tener dos unidades disponibles al mismo tiempo). Asimismo, las unidades de DVD grabables en diferentes formatos cada vez son más comunes como equipamiento estándar, incluso en los PC de uso doméstico.

Además de la unidad de DVD, son necesarios componentes de hardware para el PC, con el fin de reproducir sonido y vídeo. Para la reproducción de audio, la mayoría de las tarjetas de sonido ofrecen una excelente calidad de sonido para altavoces y auriculares. También podemos añadir un *subwoofer* (altavoz de graves) o realizar una conexión a un sistema de audio con sonido *surround*.

Para la reproducción de vídeo, la mayoría de tarjetas gráficas de PC utilizan el bus AGP en lugar del PCI, para tener un rendimiento gráfico más rápido, y ofrecen un hardware separado para la visualización del vídeo en una ventana en pantalla. Muchas tarjetas gráficas también ofrecen aceleración de hardware para la visualización y descodificación de vídeo bajo la interfaz Windows DirectX, que, además, puede descargar nuestro procesador al reproducir un DVD. La tarjeta gráfica y el monitor deberían tener al menos la resolución del tamaño de fotograma base del DVD: 720x480 (NTSC) o 720x576 (PAL). Es posible que deseemos tener una mayor resolución (1024x768 o superior) para poder dedicar parte de la pantalla a los menús y controles del software y otras aplicaciones.

Por último, es necesario suficiente potencia en el sistema y capacidad de procesador, memoria, tarjeta madre posterior y unidad de disco duro para poder procesar una fuente continua de datos de audio y vídeo comprimida. En función del hardware de nuestro sistema, un equipo de 400MHz con al menos 32 MB de memoria debería poder reproducir DVD sin problemas técnicos.

Esto incluiría a los nuevos PC completos, disponibles por menos de 900 euros, así como una amplia gama de equipos más antiguos. También existe la posibilidad de mejorar un equipo para que reproduzca DVD añadiéndole una unidad de DVD.

Software PC para la reproducción de soportes digitales

Si nuestro PC cuenta con el hardware necesario para leer DVD y CD, la reproducción de éstos debería consistir simplemente en insertar el disco. Windows XP puede reconocer el formato del disco y ejecutar el reproductor de Windows Media para reproducir el contenido. El reproductor de Windows Media es un organizador y administrador integral. Puede seleccionar canciones de un CD, descargar información relacionada con el álbum o la película desde una base de datos online, buscar y descargar material de vídeo y audio de Internet, organizar todo este material en una colección, descargar listas de reproducción y vídeos a dispositivos portátiles y crear colecciones personalizadas en discos CD.

No obstante, Media Player depende de elementos adicionales de otros fabricantes para la descodificación de DVD y funciones de descompresión MP3, por lo que la mayoría de los PC con unidades de DVD se comercializan con programas de reproducción de DVD alternativos que también permiten la reproducción en Media Player. Productos como CyberLink PowerDVD e InterVideo WinDVD incluyen una gran variedad de funciones que mejoran la reproducción de DVD, incluyendo múltiples subtítulos, reproducción normal y rápida, ajustes de imagen y zoom, y una mejor calidad de sonido. Estas aplicaciones resultan especialmente útiles para explorar películas en DVD con el objetivo de entender su estructura de navegación y su diseño.

Asimismo, muchas películas en DVD también incluyen funciones Enhanced DVD (DVD avanzado), también llamadas DVD-ROM, con funciones adicionales y acceso a la Web durante la reproducción en un ordenador. La mayoría de estos DVD utilizan InterActual Player (anteriormente llamado PC Friendly) para la reproducción de DVD y el acceso a estas funciones avanzadas.

Instalación de Autoplay para CD y DVD

Una consecuencia de todas estas opciones para la reproducción de DVD es que estos productos de software compiten por convertirse en nuestra aplicación favorita. Por consiguiente, al iniciar una de ellas, se nos ofrece la posibilidad de configurarla como la aplicación predeterminada para una gran variedad de usos, como reproducir diferentes clases de archivos multimedia al hacer doble clic para abrirlos o reproducir un nuevo disco al insertarlo en el equipo. Por ello, podemos ver que nuestro equipo funciona de forma distinta tras ejecutar diferentes aplicaciones multimedia.

Podemos configurar una acción predeterminada para la instalación de diferentes tipos de soportes (como CD de audio o películas DVD) utilizando la pestaña Reproducción en el cuadro de diálogo Propiedades (véase figura 7.1) para la unidad de CD o DVD (haga clic en el icono de la unidad en el Explorador de Windows para seleccionarlo; a continuación, haga clic con el botón derecho del ratón y seleccione Propiedades).

Bajo la pestaña Reproducción automática, seleccione el tipo de soporte en el menú desplegable (CD de música o película DVD); seguidamente seleccione la acción que desea que Windows XP realice al insertar un disco (es decir, reproducir con Windows Media Player).

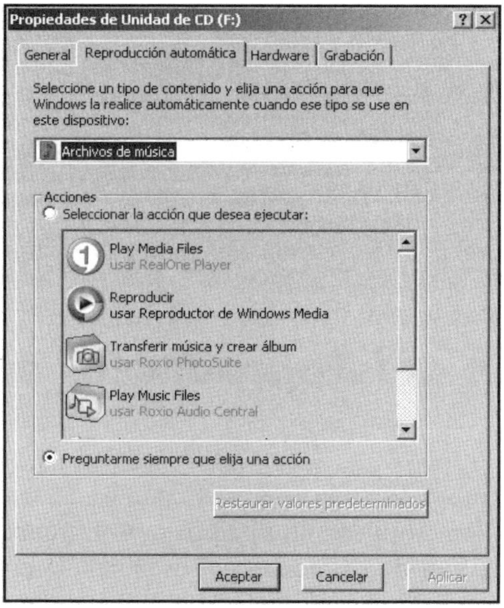

Figura 7.1. *Utilice las opciones de* Reproducción automática *en el cuadro de diálogo* Propiedades *para la unidad de DVD o CD.*

Además, podemos establecer un reproductor predeterminado para los diferentes tipos de archivos, como archivos del tipo `.WMA` para Windows Media Audio. Para crear asociaciones de archivos, abra el menú Herramientas en el Explorador de Windows y seleccione Opciones de carpeta. Utilice la pestaña Tipos de archivo en el cuadro de diálogo Opciones de carpeta para seleccionar la extensión del tipo de archivo y utilice el cuadro de diálogo Abrir con para seleccionar el programa que desea utilizar para abrir los archivos con dicha extensión (véase figura 7.2). Windows abrirá los programas recomendados asociados con ese tipo de archivo, aunque también es posible restablecer la configuración predeterminada.

***Figura** 7.2. Seleccione la aplicación asociada con un tipo de archivo en el cuadro de diálogo* Abrir con.

Exploración del Reproductor de Windows Media

Desde el lanzamiento de Windows 98, Microsoft ha desarrollado el Reproductor de Windows Media como aplicación integral para la reproducción de soportes digitales, el acceso a soportes en Internet y la organización y administración de la Biblioteca de medios. En lo referente a los CD de audio, el Reproductor de Windows Media puede seleccionar canciones de un CD, descargar información del álbum de bases de datos online y copiar listas de reproducción en CD y dispositivos portátiles, desde reproductores de música hasta Pocket PC. En cuanto al vídeo, el Reproductor de Windows Media puede descargar información de bases de datos online, reproducir vídeo Web y transferir videoclips a Pocket PC.

El Reproductor de Windows Media para Windows XP amplía el nuevo diseño de la interfaz que fue lanzada con Windows Media Player 7 en 2000: acceso a audio CD, radio en Internet y acceso a dispositivos portátiles. Las nuevas funciones del Reproductor de Windows Media en Windows XP incluyen acceso directo al CD desde la carpeta Mi música, codificación MP3 (con *plug-ins*), soporte para múltiples unidades de CD y DVD y reproducción de DVD (con *plug-ins*).

La interfaz predeterminada del Reproductor de Windows Media incluye la ventana principal, controles de reproducción en la parte inferior, campos con información sobre la selección actual y una barra de tareas en la parte inferior izquierda que permite acceder a las funciones principales con un clic (véase figura 7.3). Este modo en pantalla completa puede reducirse para reservar espacio en pantalla y para ocultar la barra de tareas y la barra de menú, minimizada con varios gráficos sencillos para mostrar únicamente la ventana y los controles de reproducción; también puede ampliarse a todo el escritorio con los controles de reproducción movibles.

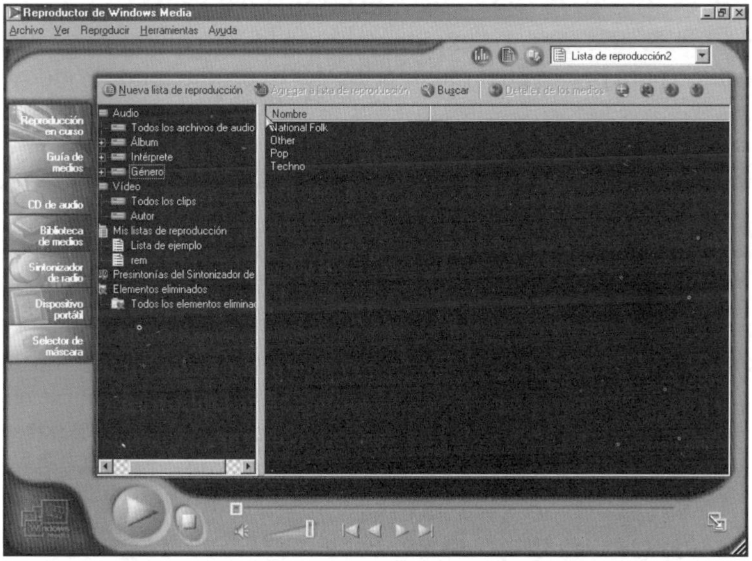

Figura 7.3. *Utilice el Reproductor Windows Media para organizar y administrar la Biblioteca de medios.*

La barra de tareas incluye los siguientes elementos:

1. **Reproducción en curso.** Un panel de control para la lista de reproducción actual. Podemos cambiar las listas de reproducción, seleccionar una pista concreta de la lista, controlar la reproducción, ajustar el volumen y el ecualizador y ver información sobre el álbum, el intérprete, el título y el autor.
2. **Guía de medios.** Un explorador de Internet integrado para acceder a la página Web de Microsoft `WindowsMedia.com`. Nos permite acceder a música, radio, videoclips, películas y otros materiales de entretenimiento para reproducir en Internet o descargar en nuestro equipo.

3. **CD de audio.** Una herramienta que nos permite copiar (seleccionar) las pistas de un CD en el disco.
4. **Biblioteca de medios.** Un explorador para ver y organizar nuestras pistas y clips de audio y vídeo. Es más, Media Player puede descargar información sobre los álbumes CD y películas DVD (por ejemplo, títulos, diseño del álbum, intérprete e información del autor) e incorporarla a la Biblioteca de medios.
5. **Sintonizador de radio.** Un explorador para las radios en Internet.
6. **Dispositivo portátil.** Una herramienta que permite copiar pistas de audio y listas de reproducción del disco duro en CD o dispositivos portátiles, incluyendo reproductores de música portátiles y Pocket PC. También podemos transferir videoclips a dispositivos Pocket PC.
7. **Selector de máscara.** Un explorador para los diseños gráficos instalado en el equipo para personalizar la interfaz del Reproductor de Windows Media.

Reproducción de CD de audio con el reproductor de Windows Media

El reproductor de Windows Media está diseñado como herramienta completa para importar, organizar, reproducir y exportar música. Las pistas de música pueden importarse a álbumes, organizarse en listas de reproducción y copiarse en un CD o descargarse en dispositivos portátiles. Este apartado repasa el uso del Reproductor de Windows Media para acceder y administrar CD de audio bajo Windows XP.

Reproducción y exploración de CD de audio

La reproducción de audio CD bajo Windows XP consiste simplemente en insertar el disco en una unidad de CD o DVD. Windows automáticamente carga el reproductor de Windows Media, abre la pestaña Reproducción en curso y comienza a reproducir la primera pista del disco. Sin embargo, esta función puede desactivarse en el equipo o puede instalarse otro programa como reproductor predeterminado.

Asimismo, el aspecto visual del reproductor de Windows Media puede variar. Media Player puede aparecer en pantalla completa o minimizada, ajustarse al entorno del escritorio de Windows XP o personalizarse con fondos adicionales o diseños visuales (véase figura 7.4).

Figura 7.4. Reproduzca los CD con el reproductor de Windows Media con ayuda del estilo minimizado y el ecualizador gráfico.

Los fondos habitualmente ofrecen los botones comunes de un reproductor CD, incluyendo **Reproducir/Pausa**, **Detener**, **Avance/Rebobinado rápido y Volumen**. La mayoría de diseños también incluyen botones para mostrar una visualización gráfica de la música, un ecualizador gráfico o la lista de reproducción. El ecualizador gráfico nos permite ajustar el volumen, el balance y la ecualización; la lista de reproducción nos permite seleccionar una pista para su reproducción.

Si nuestro equipo está conectado a Internet, el Reproductor de Windows Media puede descargar información sobre el CD actual, incluyendo información del intérprete, los títulos de las canciones e incluso el diseño del álbum. Si nuestro equipo no está conectado, esta información no está disponible. A diferencia del formato DVD-Video, el formato CD-Audio no se diseñó teniendo en cuenta estos usos.

Abra el Explorador de Windows para ver los contenidos del disco CD-Audio en la unidad de CD. Los CD de audio contienen archivos descomprimidos de datos de música, sin texto o gráficos que los identifiquen (véase figura 7.5).

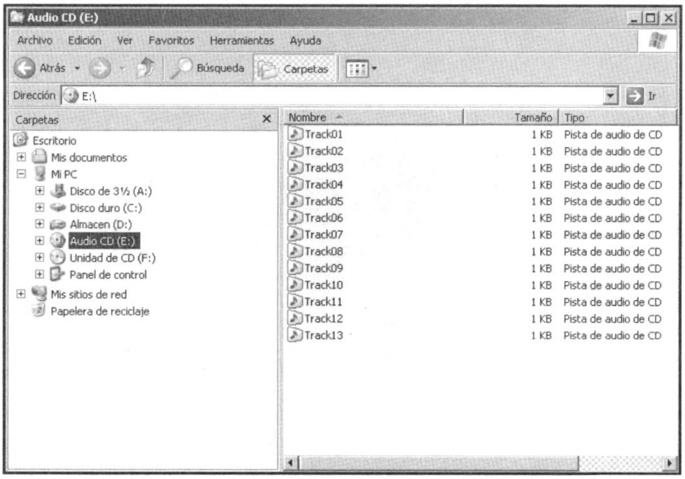

Figura 7.5. Utilice el Explorador de Windows para ver los archivos de las pistas del disco CD-Audio en la unidad de CD.

Truco

Cuando el Reproductor de Windows Media descarga información sobre el álbum en Internet, el servidor al que accede puede obtener información sobre nuestras pautas de uso y los álbumes que estamos escuchando. El servidor hace uso de cookies *que personalizan la experiencia, y cada copia de Media Player cuenta con una ID exclusiva que el Reproductor de Windows Media puede transmitir a cualquier servidor con el que contacte. Podemos desactivar la ID exclusiva de nuestra copia de Media en la pestaña* Reproducir, *en el cuadro de diálogo* Opciones.

Importación de música de CD

Además de reproducir discos en la unidad de CD, también podemos utilizar el Reproductor de Windows Media para copiar CD enteros o pistas seleccionadas en el disco duro para organizarlos y reproducirlos como parte de nuestra Biblioteca de medios. Haga clic en la pestaña CD de audio para preparar la selección del CD en el disco duro. Utilice las casillas de verificación para seleccionar las pistas individuales que vaya a copiar.

Haga clic en el botón **Obtener nombres** para buscar información del CD online, y haga clic en el botón **Copiar música** para empezar a copiar las pistas en la Biblioteca de medios (véase figura 7.6).

Figura 7.6. *Utilice la pestaña* CD de Audio *para copiar los álbumes en la Biblioteca de medios.*

Además, el Reproductor de Windows Media comprime el audio mientras se copia para que ocupe mucho menos espacio en el disco duro. Los ordenadores actuales pueden copiar y comprimir pistas de un CD a mayor velocidad que la reproducción a tiempo real, de forma que podemos copiar un CD entero en cuestión de minutos. El Reproductor de Windows Media muestra la información del álbum y la canción en la Biblioteca de medios.

Exploración de la carpeta Mi música

Para el adecuado almacenamiento y exploración de los diferentes tipos de archivos multimedia, Windows XP ofrece carpetas integradas: Mis imágenes para imágenes estáticas y Mis vídeos para trabajar con videoclips en Windows Movie Maker. Además, Windows XP incluye una nueva carpeta, Mi música, que ofrece acceso a nuestra música al margen del Reproductor de Windows Media.

El Reproductor de Windows Media almacena los archivos de música en la carpeta Mi música, en el disco duro. De forma predeterminada, organiza las carpetas de música por intérprete y álbum, y da nombre al archivo para cada pista con el número de la pista y el título de la canción. También podemos utilizar la carpeta Mi música para ver los álbumes mediante el uso de una portada (si está disponible). Podemos utilizar el panel Pistas de música para reorganizar las carpetas de música, las selecciones de reproducción e, incluso, crear CD de audio a partir de álbumes o pistas seleccionadas (véase figura 7.7).

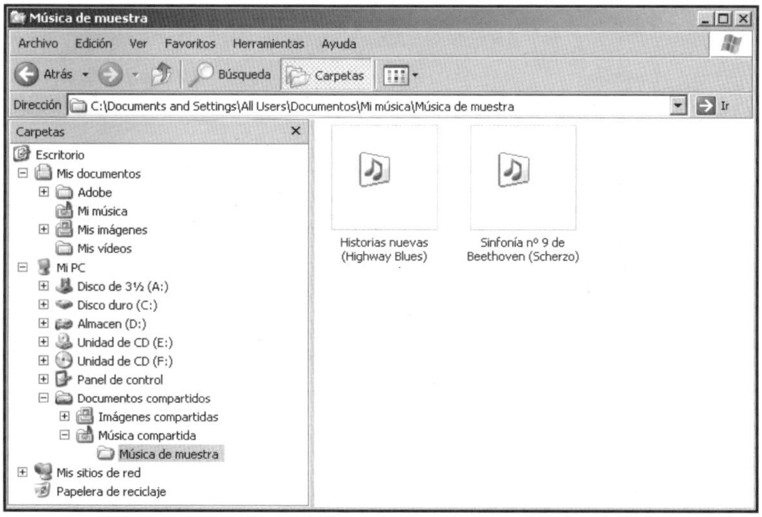

***Figura** 7.7. Podemos organizar, reproducir y crear CD con la carpeta* Mi música.

Configuración de las opciones de compresión de WMA y PM3

Los datos de música en los discos CD-Audio no están comprimidos, de forma que los archivos requieren aproximadamente 10 MB por minuto de música estéreo. Por tanto, podemos almacenar alrededor de 74 minutos de música en un disco CD de 650 MB, u 80 minutos en un CD de 700 MB.

Los algoritmos de compresión actuales pueden reducir de forma notable el tamaño de un archivo de música (por 10 ó 20) sin afectar la calidad de reproducción. Aunque estos algoritmos de compresión eliminan parte de los datos de audio, utilizan técnicas de compresión perceptiva que procuran eliminar sólo aquellas partes de la señal de sonido original que no son perceptibles para la mayoría de los oyentes.

De forma predeterminada, el Reproductor de Windows Media comprime música en el disco con ayuda del formato de compresión Windows Media Audio de Microsoft. Puede comprimir con calidad "casi de CD" a velocidades de 48Kbps o a velocidades personalizadas de hasta 192Kbps para conseguir alta calidad. Vea los detalles del archivo en la carpeta Mi música para comprobar el tamaño de los archivos comprimidos (véase figura 7.8).

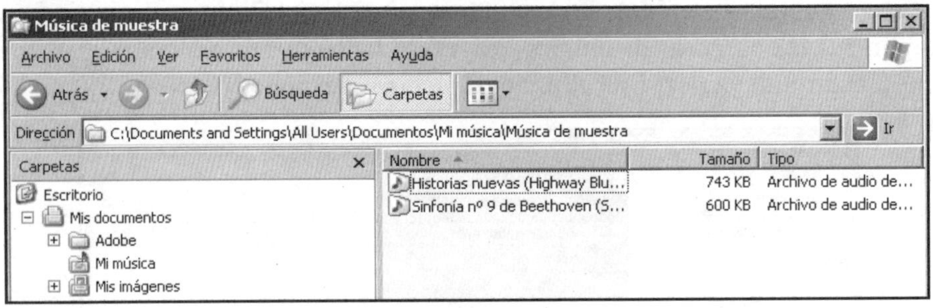

Figura 7.8. *Utilice el Explorador de Windows para ver las pistas copiadas, que se almacenan en la carpeta* Mi música *en formado comprimido.*

El Reproductor de Windows Media, además, soporta elementos adicionales de otros fabricantes para la codificación en formato de audio MP3 (en realidad, compresión de audio MPEG-1, Layer 3). El estándar MP3 se utiliza de forma general para distribuir archivos de audio, almacenar más canciones en un CD y descargar audio en dispositivos portátiles. Microsoft afirma que en la actualidad Windows Media Audio puede ofrecer la misma calidad de sonido que MP3 en la mitad de tamaño. Utilice la pestaña CD de audio>Opciones para seleccionar el formato de compresión y la velocidad de datos a utilizar para la copia de archivos en la Biblioteca de medios (véase figura 7.9).

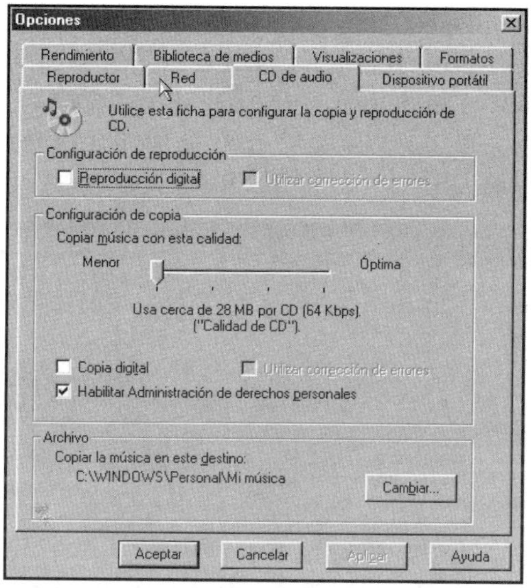

Figura 7.9. *Utilice la pestaña* CD de audio *en el cuadro de diálogo* Opciones *para seleccionar el formato de compresión.*

Organización de la Biblioteca de medios

Una vez que hemos importado música en la Biblioteca de medios, podemos ver y seleccionar álbumes y pistas y organizarlos en listas de reproducción personalizadas.

Haga clic en la pestaña Biblioteca de medios para ver y organizar el contenido (véase figura 7.3). La sección izquierda muestra una vista jerárquica de los elementos almacenados, con el audio organizado por Álbum, Intérprete y Género. La sección derecha contiene información sobre cada pista. De esta forma, podemos organizar o buscar el contenido con el fin de ver toda la música incluida en un género, por ejemplo.

Haga clic en el botón **Nueva lista de reproducción** para introducir un nuevo elemento en la carpeta Mis listas de reproducción. A continuación, podemos arrastrar elementos en la lista de reproducción personal para crear una nueva mezcla personalizada con pistas de diferentes álbumes.

Distribución de música en CD

Después de organizar nuestra música en listas de reproducción personalizadas, podemos copiarlas en un CD o descargarlas en dispositivos portátiles.

Para crear un CD, haga clic en la pestaña Dispositivo portátil (véase figura 7.10). Seleccione la lista de reproducción o las pistas en la sección izquierda, seleccione el *burner* de salida en la lista de dispositivos disponibles en la sección derecha y, a continuación, haga clic en Copiar música para empezar a grabar el CD. También podemos crear CD directamente desde la carpeta Mi música haciendo clic en Copia a CD en el área Pistas de música, en la parte izquierda de la carpeta (véase figura 7.7).

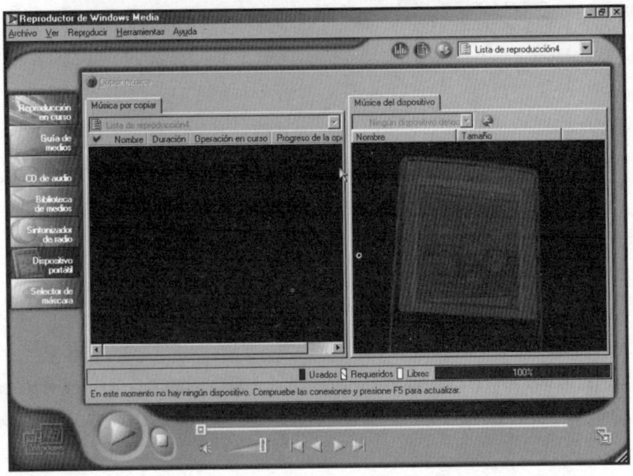

Figura 7.10. *Utilice la pestaña* Dispositivo portátil *para crear un CD de audio.*

Además de crear CD de audio estándar que pueden reproducirse en cualquier reproductor CD, también podemos agrupar más música en un CD copiando archivos en formato comprimido Windows Media Audio o MP3. Podemos reproducir estos CD en otros PC, por supuesto, pero algunos reproductores CD y DVD modernos también pueden reproducir archivos WMA y MP3 en CD.

Además, podemos transferir la música a dispositivos portátiles, incluyendo reproductores de música portátiles y Pocket PC.

Reproducción de películas DVD con el Reproductor de Windows Media

El Reproductor de Windows Media es mucho más que un reproductor de audio; también puede utilizarse para acceder y organizar archivos de vídeo. Asimismo, podemos utilizarlo como reproductor DVD, con la posibilidad de obtener información sobre la película en Internet. Podemos descargar películas enteras (con una conexión de banda ancha) y alquilar y comprar películas para un viaje de larga distancia.

No obstante, el Reproductor de Windows Media necesita un descodificador de terceras partes para la reproducción de películas en DVD. Éstos están disponibles como paquetes adicionales de empresas como CyberLink e InterVideo. Es más, si adquirimos un PC Windows completo con una unidad de DVD, veremos que ya tiene instalado un descodificador DVD.

Reproducción de DVD con el Reproductor de Windows Media

Al igual que ocurre con los discos CD-Audio, el Reproductor de Windows Media debería ejecutarse automáticamente al insertar un disco DVD-Video en el equipo. (Si nuestro sistema está configurado de forma diferente, podemos modificar este comportamiento con ayuda de la pestaña Reproducción automática en el cuadro de diálogo Propiedades para la unidad de DVD.)

En el modo completo, el Reproductor de Windows Media reproduce el vídeo DVD en una ventana junto con información sobre la película y una lista de los capítulos en forma de lista de reproducción para acceder rápidamente (véase figura 7.11). Como ocurre con los CD, podemos utilizar los controles bajo la ventana para reproducir, detener, adelantar, retroceder y ajustar el volumen.

Figura 7.11. *El Reproductor de Windows Media también puede reproducir DVD y mostrar información sobre la película y el nombre de los capítulos.*

Además, es posible ver un DVD en una ventana pequeña utilizando el modo minimizado, como hemos visto anteriormente. De forma alternativa, podemos ver el DVD en pantalla completa, en el que los controles de reproducción aparecen al mover el cursor y después vuelven a ocultarse para poder ver la pantalla completa. Abra el menú Ver y seleccione Actualizar para descargar información online sobre la película. La reproducción del Reproductor de Windows Media y los controles de navegación son similares a los que podemos encontrar en el panel frontal de un reproductor DVD. También podemos utilizar el cursor del ratón para seleccionar directamente elementos del menú DVD.

Abra el menú Ver y seleccione Herramientas de Reproducción en curso para ver controles adicionales, incluyendo controles del DVD, configuración del vídeo, ecualizador gráfico e información.

Abra el menú Ver o haga clic con el botón derecho del ratón y seleccione DVD Features para ver las opciones de reproducción para la navegación del DVD. Seleccione Top Menu para volver al menú principal del disco, o Title Menu para saltar hasta el menú de la sección que se está reproduciendo actualmente dentro del disco. También es posible seleccionar una pista de audio, subtítulo y ángulo de cámara alternativa.

Las películas en DVD habitualmente cuentan con un menú principal o superior para el disco que incluye acceso a la reproducción de la película. También incluye otras funciones adicionales, como el menú Scene Selection, con imágenes en miniatura de las escenas; el menú Set Up, que incluye acceso a funciones adicionales del DVD (en especial para el audio); y el menú Special Features, que enlaza con material adicional, como tráileres y reportajes. Sin embargo, esta estructura de navegación por los menús es sólo una convención, no un estándar. Al igual que el diseño gráfico de los menús, todo depende del diseñador del disco.

Los siguientes apartados describen el uso de los diferentes programas de reproducción DVD para explorar la estructura de navegación de los DVD con el objetivo de comprender cómo están diseñados, así como buscar material en el disco, al que no es sencillo acceder mediante la estructura integrada del menú.

Exploración de películas en DVD con CyberLink PowerDVD e InterVideo WinDVD

El Reproductor de Windows Media está integrado en Windows XP para posibilitar la reproducción de audio y vídeo, CD y DVD; además, cuenta con información que se puede descargar de bases de datos de Internet. Aunque el Reproductor de Windows Media requiere un descodificador de terceras partes para reproducir

DVD, los nuevos ordenadores con unidades de DVD se comercializan normalmente con un descodificador DVD ya instalado. Si no es así, podemos adquirir un descodificador DVD de diversas marcas, entre ellas CyberLink e InterVideo.

Estas empresas también comercializan aplicaciones independientes para la reproducción de DVD como alternativa al Reproductor de Windows Media. Podemos optar por un reproductor en particular para conseguir una buena calidad de reproducción, por el aspecto de la interfaz o para acceder a funciones concretas, como ajustes de vídeo o zoom, calidad de audio avanzada, reproducción rápida con audio y capacidad para hacer capturas de imágenes del vídeo DVD.

A mediados de 2002, Sony lanzó la aplicación Sonic CinePlayer DVD como complemento a sus herramientas para la creación en DVD.

Acerca de los reproductores DVD

CyberLink PowerDVD e InterVideo WinDVD son aplicaciones para la reproducción de DVD conocidas por todos. Cada unas de estas empresas cuenta además con una línea más amplia de productos para captura de vídeo y audio, edición y aplicaciones de reproducción, incluyendo aplicaciones para la edición de vídeo con capacidad para crear DVD. A menudo podemos encontrarlas instaladas en los equipos más modernos, en unidades de DVD adicionales e, incluso, en software para crear DVD. Hay que recordar que estos reproductores están disponibles en diferentes versiones con diferentes funciones, y que las versiones instaladas, en ocasiones, no incluyen todas las funciones que vamos a describir.

Si queremos saber cómo se diseñan los DVD para las películas, estos reproductores incluyen interfaces avanzadas para ver y explorar la estructura de navegación de un DVD, incluyendo menús jerárquicos para acceder a cada título y capítulo, capacidad para ver pistas de vídeo, audio y subtítulos alternativas (y ver múltiples subtítulos de forma simultánea), y reproducir imágenes de puntos de capítulo.

Para los autores de DVD, estas herramientas ofrecen la posibilidad de probar un diseño de DVD mediante la reproducción de los archivos del DVD en el disco duro incluso antes de empezar a copiar en un disco DVD. No sólo podemos hace clic en todos los menús y reproducir todos los clips; además, podemos utilizar estas herramientas para explorar y verificar la estructura general de navegación y los puntos de capítulo.

Utilice el botón **Menu** en los paneles de control para acceder a un menú concreto definido por el diseñador del DVD, incluyendo el menú Title (principal o superior), el menú Root (para la sección actual), los menús de configuración Subtitle y Audio, y el menú Chapter (escena). Estos reproductores también son capaces de recordar nuestra ubicación dentro del DVD, de forma que podemos volver fácilmente al punto donde estábamos anteriormente.

Utilice los cuadros de diálogo Configuration para ver información sobre el reproductor de vídeo, los modos de reproducción del vídeo y el audio y del sistema informático.

No obstante, tenemos que tener en cuenta que cuando editamos y creamos videoclips para su uso en DVD, el vídeo en DVD está diseñado para la reproducción en aparatos de uso doméstico o pantallas de televisión entrelazadas, mientras que los monitores informáticos son progresivos. El vídeo DVD está almacenado en formato de televisión NTSC o PAL, con líneas alternativas de dos campos consecutivos capturados en puntos de tiempo ligeramente distintos. Al ver vídeo entrelazado en un monitor de ordenador, estas aplicaciones para la reproducción de DVD separan el vídeo para eliminar las líneas alternativas, aunque percibiremos esta alternancia si vemos la imagen en un editor de vídeo. Por tanto, lo más aconsejable es crear nuestra producción en DVD, reproducirla en un reproductor de uso doméstico y verla en un televisor convencional para comprobar que la imagen y el funcionamiento son correctos en el tipo de equipos en los que tenemos previsto mostrarla.

Truco

Una de las funciones anti-copia diseñadas en el formato DVD-Video es la gestión de zonas, un mecanismo contra la piratería que marca un disco con un código de zona para que sólo pueda utilizarse en reproductores que pertenezcan a zonas geográficas concretas del mundo. A diferencia de los reproductores de uso doméstico, las unidades de DVD para PC normalmente no se fabrican con un código de zona. Por el contrario, están diseñados para permitir que el software de reproducción establezca un código de zona para que un disco con el código correspondiente pueda reproducirse en la unidad. Sin embargo, el código de zona puede modificarse unas cuantas veces antes de quedar fijado permanentemente. En consecuencia, si reproducimos discos de diferentes zonas en la misma unidad de DVD, haremos que quede inalterable en uno de ellos.

Acerca de CyberLink PowerDVD

CyberLink PowerDVD (`www.gocyberlink.com`) ofrece potentes herramientas para la reproducción y exploración de DVD. Soporta una amplia variedad de aceleración de hardware de vídeo, incluyendo monitores de visión dual. También es compatible con la descodificación de sonido *surround* y la mejora de audio. PowerDVD 4.0 XP, lanzado en noviembre de 2001, soporta una gran gama de formatos de archivos multimedia y discos, incluye descodificación integrada de sonido *surround* y ofrece perfiles de vídeo predeterminadas para mejorar el contraste y el brillo de la imagen. PowerDVD 4.0 XP está disponible en la versión Standard por 49 euros, y en la versión Deluxe, con audio digital Surround y SRS TruSurround XT, por 69 euros.

Para la reproducción de vídeo, PowerDVD incluye contraste predeterminado y ajustable, controles del color, compatibilidad de monitor dual, zoom digital y reproducción en pantalla completa. En cuanto a la reproducción de audio, PowerDVD incluye control dinámico de campo, ampliación de graves y sonido *surround* virtual a través de dos altavoces o con ayuda de Dolby Headphone.

PowerDVD es compatible con una gran variedad de formatos DVD, incluyendo DVD-Video, Video CD (VCD 2.0), Super Video CD (SVCD) y el formato VR (Video Recording) que utilizan los reproductores DVD de uso doméstico. PowerDVD, además, es un reproductor de diversos soportes y reproduce una amplia gama de archivos de audio y vídeo en el disco duro, entre ellos AVI, QuickTime MOV, Windows Media, MPEG y MP3.

Exploración con PowerDVD

PowerDVD incluye una interfaz de usuario personalizable mediante el uso de opciones para diseñar el aspecto de los controles y los botones (véase figura 7.12). Durante la reproducción, los controles pueden minimizarse en la barra de tareas de Windows o pueden modificarse para mostrar sólo las funciones de navegación básicas. Además, podemos utilizar Tool Bar Navigator para acceder fácilmente a los controles sin necesidad de utilizar la interfaz del mando.

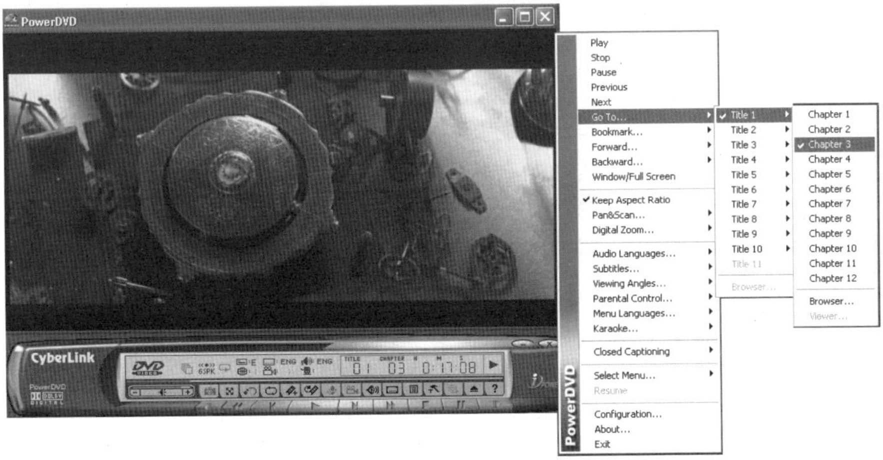

Figura 7.12. *Utilice los menús desplegables de PowerDVD para explorar la estructura de títulos y capítulos del DVD. ©Paramount Home Entertainment.*

En función del diseño actual, los controles incluyen los botones de navegación básicos: **Play**, **Pause** y **Stop**; **Step**, **Scan** y **Chapter Backward/Forward**. También podemos girar el control **Shuttle** para avanzar o retroceder rápidamente (hasta 32X). Los botones adicionales ofrecen acceso a otras funciones de control y del DVD, entre ellas los menús y fuentes alternativas.

El área de la pantalla incluye el título, el capítulo y el tiempo actuales; además de indicadores del tipo y localización actuales del disco; modo de audio, fuentes alternativas (ángulo, audio y subtítulos), zona y control parental.

PowerDVD incluye un menú jerárquico para explorar la estructura de navegación del disco. Haga clic con el botón derecho del ratón en la ventana de vídeo para ver el menú desplegable y seleccione Go To. A continuación, el menú muestra una lista de todas las áreas de títulos del disco y los puntos de capítulo definidos en cada título. Por norma general, el primer grupo de títulos contiene la película entera, con los puntos de capítulo correspondientes al menú del índice de escenas. Los demás grupos de títulos contienen material auxiliar, como tráileres, reportajes y escenas eliminadas.

Es más, PowerDVD incluye la ventana DVD Browser para mostrar una vista en forma de árbol con todos los títulos del disco y los capítulos que hay en cada uno de ellos (véase figura 7.13). Podemos definir un marcador para recordar un punto concreto del disco y también aparecerá en esta vista.

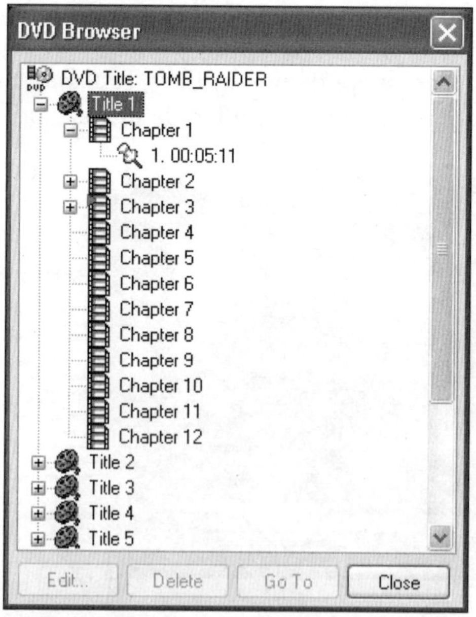

Figura 7.13. Browser DVD *muestra la estructura completa de títulos y capítulos del disco.*

Además, PowerDVD ofrece un visor gráfico con imágenes en miniatura de cada punto de capítulo definido en un título (véase figura 7.14). Esto resulta especialmente útil para revisar los puntos de capítulo que hemos establecido en nuestros propios DVD.

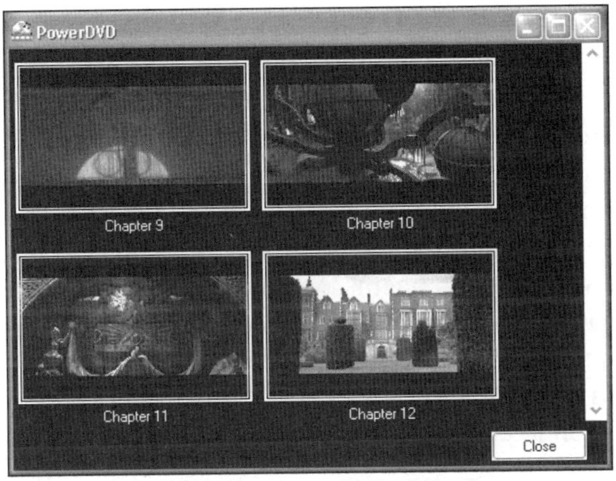

Figura 7.14. *El visor de PowerDVD muestra imágenes en miniatura de cada capítulo del título.*
©Paramount Home Entertainment.

Acerca de InterVideo WinDVD

InterVideo WinDVD (`www.intervideo.com`) incluye una interfaz flexible para la reproducción y exploración de contenido DVD. Incluye amplio soporte para la reproducción de audio avanzada, así como una función de ampliación de tiempo para reproducir más rápida o más lentamente mientras escuchamos el audio de forma normal. La versión 4, lanzada en mayo de 2002, está disponible por 49 euros, y la versión Plus, por 79 euros (con sonido *surround*).

Para la reproducción de vídeo, WinDVD incluye controles para el contraste y el color, soporte múltiple para monitores y TV, zoom y panoramización, y reproducción del vídeo como fondo de escritorio. En cuanto a la reproducción de audio, WinDVD incluye ampliación dinámica de campo, ampliación de diálogos, ecualización de audio y efectos y sonido *surround* virtual mediante dos altavoces o utilizando Dolby Headphone.

WinDVD es compatible con una amplia variedad de formatos DVD, entre ellos DVD-Video, Video CD (VCD 2.0), Super Video CD (SVCD), Audio CD y el formato VD (Video Recording) utilizado en los reproductores DVD de uso doméstico. WinDVD también reproduce DVD, MPEG, MP3 y otros archivos de vídeo y audio en el disco duro.

Exploración con WinDVD

Los controles de WinDVD incluyen un enorme control Transport en la parte izquierda, que rodea un botón **Play** de tamaño grande; incluyen los botones **Pause**, **Stop** y **Step Forward** o **Backward** en fotogramas individuales (véase figura 7.15). Haga clic y arrastre el dial en la parte izquierda del círculo para una reproducción fluida a diferentes velocidades (hasta 20X) para pasar una película. La función de ampliación de tiempo de WinDVD puede reproducir a velocidades que van desde ½ hasta 2X, aunque el sonido se reproduce de forma normal. Haga clic en el botón **Time-Stretch Clock** para optar por reproducir la película en un espacio de tiempo concreto: especifique un período de tiempo en **Finish By** o **Play In**, y WinDVD ajustará la velocidad de reproducción de acuerdo con lo establecido.

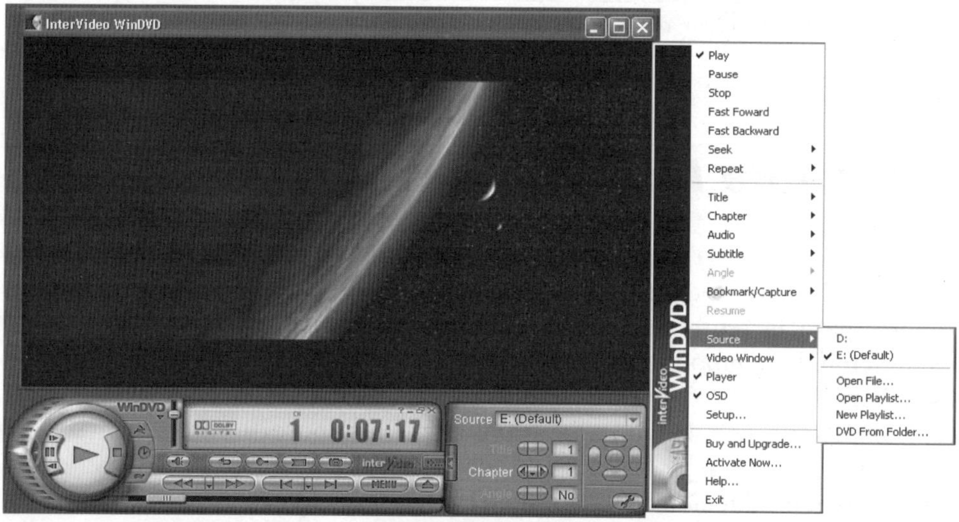

***Figura** 7.15. Abra el subpanel de WinDVD para acceder a controles adicionales o utilice los menús desplegables para ir directamente a un capítulo. ©Paramount Home Entertainment.*

Utilice los botones situados en la parte inferior del mando para navegar por el DVD: **Scan Fast Reverse** o **Forward** (o establezca una velocidad concreta en el menú desplegable), vaya a **Previous** o **Next Chapter** (o bien seleccione un capítulo concreto en el menú desplegable). También puede arrastrar el control deslizante en la parte de abajo para desplazarse rápidamente a cualquier punto del clip actual.

La pantalla situada encima de los controles muestra el capítulo o pista actual y el tiempo transcurrido. Haga clic en el subpanel situado a la derecha de los controles para acceder a controles adicionales. Utilice los paneles Navegation y Language para acceder y ver la estructura del DVD y fuentes alternativas, y los subpaneles Display y Audio para establecer las funciones de vídeo y audio.

WinDVD incluye numerosos mecanismos distintos para explorar la estructura del DVD. Seleccione el subpanel Navigation para ver y modificar el capítulo actual; y haga clic con el botón derecho del ratón sobre el menú desplegable para ir directamente a un capítulo en concreto.

Abra el explorador Bookmark y haga clic en Include Chapter para que WinDVD cree automáticamente imágenes en miniatura de cada punto de capítulo (véase figura 7.16). También podemos hacer clic en el botón **Bookmark** para añadir nuestros propios marcadores en el explorador. WinDVD incluye un segundo explorador, Capture, para ver escenas que hemos capturado del DVD.

Figura 7.16. *Utilice el explorador* Bookmark *para ver imágenes en miniatura de cada punto de capítulo.*

Nota: Vídeo en ventanas gráficas

La reproducción de vídeo bajo Windows (y Macintosh) se acelera mediante tarjetas gráficas. En concreto, los fotogramas de vídeo están en una parte separada de la memoria y después la tarjeta gráfica los mezcla con la interfaz de usuario. Por consiguiente, cuando nos desplazamos por una ventana de vídeo, podemos ver sus contenidos saltando para seguir la ventana adjunta. La pantalla ahora mostrará un rectángulo negro dentro de la ventana, que aparece a través del plano de vídeo de fondo.

Otra consecuencia de este diseño es que cuando capturamos una escena de una ventana de vídeo, conseguimos una imagen de los gráficos de alrededor, pero con negro sólo donde vemos el vídeo en el monitor. Y lo que es más sorprendente, si vemos la escena en una ventana que se solapa con el fondo del vídeo, podemos ver la imagen a través de la escena.

Por tanto, las aplicaciones de reproducción DVD, como PowerDVD y WinDVD, incluyen una función de captura de pantalla para capturar el vídeo de fondo del DVD.

Exploración de discos y archivos DVD

Para un ordenador, un disco DVD es simplemente otro soporte de almacenamiento con archivos y directorios. Sin embargo, para la reproducción en un reproductor DVD de uso doméstico, un disco DVD debe ajustarse al formato DVD-Video, con información ubicada en lugares concretos y en un orden específico dentro del disco. Pero, puesto que los discos utilizan un sistema de archivos estándar, podemos examinar su contenido con el fin de ver cómo los directorios se distribuyen en DVD-Video, DVD-Audio y otros formatos de disco.

Exploración de discos DVD-Video

Para explorar un disco DVD, inserte el disco en el ordenador y visualícelo con ayuda del Explorador de Windows (véase figura 7.17). El directorio raíz del disco contiene dos directorios necesarios: VIDEO_TS para los datos DVD-Video y AUDIO_TS para los datos DVD-Audio (TS significa *title set*, el mecanismo para incluir múltiples grupos independientes de material en un disco).

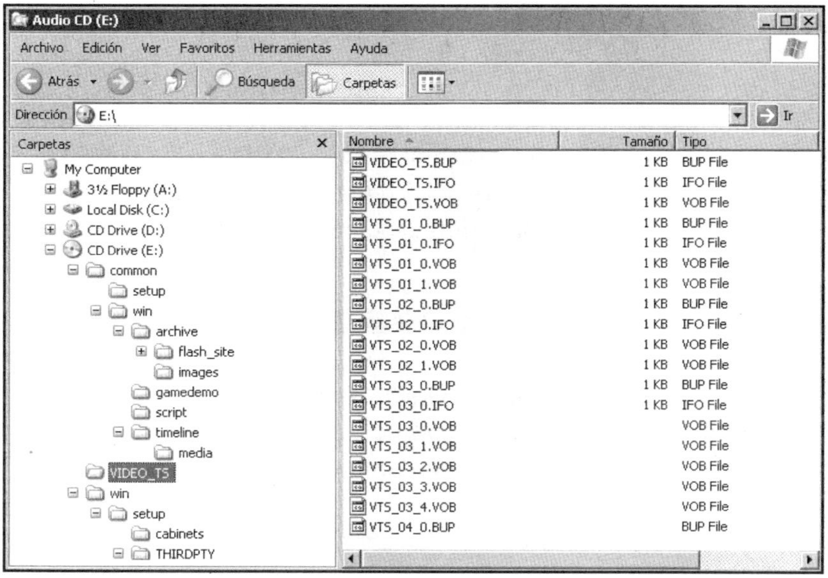

***Figura** 7.17. Utilice el Explorador de Windows para ver el directorio* VIDEO_TS *en un disco DVD-Video.*

Expanda la carpeta VIDEO_TS para ver los archivos que contienen todo el contenido que vemos al reproducir la película, incluyendo los menús, la estructura de navegación y las pistas de audio, vídeo y subtítulos.

A diferencia del formato básico CD-Audio, hay muchos tipos de datos diferentes en un DVD, los cuales están combinados, en lugar de dividir los capítulos o pistas en un archivo independiente. Ésta es la razón por la que necesitamos una aplicación especial para la reproducción de DVD, para que lea y entienda el formato de disco DVD y todos estos archivos con el fin de descodificar y reproducir el contenido del DVD.

Los primeros archivos VIDEO_TS contienen la información básica necesaria para empezar a reproducir el disco. Los archivos numerados `VTS_01_0` o similares contienen los datos para los diferentes grupos de títulos. Para evitar posibles restricciones en el tamaño de los archivos en algunas plataformas, los archivos `VOB` están limitados a un máximo de 1 GB, y los datos para ese título continúan en archivos adicionales con números consecutivos.

Los archivos de Information (.IFO) contienen menús e información de control para acceder al vídeo y audio, mientras que los archivos Video Object (.VOB) contienen los datos comprimidos de vídeo y audio con información de navegación adicional. Los archivos Backup (.BUP) contienen una copia de los datos de los archivos IFO.

Además de estos directorios y archivos DVD-Video, un disco DVD-Video también puede contener archivos adicionales a los que sólo se puede acceder cuando el disco se lee en un ordenador. Este tipo de discos a veces se llaman discos híbrido, y cuentan tanto con la parte DVD-Video como con los datos informáticos DVD-ROM. Muchas películas en DVD contienen estas funciones DVD-ROM, incluyendo juegos y actividades, información adicional sobre la película y enlaces Web a contenido asociado.

Exploración de discos DVD-Audio

De forma esperada, el formato de los discos DVD-Audio es muy similar al de los discos DVD-Video, excepto en que los archivos están agrupados en la carpeta AUDIO_TS y los archivos se llaman Audio en lugar de Video (véase figura 7.18).

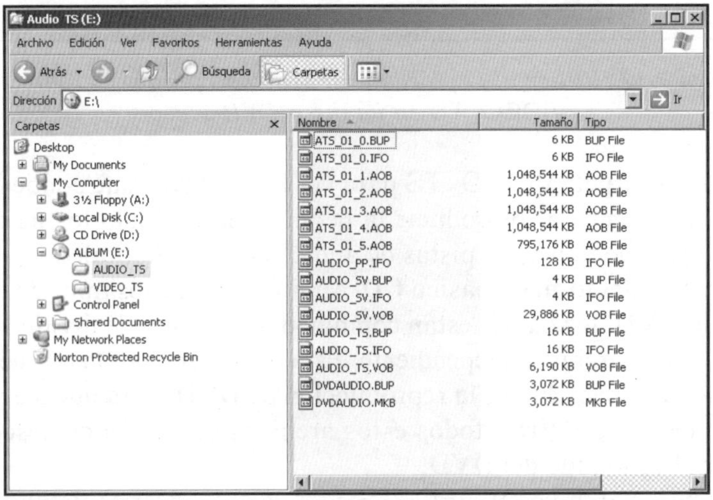

Figura 7.18. *Utilice el Explorador de Windows para ver el directorio* AUDIO_TS *de un disco DVD-Audio.*

Asimismo, puesto que el DVD-Audio es un formato más reciente diseñado para los amantes del sonido, algunos discos DVD-Audio contienen una sección DVD-Video con copias de la misma música mezclada para el formato de audio DVD-Audio (incluyendo el sonido *surround* 5.1). En este sentido, el mismo disco puede reproducirse en reproductores DVD de uso doméstico y en aquellos ordenadores con aplicaciones para la reproducción de DVD que no son compatibles con el formato DVD-Audio. Los reproductores DVD-Video ven sus archivos en la carpeta VIDEO_TS y los reproducen.

Exploración de discos CD de vídeo

El formato Video CD (VCD), por el contrario, es totalmente diferente a los formatos DVD-Video y DVD-Audio. El formato Video CD incluye un sencillo menú que enlaza con clips comprimidos en formato de vídeo MPEG-1.

El disco VCD contiene numerosas carpetas con archivos de información de control sobre el disco, y los clips MPEG se almacenan en la carpeta MPEGAV (véase figura 7.19). Cada uno de los archivos DAT es, en realidad, un archivo MPEG con vídeo y audio para un clip, de forma que podemos reproducirlos en un reproductor DVD o MPEG (aunque lo más probable es que tengamos que cambiar el nombre del archivo por .MPG).

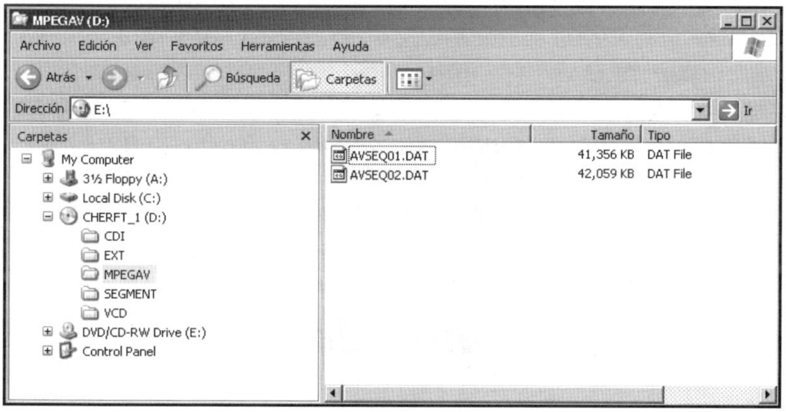

Figura 7.19. *Utilice el Explorador de Windows para ver el directorio MPEGAV de un disco Video CD.*

DVD avanzado con InterActual Player

Muchas películas comerciales en DVD incluyen dos tipos de material adicional: material especial en vídeo (como tráileres y reportajes *"Making of"*), a los que se puede acceder desde los menús DVD, y material DVD-ROM, al que sólo se puede acceder desde un ordenador personal. Como se ha explicado anteriormente, la película y el material adicional están almacenados en formato DVD-Video dentro de la carpeta VIDEO_TS del disco.

Los reproductores DVD de uso doméstico simplemente reproducen la parte correspondiente al formato DVD-Video e ignoran cualquier otro archivo almacenado en el disco. Sin embargo, los ordenadores pueden leer todos los contenidos de estos discos híbridos, tanto la parte en formato DVD-Video como los datos adicionales del disco, a los que se accede como archivos normales almacenados en disco de datos DVD-ROM.

Las funciones avanzadas dentro de los DVD comerciales pueden contener aplicaciones informáticas, páginas Web, enlaces a recursos online adicionales y enlaces dinámicos entre la reproducción del DVD y el contenido Web online.

Truco

Es posible oír diferentes nombres para denominar estos tipos de DVD de doble uso. Por normal general, se llaman Enhanced DVD (DVD avanzado), es decir, DVD-Video con contenido informático adicional. WebDVD es una forma específica de Enhanced DVD, con enlaces Web entre el contenido DVD y la información asociada en la Web. Las películas comerciales a menudo consideran que estos discos contienen dos tipos de material adicional: funciones DVD (incluido el contenido en DVD-Video) y funciones DVD-ROM (para ordenadores). Los productos DVD, además, incluyen el logotipo de InterActual (o PC Friendly) para indicar el uso del reproductor InterActual para este contenido.

Acceso al contenido de Enhanced DVD

Los DVD avanzados (Enhanced DVD) pueden contener todo tipo de archivos de lectura en ordenadores, incluyendo datos como páginas Web y aplicaciones informáticas ejecutables. En ocasiones estas aplicaciones consisten en elementos de entretenimiento relacionados con el contenido de la película, como juegos o acertijos.

Sin embargo, las aplicaciones pueden diseñarse para una plataforma informática concreta como PC/Windows, de forma que no pueden ejecutarse en otras plataformas como Macintosh.

Otro medio diferente para la distribución de aplicaciones al margen de la plataforma consiste en utilizar un reproductor como Macromedia Flash, que se ejecuta en diferentes plataformas e, incluso, desde un explorador Web.

Además de la reproducción de vídeo y de las aplicaciones independientes, la reproducción DVD en un ordenador puede ofrecer lo mejor de ambos mundos: reproducción en tiempo real del disco DVD y acceso online a información adicional, incluyendo las últimas actualizaciones e incluso actividades interactivas. InterActual Player ofrece un entorno para combinar en este sentido el vídeo DVD con el contenido informático.

Apple ha diseñado un enfoque diferente con WebDVD, que incluye la función DVD@CCESS. Esta función en la aplicación Mac DVD Player permite que el contenido en formato DVD-Video abra automáticamente un explorador Web y enlaces a páginas Web. Esta función también sirve para Windows cuando utilizamos ciertas aplicaciones para la reproducción de DVD.

Acerca de InterActual Player

InterActual Tecnologies (`www.interactual.com`) es uno de los principales proveedores de software y servicios para contenidos Enhanced DVD en películas comerciales. Más del 80 por 100 de las 25 películas más taquilleras en EE.UU. en 2001 utilizaron tecnología InterActual. InterActual afirma que a finales de 2001 su software de reproducción estaba instalado en más de 7,4 millones de PC. Los DVD que cuentan con tecnología InterActual están identificados con el logotipo de InterActual (o por el logotipo de PC Friendly en modelos anteriores).

InterActual Player 2.0 sustituyó al anterior reproductor PC Friendly en el verano de 2000. Es totalmente compatible con todos los títulos de PC Friendly, y ofrece soporte para Macintosh, así como reproductores DVD de uso doméstico con conexión a Internet. Es compatible con DVD-Audio y CD-Audio y está disponible también para DVD-Audio. Ofrece, además, diseños personalizables. Por desgracia, la tecnología InterActual no puede utilizarse con Macintosh OS X, debido a la imposibilidad de sincronizar los contenidos DVD-Video y DVD-ROM.

Utilice el Explorador de Windows para examinar un DVD avanzado que utiliza la tecnología InterActual. Además de la carpeta VIDEO_TS, el disco también incluye directorios con los archivos para la instalación del reproductor y el contenido del disco avanzado (véase figura 7.20). El directorio raíz del disco contiene un programa de instalación para InterActual Player, que puede ejecutarse automáticamente en función de la configuración de nuestro equipo.

Truco

InterActual Player (o PC Friendly) viene incluido con la película en todos los DVD avanzados (Enhanced DVD). Podemos instalar el reproductor con ayuda del primer disco de este tipo que reproduzcamos en el ordenador. Después, al reproducir otros discos avanzados, sólo tendremos que instalar el contenido específico del disco.

Sin embargo, InterActual Player no incluye un descodificador MPEG integrado. Requiere que haya alguna otra aplicación para la reproducción de DVD o un descodificador MPEG instalados con el fin de descomprimir y ver los datos DVD. Si podemos reproducir el DVD con el Reproductor de Windows Media o con otra aplicación para la reproducción de DVD, debería ser suficiente.

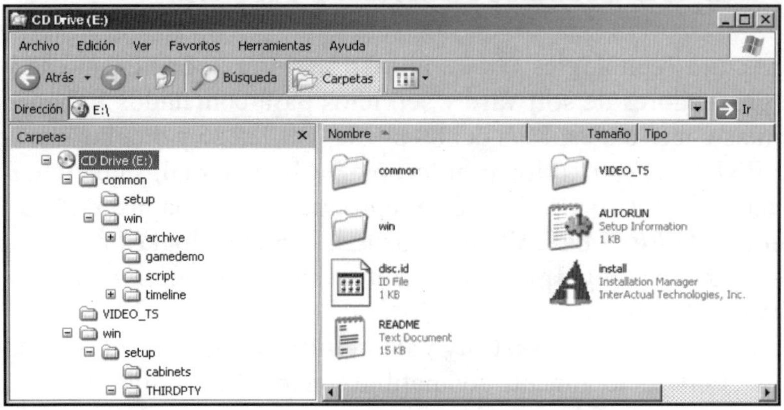

Figura 7.20. *Utilice el Explorador de Windows para ver los archivos de instalación en un DVD avanzado de InterActual.*

Reproducción de películas con InterActual Player

InterActual Player incluye un sencillo entorno para la reproducción de nuestras películas y para el acceso a funciones informáticas interactivas.

Cuando ejecutamos este reproductor, vemos la pantalla del menú principal para acceder a todos los contenidos. Una opción es reproducir la película; otras opciones incluyen información adicional sobre la película, juegos u otras aplicaciones de entretenimiento; un archivo local de la página Web de la película; y una experiencia online, combinando la película con noticias online.

Utilice el botón **View Content** (el icono del disco), situado en la parte superior izquierda de la ventana, para cambiar entre los dos modos principales de visionado: el contenido en DVD-ROM de InterActual o la película en DVD-Video.

Mientras vemos la película, InterActual Player muestra la barra Controller debajo de la ventana principal y ofrece la sección Web Link para enlazar con contenidos relacionados. Haga clic con el botón derecho del ratón para utilizar el menú desplegable y seleccione fuentes de audio y subtítulos concretas (véase figura 7.21). Modifique el tamaño de la película para verla en una ventana o en pantalla completa.

Visualización del contenido avanzado con InterActual Player

Utilice el botón **View Content** para ir al contenido en DVD-ROM de InterActual. Desde el menú principal, puede participar en juegos y ver los contenidos Web del DVD. Haga clic en el botón **Browser Controls** (flecha vertical), en la parte superior de la ventana, para ver la barra de tareas del explorador Web de encima de la ventana con el fin de revisar la información.

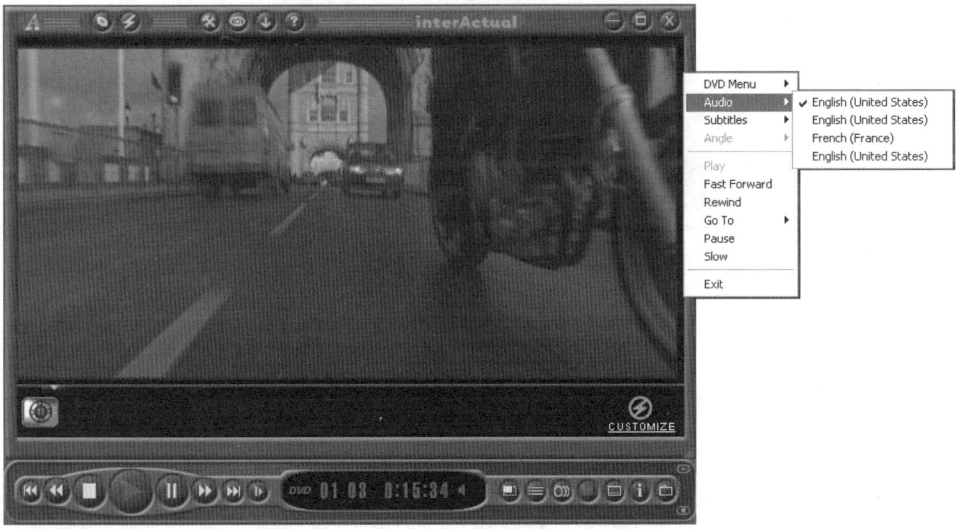

Figura 7.21. *Cuando reproduzca una película con InterActual Player, utilice la barra* Controller *o el menú emergente para seleccionar las funciones de DVD-Video. ©Paramount Home Entertainment.*

Además de ver la información almacenada en el DVD, también es posible acceder a material adicional online (más allá de lo que puede albergar un DVD) actualizado tras el rodaje de la película. Con algunas películas, los discos DVD sirven como llave para desbloquear material adicional al que no se puede acceder directamente en la Web sin el disco.

Es más, podemos ver el verdadero potencial de WebDVD seleccionado material adicional que combina la reproducción de DVD-Video con contenido Web. Por ejemplo, podemos acceder a comentarios sobre el rodaje de la película al tiempo que vemos las escenas correspondientes, o jugar a responder preguntas relacionadas con partes de la película (véase figura 7.22).

Figura 7.22. *Utilice InterActual Player para ver la película al tiempo que participa en actividades interactivas en la Web. ©Paramount Home Entertainment.*

Resumen

Este capítulo ha explicado el uso del Reproductor de Windows Media de Microsoft en Windows XP para ofrecer un entorno integral en el que reproducir audio y vídeo digital y conseguir una experiencia única.

Al reproducir CD o DVD comerciales, podemos utilizar el Reproductor de Windows Media para acceder a información online, incluyendo información sobre el álbum o la pista del CD, o información sobre la película o el capítulo del DVD. También podemos utilizarlo para importar material de CD o de la Web, organizar nuestra Biblioteca de medios, crear listas de reproducción personales y copiar nuestras propias mezclas a un CD o a dispositivos portátiles.

Podemos conseguir una experiencia aún más completa con herramientas de terceras partes como CyberLink PowerDVD e InterVideo WinDVD y, además, explorar el diseño y la estructura de navegación de los DVD para aprender a crear nuestros propios DVD. A pesar de que aún no están disponibles las funciones de los DVD avanzados para la creación en el ordenador, podemos crear nuestros propios DVD híbridos para reproducirlos en un equipo de uso doméstico e incluir datos adicionales para su lectura en ordenadores.

Los siguientes apartados del libro describen cómo poner en práctica estos conocimientos mediante la creación de nuestras propias producciones en DVD.

Parte III
Creación automatizada en DVD

DVD-R

8. Edición integrada de vídeo y DVD

La Parte III presenta numerosos ejemplos de herramientas rápidas y sencillas para la creación en DVD sin excesivos problemas. La idea tras estas herramientas "automatizadas" consiste en reducir el esfuerzo que se requiere para crear un DVD: basta con capturar vídeo o importar varios clips, seleccionar un estilo gráfico y estas herramientas crearán de forma automática la imagen del menú y la estructura de navegación. Incluso con esta simplificación, también ofrecen la posibilidad de personalizar nuestras producciones, por ejemplo, para incluir un título de texto o reorganizar la estructura del menú.

El capítulo 8 presenta CyberLink PowerDirector e InterVideo WinProducer como ejemplos de herramientas para la edición de vídeo que también incluyen funciones para la creación en DVD. Estas dos aplicaciones ofrecen dos enfoques muy distintos en cuanto a la interfaz para la edición de vídeo y la creación en DVD, de forma que resultan de gran utilidad para mostrar las posibilidades que encontraremos en otras aplicaciones.

El capítulo 9 hace un repaso de Sonic MyDVD, una herramienta automatizada que permite pasar directamente vídeo DV a un disco DVD con sólo un par de clics. Asimismo, MyDVD incluye una gran variedad de funciones adicionales para personalizar una producción, incluyendo menús agrupados, presentaciones fotográficas, estilos personales y audio de fondo. MyDVD presenta el formato Sonic OpenDVD, que permite importar un disco DVD y reeditarlo con el objetivo de añadir material nuevo o incluso cambiar completamente el diseño.

Aunque en el pasado la creación en DVD requería herramientas caras y complejas, la nueva generación de herramientas "automatizadas" lanzada en 2001 ha hecho que la creación de producciones en CD o DVD sea mucho más accesible mediante sencillas interfaces de asistencia con plantillas de diseño e imágenes automáticas.

Este rápido desarrollo del software para la creación en DVD, además, ha difuminado las líneas entre las herramientas tradicionales para la edición de vídeo y las herramientas de creación de DVD: las primeras están empezando a incluir funciones para exportar a DVD, mientras que las segundas cada vez incluyen más funciones de edición. Algunos de los avances más impresionantes están ocurriendo en las herramientas de uso doméstico a bajo coste, porque se actualizan más rápidamente y, por tanto, pueden adaptar nuevas tecnologías de forma más rápida que las herramientas profesionales.

Otra tendencia ha sido el crecimiento del software de entretenimiento para vídeo digital, como las dos populares aplicaciones de reproducción de DVD de Windows, CyberLink PowerDVD e InterVideo WinDVD. Estas dos herramientas han pasado de los reproductores DVD a las aplicaciones VCR digitales para ver y grabar TV en el ordenador, y en la actualidad incluyen herramientas para la edición de vídeo sin costes que incluyen creación básica de DVD.

Este capítulo describe estas herramientas (CyberLink PowerDirector e InterVideo WinProducer) y muestra cómo combinan la edición de vídeo y la creación de archivos de películas con funciones para la creación de DVD. Por aproximadamente 80 euros, estos productos ofrecen completas funciones para la edición de vídeo a nivel de usuario, incluyendo captura de DV, detección de escenas, efectos e imágenes transparentes; por aproximadamente 120 euros, incluyen funciones integradas para la creación de DVD y Video-CD con menús, capítulos y presentaciones.

CyberLink PowerDirector es una herramienta para la creación de guiones gráficos (*storyboard*) en la que aplicamos ediciones y efectos a clips individuales, y posteriormente los organizamos en el *storyboard* (véase figura 8.1). InterVideo WinProducer ofrece una interfaz temporal más sofisticada en la que aplicamos efectos a múltiples clips (véase figura 8.2).

Como veremos, los conceptos básicos de edición se asemejan a las herramientas de edición para usuario de Apple iMovie y Microsoft Movie Maker. Sin embargo, PowerDirector y WinProducer realizan enfoques diferentes para ofrecer una interfaz adecuada para la edición, y cada una de ellas incluye funciones técnicas distintas para procesar soportes digitales.

Figura 8.1. *El editor de vídeo CyberLink PowerDirector utiliza una interfaz organizada como un* storyboard *para organizar fácilmente videoclips individuales y aplicarles efectos.*

Figura 8.2. *El editor de vídeo InterVideo WinProducer utiliza una interfaz temporal en la podemos superponer clips y aplicar efectos a múltiples clips.*

Edición de vídeo y creación en DVD

Tradicionalmente, las herramientas para la edición de vídeo han estado enfocadas a la importación y captura de clips de vídeo y audio, y a la organización de múltiples pistas en una producción mediante un guión gráfico (*storyboard*) o línea de tiempo. El grado de sofisticación de los editores introdujo la capacidad para controlar múltiples pistas en una línea temporal, así como la variedad y flexibilidad de las herramientas disponibles para añadir interés y hacer avanzar la historia, incluyendo transiciones entre clips, superposiciones de múltiples pistas y logotipos, efectos de vídeo y audio, animaciones *keyframe* y títulos de texto.

Las herramientas para la edición de vídeo a nivel usuario habitualmente se han enfocado hacia un sencillo uso con ayuda de una interfaz limitada, simplificando el proceso de distribución (es decir, con un guión gráfico en lugar de una línea de tiempo), limitando el número de pistas paralelas y ofreciendo un proceso paso a paso para la inclusión de efectos.

Al mismo tiempo, los nuevos lanzamientos de editores de vídeo de uso doméstico se han encargado de adoptar y soportar los últimos avances tecnológicos mediante la inclusión de soporte para videocámaras digitales DV y la importación y exportación con FireWire/IEEE 1394, además de la capacidad para importar y exportar formatos MPEG-1 y MPEG-2, entre ellos Apple QuickTime, Microsoft Windows Media y RealNetworks RealVideo. Otras funciones más profesionales, que normalmente no venían incluidas en estos productores, incluyen captura en serie, detección de cortes de escenas, previsualizaciones en tiempo real y soporte para archivos de gran tamaño bajo Windows.

Paralelamente, las herramientas para la creación en DVD habitualmente han estado enfocadas hacia el diseño de menús de navegación con el objetivo de tener acceso interactivo al contenido del DVD, asumiendo que el contenido ya estaba agrupado y editado. En lo que se refiere a un DVD recopilatorio, esto incluía la importación de una serie de clips y la posterior distribución de menús con imágenes en miniatura de cada clip en forma de botón para ir directamente al clip correspondiente. En cuanto a producciones de mayor duración (como películas en DVD), esto incluía la inclusión de puntos de capítulo en la producción y la posterior creación de menús con el fin de acceder directamente a cada capítulo. Sin embargo, siguen siendo necesarias ciertas funcionas para la edición, incluso en una herramienta para la creación en DVD, si queremos al menos combinar y dividir clips o recortar los extremos de éstos. Igual de sencillo resulta incluir más funciones de los editores de vídeo tradicionales, como transiciones entre clips, subtítulos y superposiciones, bandas sonoras de audio, e incluso filtros y efectos para realizar el vídeo.

Con la herramientas de DVD, los productos de uso doméstico han llevado a la innovación tecnológica, especialmente con la introducción de la compresión MPEG en tiempo real y la transcodificación de DV a MPEG-2. Podemos capturar vídeo DV mediante un cable FireWire, pasarlo a MPEG-2, agruparlo en formato DVD y copiar el vídeo en DVD. Asimismo, la posibilidad de utilizar las mismas herramientas para crear producciones en CD, como Video CD (VCD) y Super Video (SVCD), significa que las herramientas para la creación en DVD resultan útiles para un mercado mucho mayor, incluso cuando el coste de las unidades de creación de DVD era desorbitado.

Productos relacionados

A finales de 2001, las principales aplicaciones para la edición de vídeo empezaron a incluir funciones para la creación en DVD en sus lanzamientos.

VideoWave 5 de MGI Software (`www.mgisoft.com`), que salió al mercado en septiembre de 2001 por 99 euros, incluía detección de escenas, mezcla de vídeo, animación de textos, filtros para transiciones y efectos, imagen lenta y rápida y funciones para la creación en DVD.

De forma similar, VideoStudio 6 de Ulead Sistema (`www.ulead.com`), que salió al mercado en febrero de 2002 por 99 euros, incluía captura en serie, detección de cortes de escenas, previsualizaciones en tiempo real, soporte para DV y MPEG, y creación en DVD mediante plantillas (también disponible en la aplicación independiente Ulead DVD MovieFactory).

Proceso de edición y creación

CyberLink PowerDirector e InterVideo WinProducer incluyen una amplia gama de funciones para la edición de vídeo. Están diseñadas para la edición en formatos MPEG-1, MPEG-2 y AVI/DV. Son compatibles con la codificación MPEG en tiempo real, la detección de cortes de escena y las previsualizaciones instantáneas sin necesidad de renderización.

El proceso general de edición con estas herramientas es bastante tradicional:

1. Cree un nuevo proyecto para organizar y guardar el trabajo.
2. Organice el contenido de vídeo, imágenes y audio que va a utilizar en la producción. Puede importar archivos existentes y capturar clips de fuentes analógicas o DV.

3. Divida clips de larga duración para crear escenas continuas más breves que puedan editarse por separado.
4. Agrupe los clips en un guión gráfico (*storyboard*) o línea de tiempo para conseguir la secuencia deseada.
5. Añada efectos especiales, incluyendo transiciones entre clips adyacentes, filtros de vídeo, superposiciones de vídeo e imágenes, títulos de texto y pistas de audio adicionales.
6. Vea la película editada.
7. Exporte (o produzca) la película.

Además, estas herramientas incluyen funciones integradas organizadas en menús interactivos para la creación en DVD, con el propósito de agrupar los clips editados en forma de presentación en DVD.

1. Cree un nuevo proyecto para un tipo concreto de disco (DVD, VCD, SVCD, DVD en CD).
2. Seleccione los videoclips que va a utilizar en el proyecto.
3. Divida los clips en puntos de capítulo.
4. Seleccione imágenes estáticas y fondos de audio para presentaciones.
5. Seleccione un motivo gráfico para los fondos del menú y el texto del título.
6. Organice los clips y los capítulos en grupos de menús.
7. Edite los menús con imágenes de fondo, texto de títulos y demás.
8. Vea la presentación y la navegación del DVD.
9. Copie la presentación a un disco DVD o CD y guárdela en el disco duro.

CyberLink e InterVideo

CyberLink (`www.gocyberlink.com`) e InterVideo (`www.intervideo.com`) cuentan con un amplio bagaje en software para reproducir DVD, con descodificación temporal de vídeo MPEG para la reproducción DVD. Con estos antecedentes, CyberLink e InterVideo se han expandido hacia la codificación de vídeo con aplicaciones de VCR digital: CyberLink PowerVCR e InterVideo WinDVR. Estas aplicaciones convierten los ordenadores en VCR digitales mediante hardware sintonizador de TV para ver televisión en directo y para capturar y grabar programas de TV y verlos posteriormente.

Con el rendimiento de los sistemas y la velocidad de disco de los ordenadores modernos, estas aplicaciones de VCR digital pueden capturar TV en directo, comprimir a MPEG y almacenar horas de vídeo y audio en el disco duro; y todo ello sin causar problemas en el equipo. Podemos descargar los horarios de la semana siguiente de una guía de programación online y programar los espacios que vamos a grabar en el futuro. Incluso podemos utilizar estas aplicaciones para saltar emisiones en directo, deteniéndolas durante un rato, y a continuación reanudarlas o avanzar hacia delante durante la publicidad.

Con este panorama de reproductores DVD, decodificación y compresión MPEG, y la gestión de videoclips grabados, CyberLink e InterVideo ampliaron sus juegos de herramientas de entretenimiento para soportes digitales para adentrarse en la edición de vídeo y la creación en DVD con PowerDirector y WinProducer. Estas herramientas están diseñadas como medios integrales, desde la captura de videoclips para la producción de películas más perfeccionadas, hasta presentaciones interactivas en CD y DVD.

CyberLink PowerDirector

CyberLink PowerDirector 2 Pro es un editor de vídeo diseñado en forma de guión gráfico que incluye un Disc Wizard (Asistente de disco) para la creación de producciones en CD o DVD. El diseño de la interfaz de PowerDirector es interesante y visualmente muy sencilla, sin la profusión de ventanas y pestañas que en algunos editores provocan confusión.

PowerDirector 2.0 fue lanzado por CyberLink en enero de 2002 en dos versiones: la versión completa PowerDirector 2.0 Pro (aproximadamente 120 euros) y la versión PowerDirector 2.0 Standard sin DVD Wizard (Asistente de DVD), por unos 80 euros.

Al abrir por primera vez PowerDirector, se ejecuta de forma independiente la aplicación System Diagnostic para comprobar que los controladores IDE tienen activado el modo de transferencia rápida DMA.

Este apartado realiza un recorrido por PowerDirector para ver las diferentes herramientas para la edición de vídeo, y nos guía en el proceso de creación en DVD.

Utilización de PowerDirector

La interfaz de PowerDirector gira alrededor de la ventana principal Preview, situada en mitad de la pantalla. En esta ventana podemos ver los videoclips durante la captura y la edición (véase figura 8.3). La sección Library, en la parte izquierda de la pantalla, es el lugar donde importamos y organizamos los archivos: de vídeo, audio e imágenes. El guión gráfico (Storyboard) está situado en la parte inferior de la pantalla y contiene espacios para distribuir los clips de nuestra producción y añadir transiciones entre ellos.

Figura 8.3. *La interfaz de PowerDirector incluye las secciones* Library Preview, Modes Wheel *y* Storyboard.

Todos los elementos de la interfaz no pueden moverse dentro de la ventana de PowerDirector, que ocupa toda la pantalla del monitor.

El elemento más importante de la interfaz es Modes Wheel (Ventana de modos), en la esquina superior derecha de la pantalla. En lugar de ofrecer todos los modos de edición y opciones de forma permanente, PowerDirector nos permite activar Modes Wheel para seleccionar cada tipo de edición, de forma que muestra los elementos de la interfaz correspondiente para dicho modo. El panel situado debajo de Modes Wheel se abre para mostrar controles adicionales. En los modos Effects y Transitions, el área Library se utiliza para mostrar imágenes en miniatura de los efectos disponibles.

Las dos primeras opciones de Modes Wheel sirven para capturar, mientras que el modo predeterminado Preview sirve para importar a la sección Library y visionar clips.

La mayoría de las opciones de Modes Wheel se utiliza para aplicar diferentes tipos de edición a los clips a medida que los incluimos en el guión gráfico (Storyboard): cortar (dividir y dar nuevo tamaño), ajuste de velocidad (1/4X-8X), títulos, efectos de vídeo, superposición de imagen sobre imagen (PiP), mezcla de audio y transiciones.

Las dos últimas opciones de Modes Wheel se utilizan para guardar la producción: Produce Movie to a Disk File (Producir película en archivo de disco) y Disc Wizard (Asistente de disco), para exportar a CD o DVD.

Modes Wheel además incluye un útil resumen visual de la edición que hemos realizado. Al seleccionar un clip en Storyboard, cada modo en el que hemos modificado el clip queda indicado por una línea roja.

Captura de clips de vídeo y audio

Podemos empezar una producción en PowerDirector capturando clips de vídeo y audio de fuentes analógicas y videocámaras DV.

Para iniciar la captura, haga clic en el botón del modo **Capture**, en Modes Wheel. PowerDirector mostrará tres botones en el panel situado debajo de Modes Wheel: **Captura de vídeo**, **Captura de audio** y **Captura DV**. Además, es posible desplegar el menú File para seleccionar una de estas opciones en Capture.

PowerDirector puede comprimir directamente en MPEG durante la captura, tanto en tiempo real (si nuestro equipo es lo bastante rápido) o en tiempo no real (para conseguir una mejor calidad). Smart Video Rendering Technology (SVRT), de CyberLink, nos permite editar directamente el vídeo MPEG sin necesidad de volver a comprimir los datos durante la edición.

Abra el menú Edit y seleccione Preferences para abrir el cuadro de diálogo Preferences y establecer las opciones en la pestaña Capture. Puede configurar el directorio Capture, añadir clips capturados automáticamente a Library o Storyboard y guardar instantáneas en Clipboard como fondo de pantalla para Windows o en un archivo de disco. Utilice la opción Performance para ver el vídeo capturado de forma más eficaz con hardware de transparencias de vídeo.

En cuanto a la captura de vídeo y DV, haga clic en el botón **Tomar instantánea**, en la parte inferior derecha del panel situado debajo de Modes Wheel, para seleccionar un único fotograma de vídeo.

Captura de DV

PowerDirector puede capturar material de videocámaras DV mediante una tarjeta FireWire/1394, fuentes analógicas o una cámara digital. También nos permite realizar capturas en serie de una cinta DV utilizando códigos de tiempo, así como tomar instantáneas individuales de una fuente de vídeo.

Haga clic en el tercer botón (**Captura DV**), bajo Modes Wheel, para controlar y capturar de una videocámara DV (véase figura 8.4). Utilice los controles de reproducción bajo la ventana Preview para reproducir la cinta y el mando movible situado bajo los controles para avanzar y retroceder a diferentes velocidades.

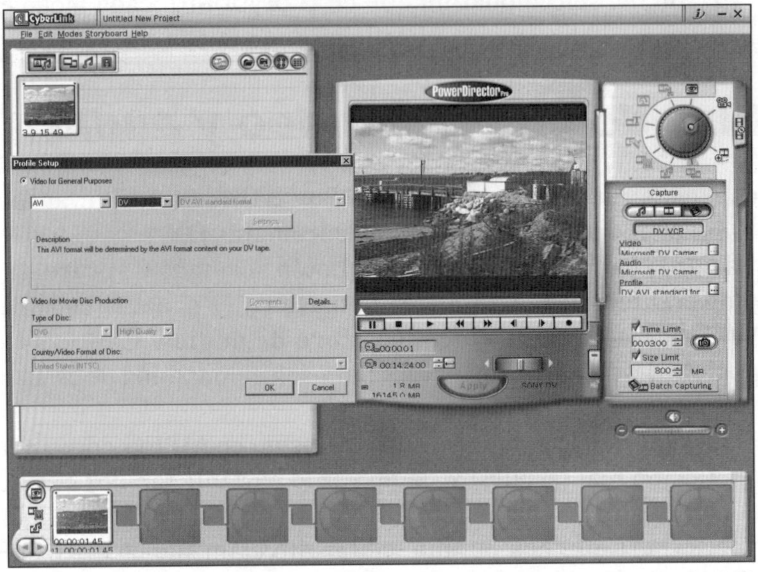

Figura 8.4. *Seleccione el modo* Capture *para crear una captura de DV y elegir un perfil de formato para la misma.*

Haga clic en el botón de formatos Profile para ver el cuadro de diálogo Profile Setup. Seleccione Video por General Purposes para capturar en formato MPEG-1, MPEG-2 o AVI para su posterior edición. Seleccione un formato de compresión o defina un nuevo perfil personalizado.

Seleccione Video for Movie Disc Production para capturar en un formato predefinido MPEG compatible con VCD, SVCD o DVD, optimizado para alta velocidad o alta calidad.

Haga clic en Comments para ver las recomendaciones sobre el rendimiento del sistema, y en Details para ver un resumen de los parámetros de compresión.

Antes de iniciar la captura, utilice los campos Time Limit y Size Limit para especificar un tiempo máximo y un tamaño máximo de archivo para el clip capturado.

A continuación, capture un único clip como lo ha hecho anteriormente o haga clic en el botón **Batch Capturing** para insertar una lista de clips que desee capturar, indicando un tiempo de inicio y otro de finalización para cada clic con ayuda de los botones **Mark In** y **Mark Out**.

Haga clic en los botones situados en la parte inferior derecha de la ventana Preview para alternar entre **Real-Time Capture** y **Non-Real Time Capture** (el botón pulsado e iluminado en la parte superior). Utilice la segunda opción para lograr una compresión de mayor calidad, aunque en ese caso tendrá que esperar a que finalice la captura para codificar el resto del contenido.

Captura de audio y vídeo

Utilice los dos primeros botones **Capturar audio** y **Capturar vídeo** para capturar audio y vídeo de dispositivos analógicos, incluyendo sintonizadores de la televisión. Podemos capturar y comprimir en archivos de formato AVI y MPEG, o bien comprimir directamente en formatos compatibles VCD o DVD.

En caso de contar con hardware de captura, haga clic en el segundo botón de **Capturar vídeo**, con el fin de configurar la captura de vídeo y audio correspondiente. PowerDirector muestra la fuente de vídeo actual debajo de los botones, con elementos para las fuentes de entrada de vídeo y audio actuales y el perfil de formato de captura.

Haga clic en el botón **Video** para seleccionar el dispositivo de captura (es decir, hardware de sintonización de TV), elija la fuente de captura (sintonizador o entrada de vídeo compuesta), e incluso el canal de sintonización para el sintonizador de TV.

Haga clic en el botón de la fuente de audio para seleccionar el dispositivo de audio (tarjeta de sonido o sintonizador de TV) y la entrada de audio (el micrófono).

Para iniciar la captura, haga clic en el botón **Grabar**, en el extremo derecho de los controles, bajo la ventana Preview. PowerDirector captura el clip en el formato especificado, y a continuación puede añadirlo a Library o Storyboard, en función de las opciones seleccionadas en el cuadro de diálogo Preferences.

Importación de archivos de clips a Library

Además de capturar nuevos clips en Library, PowerDirector también puede importar clips adicionales de archivos del disco duro para nuestro proyecto. PowerDirector puede importar diversos formatos de archivos de vídeo, audio e imagen: AVI, MPEG-1, MPEG-2 y vídeo DAT (VCD); MP3, WAV y AUDIO CD; y BMP, JPEG e imágenes GIF.

Para importar un archivo o una carpeta de archivos, haga clic en los botones **Import Media** o **Import Folder**, en la parte superior derecha del panel Library (o abra el menú File y seleccione una opción en Import, o bien haga clic con el botón derecho en Library y seleccione una opción en el menú desplegable Import). PowerDirector añade los archivos seleccionados a la sección correspondiente de Library.

Haga clic en el botón **Show All Media**, en la parte superior izquierda del panel Library, para ver todos los archivos multimedia, o haga clic en Show Video, Show Audio o Show Images para ver sólo los tipos correspondientes.

Haga clic en los botones **Large Icons** y **Details**, en la parte superior izquierda del panel Library, para alternar entre imágenes en miniatura de los clips o una lista detallada. Haga clic con el botón derecho en la ventana Library y selecciona Sort para reorganizar la lista por nombre, fecha o duración.

Previsualización y división de los clips

Haga clic en la opción Preview, en Modes Wheel, para obtener una previsualización de los clips en Library. Haga doble clic sobre un clip en la ventana Preview. A continuación, utilice los controles de reproducción para ver el clip.

Haga clic con el botón derecho del ratón en la ventana Preview para seleccionar un tamaño de imagen en el menú desplegable. Algunos tamaños de imagen reducen el fotograma del vídeo para que encaje en el área de la ventana Preview, de forma que modifican el formato de imagen del vídeo.

Si capturamos clips de mayor duración que contienen múltiples escenas, PowerDirector incluye la función para dividir un clip en partes independientes para que podamos editarlos de forma independiente en Storyboard.

Asimismo, PowerDirector incluye una función de detección de escenas que puede encontrar cambios de escena automáticamente.

Haga clic en un clip de Library para seleccionarlo. A continuación, haga clic en los botones **Detect Scenes**, en la parte superior de la ventana Library (o haga clic con el botón derecho del ratón y seleccione la opción en el menú desplegable). PowerDirector mostrará seguidamente los puntos de corte de la escena en la sección izquierda del cuadro de diálogo.

PowerDirector puede detectar escenas de forma automática. Para ello, haga clic en el botón **Advanced Settings** para abrir el cuadro de diálogo Advanced Settings for Scene Detection. Seleccione Detection Mode, bien analizando los fotogramas del vídeo o el tiempo de grabación en una cinta DV. Al analizar el contenido del vídeo, podemos ignorar los fundidos y las luces (flashes de una cámara) y ajustar la sensibilidad relacionada con el tipo de cambio necesario para iniciar una nueva escena.

Haga clic en el botón **Detect** para analizar el clip en busca de los cortes de escena. Haga clic con el botón derecho del ratón sobre una imagen en miniatura del corte de escena y seleccione Remove Scene par eliminar ese punto de escena y hacer aparecer las escenas adyacentes.

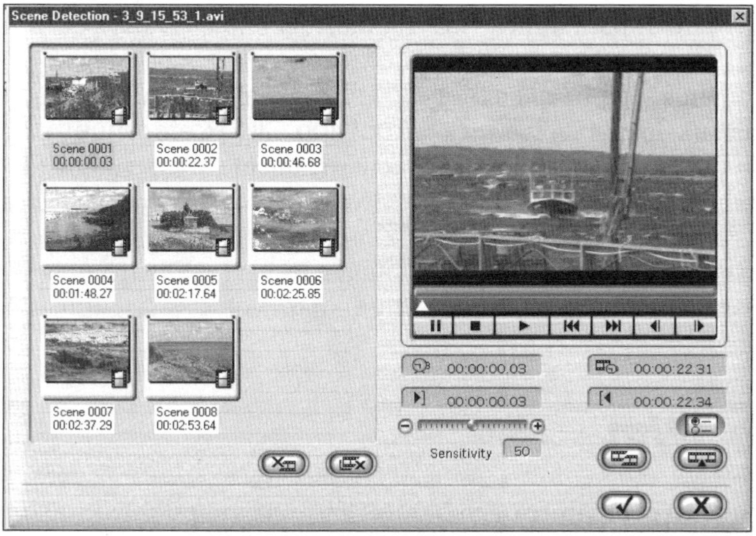

Figura 8.5. *Utilice el cuadro de diálogo* Scene Detection *para dividir clips de larga duración mediante el uso del código de tiempo DV o analizando el contenido del vídeo.*

Cuando dividimos un clip en escenas, PowerDirector muestra el clip original en Library con un icono en forma de carpeta. Haga clic con el botón derecho del ratón sobre la imagen en miniatura y seleccione View Scenes para acceder a las escenas individuales del clip.

Edición en *Storyboard*

Para crear una producción en PowerDirector, es necesario ordenar un grupo de clips en Storyboard arrastrando o cortando y pegando. Podemos copiar clips directamente de Library, o ver y editar el clip en la ventana Preview y a continuación añadir el clip a Storyboard.

Podemos aplicar las funciones de edición en Modes Wheel sobre un nuevo clip de Library o bien a un clip de Storyboard. En primer lugar, seleccione el clip para verlo en la ventana Preview, bien arrastrando un clip de Library o haciendo doble clic en unos clips de Library o Storyboard. A continuación, haga clic en una de las operaciones de edición en el Modes Wheel (o seleccione un modo de edición del menú Modes). A continuación, PowerDirector muestra las opciones para ese modo en el área situada bajo Modes Wheel. Podemos aplicar las operaciones de edición y ver los resultados en el clip dentro de la ventana Preview. Tras finalizar el ajuste de las opciones de edición, haga clic en el botón **Apply**, en la parte inferior de la ventana Preview, para aplicar los cambios del clip en Storyboard.

Abra el menú Edit y seleccione Preferences para seleccionar el modo en que los cambios se aplican en Storyboard. Haga clic en la pestaña General y seleccione una opción en la sección Applying Clip Preferences para especificar si los cambios se aplicarán automáticamente tras cambiar de modo o hacer cambios, y para especificar si PowerDirector debe pedir una confirmación antes de aplicar clips.

Asimismo, podemos utilizar los botones **Revert** y **Clear**, en la parte inferior del panel situado bajo Modes Wheel, para volver a las últimas operaciones de edición.

Modo Trim

Haga clic en el modo Trim en Modes Wheel para establecer marcadores y dividir un clip (véase figura 8.6). Podemos modificar el tamaño o cortar vídeo e imágenes.

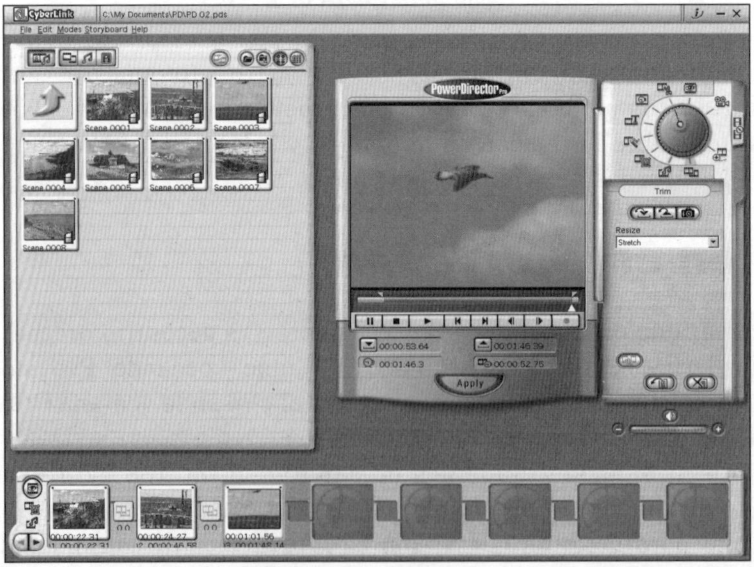

Figura 8.6. *Utilice el modo* Trim *para ajustar los fotogramas de inicio y final de un clip y para modificar el tamaño y cortar clips.*

Determine una parte del clip estableciendo los puntos In y Out para la operación de cortar. Utilice los controles de reproducción situados debajo de la ventana Preview para colocar el Time Slider en los puntos correspondientes, y haga clic en los botones **Mark In** y **Mark Out** debajo de los controles de reproducción, o directamente arrastre los controles deslizantes (sobre Time Slider).

PowerDirector muestra los tiempos In y Out junto a los botones, con el tiempo del fotograma actual (en Time Slider), y debajo el tiempo de la sección cortada.

Asimismo, podemos utilizar el menú desplegable Resize para ajustar el clip a la resolución de la pantalla, estirándolo para que rellene la ventana o manteniendo el formato de imagen y cortando los laterales.

Si trabaja con imágenes estáticas, utilice el modo Trim para modificar el tamaño de las imágenes y establecer el tiempo de duración de las mismas.

Modo Speed

Haga clic en el modo Speed, en Modes Wheel, para aumentar o disminuir la velocidad de los fotogramas de un clip (véase figura 8.7).

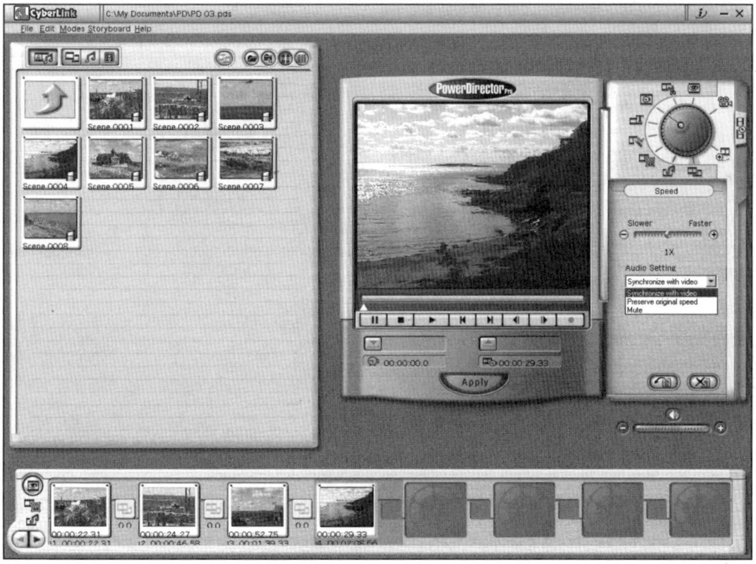

Figura 8.7. *Utilice el modo* Speed *para ajustar la velocidad de los fotogramas de un clip desde cámara lenta hasta reproducción rápida.*

Ajuste el control deslizante de Slower a Faster, desde cámara lenta a 1/4X hasta reproducción rápida a 8X. Utilice el menú desplegable Menu Setting para no oír el audio, mantener la velocidad original o sincronizar la velocidad del audio y el vídeo (que puede ser ininteligible).

Modo Titles

Haga clic en el modo Titles, en Modes Wheel, para insertar un texto de título en un clip (véase figura 8.8).

Haga clic en el botón + **Add Title** para incluir un título en la lista situada bajo Modes Wheel. Escriba el texto del título en la lista para que aparezca en la ventana Preview. A continuación, arrastre el texto para colocarlo; haga clic en el botón – **Remove Title** para eliminarlo; o haga clic en el botón **Set Font** para cambiar la fuente, el estilo, el tamaño, la tabulación, el color, los efectos y la alineación.

Selecciones un efecto de movimiento y una dirección en el menú desplegable Titles Effects, y utilice diferentes colores y el control deslizante Effect Length para dirigir el efecto de movimiento.

Figura 8.8. *Utilice el modo* Titles *para añadir título de texto y dar animación al movimiento.*

Modo Effects

Haga clic en el modo Effects, en Modes Wheel, para aplicar una serie de efectos de imagen y movimiento (véase figura 8.9).

PowerDirector muestra los efectos disponibles en el panel Library. Mantenga el cursor del ratón sobre cada efecto para ver una animación del mismo.

Haga clic en la imagen en miniatura del efecto para aplicarlo al clip actual. Para cada efecto, utilice los controles adicionales en el panel situado debajo de Modes Wheel para ajustar los parámetros del mismo.

Utilice el efecto Color para ajustar la apariencia del vídeo (Brightness, Contrast, Hue, Saturation, Sharpness). O aplique diferentes efectos de imagen (por ejemplo, Emboss, Mosaic, Noise, Ripple) o efectos de movimiento (por ejemplo, Swing, TV Wall, Zoom), cada uno con parámetros de apariencia y movimiento.

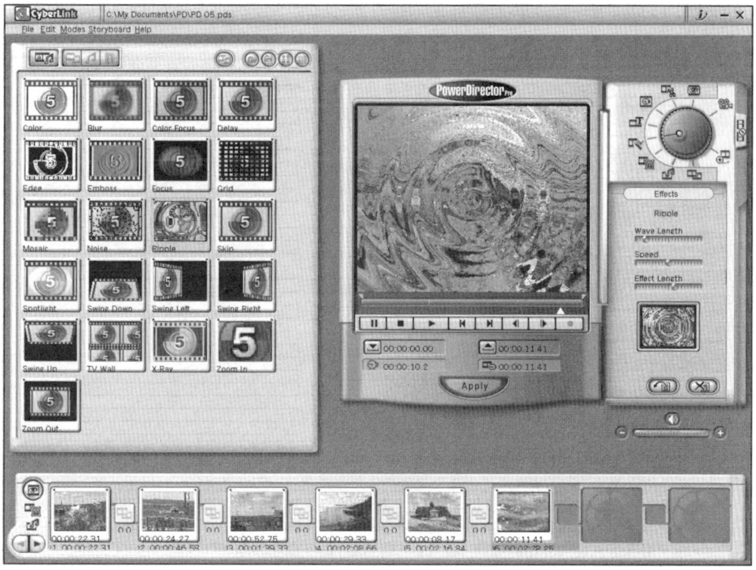

Figura 8.9. *Utilice el modo* Effects *para aplicar efectos de imagen y movimiento a un clip.*

Modo Picture-in-Picture y Master Watermark

Haga clic en el modo Picture-in-Picture (PiP), en Modes Wheel, para superponer una imagen o videoclip sobre la parte superior de un videoclip (véase figura 8.10).

Arrastre una imagen o videoclip de Library a la ventana Preview. Arrastre la superposición para colocarla y utilice los tiradores para modificar su tamaño. Utilice el control deslizante Transparency para ajustar la forma en que la superposición se difumina con el fondo.

Utilice Apply Color Filter para seleccionar un color para el fondo en la superposición, para que sea transparente y mostrar una forma no rectangular.

Puesto que esos modos de edición se aplican no sólo a los clips individuales en Storyboard, PowerDirector también soporta la función Master Watermark para ofrecer una imagen transparente o logotipo sobre toda la película. Haga clic en el botón **Master Watermark**, a la izquierda de Storyboard, y selecciona una imagen transparente (no vídeo) de Library con opciones similares. Recuerde que es necesario modificar cada fotograma de la producción, de forma que la función de renderización rápida SVRT quedará desactivada.

Figura 8.10. *Utilice el modo* Picture-in-Picture *(*PiP*) para hacer una imagen o una secuencia de vídeo sobre un clip.*

Modo Audio y Master Audio

Haga clic en modo Audio, en Modes Wheel, para añadir hasta tres clips de audio adicionales a un videoclip (para crear un fondo musical o voz en *off*, por ejemplo; véase figura 8.11).

Haga clic en el botón + **Add Audio** para añadir un clip de audio a la lista User-Defined o arrastre un clip de Library. Haga clic en el botón – **Remove Title** para eliminar un clip de la lista.

Seleccione un clip y haga clic en el botón **Trim Audio** para abrir un cuadro de diálogo que le permite cortar ese clip individual. Asimismo, para cada clip (incluyendo el audio del videoclip original) es posible seleccionar las opciones Fade In y Fade Out, optar por repetir un clip y configurar el control deslizante Volume Mixing.

PowerDirector también utiliza la función Master Audio para ofrecer una pista de audio de fondo para toda la producción. Haga clic en el botón **Master Audio**, a la izquierda de Storyboard, y seleccione un clip de Library, con opciones similares.

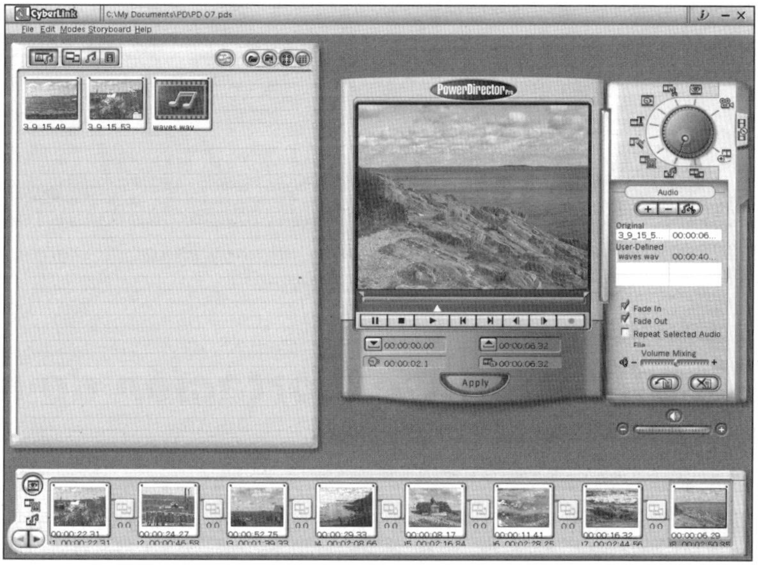

Figura 8.11. *Utilice el modo* Audio *para añadir un fondo adicional a un clip.*

Modo Transitions

Haga clic en el modo Transitions, en Modes Wheel, para aplicar efectos de transición entre clips en Storyboard (véase figura 8.12), o bien haga clic en el botón **Transitions** entre dos clips.

PowerDirector muestra la transición disponible en el panel Library. Mantenga el cursor del ratón sobre cada imagen de transición para ver una animación de la misma.

Haga clic en la imagen de la transición para aplicarla al clip actual. Utilice el control deslizante Transition Length para establecer la duración de la transición, que se divide de forma equitativa entre los dos videoclips adyacentes.

Figura 8.12. Utilice el modo Transitions *para añadir efectos de transición entre dos clips adyacentes.*

Previsualización y exportación de la producción

A medida que vayamos editando la producción en el Storyboard, podemos visualizar el resultado en cualquier momento reproduciendo todo el *Storyboard* o desde el clip actual.

Tras finalizar la edición, podemos exportarla guardándola, o produciéndola, en el disco duro o bien utilizando Disc Wizard para pasarla a un disco CD o DVD.

Play Movie

Para visualizar la producción de *Storyboard*, haga clic en el botón **Play Movie**, a la izquierda del Storyboard. PowerDirector vacía la pantalla y reproduce la producción en una ventana pequeña de la pantalla.

Abra el menú desplegable Edit y seleccione Preferences para seleccionar opciones de previsualización, incluyendo el tamaño de la pantalla, la activación de efectos o audio, o la previsualización desde el comienzo del *Storyboard* o desde un clip seleccionado.

Produce Movie

Para guardar la producción como archivo de película en disco, haga clic en el botón **Produce Movie**, en Modes Wheel (o bien abra el menú desplegable File y seleccione la opción en Export). PowerDirector puede exportar a los formatos MPEG-1 y MPEG-2, y a los formatos Windows AVI (incluyendo DV) y Windows Media. También puede exportar directamente a los formatos compatibles VCD, SVCD y DVD.

PowerDirector abre el cuadro de diálogo Produce Movie Wizard para guiarnos a lo largo del proceso de producción.

En primer lugar, seleccione si va a exportar Video for General Purposes o Video for Movie Disc Production.

Si la exportación se va a realizar a un archivo de vídeo general, utilice el menú desplegable para seleccionar el formato de vídeo (MPEG-1, MPEG-2, Windows Media o AVI).

Si la exportación se realiza para una producción en disco CD o DVD, utilice los menús desplegables para seleccionar el tipo de disco (VCD, SVCD o DVD) y Country/Video Format (NTSC o PAL, según el país).

A continuación, especifique los detalles para el archivo general y el formato de compresión que haya seleccionado.

Para los perfiles MPEG-1 y MPEG-2, seleccione un perfil predefinido a partir de la resolución de vídeo y la velocidad de compresión de bits, o bien cree un perfil personalizado.

El perfil, además, puede incluir opciones de procesamiento previo para mejorar la calidad del vídeo, incluyendo las opciones Smoothing, Deinterlacing y Noise Removal.

Para el perfil Windows Media, seleccione un perfil predefinido para fuentes de vídeo y audio individuales o múltiples para que se ajusten a ancho de banda de distribución concreto, desde módem hasta banda ancha y redes.

En cuanto al perfil AVI, seleccione un formato de Windows para guardar en un archivo normal Windows AVI, o bien utilice el botón **Settings** para especificar el formato y la compresión de audio y vídeo. También puede seleccionar un formato DV para guardar en un archivo DV AVI, en formato Type I (nuevo) o Type II (con una pista de audio duplicada independiente para permitir la compatibilidad con aplicaciones antiguas). También es posible utilizar la opción Write to DV Tape para copiar toda la producción directamente en una videocámara DV.

En cuanto a los formatos MPEG y AVI DV, opte por utilizar Smart Video Rendering Technology (SVRT). Esta opción predeterminada recomprime sólo las partes editadas de la producción, ahorrando tiempo de compresión y conservando la calidad.

Por último, seleccione el nombre del archivo y el directorio de salida y exporte la producción.

PowerDirector muestra el progreso en la ventan Preview a medida que crea el archivo de salida.

Creación y grabación en DVD

El modo Disc Wizard de PowerDirector es en realidad una herramienta independiente para la creación en DVD con una interfaz muy detallada. Haga clic en el botón **Disc Wizard**, a la derecha de Modes Wheel, para seguir trabajando con un proyecto abierto, o bien abra el Wizard de forma separada para crear un DVD a partir de archivos multimedia guardados en un disco.

Tras finalizar la producción, es posible copiarla directamente en formato DVD o VCD, o bien guardarla en el disco duro como imagen de disco o como carpeta DVD. Es posible importar una imagen de disco o carpeta DVD en el Disc Wizard para copiar la producción posteriormente. También se pueden guardar y reutilizar los proyectos de Disc Wizard.

Inicio de un proyecto

Al abrir Disc Wizard, aparecerá la ventana Welcome. A medida que vemos las diferentes pantallas, éstas incluyen preguntas frecuentes en las que se puede hacer clic para obtener más información. Haga clic en el icono del disco, en la parte superior izquierda de la pantalla, para abrir el menú desplegable File y ver o guardar el proyecto existente. Haga clic en el icono Step Links (microscopio) para ver la lista de pasos en la parte izquierda de la pantalla.

Haga clic en el botón **Next**, en la parte inferior de la pantalla, para iniciar los pasos de la creación. Disc Wizard abrirá la pantalla Create a New Movie.

Seleccione Load a Existing Movie File para crear un DVD desde un disco que anteriormente haya guardado. Disc Wizard puede crear una copia de un DVD guardado en un disco como carpeta DVD (con el mismo directorio y archivos `VIDEO_TS` copiados en DVD) o desde un archivo de imagen de disco (con los datos DVD agrupados y listos para copiarse).

Haga clic en Create New Movie para iniciar una nueva producción DVD.

Utilice la pantalla Choose Disc Type para seleccionar el formato de disco (DVD, VCD, SVCD o MiniDVD/DVD en CD) y el formato de televisión (NTSC o PAL).

Selección de vídeos y presentaciones

Utilice la pantalla Select Media Files (véase figura 8.13) para seleccionar una lista de archivos individuales en disco o para importar archivos desde una colección de proyectos de PowerDirector.

Utilice la pantalla Add Personal Photos as SlideShows para añadir hasta 100 presentaciones, cada una con un máximo de 256 imágenes y una pista de audio de fondo. Puede rotar, modificar el tamaño y ordenar las presentaciones, así como establecer el tiempo que durará cada una de ellas.

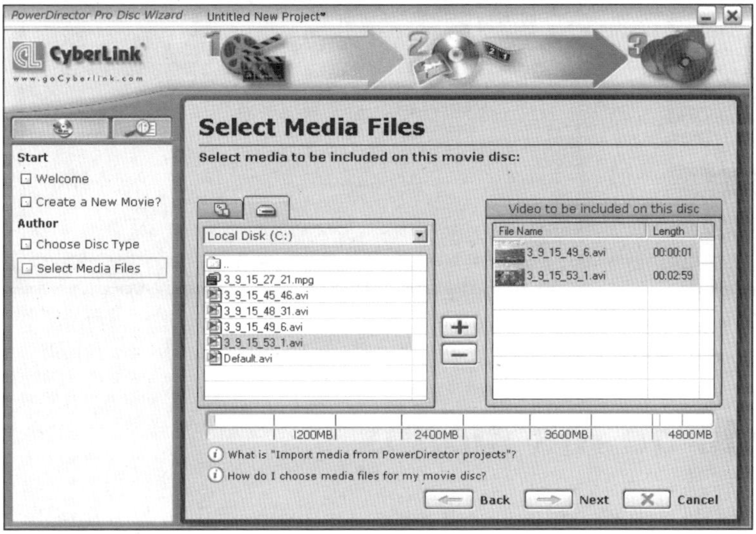

Figura 8.13. *Seleccione los archivos multimedia para las producciones en proyectos ya existentes de PowerDirector o en archivos de disco.*

A continuación, utilice la pantalla Adjust Main Menu (véase figura 8.14) para finalizar el orden de los clips y las presentaciones (que se distribuirán automáticamente un uno o más menús).

Seguidamente, puede utilizar la pantalla Set Chapters para definir puntos de capítulo dentro de los clips, para utilizarlos en los menús o para pasar directamente con ayuda del mando a distancia. Al igual que en el caso anterior, puede insertar los puntos de capítulo manualmente o mediante una detección automatizada.

No obstante, para crear un DVD al estilo de las películas de Hollywood (para una reproducción continua o con saltos hasta puntos de capítulo), debe utilizar sólo un archivo de vídeo largo. De lo contrario, al crear un DVD a partir de una colección de clips, cada uno de ellos se reproducirá hasta el final y después saltará hasta el menú. Asimismo, los discos VCD y SVCD no permiten los saltos entre capítulos durante la reproducción.

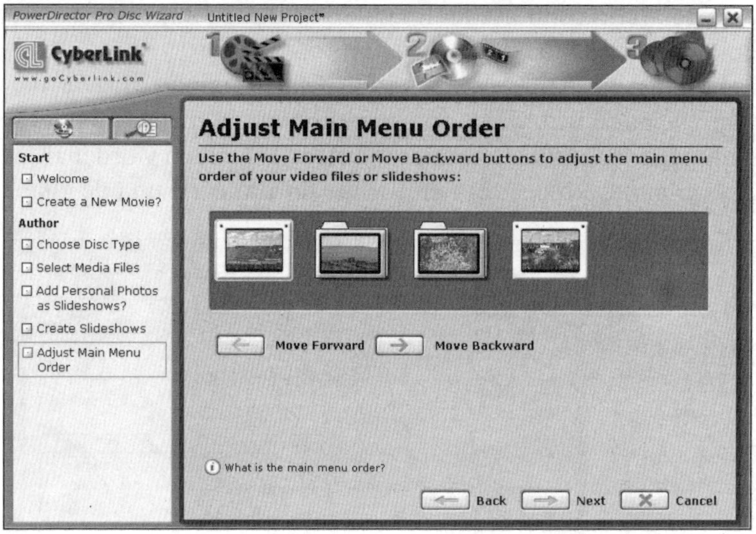

Figura 8.14. *Ajuste el orden de los elementos del vídeo y la presentación que van a aparecer en el menú principal de la producción en DVD.*

Diseño de los menús

Después de definir todo el contenido del disco, utilice la pantalla Select a Menu Type para decidir si desea crear un DVD con o sin menús. La creación de un DVD sin menús es mucho más rápida, pero el disco final sólo permite la reproducción: no incluirá funciones interactivas o puntos de capítulo para pasar rápidamente el contenido.

Seleccione DVD/VCD/SVCD with Menus y utilice la pantalla Select a Template for Your Menu para elegir una plantilla de gráficos predefinida para el fondo del menú y el diseño gráfico.

A continuación, utilice la pantalla Modify Menu Options para pulir el diseño (véase figura 8.15). Puede añadir un clip de música de fondo y hacer clic en los cuadros de texto para escribir y dar formato al título del menú y a las descripciones de los botones. Utilice las pestañas para modificar el número de botones, el estilo del menú, el fondo, el diseño de los botones, el estilo de los botones de navegación y el estilo de los botones de los clips. Haga clic en Next Page y Previous Page para previsualizar y editar cualquier otra página del menú.

Figura 8.15. *Puede modificar el diseño de los menús individuales y añadir títulos y texto a los botones.*

Previsualización y producción de DVD

Cuando haya finalizado el diseño, utilice la pantalla Preview Movie Content para previsualizar el proyecto dentro de la pantalla Preview Movie (véase figura 8.16). Haga clic en la ventana de previsualización para seleccionar un botón del menú DVD o utilice un mando a distancia virtual para probar la navegación. Haga clic en el botón Full Screen (debajo de 7) para ver el DVD en tamaño completo.

Una vez que todo esté preparado para exportar la producción, utilice Burn Now o Save for Later Screen para decidir si desea copiarla en un disco CD o DVD, o crear el proyecto y guardar el resultado en el disco duro para copiarlo posteriormente.

También puede seleccionar la opción Include PowerDVD Runtime on the Disc para incluir una versión del reproductor PowerDVD en el disco. El disco seguidamente utilizará la función de reproducción automática de Windows para iniciar la reproducción automáticamente en cualquier ordenador, incluso sin una aplicación para la reproducción de DVD.

Seleccione Save to Hard Disk Drive para crear el proyecto en el disco duro, y pase a la pantalla Saving as a Movie File.

Si se trata de un proyecto DVD, puede elegir Save as a DVD Folder para crear un volumen VIDEO_TS estándar en el disco duro. A continuación, puede utilizar una aplicación de reproducción DVD, como CyberLink PowerDVD para reproducir la producción DVD desde el disco duro.

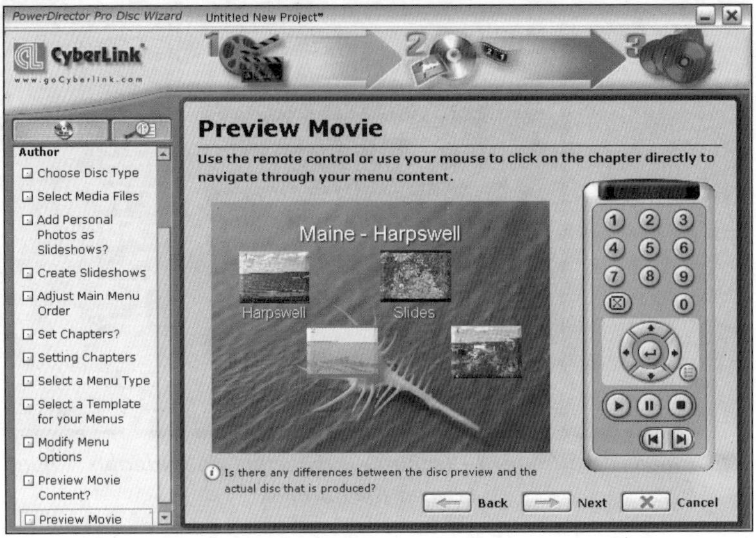

Figura 8.16. *Visualice la producción final utilizando el mando a distancia virtual para comprobar la estructura de los menús.*

Para un proyecto DVD, VCD o SVD, seleccione Save as a Disc Image File para crear la producción DVD y guardarla como un único archivo de "imagen" de disco en el disco duro. Utilice a continuación el Disc Wizard para crear copias de la producción en disco de forma directa y eficaz desde este archivo de imagen. El archivo se encuentra en un formato que sólo el Disc Wizard puede leer y copiar.

Seleccione Burn Disc Now para grabar la producción en un disco y pase a la pantalla Disc Burning Configuration. Puede utilizar la opción Enable Disc Burning Simulation para probar el proceso de grabación la primera vez que lo utiliza, o bien la opción Include Buffer Under-Run Protection para proteger los datos que va a grabar y poder seguir utilizando el ordenador durante el proceso de grabación.

InterVideo WinProducer

InterVideo WinProducer es un editor de vídeo más sofisticado y personalizable; incluye una línea de tiempo (*Timeline*) en lugar de un guión gráfico (*Storyboard)*. Para la creación en DVD, en lugar de un componente de creación en DVD separado, WinProducer puede crear un CD o DVD directamente de la producción de la línea de tiempo, especificando un motivo gráfico para los menús y definiendo puntos de capítulo en la producción.

WinProducer 3 salió al mercado en julio de 2002, e incluía soporte para los formatos MPEG-4 y DivX. Está disponible en dos versiones: WinProducer CD, para la creación de Video CD (alrededor de 80 euros), y WinProducer DVD, para la creación en DVD (alrededor de 80 euros).

Este apartado hace un rápido recorrido por WinProducer con el fin de mostrar el enfoque de InterVideo para la edición y creación en DVD en línea de tiempo.

Uso de WinProducer

WinProducer ofrece una interfaz para la edición de vídeo bastante familiar (véase figura 8.17), en la que los clips se capturan e importan en el panel Media, en la parte izquierda de la ventana, con pestañas para Video Clips, Images (y secuencias de imágenes), Audio Clips, Input Sources y Output Targets.

Figura 8.17. *La interfaz de WinProducer incluye el panel* Media, *con clips, la ventana* Player, Timeline *y el panel* Effects.

Organice y edite la producción ordenando los clips en la línea de tiempo (en la parte inferior de la pantalla) y previsualice los resultados en la ventana Player, en el centro de la pantalla. Puede aplicar efectos en el panel Effects, en la parte derecha de la ventana, con pestañas para Transitions, Filters, Titles y Audio Filters.

Con la línea de tiempo de WinProducer, puede aplicar efectos a un solo clip, o colocarlo en la pista de filtros para aplicarlo a múltiples clips en una pista de vídeo. También puede utilizar fotogramas clave para cambiar de forma dinámica las propiedades del filtro durante un clip.

La ventana de WinProducer también puede tener diferentes tamaños, y es posible ajustar el tamaño relativo de los paneles (por ejemplo, para mostrar más filas en la línea de tiempo o ampliar el tamaño de la ventana Monitor). WinProducer, además, utiliza la ventana Properties Bar, que se utilizar para ver y establecer las propiedades correspondientes a la selección actual.

Captura de clips de vídeo y audio

Para capturar clips de vídeo y audio, haga clic en la pestaña Input Sources en el panel Media, situado en la parte izquierda de la ventana. El panel Media muestra iconos para los dispositivos de entrada disponibles, incluyendo dispositivos analógicos como tarjetas de sintonización de TC y videocámaras DV (véase figura 8.18).

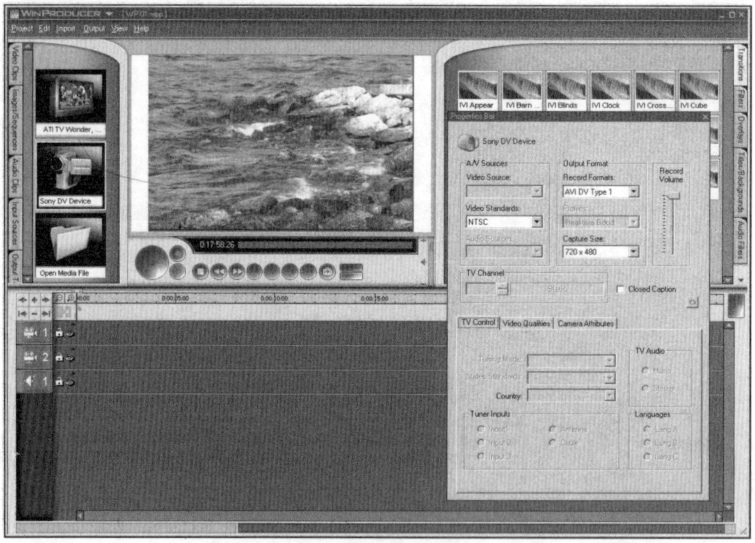

Figura 8.18. Utilice la pestaña Input Sources *en el panel* Media *para capturar clips de dispositivos analógicos o digitales en el formato especificado en* Properties Bar.

Utilice Properties Bar para establecer las opciones de las fuentes A/V (A/V Sources), como el canal de televisión, así como para establecer el formato de salida (Output Format) para grabar en el disco. WinProducer puede realizar la captura en los formatos AVI DV Type I y II o capturar y convertir directamente a MPEG.

Haga clic en el botón **Record** para capturar un clip, y haga clip en **Stop** para finalizar la captura. Después de la captura de cada clip, éste queda guardado en la pestaña Video Clips del panel Media.

Importación de archivos de clips a Library

Para utilizar archivos multimedia existentes en la producción, primero es necesario importarlos a la pestaña correspondiente en el panel Media. Es posible arrastrar y soltar archivos del Explorador de Windows; WinProducer los colocará automáticamente en la pestaña correspondiente. Como opción, abra el menú desplegable Import y seleccione Media Files o Image Sequense (o abra el menú emergente con el botón derecho del ratón).

Utilice la pestaña Video Clips para los archivos AVI, MPEG-1 y MPEG-2; utilice Audio Clips para los archivos MP3 y WAV; y utilice Images/Sequences para imágenes individuales o una secuencia de imágenes con números consecutivos.

Previsualización y división de clips

Es posible previsualizar el material haciendo clic en las pestañas del panel Media. Haga clic en la imagen de un clip individual para reproducirlo en el panel Media. Utilice Properties Bar o el menú emergente para ver las propiedades del clip.

Al hacer clic para seleccionar un clip del panel Media, también aparece la ventana Player. Utilice los controles de reproducción para reproducir, detener o avanzar el clip.

Para dividir un clip más largo en escenas, haga clic con el botón derecho del ratón sobre la imagen en miniatura del clip y seleccione Generate Scene Cuts en el menú emergente. A continuación, puede utilizar el cuadro de diálogo Scene Cut Settings (véase figura 8.19) para analizar el contenido del clip y dividirlo en escenas cuando el contenido cambia (pero sin utilizar el código de tiempo DV). Todas las nuevas escenas generadas se añaden al panel Media. También es posible utilizar el menú emergente para volver a unir escenas.

Edición en Timeline

WinProducer incluye una línea de tiempo (Timeline) de pista múltiple para editar, con la posibilidad de superponer clips de vídeo y audio y efectos.

Figura 8.19. Tras la captura de un clip, utilice el cuadro de diálogo Scene Cut Settings *para dividirlo en escenas más cortas.*

Montaje de clips

Para montar la producción, arrastre un clip del panel Media a la primera pista de vídeo de Timeline. WinProducer muestra el vídeo y la sección de audio correspondiente de cada clip en líneas individuales, de forma de es posible editarlos separadamente. Arrastre un segundo clip hasta la misma pista después del primero. Recuerde que puede deslizar el segundo clip de forma de siga inmediatamente al primero, o empujarlo hacia el primero para crear un área de superposición para una transición.

Haga clic en los botones **Shrink Time** y **Expand Time** (los iconos con la lente de aumento) situados en la parte superior izquierda del panel Timeline para acercar y alejar la imagen de los clips.

Para reorganizar los clips en Timeline, utilice las opciones estándar Cut, Copy, Paste y Delete de los menús emergentes o del menú Edit. Los clips se pegan en la línea Indicator.

Una vez seleccionado el panel Timeline, utilice los controles de reproducción para ver la producción en tiempo real en la ventana Monitor, o bien arrastre el control deslizante Frame para mover la línea roja Frame Indicator en Timeline. Además, puede hacer clic con el botón derecho del ratón en el clip y utilizar el menú emergente para alinear a la izquierda (Left-Align) o a la derecha (Right-Align) el clip hacia Frame Indicator (Indicador de fotogramas) o hacia el clip adyacente.

Para cortar clips en Timeline, arrastre los extremos del clip o mueva la línea Frame Indicator y haga clic con el botón derecho del ratón en el clip y seleccione Mark In o Mark Out en el menú emergente; también puede eliminar los cortes seleccionando Restore to Original Length.

Es posible dividir un clip en la línea Frame Indicator seleccionando el clip y haciendo clic en el botón **Split**, debajo de los controles del zoom.

Utilice Properties Bar para ajustar la velocidad de reproducción y el volumen del audio.

Para los videoclips, puede ajustar la velocidad de reproducción utilizando el control Time Stretching. También puede ajustar los clips al tamaño de salida (Fit to Output): Center, Stretch, Letter Box (para mantener el formato de imagen) o Pan (aspecto de corte).

En cuanto a los clips de audio, ajuste el volumen de 0 a 200 por 100 y especifique las opciones Fase In y Fase Out en millones de segundos.

Al trabajar en Timeline, utilice el botón **Lock/Unlock** (icono de la cerradura) en la parte izquierda de cada pista para bloquear la pista e impedir hacer cambios por error. Utilice el botón **Enable/Disable** (icono del ojo) para desactivar sólo la parte de vídeo o audio de una pista, para que deje de estar visible en la producción. Para eliminar una pista completa, haga clic con el botón derecho del ratón en la parte izquierda de la pista y seleccione Delete en el menú emergente.

Inserción de transiciones

Para insertar un efecto de transición entre dos clips, en primer lugar coloque los clips en la misma pista y deslice los extremos de los clips hasta unirlos, con el objetivo de crear una zona superpuesta. Haga clic en la pestaña Transitions, en el panel Effects, para ver las transiciones disponibles (véase figura 8.20). Las imágenes en miniatura muestran el efecto de la transición. Para insertar la transición, arrastre desde una imagen en miniatura hasta la zona superpuesta en la pista de vídeo.

Utilice Properties Bar para establecer las opciones para las transiciones de vídeo y audio. Haga clic en el área superpuesta de la pista de vídeo para ver el nombre de la transición y haga clic en Reverse para invertir el efecto. Haga clic en la parte inferior del área superpuesta de la pista de audio para establecer el efecto Audio Transition para superponer o hacer un fundido.

Figura 8.20. *Utilice la pestaña* Transitions *para añadir transiciones a clips superpuestos en* Timeline.

Aplicación de filtros de vídeo y audio.

Para modificar el aspecto de los videoclips, haga clic en la pestaña Filters del panel Effects para ver los filtros de vídeo integrados: Blur, Brightness y Monochrome. De nuevo, las imágenes en miniatura muestran el efecto del filtro.

Para aplicar un filtro a un clip individual, arrástrelo hasta la parte superior del clip en la pista de vídeo. Con la interfaz de Timeline, también es posible aplicar un filtro a múltiples clips de una pista o a partes de clips arrastrándolo hasta Video Track Filter Area, sobre la pista de vídeo. También se pueden aplicar múltiples filtros arrastrando otro filtro hasta un clip o hasta Filter Area.

Utilice los colores para controlar qué partes de los clips correspondientes van a recibir el filtro. Mueva la línea Frame Indicator sobre el filtro para verlo en la ventana Monitor, y utilice Properties Bar para establecer las opciones disponibles para cada filtro. Utilice la opción Enable Filter en el menú emergente para activar o desactivar filtros individuales.

De forma similar, para aplicar efectos de sonido, haga clic en la pestaña Audio Filtres del panel Effects para ver los filtros de audio integrados: Echo,

EQ y Compress. Aplique estos filtros arrastrándolos hasta la pista de audio y establezca las opciones en Properties Bar.

Superposición de pistas

Timeline puede contener múltiples pistas de vídeo y audio, donde cada una de ellas es una capa de la producción final. Cuando las pistas de vídeo se solapan, las capas que quedan arriba (números de pista inferiores) están encima de las capas inferiores (con un número mayor). Si se trata de una producción sencilla, es posible organizar todos los clips en una sola pista. En producciones más complejas, es aconsejable colocar la producción principal en una pista inferior e ir añadiendo títulos e imágenes superpuestas en las pistas superiores.

Para añadir una pista de vídeo solapada, haga clic con el botón derecho del ratón en la parte izquierda de la pista y seleccione Add Overlay Video Track en el menú emergente. A continuación, arrastre una imagen estática o un clip de vídeo hasta la pista superpuesta en la parte superior de la producción de vídeo principal.

Haga clic en la pestaña Overlay del panel Effects para ver los efectos de solapamiento integrados (véase figura 8.21). Puede superponer objetos transparentes para efectos del tipo de pantalla azul. También puede superponer inserciones del tipo imagen sobre imagen con varias formas geométricas (diamante, elipse, rectángulo) y movimientos (centro, lateral, esquina).

Figura 8.21. *Utilice la pantalla* Overlays *para controlar el tamaño y el movimiento de las imágenes y las superposiciones del vídeo.*

Aplique las superposiciones arrastrándolas hasta la pista de vídeo. Mueva la línea Frame Indicator sobre la superposición para verla en la ventana Monitor y utilice Properties Bar (o el rectángulo de solapamiento en la ventana Monitor) para establecer la posición y el tamaño de la imagen secundaria.

También es posible añadir pistas de audio para crear música de fondo, efectos de sonido o voces en *off*. Las pistas de audio se encuentran en la parte inferior de Timeline. Para añadir una nueva pista de audio, haga clic en la parte izquierda de la pista de audio (sólo) y seleccione Add Audio Track en el menú emergente.

Títulos y fondos

WinProducer ofrece títulos de animación y fondos de color integrados para títulos y solapamientos de vídeo. Haga clic en la pestaña Titles/Backgrounds del panel Effects para ver los fondos y el texto integrados (véase figura 8.22).

Para utilizar un fondo de color, arrastre una muestra de color hasta la pista de vídeo. Mueva la línea Frame Indicator sobre el fondo para verlo en la ventana Monitor y utilice Properties Bar para establecer el color y un segundo color para los gradientes.

Utilice la muestra Background para colocar y modificar el tamaño del fondo. Puede además cargar y guardar un perfil (*Profile*) para un fondo en concreto.

Figura 8.22. *Utilice la pestaña* Titles/Backgrounds *para añadir títulos con texto en movimiento y fondos de color.*

Para utilizar un título sencillo, arrastre la muestra Title hasta una pista de vídeo. Utilice Properties Bar para editar el texto; modifique el color y la opacidad; modifique la fuente, el tamaño y el estilo; establezca un sombreado. Coloque el título arrastrándolo en la ventana Monitor o insertando coordinadas en Properties Bar. También puede cargar y guardar un perfil (*Profile*) para un efecto de texto con animación.

Fotogramas clave

Otra ventaja de la interfaz Timeline para la edición de vídeo es la capacidad para establecer puntos de control para modificar de forma dinámica las propiedades de los efectos. Con WinProducer podemos establecer fotogramas clave a lo largo de la línea de tiempo (Timeline) y establecer diferentes opciones para un efecto, con lo cual estas opciones quedarán modificadas de forma fluida entre los puntos clave.

Utilice los botones **Key Manager**, en la esquina superior izquierda del panel Timeline, para trabajar con puntos clave: Add Key o Delete Key. Desplácese hasta el siguiente punto clave (Next Point) o el anterior (Previous Point) y desplace el punto hacia delante (Move Key Forward) o hacia atrás (Move Key Back) para modificar la posición de un punto clave.

Para establecer un punto clave, mueva la línea Frame Indicator hasta la posición deseada dentro del efecto y pulse el botón Add Key. A continuación, cambie las opciones del efecto en Properties Bar.

Previsualización y exportación de la producción

Mientras editamos la producción en Timeline, es posible previsualizarla en la ventana Monitor. Utilice Properties Bar para controlar la calidad de la previsualización (Preview Quality: Fast o Full Quality).

Es posible progresar por Timeline arrastrando la línea Frame Indicator o haciendo clic en Time Line Ruler para saltar hasta un punto concreto. Utilice los controles de reproducción debajo de la ventana Monitor para previsualizar la producción desde ese punto. Los controles de reproducción incluyen los botones Previous Frame y Next Frame para ir hasta fotogramas individuales, y los botones Previous Change Point y Next Change Point para saltar hasta el siguiente punto clave o grupo de clips. Expórtela desde Timeline a un archivo de película en disco en distintos formatos.

Salida del archivo de película

Para exportar la producción, haga clic en la pestaña Output Targets del panel Media. Puede seleccionar To Hard Disk para pasarla a un archivo de vídeo, To Burn Device para crear un DVD o VCD, o To DV Device para copiarla en una videocámara.

Antes de exportar la producción, puede seleccionar la parte de Timeline que desea utilizar. Haga clic con el botón derecho del ratón en Output Range, sobre las pistas de vídeo de Timeline, y seleccione Select Entire Range. WinProducer muestra la barra Output Range Bar de color morado, para ver la extensión de Timeline que se va a utilizar. Puede cortar y arrastrar esta barra para seleccionar una sección más corta de Timeline.

Haga clic en To Hard Disk debajo de la pestaña Output Range para ver el cuadro de diálogo Cose Content for Hard Disk. Puede optar por exportar directamente a un archivo de vídeo (Video File), como CD o DVD Content, al disco duro (para hacer una prueba y copiar posteriormente).

Seleccione Video File y haga clic en **Next** para seleccionar el formato de archivo de salida (véase figura 8.23).

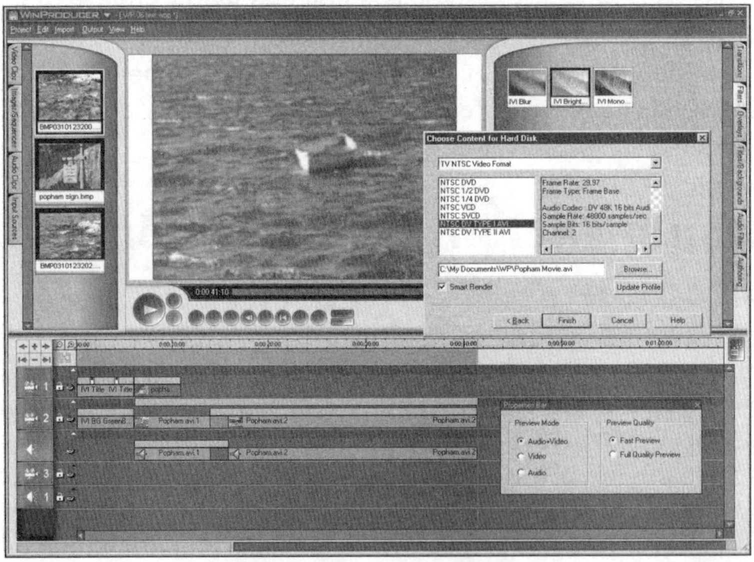

Figura 8.23. *Exporte la película como archivo AVI/DV o en formato MPEG-1, MPEG-2 o MPEG-4.*

WinProducer puede exportar a diferentes formatos, entre ellos MPEG-1 y MPEG-2 (VCD/SVCD/DVD), DV como Type I o Type II AVI, AVI estándar y

MPEG-4 como Windows Media (WMV, ASF). Puede seleccionar un perfil predefinido para el formato de salida o crear un nuevo perfil copiando y modificando el formato existente.

WinProducer renderiza cada fotograma en la producción, lo guarda en disco en el formato definido y lo añade al panel Media.

Para exportar de nuevo desde Timeline a una cámara DV, haga clic en To Burn Device, bajo la pestaña Output Targets. WinProducer enviará la producción mediante una conexión FireWire/1394 para que se grabe en la cámara de vídeo DV.

Creación y grabación DVD

En lugar de un modo de creación en DVD independiente, WinProducer puede crear la producción directamente desde Timeline hasta CD o DVD (dependiendo de la versión de la aplicación). Seleccione un motivo gráfico para los menús, establezca el número de puntos de capítulo en Timeline, y WinProducer dará formato y creará el disco.

Diseño del menú

Haga clic en la pestaña Authoring en el panel Effects y arrastre un motivo hasta Output Range Track.

En Output Range Track, haga clic con el botón derecho del ratón sobre el motivo y seleccione Theme Editor en el menú emergente. En el cuadro de diálogo Theme Editor, haga doble clic en el título para editar el texto, así como para modificar el color, el tamaño y el estilo de la fuente (véase figura 8.24).

Creación de una lista de capítulos

A continuación, defina en Timeline los puntos de capítulo para la producción que va a utilizarse en el menú. Mueva la línea Frame Indicator hasta la posición deseada y haga clic con el botón derecho para seleccionar Add Chapter Mark en el menú emergente. WinProducer marca el punto de capítulo con un triángulo en Output Range Track.

Para dar nombre al punto de capítulo, haga clic con el botón derecho en la marca del capítulo, seleccione Chapter Properties en el menú emergente y escriba un nombre en el cuadro de diálogo Properties.

Figura 8.24. *Utilice el cuadro de diálogo* Theme Editor *para diseñar los gráficos y el texto del menú para exportarlo a una producción DVD.*

Creación de un disco de vídeo

Por último, haga clic en To Hard Disk, en la pestaña Output Targets, para copiar la producción de vídeo a un CD o DVD utilizando el motivo del menú y la lista de capítulos (véase figura 8.25).

Figura 8.25. *Seleccione* To Burn Device *en* Output Targets *para copiar el proyecto en CD o DVD.*

En función de la versión de WinProducer, es posible copiar la producción a VCD, SVCD, DVD en CD o DVD.

Resumen

Las dos aplicaciones, CyberLink PowerDirector e InterVideo WinProducer, ofrecen dos enfoques para integrar la creación en DVD con herramientas de edición de vídeo. Aunque se trata de productos nuevos y en vías de desarrollo, estas herramientas incluyen capacidades sofisticadas, incluyendo captura DV, captura directa a MPEG, amplias funciones de edición, previsualización en tiempo real y exportación a MPEG y DVD.

El capítulo 9 se encarga de describir MyDVD, una herramienta dedicada a la creación en DVD, que ofrece más control sobre el diseño del DVD manteniendo la automatización del proceso para crear el menú de navegación.

La Parte IV describe el siguiente paso en las herramientas de creación en DVD, con Apple iDVD y Sonic DVDit!. Estas aplicaciones ofrecen un control más cercano sobre la distribución y el diseño de los menús individuales.

DVD-R

9. Creación automatizada en DVD con Sonic MyDVD

Sonic MyDVD es una reconocida herramienta de Windows de creación en DVD para grabar, editar y distribuir contenido de vídeo en discos DVD y CD grabables. MyDVD permite crear de forma sencilla producciones DVD completas a partir de vídeo, incluyendo menús gráficos con botones para reproducir los clips. La herramienta MyDVD está basada en la tecnología de formateo DVD de Sonic Solutions utilizada en la línea de productos de Sonic, que también incluye Sonic DVDit!, Sonic ReelDVD y Scenarist.

Para crear producciones DVD en MyDVD, es posible importar clips de archivos multimedia del disco duro o capturar clips directamente dentro de MyDVD. MyDVD distribuye de forma automática la estructura de los menús y la navegación de los clips, incluyendo una secuencia de páginas enlazadas para una amplia serie de clips. Cuando capturamos clips de mayor duración, podemos añadir puntos de capítulo para acceder de forma más adecuada a las escenas incluidas en el clip. También permite crear una jerarquía de menús agrupados con sus clips correspondientes o los capítulos de un clip agrupados en su propio menú.

La versión 4.0 de MyDVD, lanzada en julio de 2002, introdujo una nueva interfaz de audio. Añadió la capacidad para crear presentaciones a partir de fotografías, con transiciones y audio de fondo, soporta la importación de QuickTime, exporta a formato Video-CD (VCD) de QuickTime y exporta a

Video-CD (VCD). La versión Video Suite de MyDVD incluye capacidad para la edición de vídeo mediante el editor ArcSoft ShowBiz.

MyDVD puede copiar las producciones en DVD, de forma que permite reproducirlas en reproductores DVD de uso doméstico. También copia producciones breves a CD en formato Video-CD, lo que permite copiar y distribuir las producciones incluso en el caso de que no tengamos un *burner* DVD. Es posible, además, guardar la producción en una carpeta del disco duro en formato DVD para realizar pruebas y distribuirla.

En los PC más modernos con procesadores de gran velocidad (más de 1GHz), MyDVD puede transferir vídeos "Direct-to-DVD", directamente de DV a DVD, sin realizar pasos de edición o creación adicionales: captura de la entrada de vídeo (y audio) de una videocámara DV, conversión a formato DV y copia a DVD.

Incluso después de copiar un proyecto a DVD (o Video CD), MyDVD 4.0 incluye la capacidad para reeditar los contenidos de disco. MyDVD crea discos OpenDVD que incluyen información sobre el proyecto en el disco; esto permite abrir el disco como un nuevo proyecto, y a continuación añadir (o eliminar) clips, modificar menús e incluso cambiar el estilo gráfico. Estos discos OpenDVD pueden crearse y editarse con cualquier aplicación compatible con el formato OpenDVD.

Inicio de un nuevo proyecto con Sonic MyDVD

Este apartado presenta MyDVD a través del proceso de creación de un nuevo proyecto DVD a partir de archivos de clips multimedia ya existentes. El usuario configurará el estilo del proyecto y del diseño, añadirá varios clips al menú, editará el texto del menú, previsualizará el resultado final y guardará la producción en un volumen DVD del disco duro.

MyDVD permite centrarnos en el montaje y el diseño de la producción DVD, y se encarga de todos los detalles de la creación de un DVD o Video CD. Incluso así, ofrece un alto grado de flexibilidad para personalizar la imagen y el diseño visual de los menús.

Paso 1: Iniciar MyDVD para un proyecto DVD

Tras abrir MyDVD, aparecerá la pantalla de bienvenida que nos guiará a través de la configuración del tipo de proyecto en el que vamos a trabajar (véase figura 9.1). Es posible trabajar en un proyecto DVD-Video o Video-CD, o bien seleccionar Edit Video para iniciar el editor de vídeo con el objetivo de editar clips individuales.

Figura 9.1. *Al iniciar MyDVD, aparece la ventana de bienvenida que permite configurar un proyecto DVD-Video o Video-CD.*

Haga clic en Tutorial o Help, en la parte inferior de la pantalla, para ver más información sobre el uso de MyDVD. Cuando esté familiarizado con el uso de MyDVD, puede optar por no volver a ver la pantalla de bienvenida cada vez que inicia MyDVD.

Haga clic en DVD-Video, en la parte izquierda de la pantalla, y verá las opciones para trabajar en un proyecto DVD. La pantalla de bienvenida incluye las opciones para trabajar en una producción DVD: Create or Modify a DVD-Video Project (Crear o modificar un proyecto DVD-Video), Record Direct-to-DVD (Grabar directamente a DVD) o Edit an Existing DVD Disc (Editar un disco DVD existente).

Para empezar a trabajar en un proyecto DVD, haga clic en Create or Modify a DVD-Video Project.

Paso 2: Iniciar un nuevo proyecto

MyDVD muestra la ventana principal de la aplicación con una pantalla de menú en blanco lista para añadir clips y texto (véase figura 9.2). Utilice los botones situados en la parte izquierda de la pantalla para seleccionar una actividad: capturar nuevos videoclips (Capture), seleccionar películas de un clip en disco (Get Movies), añadir una presentación a partir de archivos de fotografías (Add Slideshow) o añadir un submenú con más clips (Add Sub-menu).

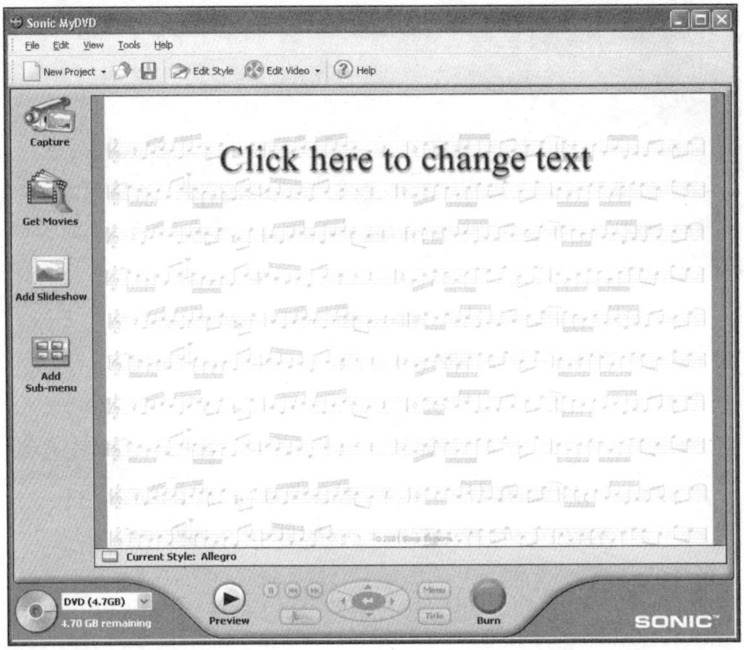

Figura 9.2. MyDVD abre la ventana principal de la aplicación, configurada para trabajar en un proyecto DVD.

Paso 3: Añadir clips al menú

A continuación, importe varios clips multimedia a los archivos del proyecto de archivos de vídeo guardados en el disco duro. MyDVD puede importar videoclips en diversos formatos, incluyendo Windows AVI.

Haga clic en el botón **Get Movies** situado a la izquierda de la ventana principal de MyDVD. MyDVD abrirá el cuadro de diálogo Add Movie(s) to Menu. De forma predeterminada, MyDVD muestra los contenidos de la carpeta My Videos, dentro de la carpeta My Documents, aunque también es posible explorar otra carpeta con videoclips. Seleccione uno o más archivos de vídeo para añadirlos al menú.

Haga de nuevo clic en **Get Movies** para importar más clips o arrastre y suelte archivos de clips desde una ventana del Explorador.

MyDVD añade los clips seleccionados al área del menú y crea una imagen en miniatura del primer fotograma de cada clip para utilizarlo como imagen del botón (véase figura 9.3). Al añadir clips, MyDVD automáticamente organiza la distribución para mantener los botones centrados en el menú. Puede arrastrar y soltar los botones para ordenarlos de forma diferente. MyDVD añade hasta seis clips a un menú y seguidamente crea más menús enlazados para albergar más clips.

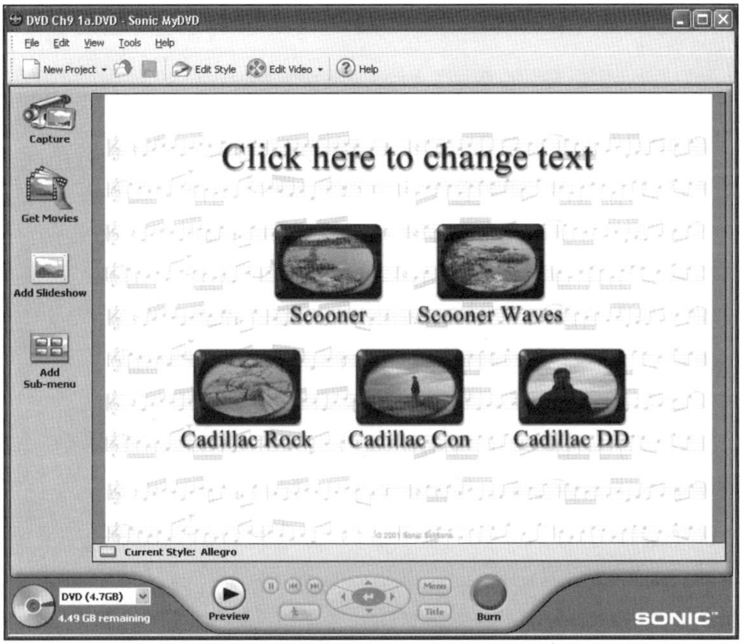

Figura 9.3. *MyDVD distribuye automáticamente los botones del menú a medida que se añaden clips en el mismo.*

El área del espacio del disco, en la esquina inferior izquierda de la ventana de MyDVD, incluye un indicador circular que muestra qué porcentaje del espacio del disco disponible utilizará el proyecto.

Paso 4: Editar el menú y el texto de los botones

A continuación, edite el título del menú y el texto de encabezamiento de los botones. MyDVD automáticamente inserta un espacio para el título del menú y genera un encabezamiento para cada botón utilizando el nombre del archivo del videoclip correspondiente.

Haga clic en el título del menú o en el encabezamiento de un botón, y MyDVD abrirá un cuadro de texto para editar el texto (véase figura 9.4). Escriba el nuevo texto y pulse **Intro** o simplemente haga clic en cualquier otra parte de la ventana.

Para cambiar el estilo de la fuente, el tamaño de los caracteres o el color de los campos de texto en MyDVD, personalice el estilo existente o cree un nuevo estilo personalizado.

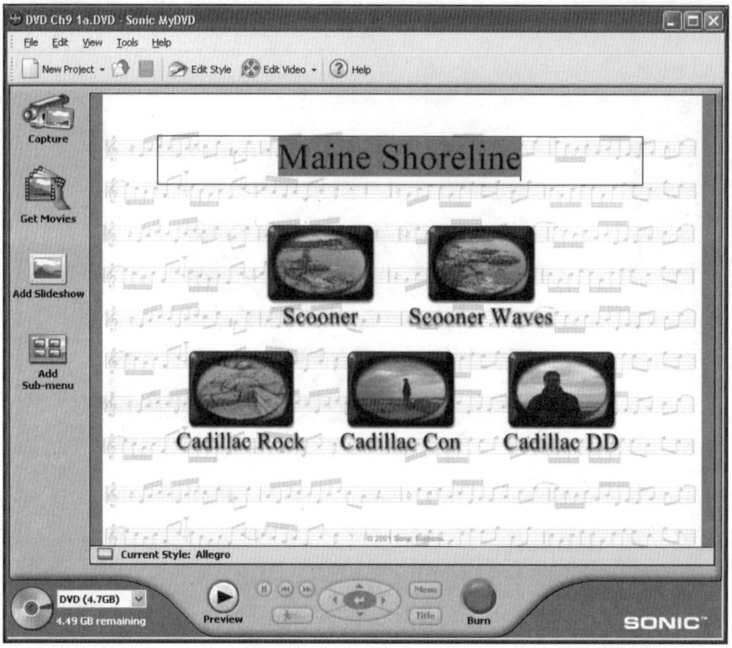

Figura 9.4. Haga clic en el título del menú y en los encabezamientos de los botones para editar los campos de texto del menú.

Paso 5: Previsualizar la producción

Tras finalizar la presentación del proyecto, puede ver cómo se reproducirá. Esto resulta demasiado obvio cuando se trata de proyectos con un solo menú, como el que se ha creado aquí. No obstante, al añadir varios menús, y en especial menús agrupados, es aconsejable revisar la estructura de navegación de todo el proyecto para comprobar que funciona de la forma deseada.

Para revisar el proyecto, haga clic en el botón **Preview**, en la parte inferior de la ventana principal de MyDVD. MyDVD cambia la ventana al modo Preview, con botones de control DVD en la parte inferior de la pantalla como los que encontramos en un mando a distancia DVD (véase figura 9.5).

Haga clic en las flechas situadas en el centro de los controles para cambiar la selección de los botones y haga clic en el botón central **Enter** para activar el botón seleccionado y reproducir el clip correspondiente. También es posible seleccionar un botón con el ratón y hacer clic para reproducir el clip correspondiente.

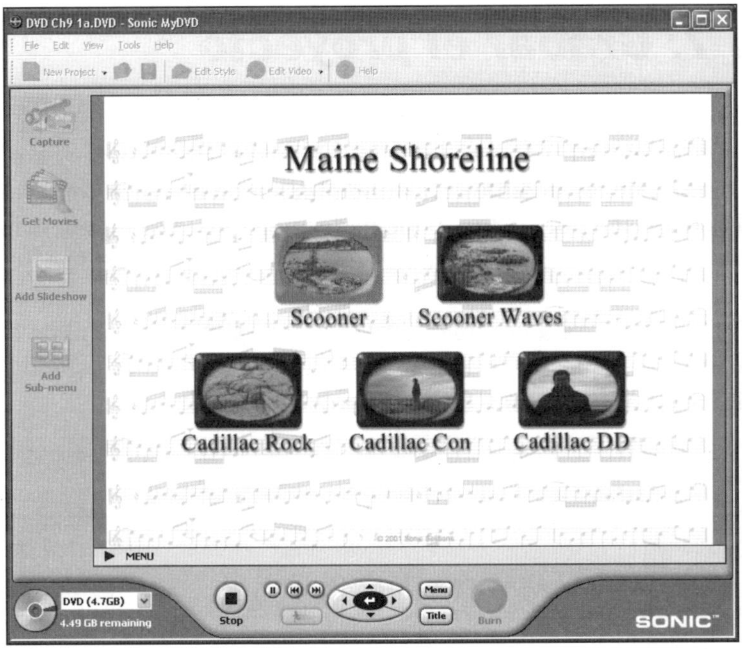

Figura 9.5. *Utilice el modo* Preview *de MyDVD para revisar el diseño del DVD.*

Durante la reproducción de un clip, la imagen situada debajo del vídeo muestra el tiempo de reproducción actual y el número de capítulo en el clip. Además, es posible hacer clic en el botón **Title** para volver al menú principal, o en el botón **Menu** para volver al menú anterior o reproducir de nuevo el videoclip. En proyectos con múltiples capítulos, utilice los botones **Previous Chapter** y **Next Chapter** para pasar de capítulo.

Tras previsualizar el proyecto, haga clic en el botón amarillo **Stop** para volver al modo de edición de menús.

Paso 6: Guardar el proyecto

Es también recomendable guardar una copia del proyecto. Haga clic en el botón **Save Project** (icono del disquete) situado en la parte superior de la ventana (o abra el menú desplegable File y seleccione Save Project).

MyDVD abrirá el cuadro de diálogo Save. Vaya hasta la carpeta en la que desea guardar el proyecto y escriba un nombre para el mismo. El proyecto guardado incluye la imagen del menú con los clips importados y los estilos y el texto del menú.

Paso 7: Grabar el proyecto

El último paso en la creación del proyecto consiste en hacer un disco mediante la grabación a DVD o Video CD. Incluso si no contamos con una unidad DVD grabable, es posible crear un volumen de disco en formato DVD en una carpeta del disco duro. Abra el menú desplegable Tools y seleccione Make DVD Folder. MyDVD abrirá el cuadro de diálogo Browse for Folder, que permite seleccionar la carpeta de destino donde se creará la producción DVD.

MyDVD comenzará a continuación la creación de los archivos DVD. Durante este proceso, muestra la operación actual en un área de estado situada en la parte inferior de la ventana (véase figura 9.6).

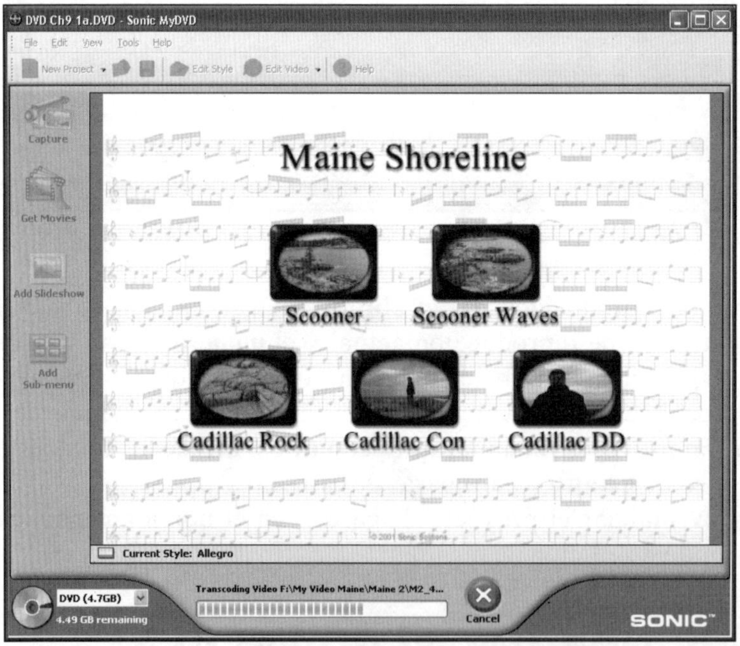

Figura 9.6. *Durante la creación de la producción DVD, MyDVD ofrece información del estado en la parte inferior de la ventana.*

Cada uno de los clips deben pasar a formatos DVD compatibles. El vídeo y el audio de cada clip se procesan separadamente; se "transcodifican" de un formato de compresión a otro. Tras la conversión de todos los clips, MyDVD combina los componentes multimedia y del menú para crear la estructura final del archivo DVD.

MyDVD escribe los datos en formato DVD en la carpeta especificada del disco duro. Abra la carpeta de salida en el Explorador de Windows para ver los archivos en formato DVD en la carpeta VIDEO_TS. MyDVD también crea una carpeta OpenDVD para guardar la información que puede utilizarse para reabrir y continuar editando los datos DVD (véase figura 9.7).

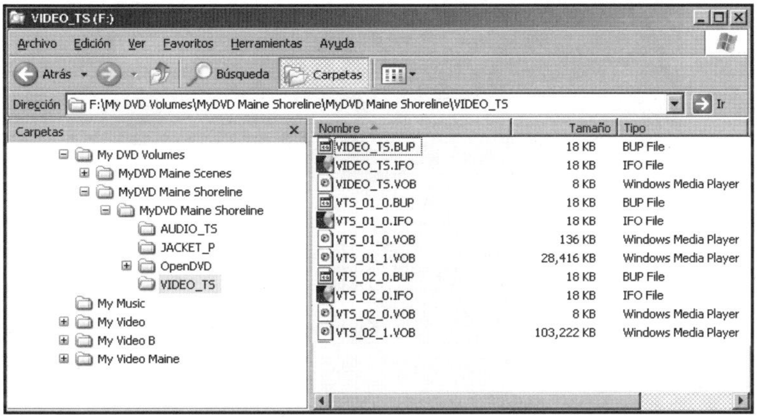

Figura 9.7. *MyDVD escribe los datos en formato DVD en una carpeta del disco duro, junto con la información OpenDVD para reeditar los contenidos DVD.*

Paso 8: Reproducir el DVD

La carpeta DVD que se acaba de crear se formatea en la estructura del directorio DVD estándar y en formatos multimedia. Por tanto, es posible reproducir los contenidos utilizando un software de reproducción DVD instalado en el equipo.

Utilice la aplicación Sonic CinePlayer que viene integrada en algunas versiones de MyDVD u otro reproductor DVD para reproducir la carpeta DVD guardada (véase figura 9.8). Utilice la opción Browse for DVD Folder (o similar) para abrir y reproducir la carpeta DVD guardada en el disco duro (algunos reproductores antiguos no incluyen esta opción). Es posible navegar por los menús y reproducir los clips como si los datos DVD se reprodujeran desde un disco DVD en un reproductor DVD de uso doméstico.

Los contenidos de la carpeta DVD deberían poderse reproducir en cualquier ordenador que cuente con software de reproducción DVD, incluyendo Macintosh, Windows y UNIX. Se puede transferir la carpeta como cualquier otra serie de archivos de datos sobre una red para la reproducción en otro equipo.

Figura 9.8. *Puede reproducir los contenidos de la carpeta DVD utilizando Sonic CinePlayer u otra aplicación para reproducir DVD.*

Asimismo, para producciones DVD más breves (aproximadamente 15 minutos), es posible copiar los archivos de datos DVD en discos CD-R/RW para guardarlos y compartirlos con otros. Puesto que los CD pueden reproducirse en cualquier equipo que tenga una unidad de CD-ROM y un software para reproducir DVD, esto supone una alternativa adecuada y económica para guardar y distribuir producciones con calidad DVD. No obstante, los reproductores DVD de uso doméstico no pueden reproducir CD en este formato.

Tras finalizar el proceso de creación en DVD para crear un disco sencillo, es hora de crear menús y navegaciones más sofisticados, así como de personalizar el aspecto del DVD.

Inclusión y organización de películas en los menús DVD

La creación de un DVD con herramientas de creación en DVD automatizadas, como MyDVD, es un proceso que consiste básicamente en importar clips y distribuirlos en menús. Cada usuario decide la forma de agrupar los clips, y las herramientas pueden crear automáticamente los botones y la navegación de los menús para reproducir estos clips.

En MyDVD, es posible añadir clips de archivos multimedia del disco duro o capturar nuevos clips para añadirlos al final del menú. A medida que añadimos más clips que encajen en la página de un menú, MyDVD crea una secuencia enlazada de menús para albergar los clips. Es posible crear menús adicionales, unidos mediante botones en el menú superior. También podemos modificar la pista de audio asociada a un clip.

Después de crear los menús, podemos reorganizar la estructura de los mismos reordenando los botones y eliminando clips individuales, puntos de capítulo dentro de los clips, menús enteros, e incluso jerarquías completas de menús.

Inclusión y organización de videoclips

En MyDVD, creamos un proyecto DVD mediante la inclusión de videoclips en los menús del mismo.

Al añadir un archivo de vídeo al menú, MyDVD añade un nuevo botón con una imagen en miniatura del clip. El archivo puede contener vídeo y audio o sólo vídeo. Si añadimos el archivo de un clip solo de vídeo y existe un archivo con un clip de audio con el mismo nombre en la carpeta junto al videoclip, MyDVD utilizará ambos clips para el botón correspondiente.

Importación de archivos de vídeo

MyDVD puede importar clips de vídeo y audio almacenados en una gran variedad de formatos de archivo multimedia, incluyendo Windows AVI (.avi), Apple QuickTime, MPEG-1 (.mpg, .m1v y demás) y MPEG-2 (.mpg, .m2v y demás). Es posible preparar estos archivos antes de utilizarlos en MyDVD mediante su captura y edición en otras aplicaciones. MyDVD puede importar archivos en formatos comprimidos sólo si el *codec* correspondiente (compresor) está instalado en el equipo Windows. (Consulte la documentación de MyDVD para obtener más información sobre los tipos de archivos multimedia compatibles.)

Inclusión de clips en menús enlazados

A medida que añadimos más clips al proyecto, nos iremos quedando sin espacio en la página del menú inicial. MyDVD creará un grupo de menús enlazados, con botones adicionales que sirvan de conexión a los menús anteriores y posteriores de la cadena.

Añada más clips al menú de MyDVD, de forma que haya más de seis clips en el proyecto. MyDVD importa los clips y le informa de que está creando una nueva página de menús para los clips adicionales.

Cómo minimizar la compresión al editar vídeo

Los formatos de archivos multimedia más comunes, como AVI y QuickTime, pueden contener material en vídeo y audio en diversos formatos de compresión, incluyendo datos sin comprimir. Con cualquiera de estos formatos de archivo, los archivos pueden tener características muy distintas: resolución, formato de imagen y cantidad de compresión aplicada a los datos. La compresión puede ser muy leve (para conservar una alta calidad) o muy alta (para albergar más datos, lo que conlleva una calidad inferior). Un compresor "sin pérdidas" reduce el tamaño sin eliminar información, mientras que un compresor "con pérdidas" realmente elimina detalles del vídeo y el audio, aunque por suerte esta pérdida no es perceptible.

Los datos DVD-Video se comprimen en formato MPEG-2 utilizando técnicas avanzadas de compresión para reducir notablemente el tamaño del vídeo sin presentar fallos visuales. El vídeo DVD utiliza una resolución a 720x480 para NTSC y a 720x576 para las televisiones PAL.

Cuando capturamos y editamos archivos de vídeo en un ordenador, es posible controlar el formato del archivo de vídeo, las características del vídeo y el grado de compresión. Para obtener resultados óptimos, es aconsejable importar archivos a MyDVD con una compresión "sin perdidas" (o sólo leves), de forma que queden perfectamente comprimidos en formato DVD. Por el contrario, si utilizamos vídeo que presenta fallos visuales debido a compresiones anteriores, la compresión MEPG-2 hará que el vídeo sea de peor calidad, si cabe. Lo ideal es capturar el vídeo a una resolución DVD (es decir, de una videocámara DV), pero MyDVD puede modificar el tamaño del vídeo para que se ajuste a los requisitos del DVD.

Cuando MyDVD finaliza la importación de los clips, muestra la segunda página del menú (véase figura 9.9). El menú incluye botones con imágenes en miniatura de los clips adicionales, además de los botones de navegación **Home** y **Previous**, que se generan automáticamente en la parte inferior del menú. El botón **Home** (icono de la casa) permite volver al inicio o menú principal, mientras que el botón **Previous** (flecha a la izquierda) permite volver al menú anterior dentro de la cadena.

En MyDVD, es posible utilizar estos botones para navegar por los menús mientras editamos el proyecto haciendo doble clic sobre ellos.

Al hacer clic en los botones **Home** o **Previous** para volver al primer menú, veremos que MyDVD ha añadido el botón **Next** (flecha a la derecha) en el menú de inicio.

De forma similar, si añadimos más clips al menú para que haya más de 12 clips en el proyecto, MyDVD creará una tercera página de menú. La segunda página de menú incluirá entonces los botones **Previous** y **Next**.

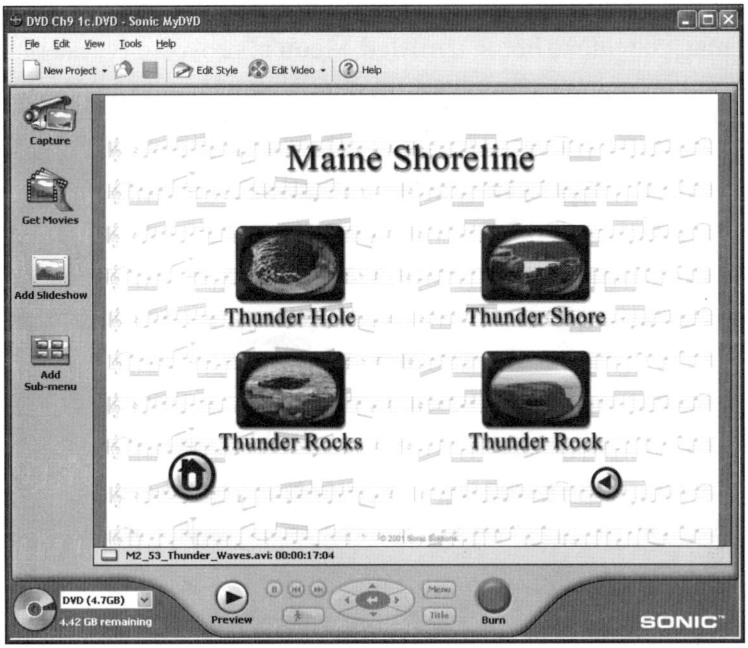

Figura 9.9. *MyDVD crea una segunda página de menús al añadir más de seis clips y, además, añade los botones de navegación **Home** y **Previous**.*

Edición de menús y submenús

Aunque la cadena de menús supone una forma sencilla para desplazarse por un número pequeño de videoclips, ésta se hace poco manejable al crear un proyecto con numerosos clips o diferentes grupos de clips. MyDVD nos ayuda a organizar la estructura y la navegación del proyecto creando submenús jerárquicos para ordenar los diferentes grupos de clips.

Si tenemos varias colecciones de clips, es conveniente clasificar cada grupo de clips relacionados en diferentes menús. Si tenemos clips que contienen múltiples capítulos, también es aconsejable organizarlos en submenús. Cada submenú puede contener una cadena de menús, y a su vez puede organizarse en submenús adicionales. De esta forma, podemos crear una estructura jerárquica en forma de árbol para organizar el proyecto.

Inclusión de clips en menús agrupados

Para crear un menú agrupado o jerárquico en MyDVD, haga clic en el botón **Add Sub-menu**, en la parte izquierda de la pantalla. A continuación, MyDVD añade un nuevo botón **Untitled Menu** al proyecto (véase figura 9.10). Este botón no sirve para reproducir un clip, sino que enlaza con otro menú.

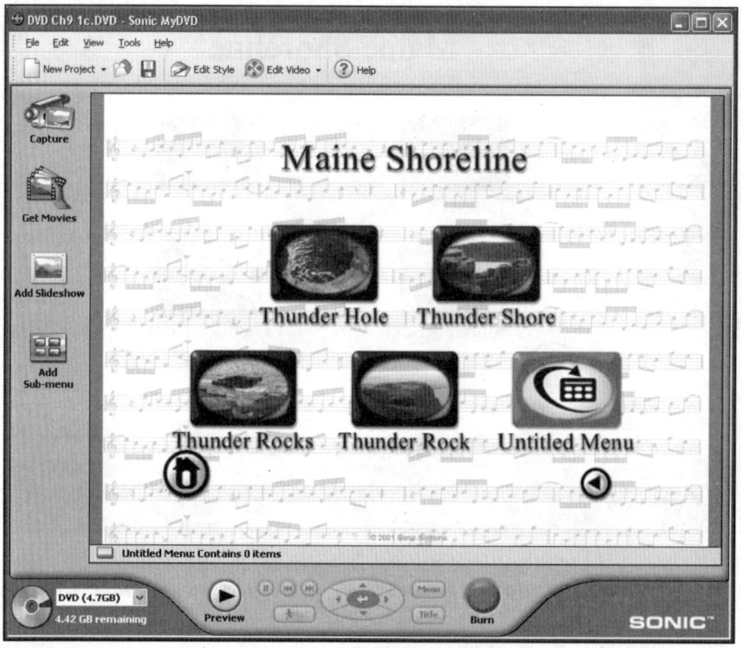

Figura 9.10. *Haga clic en el botón **Add Sub-menu** para añadir un nuevo menú conectado al menú actual.*

Haga clic en el botón **Menu** para editar el nuevo menú. MyDVD abrirá el nuevo menú vacío (véase figura 9.11). Este menú incluye los botones de navegación **Home** y **Return**, que se generan automáticamente. El botón **Return** (icono de la flecha con curva) lleva al menú anterior de mayor categoría. De nuevo, durante la edición, haga clic en estos botones si desea ver y editar la estructura de los menús.

Si se han añadido al menos siete clips a este menú conectado, MyDVD creará menús enlazados adicionales con los botones **Next** y **Previous**. El botón **Return** aparecerá en todos los menús enlazados, y siempre lleva al menú anterior de mayor categoría que contiene el botón bajo el que se encuentran agrupados estos menús.

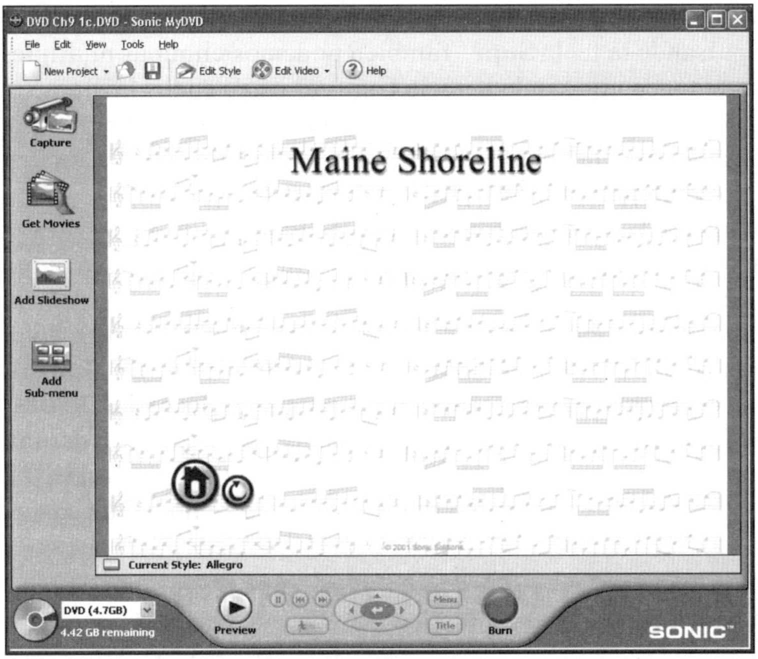

Figura 9.11. *El nuevo submenú conectado está vacío, sólo contiene los botones **Home** y **Return**.*

Obviamente, también es posible añadir un nuevo submenú a un menú conectado, de forma que los menús queden conectados a otros menús. De esta forma, es posible crear una jerarquía bastante compleja para organizar los clips. En caso de tener que realizar estas operaciones de forma excesiva, tal vez sea conveniente utilizar una herramienta de creación en DVD más sofisticada que ofrezca mejores medios y más control para diseñar la navegación de los menús DVD.

Ordenación de los botones del menú

Tras añadir nuevos botones, podemos modificar el orden de los mismos. Haga clic y arrastre un botón y suéltelo en una nueva posición delante o detrás de otro botón del menu. MyDVD muestra una línea vertical intermitente para indicar dónde quedará insertado el botón.

Para ordenar los botones en diferentes menús de MyDVD, puede eliminar los botones de un menú y añadir los mismos clips a otro menú.

Eliminación de botones de un menú

Es posible eliminar un clip de un menú haciendo clic para seleccionarlo y después pulsando la tecla **Supr**. También podemos eliminar múltiples clips de forma instantánea utilizando la tecla **Control** y haciendo clic para seleccionar más de un clip. MyDVD elimina los botones de los clips correspondientes. Sólo quedan eliminados los botones; los archivos multimedia asociados a los botones no cambian.

Al eliminar clips de un menú, MyDVD reordena el menú y la cadena de menús asociada a él. Si todos los clips del último menú quedan eliminados, el último menú desaparece de la cadena.

Si eliminamos el botón de un solo capítulo, MyDVD borra sólo el botón para dicho capítulo. Para eliminar todos los capítulos de un clip, borre el botón que sirve de enlace con el inicio del clip o bien seleccione Delete Chapter o Delete Movie en el menú que se abre con el botón derecho del ratón.

Si eliminamos un botón que enlaza con otro submenú, MyDVD borra ese menú y todos sus clips, así como todos los menús y submenús conectados.

Inclusión de pistas de audio

Algunos videoclips, como los formatos MPEG-1 y MPEG-2, son sólo de vídeo, y no cuentan con una pista de audio asociada. Otros clips contienen vídeo con su pista de audio correspondiente, aunque es posible borrarla o sustituirla.

MyDVD ofrece la posibilidad de añadir o sustituir la pista de audio de un clip y también de eliminarla.

Inclusión y sustitución de pistas de audio

Para comprobar si un clip incluye una pista de audio asociada, haga clic en el botón **Preview** para reproducir el clip. O bien haga clic con el botón derecho del ratón sobre el clip (o seleccione el clip y abra el menú desplegable Edit) y vea si la opción Remove Audio está disponible (véase figura 9.12). Si el clip no tiene una pista de audio, la opción Remove Audio aparecerá en gris. Si el clip sí tiene una pista de audio, seleccione Remove Audio para eliminarla.

Para añadir una pista de audio a un clip, arrastre y suelte un archivo sólo de audio en el clip. Si el clip ya incluía una pista de audio, ésta quedará sustituida por la nueva pista.

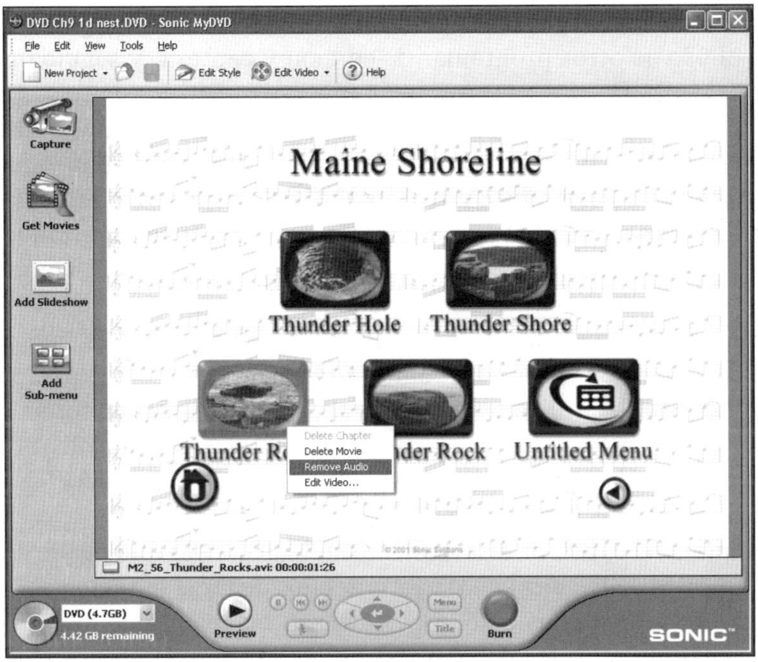

Figura 9.12. *Utilice el menú del botón derecho del ratón para eliminar una pista de audio de un botón del menú.*

Importación de archivos de audio

MyDVD soporta una variedad de formatos comunes de archivo sólo de audio, incluyendo Windows WAVE (.wav), AIFF (.aif), MPEG-1 Layer 2 (.abs, .mpa) y MPEG-1 Layer 3 (.mp3). MyDVD puede importar formatos de audio descomprimidos únicamente si el *codec* asociado (descompresor) está instalado en el sistema Windows. (Consulte la documentación de MyDVD para obtener más información sobre los tipos de archivos multimedia compatibles.)

El archivo de audio debería contener una pista de audio, que puede ser mono o estéreo. Tal y como ocurre con la compresión de vídeo, es conveniente utilizar formatos de audio descomprimidos, porque los datos de audio necesitan ser recomprimidos a un formato DVD compatible.

Captura de videoclips

Además de utilizar archivos de clips multimedia que ya están almacenados en el disco duro de las producciones DVD, también es posible capturar videoclips en MyDVD directamente de fuentes digitales o analógicas.

Obviamente, también se pueden capturar clips en archivos al margen de MyDVD mediante el uso de otros programas de edición y captura, y seguidamente importarlos a MyDVD.

En función de la configuración del sistema y el tipo de hardware de captura que haya instalado, MyDVD puede capturar digitalmente de una videocámara DV mediante una interfaz Firewire (IEEE 1394). Algunas versiones también pueden realizar capturas de fuentes analógicas, como un sintonizador de TV o VCR. Consulte la documentación de MyDVD y la página Web para obtener información sobre las configuraciones compatibles.

Una ventaja de capturar clips directamente en MyDVD es que convierte cada clip capturado en el formato comprimido MPEG, utilizado para los DVD, antes de almacenarlo en el disco duro. Los clips almacenados en formato MPEG pueden ser mucho más pequeños que los clips almacenados en otros formatos, como los clips analógicos capturados en formatos normales AVI o los clips digitales almacenados en formato DV.

Otra ventaja de capturar directamente en MyDVD es que puede dividir los clips en capítulos de los menús. Al capturar clips de larga duración en MyDVD, resulta más sencillo pasar los clips y saltar directamente de los menús a los momentos más interesantes del clip.

En MyDVD, se añade un botón al final del menú actual para cada clip que capturamos. Si creamos puntos de capítulo durante la captura, MyDVD añade un nuevo botón de menú para cada capítulo. Por consiguiente, es conveniente crear un nuevo submenú para capturar un clip con capítulos, de forma que los botones del capítulo para el nuevo clip no se mezclen con otros clips del proyecto.

Truco

La captura de vídeo supone un intenso proceso para el ordenador, puesto que los datos llegan al equipo, se procesan y se comprimen, y por último se escriben en el disco. Tal y como ocurre con todas las aplicaciones para el procesamiento de vídeo, es aconsejable reducir la carga de procesamiento en el ordenador durante la captura. Un ordenador de alta capacidad puede soportar la captura sin problemas, pero siempre es mejor cerrar todas las demás aplicaciones, especialmente procesamientos de fondo como monitores del sistema, buscadores de virus y descargas en red. Es conveniente evitar actividades como la reproducción de videojuegos con potentes gráficos 3D o la edición de archivos fotográficos mientras el sistema realiza las capturas.

Asimismo, resulta de gran ayuda colocar discos independientes para la carpeta de las capturas y para el área de trabajo de una aplicación.

Utilice el cuadro de diálogo MyDVD Preferences *(debajo del menú* File*) para definir el lugar para los archivos de vídeo capturados y los archivos temporales. Ejecute un programa de desfragmentación de disco para garantizar que el disco puede albergar archivos de escritura de gran tamaño.*

Captura de clips de una videocámara DV

Antes de iniciar la captura, vaya al menú de MyDVD al que quiera añadir el nuevo clip. Éste y todos los capítulos se añadirán al final del menú actual.

Antes de empezar la captura de una videocámara DV, asegúrese de que está conectada al equipo mediante un cable Firewire (IEEE 1394). Además, encienda la videocámara en el modo de reproducción VCR.

Haga clic en el botón **Capture**, en la parte izquierda de la ventana de MyDVD para abrir el cuadro de diálogo Capture (véase figura 9.13).

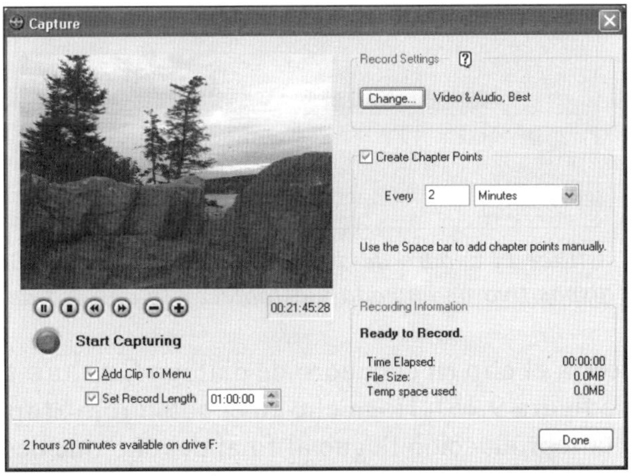

Figura 9.13. *Utilice el cuadro de diálogo* Capture *para configurar el dispositivo de entrada y capturar nuevos videoclips.*

MyDVD automáticamente reconoce la videocámara DV si está conectada y disponible bajo Windows. Si es necesario, utilice el área Record Settings para seleccionar y configurar el dispositivo DV.

Al realizar capturas de una videocámara DV, utilice los controles de reproducción situados debajo de la ventana de vídeo para reproducir la cinta y colóquela al inicio del clip que desea capturar. Utilice el campo Set Record Length para establecer el tiempo máximo para la grabación, especialmente si se trata de la captura de un clip de larga duración.

Antes de grabar un clip, haga clic en el botón **Change**, en el área Record Settings Record Settings, para ver el cuadro de diálogo Change Device Settings (véase figura 9.14). Utilice el cuadro desplegable Record Settings para seleccionar Video & Audio o sólo Video, y para seleccionar la calidad de vídeo deseada (Good, Better, Best). (Consulte la documentación de MyDVD para ver más detalles acerca del equilibrio entre la calidad visual y el tamaño de los archivos que se van a grabar.)

Por último, para iniciar la grabación, haga clic en el botón rojo **Start Capturing**, situado en la parte inferior del cuadro de diálogo Capture.

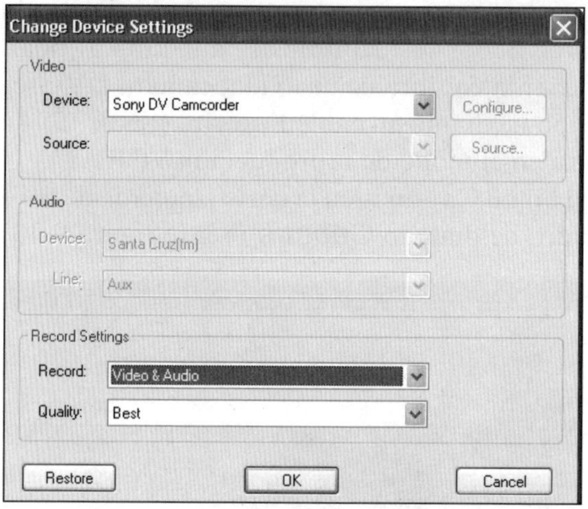

Figura 9.14. *Utilice el cuadro de diálogo* Change Device Settings *para seleccionar el dispositivo de entrada y establecer la calidad de la grabación.*

MyDVD muestra el clip en el cuadro de diálogo Capture tal y como se ha capturado (véase figura 9.15). Haga clic en el botón rojo **Stop** para detener la captura cuando la reproducción llegue al final del clip que desea grabar.

A continuación, MyDVD muestra el diálogo Save As. Vaya a la carpeta en la que desea guardar el archivo y escriba un nombre para el archivo del clip. De forma predeterminada, MyDVD guarda los clips capturados en la carpeta My Videos, bajo la carpeta My Documents del usuario actual.

MyDVD guarda el archivo del clip en la carpeta especificada, comprimido en formato MPEG-2 (.mpg), y añade el nuevo clip al menú actual. Puesto que los clips se guardan en el disco duro, también puede utilizar el botón **Get Movies** para añadirlos a otros menús y otros proyectos.

A continuación, utilice el cuadro de diálogo Capture para capturar clips adicionales. Una vez finalizada la captura de clips, haga clic en **Done** y cierre la ventana Capture to Disk.

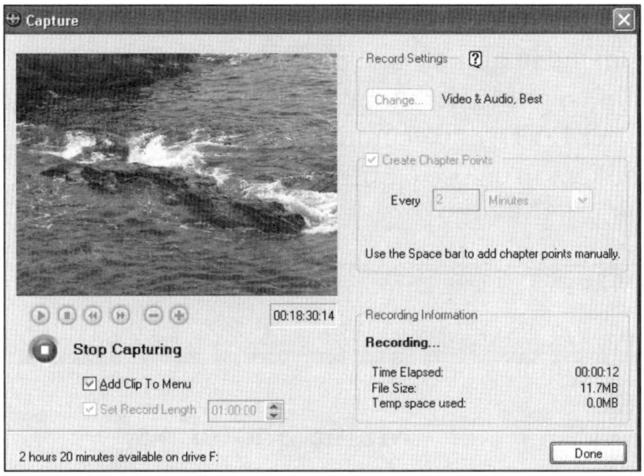

Figura 9.15. *MyDVD muestra el clip tal y como se ha capturado de la videocámara DV y se ha guardado en un archivo de vídeo del disco en formato de vídeo MPEG-2.*

Captura de clips con capítulos

Cuando se captura un clip de larga duración, resulta conveniente marcar puntos de capítulo en diferentes momentos del clip y añadir capítulos individuales como botones independientes en el menú DVD. De esta forma, en lugar de tener que reproducir el clip entero para ver sus contenidos o para encontrar algo en concreto, podemos desplazarnos por diferentes botones con imágenes en miniatura de los distintos puntos del clip y utilizarlos para ir directamente al punto correspondiente dentro del mismo.

Por ejemplo, al grabar una cinta de una hora de duración en un disco DVD, la creación de un capítulo cada dos minutos da como resultado 30 capítulos. Al tener seis botones de capítulo por menú, MyDVD crear cinco menús con imágenes en miniatura para el disco.

Para organizar la producción DVD, especialmente cuando un clip contiene muchos capítulos, es conveniente utilizar el botón **Add Sub-menu** para crear un nuevo menú enlazado y desplazarse hasta ese nuevo menú antes de iniciar la captura.

Para crear capítulos automáticamente durante la captura con MyDVD, haga clic en la opción Create Chapter Points, dentro del cuadro de diálogo Capture (véase figura 9.13). A continuación, especifique la regularidad a la que desea insertar los puntos de capítulo (segundos o minutos). Si el clip contiene numerosas escenas diferentes o muchos puntos importantes dentro de una escena larga, puede insertar puntos de capítulo de forma manual pulsando la barra espaciadora mientras visualiza el material.

Una vez finalizada la captura de un clip con capítulos, MyDVD añade una serie de botones al menú actual, uno para cada capítulo. Los botones muestran el nombre del clip, seguido del número de capítulo (véase figura 9.16).

Al reproducir el DVD y seleccionar uno de los botones de capítulo, el clip iniciará la reproducción en ese capítulo hasta el final del clip, pasando por los siguiente capítulos.

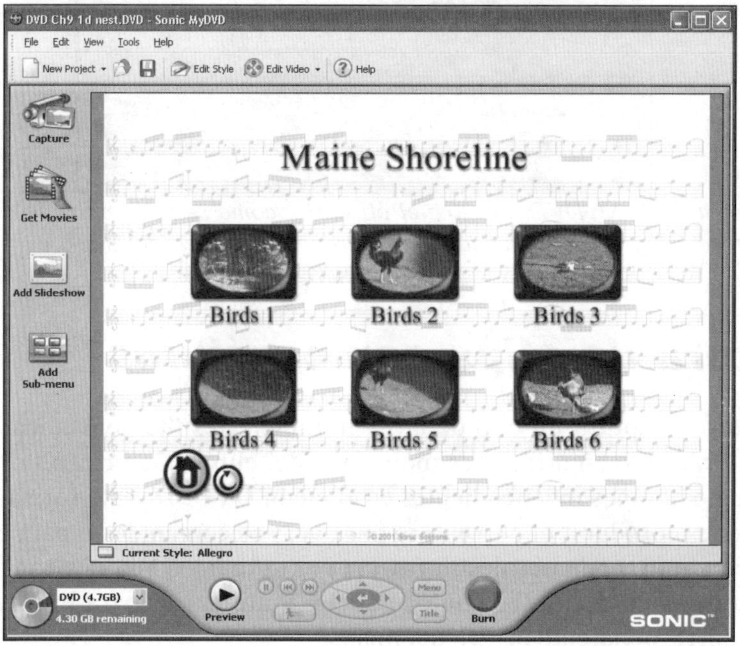

Figura 9.16. *Al capturar un clip con capítulos, MyDVD crea un botón y una imagen en miniatura en el menú para cada capítulo.*

Clips y capítulos

El DVD de una película de Hollywood habitualmente contiene dos tipos de menús para acceder al contenido del disco: un índice de clips para diferentes clases de clips, como un reportaje "Making of" o el tráiler de una película; y un índice de capítulos para ordenar los puntos de capítulo dentro de la propia película.

El índice de capítulos de una película normalmente se parece bastante a los menús que vamos a diseñar aquí, con una serie de imágenes en miniatura que representan el punto inicial de cada capítulo de la película. En los menús de capítulos de la película, sin embargo, cuando

seleccionamos un botón de capítulo, vamos directamente hasta ese punto de la película, reproducimos el clip y, a continuación, prosigue la reproducción hasta el final de la película, pasando por todos los capítulos siguientes.
Al diseñar menús para clips individuales, la navegación del DVD es diferente. Cuando seleccionamos un botón, vamos directamente al comienzo del clip correspondiente y reproducimos dicho clip. Al final del clip, la navegación vuelve de nuevo al menú en lugar de proseguir la reproducción de los demás clips del DVD. Esto es similar a la forma en que funciona el menú de material adicional en el DVD de una película. En ese caso, al seleccionar el tráiler de una película, el DVD reproduce ese clip y después regresa al menú.
Las herramientas para la creación en DVD, como MyDVD, ofrecen la posibilidad de crear estos dos tipos de menú. Cuando añadimos una lista de clips individuales, cada clip se reproduce hasta el final y regresa al menú de forma predeterminada (aunque es posible cambiar esta opción con MyDVD). Cuando capturamos un clip de mayor duración y marcamos puntos de capítulo dentro de él, el capítulo se reproduce desde ese punto del clip y continúa hasta el final del mismo, pasando por los demás puntos de capítulo.
Las herramientas más avanzadas para la creación en DVD ofrecen más control sobre este comportamiento, pues permiten dividir y unir clips, añadir nuevos puntos de capítulo y determinar si queremos que el clip vuelva al menú o continúe la reproducción.

Corte y edición de clips

Las herramientas para la creación en DVD como MyDVD están diseñadas para importar archivos multimedia existentes que ya hemos editado anteriormente o para capturar clips directamente. Podemos utilizar una herramienta de edición de vídeo independiente, si así lo deseamos, para crear una producción de vídeo más perfeccionada, con títulos, transiciones y otros efectos. A continuación, podemos hacer uso de una herramienta de creación en DVD para dar formato al clip editado en un DVD.

No obstante, sigue siendo útil realizar varias operaciones básicas de edición en los clips que utilizamos en las producciones DVD. MyDVD incluye la ventana Trimming para eliminar material no deseado del comienzo o el final del clip.

Corte de clips

Para cortar un clip que haya añadido a un menú de MyDVD, haga doble clip en el botón con la imagen en miniatura del clip en la ventana de MyDVD. La aplicación abrirá el cuadro de diálogo Trimming (véase figura 9.17).

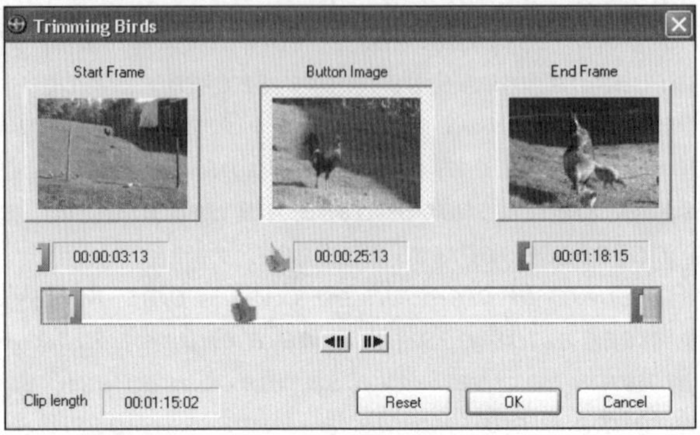

Figura 9.17. *Utilice el cuadro de diálogo* Trimming *de MyDVD para seleccionar una sección del clip y para determinar la imagen del botón.*

El cuadro de diálogo Trimming incluye imágenes del fotograma inicial (Start Frame) y del fotograma final (End Frame) del clip, así como el tiempo de cada fotograma y la duración del clip.

Para ajustar el fotograma inicial, haga clic y arrastre el control deslizante verde hacia la parte izquierda de la barra de tiempo, en la parte inferior de la ventana. Mientras arrastra el control deslizante, MyDVD muestra el nuevo fotograma inicial y actualiza el tiempo y la duración. De forma similar, haga clic y arrastre el control deslizante rojo para ajustar el fotograma final del clip.

Al cortar un clip, el clip original permanece inalterable, pero MyDVD únicamente utiliza la sección entre los fotogramas inicial y final de la producción. En caso de especificar un nuevo fotograma inicial, ese fotograma se utiliza como imagen en el botón del clip. Esto resulta especialmente útil cuando un clip se inicia con un efecto en negro o un fundido.

Puesto que el clip original sigue estando disponible incluso después de haberlo cortado y de haber cerrado el cuadro de diálogo Trimming, siempre es posible volver a ajustar el corte y también restablecer los puntos de inicio y finalización para ver el clip entero.

La imagen central muestra el fotograma del clip que se utiliza como imagen en el botón correspondiente del menú. Para seleccionar cualquier otra imagen, haga clic y arrastre el icono de los pulgares por el control deslizante, o bien haga clic en los botones **Nudge Left** o **Nudge Right**, debajo del control deslizante.

Edición de clips

La versión Video Suite de MyDVD incluye la aplicación ArcSoft ShowBiz para editar vídeo (véase figura 9.18). Es posible ejecutar ShowBiz directamente o desde la pantalla de bienvenida de MyDVD haciendo clic en **Edit Video**.

Figura 9.18. *MyDVD Video Suite incluye el editor de vídeo ArcSoft ShowBiz para editar videoclips y añadir transiciones y efectos.*

Si estamos creando dentro de MyDVD, es posible editar clips en el menú actual. Se pueden enviar clips a ShowBiz, editar los clips y exportarlos de nuevo a MyDVD como clips nuevos (los clips originales no se modifican).

Para editar clips en el menú actual de MyDVD, haga clic en el botón **Edit Video**, situado en la parte superior de la ventana de MyDVD y seleccione un clip para enviarlo a ShowBiz, un grupo de clips o todos los clips del menú para editarlos. Si envía múltiples clips, se combinarán y se exportarán de vuelta a MyDVD como un único clip. Además, si edita un clip con capítulos, el nuevo clip no contendrá puntos de capítulo.

A continuación, para exportar el nuevo clip editado de ShowBiz a MyDVD, abra el menú desplegable Export y seleccione To MyDVD Project. ShowBiz le pedirá un nombre de archivo para guardar el nuevo clip y seguidamente lo incluirá en el proyecto de MyDVD.

Truco

Tenga cuidado a la hora de editar videoclips comprimidos, como los archivos MPEG que captura en MyDVD. Al editar clips que ya han sido comprimidos y los vuelve a comprimir, será lógico ver claros fallos de compresión. Si no tiene más remedio que editar estos clips, aplique todas las ediciones simultáneamente y guarde y comprima el resultado final una sola vez.

Creación de una presentación de fotografías

Aunque se tiende a pensar que los DVD sólo reproducen vídeo, también es posible utilizarlos para realizar presentaciones fotográficas. Con MyDVD, se puede crear una presentación a partir de una colección de imágenes, añadir una banda sonora, e incluso efectos de transición entre los distintos elementos.

Inclusión de una presentación

Para crear una presentación en el menú actual, haga clic en el botón **Add Slideshow**, en la parte izquierda de la ventana de MyDVD. MyDVD abre el cuadro de diálogo Create Slideshow para añadir fotografías y seleccionar las opciones de la presentación.

Para añadir imágenes a la presentación, haga clic en el botón **Get Pictures**, en la parte izquierda del cuadro de diálogo. A continuación, seleccione uno o más archivos de imágenes estáticas para incluirlas en la presentación. MyDVD muestra imágenes en miniatura de las fotografías dentro del cuadro de diálogo Create Slideshow (véase figura 9.19).

Utilice el menú desplegable situado en la parte superior izquierda del cuadro de diálogo para cambiar las vistas de la presentación: Filmstrip (película), Smaller Thumbnails (imágenes más pequeñas) o File Details (detalles del archivo). Al previsualizar las imágenes, es posible utilizar el botón **Rotate** para girar las fotografías.

Una vez terminada la creación de la presentación, MyDVD añade un nuevo botón al menú actual para reproducir la presentación. Al editar la producción, es posible modificar de nuevo la presentación haciendo clic en el botón. Utilice el botón **Button Image** para seleccionar la imagen que se utilizará en el menú MyDVD (como indica el icono del pulgar).

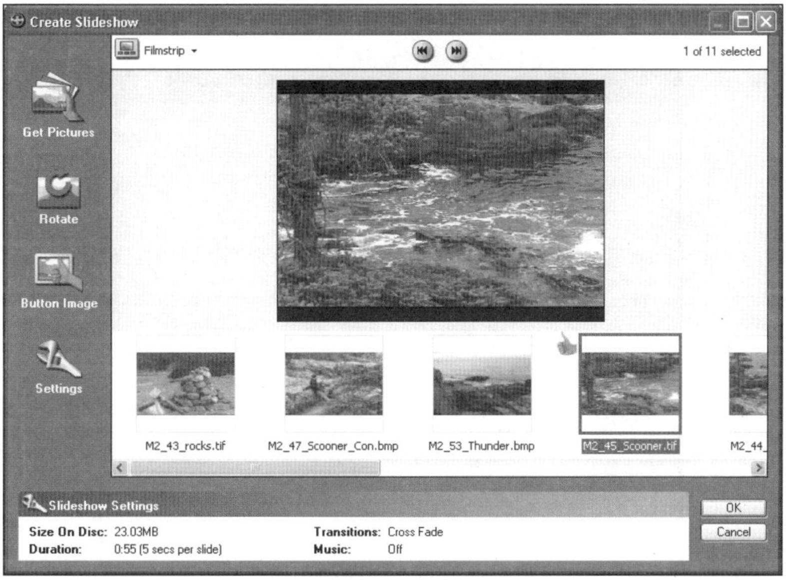

9.19. Utilice el cuadro de diálogo Create Slideshow *de MyDVD para importar imágenes estáticas y establecer las opciones para una presentación fotográfica.*

Selección de opciones para la presentación

Las opciones actuales para el diseño de la presentación están resumidas en el área Slideshow Settings, en la parte inferior del cuadro de diálogo. Para modificar estas opciones, haga clic en el botón **Settings** para abrir el cuadro de diálogo Slideshow Settings (véase figura 9.20).

Utilice la pestaña Basic del cuadro de diálogo Slideshow Settings para seleccionar una pista de audio de fondo (Audio track). Establezca la duración de cada imagen (Slide duration) de 1 a 60 segundos, u opte por ajustarlas a la música para que cambien en intervalos iguales durante la reproducción de la música.

Utilice la pestaña Advanced del cuadro de diálogo Slideshow Settings (véase figura 9.21) para seleccionar un efecto de transición (Transitions) y utilizarlo entre cada imagen, incluyendo diversos fundidos. Seleccione el color de fondo para la imagen (Slide Display) que se utilizará cuando el tamaño de ésta no rellene la pantalla, de forma que quede perfectamente encuadrada. También se pueden archivar las imágenes (Archive), de forma que MyDVD incluya los archivos de imágenes originales en el disco que creemos.

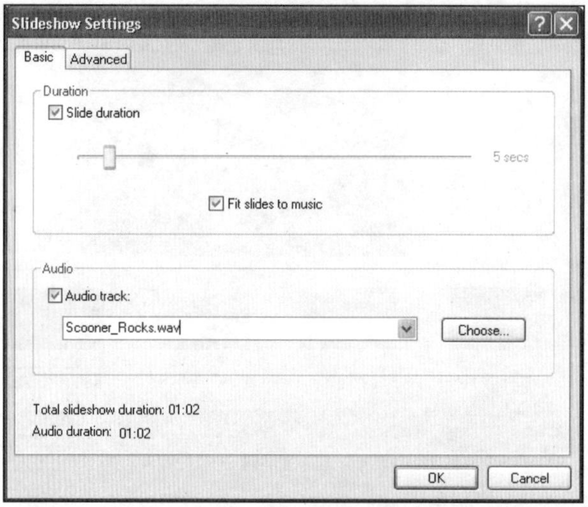

Figura 9.20. *Utilice el cuadro de diálogo* Slideshow Settings *para seleccionar las opciones relacionadas con la presentación.*

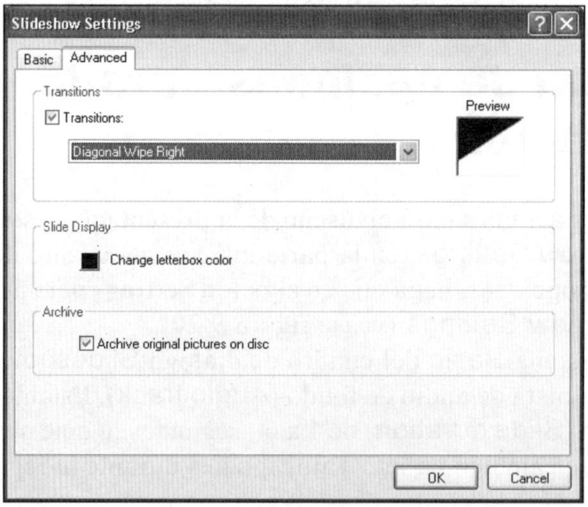

Figura 9.21. *Utilice la pestaña* Advanced *del cuadro de diálogo* Slideshow Settings *para especificar la transición y el color de fondo, así como para copiar las imágenes en el disco de salida.*

Personalización de los estilos de menús

Las herramientas para la creación en DVD como MyDVD incluyen una serie de estilos de menús predefinidos o plantillas de diseño para definir el aspecto de los menús. Los estilos de menús están basados en un motivo gráfico que se aplica a los diversos elementos del menú, incluyendo la imagen gráfica de fondo, el contorno de los botones y las fuentes de texto y los colores utilizados para el título del menú y el texto de encabezamiento de los botones. Las imágenes en miniatura de los clips, los menús enlazados y los demás botones de navegación aparecen en el menú con ese estilo.

En MyDVD, el estilo seleccionado se utiliza para todos los menús del proyecto. Es posible elegir un estilo al iniciar el proyecto, aunque también permite cambiar de estilo en cualquier momento. Podemos elegir uno de los estilos incluidos en MyDVD o diseñar nuestros propios estilos personalizados.

Cambio de estilo del menú

Durante la edición de un proyecto DVD, es posible cambiar el aspecto visual de los menús haciendo clic en el botón **Edit Style**, en la parte superior de la ventana MyDVD. MyDVD abre el cuadro de diálogo Edit Style (véase figura 9.22).

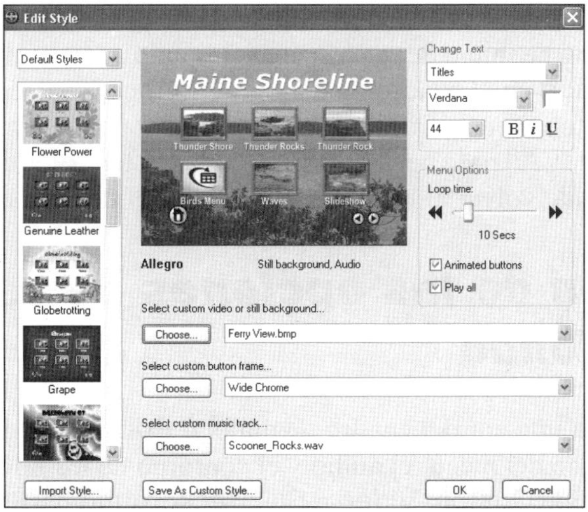

Figura 9.22. *Utilice el cuadro de diálogo* Edit Style *para seleccionar el estilo visual y de texto de los menús.*

Para seleccionar un estilo, desplácese por la lista de estilos situada en la parte izquierda del cuadro de diálogo y verá ejemplos del aspecto de cada estilo.

Selección de las opciones de estilo para el texto

Utilice el área Change Text situada en la parte superior derecha del cuadro de diálogo Edit Style para establecer los atributos del texto para los menús. Abra el menú desplegable para seleccionar el campo del menú que desea modificar: Titles (títulos), Buttons (botones) o All Text (todo el texto). A continuación, seleccione la fuente, el tamaño de la fuente y el estilo (negrita, itálica o subrayado). Haga clic en la muestra de color para seleccionar el color de la fuente de la paleta.

Selección de las opciones de estilo para el menú

Utilice el área Menu Options, en la parte derecha del cuadro de diálogo Edit Style, para establecer las opciones de diseño de los menús. Seleccione Animated Buttons para que MyDVD cree botones en movimiento, con breves secuencias de vídeo de cada clip en lugar de imágenes estáticas. Es posible modificar el punto de inicio de estas secuencias animadas configurando la opción Button Image en el cuadro de diálogo Trimming. Seleccione una duración para los botones en movimiento (Loop Time), de 1 a 60 segundos.

Seleccione Play All para que el DVD reproduzca todos los clips, uno detrás de otro, en lugar de volver al menú principal al final de cada clip.

Selección de las opciones de estilo para el fondo

Utilice el área inferior del cuadro de diálogo Edit Style para personalizar la imagen de fondo del menú, el audio y el contorno de los botones.

Utilice la opción Custom Video o Still Background para seleccionar una imagen estática o incluso un videoclip para utilizarlo como fondo de los menús.

Utilice la opción Custom Button Frame para seleccionar el estilo del entorno de los botones del menú, incluyendo diferentes colores, formas y transparencias.

Utilice el área Custom Music Track para seleccionar un archivo de audio que se reproduzca mientras el menú aparece en pantalla. Puede ser audio que forme parte del vídeo, un clip de audio independiente, o también puede optar por no incluir audio en el menú.

Truco

Recuerde que los menús animados requieren un proceso de creación significativo, por eso MyDVD sólo muestra imágenes estáticas durante la edición e incluso en el modo Preview. *Para ver los menús animados en el modo* Preview, *haga clic en los botones* ***Build Motion Menus*** *(el icono con una persona corriendo debajo de los controles de reproducción). MyDVD crea los menús animados para poder visualizarlos. De forma similar, los proyectos con menús animados requieren más procesamiento para crear el DVD final. Puede reducir el tiempo de procesamiento militando la duración en* Loop Time *para las secuencian en movimiento.*

Uso de estilos de menús personalizados

Tras editar el estilo del menú, guárdelo para utilizarlo más adelante con el fin de crear su propia colección de motivos para diferentes producciones.

Haga clic en el botón **Save as Custom Style**, en la parte inferior del cuadro de diálogo, para guardar las opciones como un nuevo estilo. MyDVD añade el nuevo estilo a una nueva categoría de Custom, al que se puede acceder abriendo el menú desplegable situado en la parte superior izquierda del cuadro de diálogo.

Además, es posible utilizar Adobe PhotoShop para crear nuevos estilos gráficos descargando el *plug-in* de Sonic Style Creator. A continuación, haga clic en **Import Style** para importar los estilos a MyDVD.

Una vez finalizada la edición del estilo de menú, haga clic en el botón **OK** para cerrar el cuadro de diálogo Edit Style. MyDVD modificará el estilo de todos los menús del proyecto (véase figura 9.23). El nombre del estilo actual aparece en la parte inferior izquierda de la ventana MyDVD.

Figura 9.23. *MyDVD aplica el nuevo estilo a todos los menús del proyecto.*

Grabación de DVD

Tras la creación del proyecto DVD, es posible que desee copiarlo en un disco para guardarlo y distribuirlo. Hay diversas opciones relacionadas con la forma de enviar la producción final. Puede copiar la producción en DVD, por supuesto, si cuenta con el hardware necesario. También puede crear un proyecto Video-CD con el mismo material, que puede copiar en una grabadora CD y reproducir en numerosos reproductores DVD de uso doméstico, aunque con una calidad menor.

En lugar de grabar la producción DVD o VCD en un disco extraíble DVD o CD, puede guardar el disco en formato DVD o VCD en una carpeta del disco duro. Puesto que el volumen DVD (o VCD) del disco duro contiene exactamente los mismos archivos dentro de la misma jerarquía de carpetas, es posible reproducir la producción directamente del disco duro utilizando un software para reproducir DVD.

Capacidad de los discos: DVD y VCD

MyDVD ofrece tres niveles de calidad para la captura de vídeo: Good, Better y Best. Puede incluir aproximadamente 60 minutos de vídeo en un

DVD con calidad óptima (Best) y hasta 180 minutos con calidad buena (Good). MyDVD utiliza el nivel Good para 60 minutos en un CD de 650 MB o 65 minutos en un CD de 700 MB.

Grabación de un disco DVD

Para la grabación de un disco es necesario contar con una unidad de DVD grabable o regrabable instalada en el equipo. (Consulte la documentación de MyDVD y la página Web de Sonic para obtener más información sobre las unidades compatibles.) Si están instaladas en Windows las unidades para el disco, MyDVD puede escribir en todo tipo de formatos DVD grabables (incluyendo DVD-R, DVD+R, DVD-RW y DVD+RW).

Para iniciar la grabación de la producción en DVD, haga clic en el botón rojo **Burn**, en la parte inferior de la ventana de MyDVD.

MyDVD abre el cuadro de diálogo Make Disc Setup (véase figura 9.24). Si hay más de una unidad de DVD grabable disponible en el equipo, seleccione la unidad de DVD grabable de destino en el menú desplegable. Seleccione la opción Copies para copiar la producción a múltiples discos. Seleccione la velocidad de escritura (Write Speed) al crear un VCD.

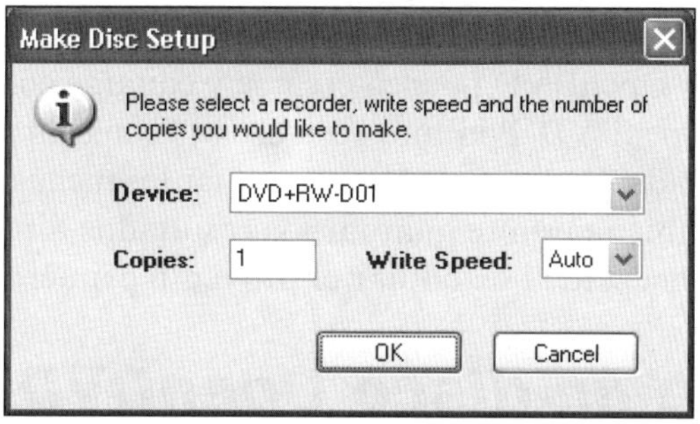

Figura 9.24. *Utilice el cuadro de diálogo* MyDVD Make Disc Setup *para iniciar la grabación de la producción a un disco DVD.*

Inserte un disco DVD grabable en la unidad y haga clic en **OK**. MyDVD se encarga de crear presentaciones, importar y transcodificar (comprimir) los archivos multimedia, y organizar la navegación del DVD y el sistema de archivos dentro del formato DVD para, posteriormente, formatear y escribir los archivos en el disco.

Dependiendo del tipo de formato, es posible reproducir el disco en reproductores de uso doméstico compatibles, así como en ordenadores con unidades de DVD.

Edición de un DVD existente

Al grabar un proyecto DVD en disco, los clips individuales, la navegación de los menús y los diversos elementos gráficos de los menús se combinan dentro del formato del volumen DVD. Por consiguiente, los elementos individuales dejan de estar visibles y no pueden recuperarse directamente de los contenidos del DVD. Asimismo, los clips de vídeo y audio del DVD han sido comprimidos para reducir de forma notable su tamaño. Por tanto, resulta aconsejable guardar una copia del proyecto original de creación en DVD junto con los archivos multimedia originales para que estén disponibles en caso de querer utilizarlos de nuevo en otro proyecto.

Por otra parte, si lo que deseamos es actualizar un proyecto añadiéndole o eliminando clips de los menús (o cortar los extremos de algunos clips), es muy útil poder abrir y editar un DVD ya existente. El nuevo formato Video Recording (VR), utilizado en algunas grabadoras DVD de uso doméstico, ofrece parte de estas funciones para actualizar discos ya existentes. El formato VR está empezando a ser compatible con herramientas de creación en DVD, ofreciendo la posibilidad de editar el mismo disco tanto en grabadoras de uso doméstico como en ordenadores.

MyDVD va más allá a la hora de crear discos usando el formato Sonic OpenDVD, que incluye información del proyecto, como son datos adicionales en el disco. Los discos OpenDVD pueden crearse y editarse con una aplicación que soporte el formato OpenDVD. Podemos abrir el disco como un proyecto en MyDVD, y a continuación añadir (o eliminar) clips, cambiar los menús, e incluso modificar el estilo visual. También permite guardar los resultados directamente en un disco DVD+RW, sin necesidad de copiar el proyecto primero en el disco duro.

Edición de un disco OpenDVD

Para editar un disco DVD (o VCD) ya existente en formato OpenDVD con MyDVD, primero inserte el disco en la unidad del ordenador. A continuación, seleccione Edit an Existing OpenDVD Disc en el menú de bienvenida de MyDVD, o abra el menú desplegable File y seleccione Edit DVD.

Utilice el cuadro de diálogo Browse para seleccionar la unidad de DVD y CD en la que está instalado el disco de MyDVD que hemos grabado previamente. MyDVD abre un nuevo proyecto con ayuda de la información guardada en el DVD. Seguidamente, edite el proyecto siguiendo el proceso habitual.

Si algunos de los clips que ha utilizado estaban cortados, sólo se ha grabado en el DVD aquella parte cortada de los clips, de forma que no es posible eliminar los cortes para ver los extremos del clip. Si desea utilizar el clip completo, es necesario que añada el archivo del clip original de nuevo al proyecto.

Una vez finalizada la edición, guarde el proyecto en el disco duro. MyDVD se encarga de transferir la información del proyecto al disco duro (incluyendo los clips multimedia), de forma que el disco DVD ya no es necesario para seguir editando el proyecto. Si está editando un DVD completo, tardará bastante tiempo en transferir 4GB o más de datos al disco duro. A continuación, grabe el nuevo proyecto en otro DVD (o CD) o escriba el volumen de DVD en el disco duro.

En caso de estar utilizando un disco regrabable DVD+RW, puede grabar el nuevo proyecto otra vez en el mismo disco, sin necesidad de transferirlo primero al disco duro. Obviamente, esto modifica los contenidos del disco, de forma que debe asegurarse de no querer guardar el disco original.

Edición de un volumen de DVD ya existente en el disco duro

Con MyDVD, también es posible abrir y editar volúmenes de DVD almacenados en el disco duro. Abra el menú desplegable File y seleccione Edit DVD. Utilice el cuadro de diálogo Browse para seleccionar la carpeta del disco duro que contiene el volumen de DVD que MyDVD ha grabado previamente (la carpeta con el nombre del proyecto que incluye la carpeta VIDEO_TS). MyDVD se encarga de abrir un nuevo proyecto utilizando la información guardada en el volumen de DVD. Puesto que se trabaja desde el disco duro, es mucho más rápido que una unidad de DVD o CD.

De nuevo, es posible editar el proyecto siguiendo el proceso habitual. No obstante, al guardar el proyecto, utilice Save As para guardar el proyecto en un directorio distinto, en lugar de sustituir la información del proyecto original guardada en la carpeta del volumen de DVD. En ese caso, MyDVD no crea una copia de todos los archivos multimedia en el nuevo proyecto, así que, al crear el nuevo proyecto, MyDVD asociará los clips contenidos en la carpeta del volumen de DVD previamente grabado.

Grabación directa a DVD

El formato DVD ofrece notables ventajas con respecto a la cinta de vídeo para la visualización de programas, puesto que resulta más rápido buscar y pasar un disco que esperar a rebobinar una cinta. Es más, los DVD pueden contener menús de índices que permiten buscar visualmente mediante las imágenes de los clips y las escenas con el fin de entender lo que hay en el disco, y a continuación ir directamente hasta el clip que deseamos ver.

Por consiguiente, un uso evidente de los DVD consiste en hacer copias de las cintas de vídeo. No sólo es más útil poder acceder a ellos de forma más sencilla, sino que, además, es posible reproducirlos en cualquier reproductor DVD de uso doméstico u ordenador equipado con DVD. Además, conseguimos copias de seguridad digitales de las cintas que incluso podemos editar en otro momento.

Copiar una cinta entera con una o más horas de material puede ser un proceso bastante pesado. En la creación tradicional de DVD, en primer lugar capturamos todos los contenidos de la cinta en un archivo del disco duro, utilizamos una herramienta de creación en DVD para diseñar los menús y los capítulos, convertimos todo el material en formato DVD (incluyendo la compresión del vídeo en formato MPEG-2) y, por último, copiamos el resultado en un disco DVD. Esto supone mucho más trabajo y requiere mucho tiempo y espacio libre en el disco.

Si lo que desea es simplemente pasar una cinta a DVD, sería estupendo poder pulsar un botón y obtener la copia inmediatamente. Evidentemente, esto se puede hacer con una grabadora DVD de uso doméstico diseñada para funcionar como VCR digital. Proporcionamos a la grabadora una señal digital y ésta graba el vídeo en DVD.

Los ordenadores cada vez son más potentes, con procesadores más rápidos y velocidades internas lo bastante rápidas para procesar vídeo y audio a alta velocidad. Por tanto, en la actualidad, es factible la automatización del proceso de grabación en un ordenador para capturar vídeo y copiarlo directamente en DVD. Esta conversión "de cinta a DVD" funciona bien con las videocámaras DV, porque, gracias a la disponibilidad de las videocámaras DV y los conectores Firewire/IEEE 1394, ahora podemos capturar y procesar vídeo digital DV con calidad óptima. Además, el formato DV-Video concuerda perfectamente con las resoluciones DVD y pueden transcodificarse (recomprimirse) de forma eficaz en formato MPEG-2.

Configuración de MyDVD para grabación directa a DVD

MyDVD puede convertir de forma automática vídeo a DVD o VCD, junto con menús y un estilo seleccionado. Durante la captura, MyDVD puede añadir puntos de capítulo automáticamente a intervalos fijos, o bien permite añadirlos en puntos de interés. Es una excelente idea añadir puntos de capítulo durante la captura de DVD, porque de lo contrario no será posible indexar o saltar el DVD durante su reproducción.

Antes de iniciar el proceso, conecte la fuente de vídeo al ordenador e inserte un disco grabable en la grabadora que vaya a utilizar. Si la grabación se va a realizar desde DV, encienda la videocámara en modo VCR (no cámara).

Además, haga lo posible por reducir la carga del ordenador provocada por otras aplicaciones durante el proceso "directo a DVD". El equipo necesita mover grandes cantidades de datos en tiempo real: entrada del dispositivo de captura de vídeo, procesamiento en el disco duro y salida al dispositivo de grabación. Al margen de tener que Estar al mismo nivel que estos dispositivos externos, el equipo realiza un intenso procesamiento mientras comprime el vídeo y el audio, y posteriormente combina los datos en formato DVD. Por tanto, es conveniente cerrar todas las demás aplicaciones (en especial, procesadores, buscadores de virus o descargas de red) y evitar el uso de cualquier aplicación de manera simultánea.

Para iniciar la grabación "directa a disco" con MyDVD, seleccione DVD-Video en la pantalla de bienvenida y, a continuación, haga clic en Transfer Video Direct to DVD. Como alternativa, abra el menú desplegable Tools en la principal aplicación de MyDVD y seleccione Direct-to-DVD.

MyDVD abre la pantalla Sonic MyDVD Wizard con un proceso que incluye tres pasos para crear el DVD (véase figura 9.25).

Figura 9.25. *Sonic MyDVD Wizard muestra los pasos a seguir para grabar directamente de una videocámara a Video CD.*

Utilice el Paso 1 para seleccionar el estilo del menú. Puede hacer clic en **Edit Style** para abrir el cuadro de diálogo Edit Style y seleccionar o editar un estilo, o bien seleccionar No Menus para crear un disco sin menús con el objetivo de reproducir únicamente el vídeo grabado.

Utilice el Paso 2 para dar un nombre al proyecto. MyDVD utilizará este nombre para los títulos del menú, las etiquetas de los botones del menú o el nombre de disco.

Utilice el Paso 3 para establecer las opciones de grabación del DVD, o bien para crear a un DVD en el disco duro.

Después de seleccionar las opciones de grabación, haga clic en el botón **Next**.

MyDVD, en primer lugar, comprueba la unidad seleccionada y el disco para ver si los soportes están listos para la grabación.

Seguidamente, MyDVD abre Recording Wizard (véase figura 9.26). Asegúrese de que los parámetros de grabación (Record Settings) están configurados para grabar vídeo y audio del dispositivo DV. Además, active la opción Create Chapter Points para crear puntos de capítulo a intervalos regulares con el fin de crear menús con imágenes de los contenidos de la cinta.

Si la grabación se realiza desde una videocámara, utilice los controles de reproducción situados debajo de la ventana del vídeo para colocar la cinta al inicio del material que desea capturar. De lo contrario, coloque la cinta de entrada y comience la reproducción.

Figura 9.26. *Por último, utilice el cuadro de diálogo* Recording Wizard *para iniciar y detener la captura directamente a disco.*

Configure la opción Set Record Length para establecer un tiempo máximo de captura si así lo desea, y a continuación haga clic en el botón rojo Start Capturing.

Seguidamente, MyDVD inicia la captura del material de vídeo (y audio). Puede ver el progreso en la ventana de vídeo.

MyDVD continúa la captura hasta que alcanza la capacidad máxima del tipo de disco seleccionado. Durante la captura, crea puntos de capítulo a intervalos regulares y permite insertarlos manualmente en puntos clave pulsando la barra espaciadora. Además, es posible detener la grabación pulsando **Stop**.

MyDVD comprime el vídeo durante la captura. Una vez finalizada la captura, procesa los clips y los menús, combina los elementos dentro del formato DVD y copia el resultado en la grabadora DVD seleccionada. Cuando MyDVD finaliza el proceso "directo a DVD", la cinta de vídeo ha pasado a DVD junto con menús, de forma que está lista para ser visionada.

Resumen

Como hemos visto en este capítulo, incluso las herramientas más sencillas para la creación en DVD como MyDVD pueden ofrecer una amplia variedad de posibilidades.

MyDVD puede capturar videoclips o importar clips existentes al disco duro. Organiza automáticamente los clips con botones en menús conectados, pero además permite reordenar los botones y organizarlos en submenús enlazados. También puede crear presentaciones fotográficas coordinadas con un clip de audio de fondo y con efectos de transiciones.

Para perfeccionar los videoclips, es posible cortarlos en MyDVD o hacer que MyDVD Video Suite los exporte a la aplicación de edición de vídeo ArcSoft ShowBiz.

Podemos personalizar el aspecto de los menús utilizando estilos integrados o seleccionando un estilo distinto de fuente y seleccionando una imagen de fondo propia, audio de fondo y estilos visuales para los botones. Incluso, podemos crear nuestros propios estilos de menús en PhotoShop.

Además, MyDVD soporta la inclusión de menús animados. La imagen en miniatura del clip sobre los botones del menú puede consistir en un videoclip, en lugar de ser simplemente una imagen estática. El fondo detrás de los menús también puede ser un videoclip repetitivo.

Es más, es posible empezar a aprender a crear DVD con MyDVD sin tan siquiera contar con un *burner* DVD. Con MyDVD, podemos crear producciones

Video-CD y grabarlas en un CD para compartirlas con los demás. Es posible reproducir VCD en cualquier ordenador que tenga una unidad de CD y un software para reproducir DVD, además de reproductores DVD de uso doméstico. MyDVD puede guardar las producciones DVD y VCD en el disco duro, de modo que podemos probarlas antes de la grabación. Además, permite distribuirlas copiando los datos en la red o incluso copiar breves producciones DVD en CD para reproducirlas en otro ordenador.

Para que la creación sea más sencilla, MyDVD incluye la opción Direct-to-DVD para transferir las cintas de vídeo a DVD con el mínimo esfuerzo. Basta con elegir un estilo y MyDVD hace el resto: captura y comprime el vídeo, crea los menús DVD y copia el proyecto final en el disco.

La copia de discos no es la mejor función que ofrece. Gracias al formato OpenDVD, MyDVD y otras herramientas añaden información del proyecto a los discos que crean. Esto significa que podemos volver a abrir un disco ya existente para editarlo y actualizarlo, tal vez para añadir nuevos clips o modificar el estilo del menú.

MyDVD ofrece alta tecnología para simplificar el proceso de creación y personalizar las creaciones. Para conseguir un control aún mayor sobre el diseño, la distribución o la navegación de los proyectos DVD, consulte las herramientas que se describen en la Parte IV de este libro.

Parte IV

Creación personal en DVD

DVD-R

10. Creación personal en DVD con Apple iDVD

La Parte IV presenta el siguiente nivel de sofisticación en la creación de DVD: herramientas "personales" para la creación en DVD que ofrecen más control sobre el diseño y la personalización de los DVD y que, sin embargo, simplifican la complejidad del DVD. Los capítulos 10 y 11 se ocupan de describir Apple iDVD y Sonic DVDit!, dos herramientas diseñadas para importar clips, que ofrecen amplias posibilidades para personalizar el diseño y la distribución del menú para después copiar el resultado en DVD. A diferencia de las herramientas automatizadas, estas aplicaciones no ofrecen captura integrada ni edición de vídeo. Sí incluyen ayuda automatizada para la creación de menús DVD, así como funciones para personalizar el diseño.

El funcionamiento de estas herramientas asume que no sólo nos dedicamos a transferir rápidamente vídeo a DVD, sino que primero utilizamos una herramienta independiente de edición de vídeo, como iMovie, para editar el material en bruto a varios clips de películas que, a continuación, presentaremos como parte de la producción DVD. Estas producciones también pueden incluir más audio de fondo, así como presentaciones que acompañan al audio.

Con los nuevos sistemas Mac que salieron al mercado en 2001, Apple introdujo una solución completa para el vídeo digital, incluyendo la posibilidad de crear y grabar producciones de vídeo de calidad óptima en DVD con ayuda de la aplicación de creación iDVD y el *burner* SuperDrive CD-R/RW y DVD-R.

Al mismo tiempo, Apple realizó la transición al sistema operativo de nueva generación Mac OS X con un sistema operativo inspirado en UNIX.

Los equipos actuales con DVD, como el nuevo iMac, incluyen todo los componentes de hardware necesarios, además de una serie completa de aplicaciones integradas, de forma que permite capturar vídeo DV a través de cables FireWire (IEEE 1394), editar clips de vídeo y audio en iMovie, integrar películas en una producción de iDVD y, por último, copiar el resultado en un disco DVD-R. Estos DVD no sólo pueden verse en ordenadores, también es posible ver las películas en reproductores DVD de uso doméstico.

Acerca de iDVD

iDVD es una aplicación de uso doméstico que sirve como complemento del editor Apple iMovie, y que protege a los usuarios de la complejidad para la creación en DVD. Incluye operaciones que consisten en "arrastrar y soltar", además de motivos gráficos de estilo profesional para la creación de menús con el objetivo de convertir archivos iMovies, archivos QuickTime e imágenes en DVD para su reproducción en cualquier reproductor DVD de uso doméstico.

La segunda versión, iDVD 2, salió al mercado en octubre de 2001, y fue la primera herramienta de su clase compatible con "menús animados" con vídeo en movimiento para los botones y los fondos de menú. Puede grabar hasta 90 minutos de material en un DVD (desde 60 minutos). Requiere Mac OS X, porque aprovecha el multiprocesador de OS X para realizar la codificación de vídeo MPEG en el fondo mientras trabajamos. Por tanto, si estamos listos para crear nuestra producción, ya no es necesario esperar a que los clips se codifiquen. iDVD 3 incorpora varias mejoras de gran utilidad respecto a la versión anterior: nuevos temas, zonas de arrastre, navegadores iMedia que permiten acceder fácilmente a la biblioteca de iPhoto, a la colección de música de iTunes y a las carpetas de películas; marcadores de capítulo y unas velocidades de codificación excepcionales.

Inicio de un nuevo proyecto con iDVD

Este apartado describe el proceso de creación de un nuevo proyecto DVD en iDVD a partir de archivos de películas QuickTime ya existentes. iDVD funciona de forma muy sencilla. En primer lugar, permite utilizar iMovie para capturar y editar el vídeo en los clips que deseamos mostrar en el DVD. Seguidamente, arrastramos y soltamos los clips en iDVD para crear nuevos botones en el menú actual. A continuación, podemos diseñar el aspecto visual y la navegación de los menús para la producción DBD, utilizando motivos y opciones personalizadas. Por último, previsualizamos el DVD para comprobar los enlaces de navegación y lo copiamos en SuperDrive.

La sencillez de iDVD radica en lo que deja a un lado Apple. No se pueden capturar o editar clips en iDVD; para eso está iMovie. No hay estante de clips para importar y organizar los clips como en iMovie; en lugar de eso, basta con arrastrar y soltar los clips desde Finder directamente en los menús. No hay múltiples vistas, como *storyboard* o *timeline*; por el contrario, nos limitamos a añadir carpetas y navegar por los menús directamente en la ventana principal durante el proceso de edición.

Paso 1: Iniciar iDVD

Tras iniciar iDVD 3, es evidente que algo ha cambiado de forma radical. Sí, aparece la ventana principal con una enorme área de trabajo y botones de edición en la parte inferior. Pero en lugar de una pantalla estática en blanco, lo que se ve es un escenario de teatro en el que se abren y cierran las cortinas con música de fondo (véase figura 10.1). Éste es un menú animado; el fondo del menú, en realidad, es un videoclip, no una imagen estática.

Figura 10.1. *iDVD incluye una única ventana para diseñar el DVD.*

Truco

*Si los menús y los fondos animados le distraen mientras trabaja, puede hacer clic en el botón **Animación**, en la parte inferior de la ventana de iDVD, para detenerlos.*

Paso 2: Añadir clips al menú

Para añadir clips al menú DVD del nuevo proyecto, abra una ventana del Finder con varios clips de películas QuickTime, y arrastre y suelte un clip en el menú. iDVD crea un botón para el clip utilizando una imagen en miniatura del clip (véase figura 10.2).

***Figura 10.2.** Arrastre y suelte archivos de películas QuickTime desde cualquier ventana del Finder para crear botones de menú.*

Es más, la imagen en miniatura no es una imagen estática, es un menú animado con imágenes del clip. Como se puede ver, iDVD incluye dos clases de movimiento en los menús animados: la imagen de fondo puede ser animada, y las imágenes en miniatura del clip utilizadas para los botones del menú también pueden serlo.

A continuación, arrastre más clips al menú, uno por uno. A medida que se añaden clips adicionales, iDVD automáticamente los recoloca en el menú.

Truco

iDVD está diseñado para crear una producción DVD interactiva a partir de una colección de clips acabados, no para capturar o editar videoclips. Se puede utilizar iMovie para capturar escenas de vídeo y audio de videocámaras DV u otras fuentes; se pueden editar en una película más perfeccionada con títulos, transiciones y otros efectos. Al exportar la película final de iMovie, utilice la opción Exportar a iDVD *para asegurarse de que el material está listo para ser exportado a iDVD.*

Paso 3: Seleccionar un estilo de menú

Es posible modificar el estilo visual del DVD seleccionando un tema diferente. Haga clic en el botón **Personalizar** para abrir una ventana adicional en la parte izquierda de la ventana de iDVD. A continuación, haga clic en Temas, en la parte superior de dicha ventana. (Para cerrarla, vuelva a hacer clic en el botón **Personalizar**.)

El tema Teatro, con las cortinas que se abren y se cierran, es sólo uno de los temas predefinidos incluidos en iDVD; algunos tienen fondos estáticos y animados, y otros clips de audio. Haga clic en un tema diferente de la lista para modificar el aspecto del menú (véase figura 10.3).

Figura 10.3. *Seleccione un tema distinto para el proyecto con ayuda de la ventana* Temas.

El diseño del tema incluye la imagen o vídeo de fondo, posiblemente un clip de audio de fondo, los tipos y la distribución del título del menú, el contorno y el gráfico de los botones, la etiqueta de los botones y la distribución de los mismos.

Truco

Utilice el menú desplegable situado en la parte superior del panel Temas *para ver sólo los temas nuevos de iDVD 3, los antiguos, los favoritos o todos. Los temas con un fondo animado están marcados con un icono que representa una persona caminando (también utilizado para el botón* ***Animación****).*

Paso 4: Editar el texto del menú y los botones

iDVD utiliza el nombre del tema como el título predeterminado del menú, y el nombre del archivo de cada clip como las etiquetas predeterminadas de los botones.

Para editar el título del menú y las etiquetas de los botones, haga clic en cada campo de texto y escriba un nombre nuevo (véase figura 10.4).

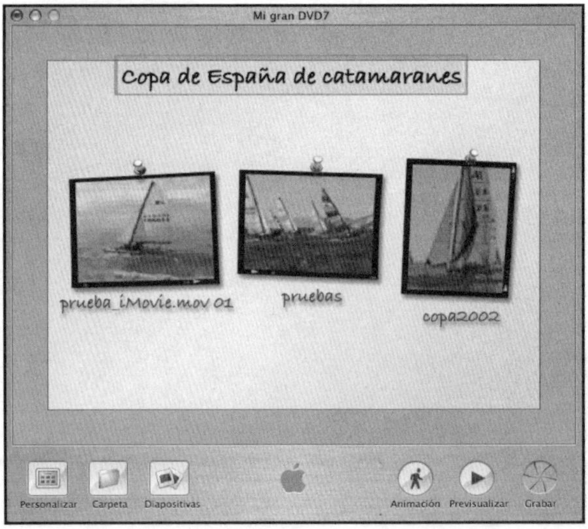

Figura 10.4. *Haga clic en el título del menú o en el texto del botón para editar el nombre.*

Paso 5: Previsualizar la producción

Después de crear el proyecto, es hora de ver qué aspecto tiene antes de grabarlo en un DVD. Haga clic en el botón **Previsualizar**, en la parte inferior derecha de la ventana de iDVD para probar el DVD.

iDVD abre una ventana de mando de DVD (véase figura 10.5) muy parecida a la que se utiliza en la aplicación Reproductor de DVD.

Figura 10.5. *Haga clic en* ***Previsualizar*** *para abrir el mando de DVD y reproducir el proyecto de DVD.*

Utilice el mando para navegar por los menús y comprobar el diseño y los enlaces, o simplemente haga clic directamente en los botones del menú. Haga clic de nuevo en el botón **Previsualizar** o pulse en botón de salida del mando para cerrar la ventana y seguir con la edición del DVD.

Truco

Durante el proceso de edición de menú, es posible reproducir un clic individual haciendo doble clic en su botón sin necesidad de previsualizar el DVD entero.

Paso 6: Guardar el proyecto

Antes de continuar, es recomendable guardar el proyecto. Haga clic en el menú desplegable Archivo y seleccione Guardar proyecto. iDVD guarda toda la información del proyecto y los datos en un archivo con el nombre del proyecto y el sufijo `dvdproj`.

Truco

Utilice la opción Guardar proyecto como *para guardar copias del trabajo en marcha al tiempo que hace cambios en el proyecto, o bien inicie una nueva versión del proyecto bajo otro nombre. No obstante, estos archivos del proyecto DVD pueden ocupar mucho espacio, porque contienen los elementos multimedia utilizados en el proyecto.*

Paso 7: Revisar el estado del proyecto

Una de las funciones más útiles de iDVD tiene lugar en un segundo plano mientras trabajamos. iDVD aprovecha las capacidades de multiprocesamiento de Mac OS X para codificar en el fondo los videoclips que hemos importado al proyecto, incluso mientras editamos el menú y previsualizamos el disco. En lugar de tener que esperar a que todos los clips estén codificados tras finalizar el diseño, es posible que iDVD haya acabado mientras nosotros seguimos trabajando.

En la ventana que se abre al hacer clic en **Personalizar**, haga clic en Estado para ver la lista de clips del proyecto y revise el progreso de la codificación (véase figura 10.6). Abra el menú Proyecto y seleccione Información del proyecto para ver más detalles.

Figura 10.6. *Haga clic en* Estado *para ver el progreso de codificación de los clips en el fondo.*

iDVD puede grabar de 60 a 90 minutos de material en un DVD. Revise el panel Estado para ver cuánto material se ha importado al proyecto en relación con la duración disponible. iDVD especifica una duración disponible de 60 minutos hasta la primera hora de material, y hasta 90 minutos si importamos más material. Para albergar 90 minutos en un DVD, sin embargo, iDVD ofrece una calidad de vídeo ligeramente inferior.

Truco

Puesto que iDVD codifica los clips de vídeo y audio en el fondo mientras trabaja, es una buena idea importar todos los clips en el proyecto rápidamente. De esta forma, puede darle a iDVD todo el tiempo posible para codificar los clips mientras continúa editando el diseño del menú.

Paso 8: Grabar el proyecto

Por último, llega el momento de grabar un disco. En los equipos PowerMac e iMac, iDVD utiliza SuperDrive para grabar el proyecto en un disco DVD-R.

Haga clic en el botón **Grabar**, situado en la parte inferior de la ventana de iDVD, para activarlo, y haga clic de nuevo para iniciar el proceso de grabación. Si ha desactivado los menús animados (haciendo clic en el botón **Animación**), iDVD le advertirá de ese hecho para que vuelva a activarlos.

Inserte un disco DVD-R virgen en la unidad de DVD, e iDVD pasará por las diferentes etapas del proceso de grabación (véase figura 10.7). Aunque iDVD puede codificar los videoclips en el fondo, debe preparar y codificar los gráficos de los menús. A continuación, combina todo el material DVD y, por último, lo graba en un disco DVD.

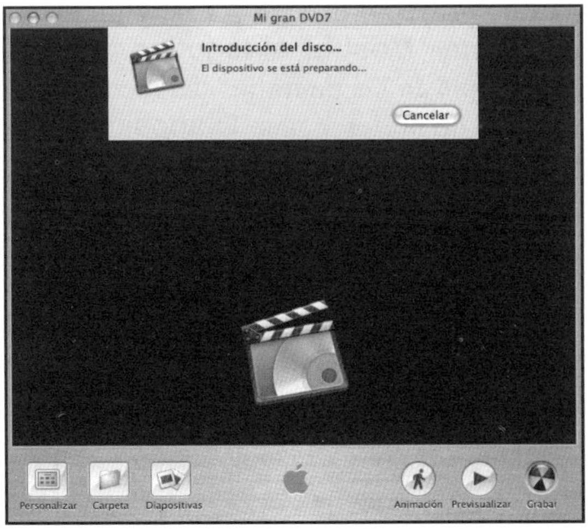

Figura 10.7. *iDVD realiza el proceso de grabación del proyecto en el disco, incluyendo la preparación de los gráficos de los menús, la combinación de todo el material en formato DVD y, por último, la grabación en el disco.*

Paso 9: Reproducir el CD

Cuando iDVD completa el proceso de grabación, la presentación se ha grabado en DVD con los clips de las películas organizados en menús con gráficos de diseño profesional. En ese momento, es posible reproducirlos en Macintosh con la aplicación Reproductor de DVD o insertar el disco en un reproductor DVD de uso doméstico.

Selección de preferencias de iDVD

iDVD no requiere demasiada configuración antes de empezar a trabajar con él. Las opciones generales del programa están definidas en el cuadro de diálogo Preferencias (véase figura 10.8). Hay tres paneles: General, Diapositivas y Películas.

En el panel General utilice la sección Estándar de vídeo para seleccionar el formato de vídeo de destino para el DVD, bien NTSC (para Norteamérica) o PAL (para gran parte de Europa).También es posible seleccionar Borrar los archivos generados al cerrar un proyecto para reducir el uso de espacio del disco al cerrar el proyecto. iDVD guarda todos los datos en formato DVD que crea para el proyecto en el archivo de datos `dvdproj`, incluyendo los videoclips codificados. Puesto que un DVD puede contener hasta 4.7 GB de datos, estos archivos de proyecto pueden ser de gran dimensión. Por último, active o desactive la opción Mostrar el logotipo de Apple para mostrar u ocultar el logotipo de Apple en las pantallas del menú.

Los otros dos paneles de preferencias, Diapositivas y Películas, contienen otras opciones que no entrañan mayor dificultad.

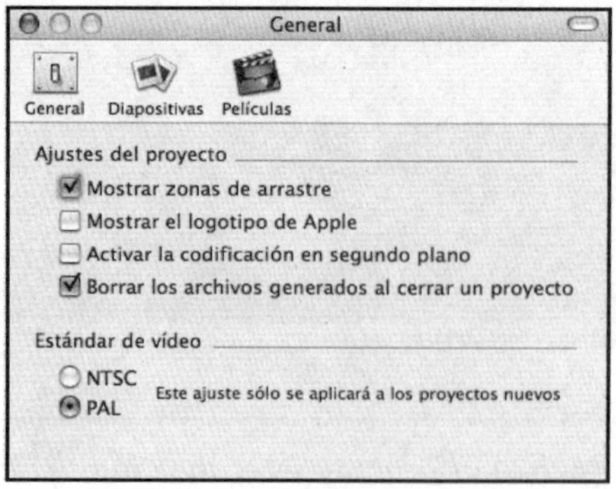

Figura 10.8. *Utilice las preferencias de iDVD para establecer las opciones generales del programa, y especialmente para liberar espacio en el disco.*

Organización de los clips en menús DVD

iDVD ofrece la posibilidad de ordenar los clips en los menús y de organizar grupos de clips en carpetas de múltiples menús de clips enlazados. También permite copiar y mover clips entre los diferentes menús de forma sencilla.

Reorganización de los botones de los menús

A medida que se añaden clips a un menú, iDVD automáticamente los distribuye en función del diseño definido al estilo del menú actual. Para modificar el orden de los clips, haga clic y arrástrelos sobre el menú hasta una nueva posición (véase figura 10.9). Cuando arrastre los clips, iDVD desplaza los demás a su posición correspondiente.

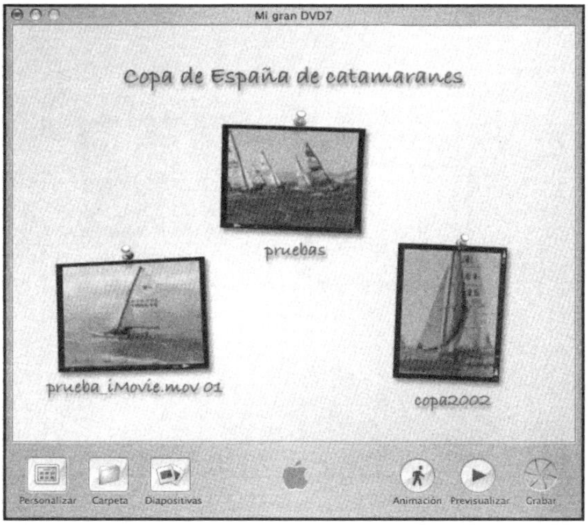

Figura 10.9. *Ordene los clips en el menú arrastrando los botones hasta una nueva posición.*

Truco

Aunque en muchos de los temas se utiliza una sencilla distribución con dos filas de tres clips cada una, en otros se utiliza una distribución menos común, imágenes en miniatura de distintos tamaños, o incluso texto sin ninguna imagen. No obstante, iDVD también ofrece control total sobre el aspecto y la distribución de los botones en el panel Ajustes *que aparece al hacer clic en el botón* ***Personalizar****. Por tanto, es posible desactivar la alineación con retícula y colocar los botones en cualquier parte del menú.*

Inclusión de clips en menús enlazados

A medida que añade clips al proyecto, puede organizarlos en subcarpetas para crear menús ordenados jerárquicamente. Haga clic en el botón **Carpeta**, en la parte inferior de la ventana de iDVD para crear un nuevo botón de **Carpeta** en el menú actual.

Para editar el menú enlazado, haga doble clic en el botón correspondiente del menú, e iDVD mostrará el menú vacío para la nueva carpeta. En ese momento, puede importar nuevos clips al nuevo menú y modificar el tema. iDVD añade un botón de retroceso (una flecha que mira hacia la izquierda), de forma que podamos desplazarnos hasta el menú original (véase figura 10.10).

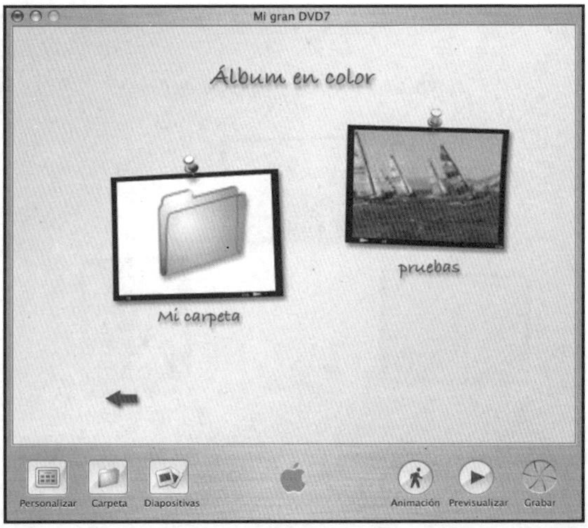

Figura 10.10. *Haga clic en* ***Carpeta*** *para organizar los clips en carpetas enlazadas. iDVD añade un botón de retroceso al menú enlazado para desplazarnos por los diferentes elementos.*

Copiar, mover y eliminar botones del menú

Para copiar y mover botones entre los menús, utilice los comandos habituales del menú Edición de Macintosh: Cortar, Copiar y Pegar.

Para eliminar un botón de un menú, haga clic en el botón para seleccionarlo, y a continuación pulse la tecla **Supr**. iDVD elimina el botón del menú mostrando una bonita nube de polvo animada. Si el botón es una carpeta, todos los contenidos incluidos de la carpeta también quedan eliminados.

Haga clic para seleccionar un botón individual sobre el que actuar o seleccione Seleccionar todo en el menú Edición para actuar simultáneamente sobre todos los botones del menú.

Truco

iDVD incluye las opciones Deshacer *y* Rehacer *en el menú* Edición, *de forma que podemos experimentar y después deshacer los cambios, o incluso dar marcha atrás tras haber eliminado menús enteros por error.*

Si guarda el trabajo a medida que progresa, es posible volver atrás con sólo cerrar el proyecto sin guardar los últimos cambios para después volverlo a abrir en su estado anterior.

Creación de presentaciones

Para un tipo diferente de producción, es posible utilizar iDVD con el fin de crear una presentación con una banda sonora.

Haga clic en el botón **Diapositivas**, en la parte inferior de la ventana de iDVD, para crear un nuevo botón en el menú para la presentación. A continuación, haga doble clic en el botón creado para abrir la ventana Mis diapositivas (véase figura 10.11).

Para añadir imágenes a la presentación, abra una ventana del Finder y arrastre archivos de imágenes a la ventana. Haga clic y arrastre para cambiar el orden de los elementos. Utilice el menú emergente Miniaturas para ajustar el tamaño de las imágenes en miniatura durante la edición de la presentación.

Para añadir una pista de audio de fondo, arrastre el archivo de audio de QuickTime de una ventana del Finder hasta el espacio Audio, debajo de la lista de imágenes. Para eliminar el audio de fondo, arrastre el icono del archivo fuera de Audio.

Seleccione la opción de las flechas Mostrar durante el pase para ver flechas a la izquierda y la derecha y recordar al usuario que haga clic en los botones de navegación izquierdo y derecho en el mando a distancia para avanzar o retroceder de elemento. No se puede hacer clic en los iconos de las flechas.

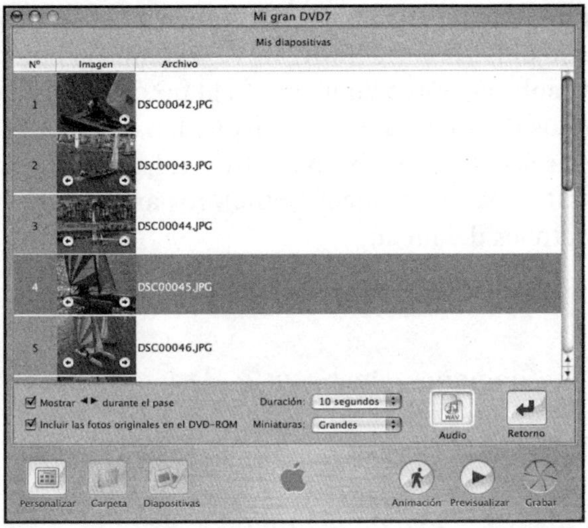

Figura 10.11. *Utilice la ventana* Mis diapositivas *para organizar una presentación con imágenes estáticas y una pista de audio de fondo.*

Utilice el menú Duración para establecer el tiempo que cada elemento aparecerá en pantalla. Seleccione Ajustar al audio para que la presentación coincida con el clip de audio, o bien seleccione Manual para que el usuario haga clic cuando quiera pasar a la imagen siguiente.

Haga clic en cualquier momento sobre el botón **Previsualizar**, en la parte inferior de la ventana de iDVD, para previsualizar la presentación. Cuando finalice la creación de la presentación, haga clic en el botón **Retorno**, en la parte inferior derecha de la ventana, para volver al menú que contiene la presentación.

Personalización de los menús

iDVD incluye una colección predefinida de temas o plantillas de diseño para definir el aspecto visual de los menús. Los temas están inspirados en un estilo gráfico común que se aplica a los diferentes elementos del menú, incluyendo la imagen gráfica de fondo, el contorno de los botones y las fuentes y el color del texto para el título de menú y el nombre de los botones.

Estos temas resultan de gran ayuda para crear un DVD por primera vez, aunque iDVD también ofrece flexibilidad para anular los diferentes elementos de un tema y aplicar cambios a un solo menú o bien al proyecto completo.

Para personalizar los menús, haga clic en el panel Ajustes del cajón que se abre al hacer clic en **Personalizar**.

Personalización de la animación de los botones

Al hacer clic en un botón del menú, iDVD abre un pequeño control deslizante y un cuadro de verificación (véase figura 10.12). Marque el cuadro Película para especificar si la imagen en miniatura del botón de un videoclip debe ser un vídeo animado o simplemente una imagen estática.

Utilice el control deslizante Duración película, situado en la parte superior del panel Ajustes, para establecer la duración de las secuencias animadas del menú, incluyendo el fondo y los botones de vídeo. Los menús animados pueden durar hasta 30 segundos.

Personalización de las imágenes de los botones

Cada botón del menú está representado con una imagen en miniatura o un icono. Los botones de los videoclips utilizan una imagen en miniatura del primer fotograma del clip, y los botones de las carpetas y las presentaciones utilizan iconos predeterminados. Para utilizar un fotograma distinto del videoclip, arrastre el control deslizante sobre el botón para seleccionar un fotograma distinto que represente el clip cuando el botón no está en movimiento (véase figura 10.12).

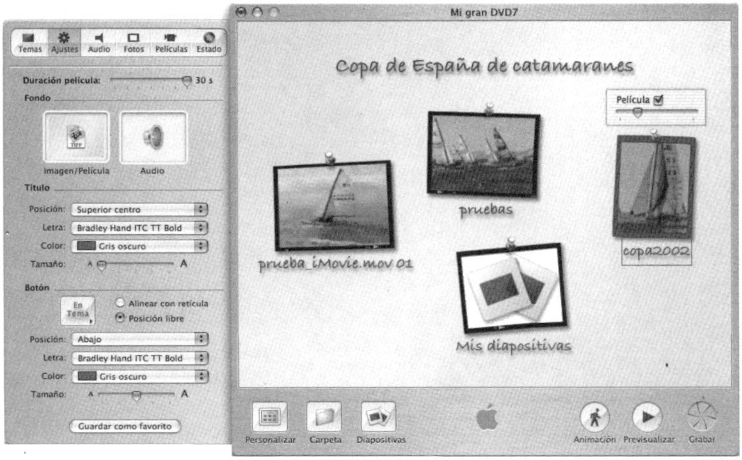

Figura 10.12. *Utilice el menú emergente del botón para controlar la animación del botón y seleccionar un fotograma. También puede arrastrar y soltar imágenes personalizadas para utilizarlas en los botones.*

Para los botones de las carpetas y las presentaciones, el control deslizante mostrará los clips de la carpeta o las imágenes de la presentación.

También es posible personalizar la imagen de un botón. Arrastre un archivo de imagen desde cualquier ventana del Finder y suéltelo encima del botón. La imagen cambiará de tamaño para encajar en el botón. Seleccione la imagen personalizada moviendo el control deslizante sobre el botón completamente hacia la derecha.

Personalización de los fondos del menú

Utilice los controles de Fondo situados en la parte superior del panel Ajustes para seleccionar una escena de fondo distinta y una pista de audio de fondo para que aparezca junto al menú (figura 10.13).

Para modificar la imagen de fondo del menú, arrastre una imagen estática o un archivo de películas QuickTime al área Imagen/Película (o simplemente suéltelo en el fondo de la ventana principal).

Para modificar el audio de fondo, arrastre un archivo de audio de QuickTime al área Audio. Para eliminar los archivos seleccionados, arrastre el icono correspondiente fuera del área, y iDVD volverá al estilo del tema seleccionado.

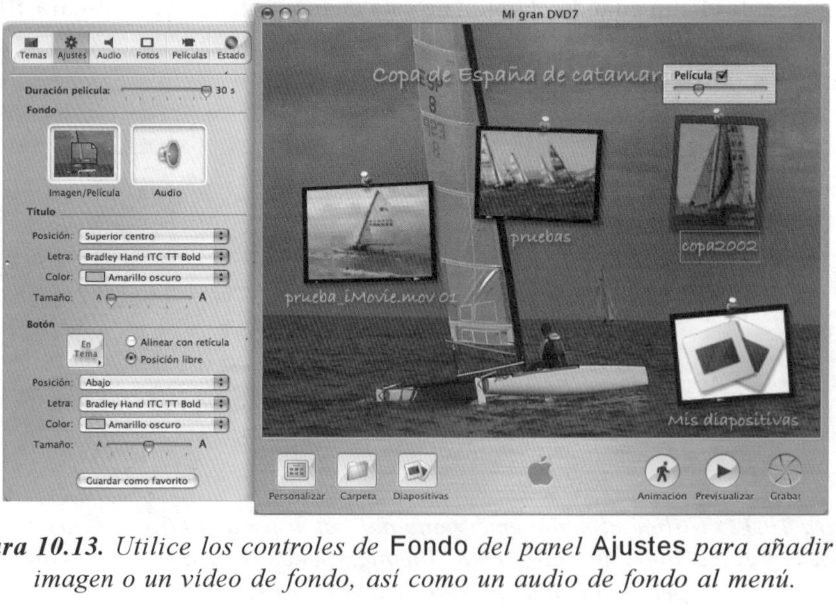

Figura 10.13. *Utilice los controles de* Fondo *del panel* Ajustes *para añadir una imagen o un vídeo de fondo, así como un audio de fondo al menú.*

Personalización de los títulos del menú

Utilice los controles de Título, en la parte central del panel Ajustes, para modificar la posición y los atributos del texto del título del menú (véase figura 10.14).

Utilice el menú emergente Posición para colocar el título en lugares predefinidos o para que no aparezca título alguno, o bien seleccione Personalizar para arrastrar el título a cualquier parte del menú. Utilice los campos Letra, Color y Tamaño para ajustar el aspecto del texto del título.

Figura 10.14. *Utilice los controles de* Título *del panel* Ajustes *para ajustar la posición y el aspecto del texto del título del menú.*

Personalización de los botones del menú

Utilice los controles de Botón del panel Ajustes para cambiar la posición y los atributos del texto de los botones (véase figura 10.15).

Utilice el menú emergente En Tema para establecer si el contorno de los botones debe ser el del tema actual o bien elegir un diseño diferente del menú.

Utilice las casillas de verificación Alinear con retícula o Posición libre para establecer si los botones deben alinearse automáticamente según el diseño del menú o si, por el contrario, pueden trasladarse libremente hasta cualquier parte del menú.

Figura 10.15. *Utilice los controles de* Botón, *en el panel* Ajustes, *para ajustar la posición de los botones, su contorno y el lugar y el aspecto del texto de los mismos.*

Los controles restantes afectan a las etiquetas de los botones. Utilice el menú emergente Posición para seleccionar el lugar del texto en relación con la imagen en miniatura; también es posible elegir que los botones sean sólo de texto o que no tengan texto y sólo gráficos (Sin texto).

Utilice los campos Letra, Color y Tamaño para ajustar el aspecto del texto de la etiqueta.

Truco

Si opta por colocar los títulos y los botones del menú de forma manual y por utilizar un fondo personalizado, procure mantener los elementos importantes dentro del área de televisión, la parte central de la pantalla.

Al ver un DVD en un equipo de televisión mediante un reproductor DVD de uso doméstico, es posible que los bordes de las imágenes no sean visibles en la pantalla de televisión.

Para evitar este problema, haga clic en el menú Avanzado *y seleccione* Mostrar área TV. *iDVD abrirá un área sombreada alrededor de la pantalla para aproximar el área de seguridad en la que poder colocar los elementos.*

Aplicación de temas a los menús

Al utilizar el panel Temas para seleccionar un nuevo tema o para personalizar un menú, estos cambios se aplican únicamente al menú que esté en pantalla en ese momento. Sin embargo, tras modificar el diseño de un menú, es posible aplicar dicho diseño a los demás menús del proyecto.

Para aplicar el diseño de un menú a todos los menús del proyecto, haga clic en el menú Avanzado y seleccione Aplicar tema al proyecto. De esta forma, todo el proyecto compartirá el mismo diseño gráfico.

Para aplicar el diseño de un menú a todas las carpetas que incluye, seleccione Aplicar tema a las carpetas. Es posible utilizar diseños gráficos distintos para las diferentes secciones del DVD. Edite el diseño de una carpeta de nivel superior, y a continuación aplique los cambios a las carpetas de inferior nivel.

Resumen

iDVD de Apple ofrece lo mejor de ambos mundos para la creación personal en DVD: una sencilla interfaz con ayuda automatizada para la distribución de los menús, y la posibilidad de personalizar el aspecto visual y controlar totalmente la distribución. La inclusión de menús en movimiento, en concreto, puede convertir los DVD en experiencias visualmente sorprendentes.

Con la plataforma PowerMac, Apple introdujo un sistema integral de creación en DVD apropiado y efectivo incluso para uso personal, desde captura de vídeo DV y edición con iMovie hasta creación DVD y grabación con iDVD y SuperDrive.

El siguiente capítulo describe DVDit!, una herramienta de creación en DVD para Windows.

Apple también ofrece DVD Studio Pro, una herramienta de creación en DVD más completa y profesional. DVD Studio Pro sirve como complemento a la herramienta Final Cut Pro de Apple para edición de vídeo, efectos y composición. Ofrece codificación profesional de vídeo en formato MPEG-2, y de audio, en formato Dolby Digital. Además, soporta hasta 99 pistas de vídeo y múltiples pistas de idiomas. Se pueden incluir presentaciones, menús estáticos o animados a partir de archivos de PhotoShop o videoclips y enlaces interactivos directamente de la Web. DVD Studio Pro puede exportarse a cintas DLT para su duplicación masiva o a DVD-RAM para probar proyectos sin gasto adicional.

DVD-R

11. Creación personal en DVD con Sonic DVDit!

El capítulo anterior ha descrito cómo Apple iDVD convierte la creación en DVD en una sencilla experiencia que consiste en "arrastrar y soltar". Basta con arrastrar clips a un menú para crear botones, seleccionar un estilo de menú, editar el menú y el texto de los botones, crear menús enlazados y, por último, previsualizar y grabar la producción.

Sonic DVDit! comienza con un enfoque similar consistente en "arrastrar y soltar" como herramienta de creación en DVD de Windows, pero ofrece acceso a controles más avanzados para crear enlaces arbitrarios entre menús, añadir texto y diseños visuales, establecer puntos de capítulo en los clips e incluir control explícito sobre la compresión. Al igual que iDVD, DVDit! no es una herramienta para capturar o editar vídeo. Está diseñada para importar clips acabados que se han creado anteriormente y combinarlos dentro de una producción interactiva. Como aplicación de Windows, es compatible con una mayor variedad de formatos, incluyendo Windows AVI y archivos de vídeo QuickTime. También permite exportar la producción como volumen de DVD en el disco duro para utilizarla después para probar y hacer copias.

Con este mayor control, sin embargo, la interfaz se hace algo más compleja, y se hace necesario definir manualmente la distribución y la navegación, que otras herramientas más sencillas crean de forma automática. Por ejemplo, es necesario colocar los botones en los menús de forma explícita, crear enlaces a otros menús y viceversa, y añadir y editar texto para los títulos de los menús y las etiquetas de los botones.

Para soportar este grado de control, DVDit! cuenta con más elementos en la interfaz de usuario. En lugar de arrastrar clips directamente de las carpetas del disco, en DVDit! primero se importan a la ventana Palette. Ésta se utiliza para organizar todos los elementos en distintos soportes, incluyendo vídeo, audio de fondo, imágenes, botones y fuentes de texto. La interfaz de DVDit! hace visibles los componentes del diseño mediante la lista Menus/Movies, de forma que podamos revisar todos los clips y menús que hemos creado y utilizado en el proyecto con el objetivo de poder enlazar unos con otros. Seguidamente, creamos el diseño del menú al margen de los clips y creamos los enlaces de navegación para unirlos a ambos.

Este capítulo muestra cómo utilizar DVDit! para crear producciones DVD. Comienza explicando el proceso que realiza DVDit! para realizar rápidas creaciones mediante el método de "arrastrar y soltar". A continuación ofrece más detalles sobre la importación de clips multimedia, la personalización del diseño, el trabajo con menús y películas, la creación de una estructura de navegación y, por último, la producción DVD resultante.

Acerca de DVDit!

Sonic DVDit! (`www.dvdit.com`) es una importante aplicación para la creación en DVD dirigida a productores y realizadores de vídeo, y está integrada por destacados sistemas de edición de vídeo, captura, codificación y producción multimedia.

La línea de productos Sonic comparte una tecnología subyacente para la creación en DVD denominada AuthorScript, que ha sido utilizada para crear millones de títulos de la más alta categoría en DVD. También ofrece alta compatibilidad con los dispositivos de reproducción de uso doméstico y en PC. Sonic ha cedido su tecnología de creación a empresas como InterVideo, Adobe o Microsoft.

DVDit! es una potente y a la vez accesible aplicación para publicar producciones de vídeo en DVD. Incluye el método "arrastrar y soltar" para crear fácilmente sencillas producciones con menús conectados mediante enlaces a videoclips e imágenes, así como conversión automática de los formatos AVI y QuickTime.

DVDit! Ofrece, además, acceso a diseños DVD más sofisticados con botones y títulos personalizados, una línea de tiempo para establecer puntos de capítulo, controles de los enlaces de navegación y la posibilidad de reproducción mediante enlaces automáticos entre menús y clips. También soporta funciones DVD avanzadas, incluyendo control sobre la velocidad de bits de compresión, formato de vídeo en pantalla ancha, sonido estéreo Dolby Digital y grabación de la producción final en cinta DLT para su masterización profesional.

La versión 2.5 de DVDit! salió al mercado a principios de 2002, y está disponible en distintas versiones, todas integradas con sistemas informáticos, periféricos de DVD y otras herramientas de software.

DVDit! LE, la versión limitada, a menudo se utiliza como producto integrado. Ofrece creación de los menús mediante el método "arrastrar y soltar", visualización en tiempo real y soporte integrado para la grabación en discos CD y DVD. DVDit! SE, la edición estándar, incluye soporte para menús con audio de fondo, la línea de tiempo para establecer puntos de capítulo, transcodificación integrada para formato de vídeo y audio DVD, y una aplicación para reproducir DVD. DVDit! PE, la edición profesional, incluye soporte para vídeo en pantalla ancha, sonido Dolby Digital y masterización en cinta DLT. Los apartados siguientes se centran en el producto estándar DVDit! SE, y abarcan las funciones más profesionales de la versión PE.

Inicio de un nuevo proyecto con DVDit!

Para demostrar lo fácil que resulta utilizar DVDit! para crear DVD mediante el método "arrastrar y soltar", los siguientes apartados describen el proceso completo desde el inicio de un proyecto nuevo, e incluye la importación de elementos, la creación de menús, la inclusión de títulos y navegación, la previsualización de la producción y la creación del DVD de salida.

Paso 1: Iniciar un nuevo proyecto

Cada vez que se abre DVDit!, aparece el cuadro de diálogo Project Planner, que supone el punto de partida para configurar un nuevo proyecto o para abrir un proyecto ya existente (véase figura 11.1).

Para empezar a trabajar en un nuevo proyecto, haga clic en **Start a New Project**.

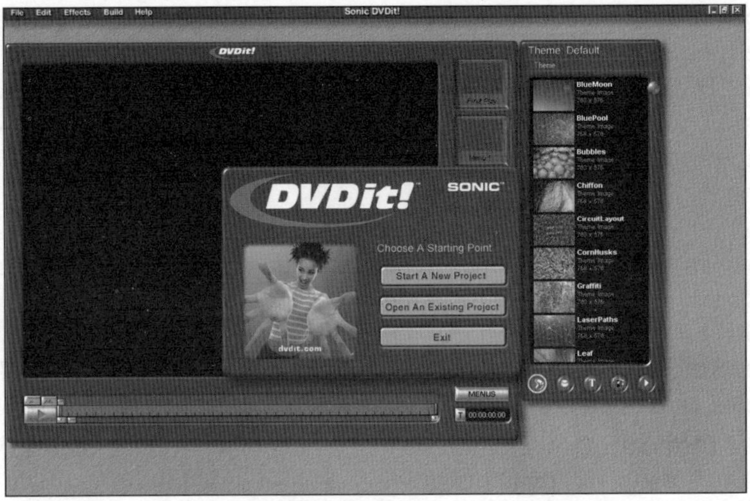

Figura 11.1. *Seleccione* ***Start a New Project*** *en la ventana* Project Planner *para iniciar la configuración de un proyecto nuevo.*

Paso 2: Seleccionar el formato de salida

Utilice la siguiente pantalla de Project Planner para especificar el formato de salida que va a utilizar al generar la producción DVD (véase figura 11.2). Seleccione el formato de televisión que desee (NTSC o PAL) para determinar qué resolución de imagen va a usar en el proyecto. Seleccione el formato de compresión de vídeo (MPEG-1, MPEG-2 **para DVD** o **cDVD)** para determinar la resolución de vídeo y el formato de compresión.

Truco

Estos parámetros determinan el tipo de archivos de vídeo que puede importar al proyecto. Es posible importar archivos AVI y QuickTime a cualquier proyecto porque DVDit! los transformará en el formato necesario. Sin embargo, las especificaciones DVD son muy estrictas en cuanto a la resolución de vídeo y la velocidad de los datos de compresión. Por esta razón, no es posible importar material PAL a un proyecto NTSC o importar vídeo MPEG-1 a un proyecto MEPG-2. Si tiene previsto crear un disco CD que contiene datos en formato DVD (lo que Sonic denomina disco "cDVD"), algunos de los requisitos para el formato de compresión pueden dejarse a un lado para que cualquier archivo en el formato MPEG especificado pueda ser importado.

Paso 3: Seleccionar el formato de salida

Utilice la última pantalla de Project Planner para determinar el formato de imagen: normalmente, de 4:3 para una pantalla de televisión normal (véase figura 11.3). A continuación, haga clic en **Finish** para iniciar el nuevo proyecto.

Figura 11.2. *Seleccione el estándar de televisión y de compresión para determinar qué tipo de material puede importarse al proyecto.*

Figura 11.3. *Por último, seleccione un formato de imagen para el proyecto.*

Paso 4: Importar clips al proyecto. La ventana Palette

DVDit! abre un nuevo proyecto en blanco para trabajar en él. En la parte derecha de la pantalla se encuentra la ventana Palette, que contiene colecciones de elementos multimedia que podemos utilizar para crear el proyecto. Estos elementos incluyen archivos de imágenes estáticas, archivos de clips de vídeo y audio y fuentes de texto. En la parte izquierda se encuentra la ventana Video Monitor, en la que editamos y previsualizamos la producción.

Con DVDit! podemos organizar los diferentes elementos en distintos grupos o motivos, lo que nos sea de más ayuda: por proyectos, por fuentes o por estilos visuales. El nombre del motivo actual que aparece en la ventana Palette, el motivo Default (predeterminado), se encuentra en la parte superior de la pantalla. Este motivo contiene imágenes gráficas que vienen incluidas en DVDit! al instalarlo.

Haga clic en los tres primeros botones de la ventana Palette, en la parte inferior de la ventana, para ver los diferentes grupos de elementos. **Backgrounds** contiene imágenes de fondo para el menú, **Buttons** contiene imágenes de los botones del menú y **Text** contiene los estilos de fuente disponibles.

Las fuentes de texto que aparecen en la ventana Palette son las fuentes instaladas en el sistema Windows y, por tanto, están disponibles para todos los motivos.

Haga clic en el cuarto botón de la ventana Palette para ver la lista de los archivos Media instalados en este motivo, incluidos clips de vídeo y audio e imágenes estáticas. El motivo Default no incluye clips multimedia, por eso la lista no tiene ningún elemento.

Para añadir clips multimedia a la ventana Theme, seleccione varios archivos de videoclips en una ventana del Explorador de Windows, arrástrelos y suéltelos en la ventana Palette (o bien abra el menú desplegable Theme en la ventana o haga clic con el botón derecho del ratón en la ventana y seleccione Add Files to Theme).

DVDit! añade cada uno de los archivos a la ventana Palette, y los muestra mediante una imagen en miniatura del primer fotograma junto con información resumida sobre el archivo del clip (véase figura 11.4).

Figura 11.4. *Arrastre y suelte varios archivos de vídeo a la sección* Media *de la ventana* Palette.

Paso 5: Crear el menú principal. La lista Menus/Movies

A continuación, cree el menú principal que va a utilizar para enlazar estos clips. A medida que añade menús y películas de la ventana Palette al proyecto, DVDit! los controla en el área de espacios Menus/Movies, a la derecha de la ventana principal de Video Monitor. Estas listas contienen espacios para el menú y los clips del proyecto, y se utilizan como contenedores para crear y editar los objetos y los enlaces del menú y la película.

El primer elemento que aparece en ambas listas es First Play. Éste es el menú o videoclip que empieza a reproducirse automáticamente cada vez que cargamos el disco en un reproductor DVD. Es posible seleccionar cualquier menú o clip de película como primer elemento de reproducción arrastrándolo hasta el espacio First Play. Haga clic en el botón **Menus/Movies**, en la parte inferior del área, y seleccione Menus en el menú desplegable. DVDit! abrirá un espacio en blanco para añadir un menú. Haga clic en el primer botón de **Backgrounds** para ver una lista con las imágenes de fondo disponibles para el menú. Haga clic para seleccionar una imagen, arrástrela y suéltela en el espacio First Play.

DVDit! añade el nuevo menú a la lista Menus, y muestra el menú como elemento First Play (véase figura 11.5). De nuevo, el elemento First Play no es un objeto independiente, se limita a mostrar qué otros menús o clips de películas aparecerán como primer elemento de reproducción (First Play).

Figura 11.5. *Arrastre y suelte una imagen de fondo de la lista* Menus *hasta el espacio* First Play. *El proyecto ahora tiene un nuevo menú, que además es el primer elemento de reproducción (*First Play*).*

Paso 6: Añadir clips de películas al menú

Seguidamente, añada unos cuantos clips de películas al menú en blanco de la ventana Video Monitor. Haga clic en el botón **Media**, en la parte inferior de la ventana Palette, para ver la imagen en miniatura de los clips y arrastre y suelte dos clips al menú. DVDit! crea botones para los clips mediante una imagen en miniatura del primer fotograma de cada uno de ellos.

DVD! añade los clips a la imagen en miniatura del menú dentro de la lista Menus (véase figura 11.6). Haga clic en el botón **Menus/Movies** para ver que los clips se han añadido a la lista Media.

Figura 11.6. *DVDit! crea botones con imágenes en miniatura al añadir clips de películas al menú.*

Truco

Ésta es la primera gran diferencia entre DVDit! y las herramientas automatizadas para la creación en DVD: DVDit! no distribuye automáticamente los botones, ofrece control total para la distribución y el diseño de los botones del menú. Puede hacer clic y arrastrar los botones hasta diferentes lugares y puede cambiar el tamaño de los botones arrastrando los tiradores rojos que aparecen en el contorno de los botones seleccionados actualmente.

Paso 7: Añadir un título y ajustar las propiedades del texto

De forma similar, DVDit! no genera títulos para los menús de forma automática ni da nombre a los botones.

Para añadir un título al menú, haga clic en el botón **Title**, debajo de la ventana Palette, para ver una lista de las fuentes disponibles. DVDit! crea un área de texto en el menú para escribir en ella.

Para ajustar el tamaño y el estilo del texto, haga clic para seleccionar el texto del título, abra el menú desplegable Effects y seleccione Text Properties.

DVDit! abre el cuadro de diálogo Text Properties en la parte derecha de la ventana (véase figura 11.7). Es posible cambiar la fuente, el tamaño y los efectos; utilice los controles deslizantes situados encima y debajo de la barra de color para ajustar el color y el brillo del texto.

***Figura 11.7.** Añada un título al menú utilizando la fuente seleccionada. A continuación, ajuste las propiedades del texto del menú.*

Paso 8: Crear un menú enlazado

Para crear otro menú, haga clic en el botón **Backgrounds**, debajo de la ventana Palette, y seleccione una imagen de fondo distinta para arrastrarla hasta el espacio en blanco Menu 2.

DVDit! muestra el segundo menú vacío en la ventana Video Monitor (véase figura 11.8).

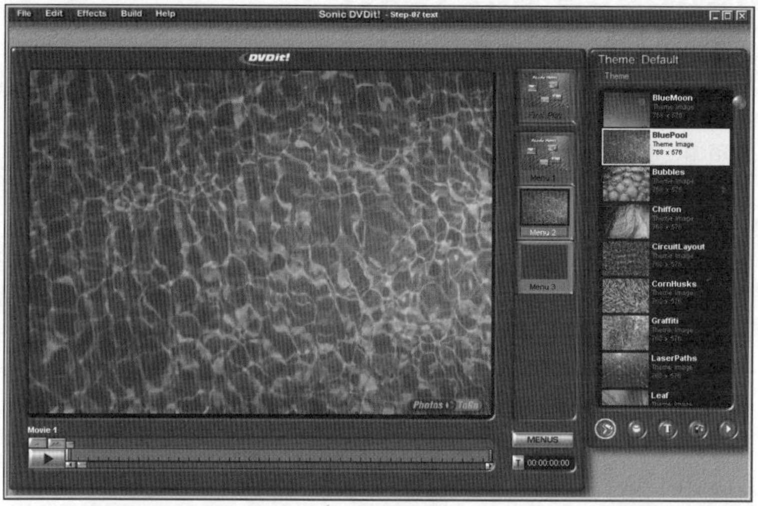

Figura 11.8. *Añada un segundo menú al proyecto arrastrando un fondo al espacio vacío* Menu.

Truco

A diferencia de las herramientas automatizadas para la creación en DVD, este menú no se añade automáticamente a la navegación del DVD. Por el contrario, ofrece control total sobre la navegación, así como sobre la responsabilidad de enlazar menús y clips. Esto significa que es necesario añadir un enlace desde el menú principal hasta este menú y añadir otro enlace desde este menú de vuelta al menú principal.

Paso 9: Añadir un botón para volver al menú principal

Añada uno o dos clips de vídeo más a este menú desde la paleta Media, y a continuación haga clic en el botón **Buttons**, debajo de la ventana Palette. La lista Buttons es simplemente una colección de archivos de imágenes que por su tamaño pueden utilizare como botones del menú.

Arrastre la flecha que apunta hacia arriba hasta el menú de la ventana Video Monitor para enlazarlo de nuevo con el menú principal. Es posible modificar el tamaño del botón arrastrando los tiradores rojos (véase figura 11.9).

No obstante, este botón es sólo una imagen gráfica, no está enlazado con nada. Para enlazar el botón de nuevo al menú principal, arrastre y suelte el espacio Menu 1 hasta el botón. El botón queda de esta forma conectado al menú principal.

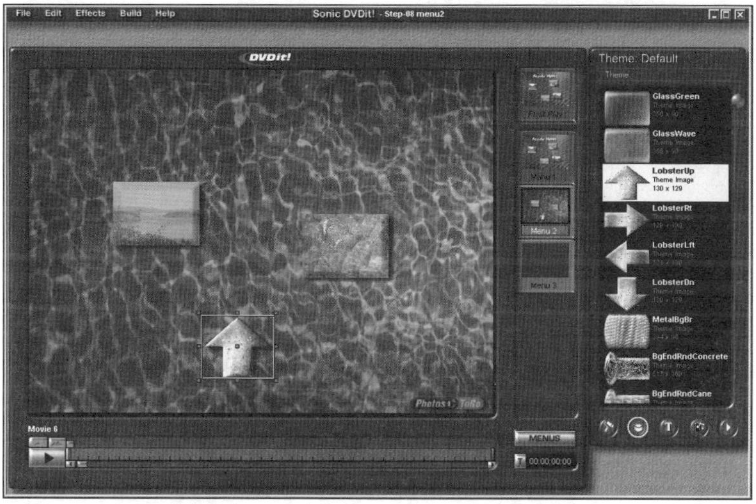

Figura 11.9. Añada un botón gráfico al menú y enlácelo al primer menú.

Truco

A medida que añada menús y botones al proyecto, puede resultar cada vez más complicado recordar cómo están conectados. Es posible probar los enlaces previsualizando el DVD y haciendo clic en los diferentes elementos de la navegación (véase Paso 11), pero DVDit!, además, permite revisar la estructura de los enlaces directamente.

Paso 10: Enlazar el menú principal al segundo menú

A continuación, es necesario añadir un enlace en sentido contrario, desde el menú principal hasta este menú.

Haga clic en el espacio Menu 1 para seleccionarlo, y DVDit! abrirá el primer menú. Arrastre y suelte el espacio Menu 2 que acaba de crear en el menú de la ventana Video Monitor.

DVDit! añade un botón con una imagen en miniatura del segundo menú y con un enlace al menú (véase figura 11.10).

Figura 11.10. Seleccione el primer menú y añada un botón que sirva de enlace con el segundo menú.

Paso 11: Previsualizar la presentación DVD

Acaba de crear una completa presentación DVD con dos menús, y cada uno incluye numerosos videoclips con enlaces de navegación entre los dos menús.

Es un buen momento para guardar el trabajo en progreso. Abra el menú desplegable File y seleccione Save para guardar el proyecto en el disco duro como un proyecto DVDit! (.dvdit).

A continuación, previsualice el DVD haciendo clic en el botón **Play** (icono de la flecha a la derecha), debajo de la ventana Palette.

DVDit! muestra el mando a distancia (Remote Control) para que reproduzca la presentación (véase figura 11.11). Al iniciarse la reproducción, el menú que ha seleccionado como First Play aparece en la ventana Video Monitor.

Utilice las flechas de Remote Control para desplazarse por los distintos botones de cada página del menú, o bien haga clic en **Enter** para reproducir el clip seleccionado. También es posible hacer clic directamente en los botones de menú para activarlos.

Haga clic en el botón **Stop**, en la parte inferior derecha de Remote Control, para volver a la edición del menú (mientras sigue en pantalla Remote Control). Haga clic en el botón **Play/Pause** para volver a la previsualización de la producción y para detener y reproducir videoclips.

*Figura 11.11. Utilice el mando a distancia (*Remote Control*) para reproducir la presentación y comprobar los enlaces.*

Haga clic en el botón **X**, en la esquina superior derecha de Remote Control para cerrar esta ventana y volver a la edición de la producción.

Truco

Aunque es necesario crear de forma explícita los enlaces de navegación entre los diferentes menús y clips, DVDit! genera de forma automática los enlaces entre los botones de cada menú individual. A medida que distribuya los botones en el menú, DVDit! irá creando los enlaces correspondientes para navegar entre los botones siguiendo el diseño creado.

Paso 12: Copiar la producción en un volumen de DVD

Después de finalizar la creación de la producción DVD, es posible elaborar el DVD final. DVDit! ofrece una gran variedad de opciones para compartir la producción: permite copiarla directamente en un disco DVD o CD (si es lo bastante pequeño) o guardarlo en el disco duro.

Guardar volúmenes de DVD en el disco duro resulta de gran ayuda para probar el proyecto antes de copiarlo en un disco. Es posible hacer copias en discos DVD (o CD) directamente del volumen de DVD del disco duro.

Para empezar la creación del DVD, abra el menú desplegable Build y seleccione Make DVD Folder. Si el proyecto contiene archivos AVI o QuickTime que necesitan ser convertios a formato DVD, DVDit! abre un cuadro de diálogo para decidir si convertir los archivos utilizando los parámetros actuales o cambiar los parámetros de conversión.

Haga clic en Convert Files Using Current Settings para proseguir con los parámetros predeterminados.

DVDit! abre el cuadro de diálogo Make DVD Fólder (véase figura 11.12). La sección Source de la pestaña General muestra el proyecto actual. Haga clic en **Browse**, en la sección Path, para determinar el directorio de salida para el proyecto. Haga clic en **OK** para iniciar la creación del DVD.

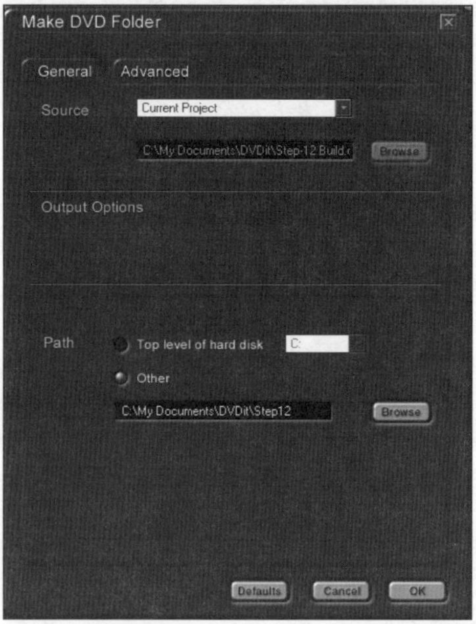

Figura 11.12. *Utilice el cuadro de diálogo* Make DVD Folder *para especificar el proyecto de origen y la carpeta de destino para los volúmenes de DVD que va a crear.*

DVDit! realiza el proceso para convertir el proyecto en formato DVD, transcodificar (recomprimir) las secuencias de vídeo y audio y la copia de los archivos finales en el disco duro.

Los datos que DVDit! escribe en el disco se encuentran en la misma estructura de carpetas que se utiliza para los discos DVD-Video, con los datos en archivos dentro de la carpeta VIDEO_TS. Para ver los contenidos, acceda al Explorador de Windows (véase figura 11.13).

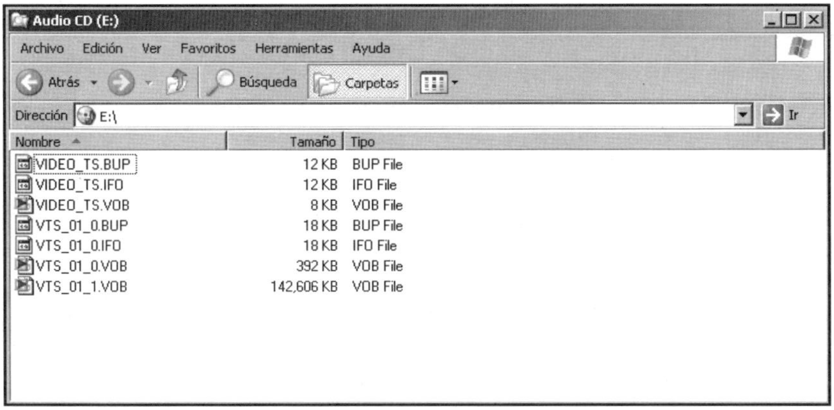

Figura 11.13. *DVDit! puede crear volúmenes de DVD en el disco duro con la misma estructura de carpetas y archivos de datos grabados en un disco DVD. Por tanto, puede probar la producción y hacer copias en discos DVD (o CD).*

En este momento, ya es posible reproducir el proyecto desde el disco duro con ayuda de un reproductor DVD. No obstante, algunos reproductores de software no pueden reproducir contenido DVD del disco duro a menos que la carpeta VIDEO_TS esté en el nivel raíz (superior) del disco duro. Consulte la documentación de DVDit! para obtener información sobre el uso del reproductor DVD instalado o utilice uno de los reproductores DVD.

Importación de clips multimedia en motivos

DVDit! utiliza la ventana Palette para ayudar en la organización de las diferentes categorías de elementos que queremos importar a los proyectos. Los botones situados en la parte inferior de la ventana seleccionan los diferentes tipos de elementos que necesitamos utilizar: **Backgrounds**, **Buttons**, **Text** y **Media**.

En DVDit!, utilizamos imágenes de la lista Backgrounds para el fondo de los menús; imágenes gráficas de la lisa Buttons para añadir botones a los menús; la lista Text para añadir títulos, etiquetas y botones de texto a los menús; y la lista Media para enlazar botones con videoclips, presentaciones de imágenes y clips de audio de fondo.

Para manejar todos estos elementos, podemos crear nuevos motivos para utilizarlos como carpetas de la forma que mejor nos convenga; podemos organizarlos por proyecto o por motivo del diseño. Es posible acceder a estos motivos desde cualquier proyecto DVDit! en el que estemos trabajando.

Truco

DVDit! PE, la edición profesional, ofrece soporte para proyectos de vídeo en pantalla ancha. En lugar de trabajar con vídeo tradicional como DV (formato de imagen 4:3), los proyectos en pantalla ancha utilizan vídeo en 16:9 (aunque el formato de los menús es de 4:3). Al aparecer en una televisión normal, el vídeo en pantalla ancha queda encuadrado con barras de color negro en las partes superior e inferior. Al aparecer en una televisión de pantalla ancha, el vídeo encaja en la pantalla y los menús tienen barras en ambos lados. Consulte la documentación de DVDit! para obtener más detalles sobre la preparación de archivos para pantalla ancha.

Cómo trabajar con proyectos

Cada diseño de menús que creamos con DVDit! queda guardado como un proyecto, que incluye el diseño del menú, la navegación y los elementos multimedia utilizados para el diseño. Cada vez que se inicia DVDit!, es posible optar por iniciar un proyecto nuevo o abrir un proyecto ya existente. También podemos abrir el menú desplegable File y seleccionar New o Open para empezar a trabajar en un proyecto diferente.

Mientras trabaja en un proyecto, abra el menú desplegable File y seleccione Save para guardar el trabajo en progreso. También puede seleccionar Save As para hacer una copia del proyecto actual, como una copia de seguridad, o modificarlo para realizar un nuevo diseño. Sin embargo, estos archivos del proyecto DVDit! (.dvdit) son de un gran volumen (múltiples megabytes), de forma que no conviene guardar copias superfluas de los proyectos.

Cómo trabajar con motivos

Como hemos visto en el apartado anterior, DVDit! incluye un motivo Default (predeterminado) con una selección de imágenes de fondo y de botones que podemos utilizar en el proyecto. Resulta de gran ayuda crear nuestros propios motivos para almacenar diferentes colecciones de elementos.

Abra el menú desplegable Theme (motivo), en la ventana Palette, y seleccione New Theme. En el cuadro de diálogo Select a Name, escriba un nombre para el nuevo motivo (véase figura 11.14).

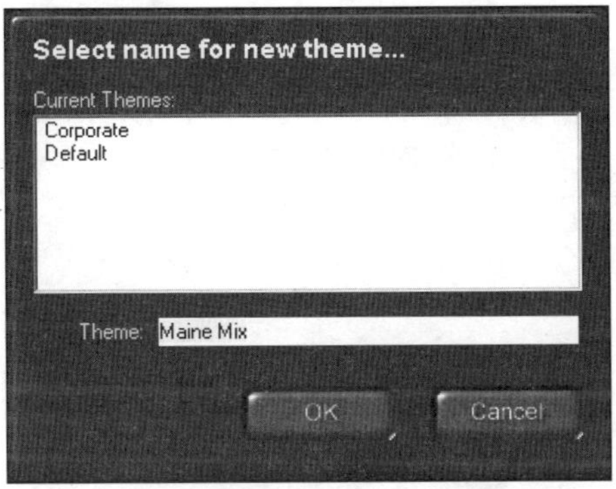

Figura 11.14. *Utilice el menú* Theme *para crear nuevos motivos que le ayuden a organizar y manejar los diferentes elementos.*

DVDit! abre el nuevo motivo y muestra su nombre en la parte superior de la ventana Palette. El nuevo motivo está vacío; no hay elementos en Backgrounds, Buttons o Media. (Text siempre contiene las fuentes disponibles del sistema.)

Para cambiar de motivo, abra el menú desplegable Theme y seleccione Open Theme o seleccione el nombre del motivo de la lista situada en la parte inferior del menú.

Importación y visualización de clips de películas

Después de crear nuevos motivos para organizar los diferentes elementos, es posible añadir archivos de elementos a las diferentes categorías.

Para añadir clips multimedia al motivo, haga clic en el botón **Media** y arrastre y suelte varios archivos de vídeo desde una ventana del Explorador.

Se pueden previsualizar los clips en Palette mediante su reproducción en la ventana Video Monitor. Coloque el cursor sobre la imagen en miniatura de un clip, haga clic con el botón derecho del ratón para ver el menú emergente y seleccione Play. El clip se reproduce en la ventana principal (véase figura 11.15). Para detener la reproducción, haga clic en el botón **Stop**, en la parte inferior izquierda de la ventana.

Figura 11.15. *Utilice el menú emergente para previsualizar los clips reproduciéndolos en la ventana* Video Monitor.

Para eliminar clips de la lista Media, haga clic para seleccionar el clip, haga clic con el botón derecho del ratón sobre el clip y seleccione Delete en el menú emergente.

Organización de archivos por motivos

Cuando añadimos un archivo a la ventana Palette de DVDit!, la aplicación, en realidad, sólo mantiene un enlace o un acceso directo al archivo del disco. Si borramos un archivo de un motivo, sólo eliminamos el acceso directo; el archivo original permanece inalterable en el disco.

Pero si renombramos, movemos o eliminamos los archivos multimedia en el disco duro que sirven de referencia en los motivos DVDit!, las conexiones se eliminarán y los accesos directos en DVDit! dejarán de ser válidos. La próxima vez que acceda a dicho motivo, DVDit! le informará acerca de los accesos directos borrados.

En realidad, DVDit! almacena los motivos como carpetas con archivos de acceso directo Windows bajo el directorio del programa DVDit! (normalmente, C:\Program Folders\Sonic Solutions\DVDit). Por consiguiente, es posible reordenar los motivos DVDit! modificando las carpetas asociadas en una ventana del Explorador.

Formatos de los archivos de vídeo

DVDit! está diseñado para importar archivos multimedia en diversos formatos y (si es necesario) para transformarlos en el formato adecuado para utilizarlos en DVD. DVDit! asume que hemos utilizado herramientas independientes para preparar los diferentes soportes que vamos a utilizar en el proyecto, incluyendo una herramienta de captura de vídeo para obtener clips de fuentes analógicas y digitales, una herramienta de edición de vídeo para cortar y convertir los clips en películas para DVD, tal vez un editor de audio para preparar clips de audio de fondo, e incluso un editor de imágenes para preparar fondos de menú e imágenes para los botones.

DVDit! puede importar archivos de vídeo (y audio) en los formatos Windows AVI y Apple QuickTime Movie (.MOV). Sin embargo, estos formatos son simplemente un envoltorio para los datos de vídeo y audio, y pueden contener vídeo y audio comprimido en una gran variedad de formatos. Aunque el sistema pueda reproducir algunos archivos, es posible que no pueda reproducir otros si el sistema no tiene instalado el *codec* adecuado (software de codificación/descodificación).

Por lo general, si podemos reproducir un archivo AVI con Windows Media Player o un archivo de película QuickTime con QuickTime Player, lo normal es que podamos utilizar el archivo en otras aplicaciones de Windows, como DVDit!. Si el archivo no se reproduce, es necesario averiguar cómo se ha creado, y a continuación instalar el *codec* apropiado.

Además, DVDit! puede importar archivos con compresión de vídeo MPEG-1 y MPEG-2. Por desgracia, los archivos MPEG pueden tener diversas extensiones de archivos, incluyendo el mismo tipo para ambos formatos (.MPG), y con números explícitos para MPEG-1 y MPEG-2 (por ejemplo, .MIP, .MIV, .M2P y .M2V).

Truco

Si va a utilizar un videoclip más de una vez en una producción DVD, resulta conveniente comprimirlo primero en el formato DVD compatible MPEG-2. Puesto que el archivo está listo, DVDit! no necesita convertirlo (transcodificarlo) a MPEG cada vez que lo utilizamos en el proyecto. No sólo queda guardado el tiempo de compresión, sino también el espacio del disco, porque MPEG-2 es significativamente más pequeño que un archivo AVI en formato DV o QuickTime.

Diversas herramientas de captura en la actualidad pueden transcodificar de DV o analógico a MPEG-2 como parte del proceso de captura, y la mayoría de las herramientas para editar vídeo pueden exportar producciones en formato MPEG-2. Asegúrese de hacer una ejecución de prueba de todo el proceso para verificar que los formatos son compatibles con lo que espera DVDit! Consulte la documentación de DVDit! para obtener más detalles sobre los formatos compatibles.

Importación y visualización de clips de audio

De forma similar, puede organizar los archivos de audio que va a utilizar en el proyecto para la música de fondo cuando los menús aparecen en pantalla. Haga clic en el botón **Media** y añada los archivos de audio con los archivos de películas o cree un nuevo motivo sólo para los archivos de audio.

Para previsualizar el clip de audio, haga clic con el botón derecho del ratón sobre la imagen en miniatura del clip y seleccione Play del menú emergente (véase figura 11.16).

Figura 11.16. *Previsualice los clips de audio reproduciéndolos desde la ventana* Palette.

DVDit! soporta el formato de audio estándar Windows Wave (.WAV), así como el audio MPEG-1 Layer II. Dependiendo de la configuración del proyecto, DVDit! convierte los archivos de audio Wave y MPEG-1 en formato PCM o Dolby Digital.

La versión PE de DVDit! también importa directamente archivos de audio Dolby Digital (.AC3).

Importación y previsualización de imágenes

DVDit! utiliza imágenes estáticas en tres formas distintas: como elementos que aparecen pulsando un botón del menú, como imágenes de fondo detrás de los menús y como imágenes gráficas para los botones del menú. Cuando importamos archivos de imágenes, es necesario colocarlos en las diferentes categorías de la ventana Palette, en función de su uso: imágenes estáticas en Media, menús en Backgrounds y botones en Buttons. Importe varias imágenes estáticas y de fondo a las listas Background y Media. Podrá previsualizarlas como cualquier otro soporte haciendo clic con el botón derecho del ratón y seleccionando Play en el menú emergente (véase figura 11.17). DVDit! muestra la imagen en la ventana Video Monitor durante cinco segundos.

DVDit! puede importar archivos de imágenes en una gran variedad de formatos. DVDit! modifica el tamaño de las imágenes que importamos para el DVD, pero es mejor utilizar imágenes que se ajusten a la resolución y el formato de imagen. Puesto que los menús y los clips aparecen en diferentes formatos de imagen, los tamaños recomendados para los fondos del menú y las imágenes estáticas son distintos: 640x480 para las imágenes utilizadas como menús, y 720x540 para las imágenes estáticas.

Figura 11.17. *Previsualice las imágenes de fondo del menú en la lista* Backgrounds *y las imágenes estáticas en la lista* Media.

Las imágenes utilizadas para los botones pueden ser de menor tamaño. El tamaño recomendado es de al menos 72x60 píxeles, o de 300x80 para botones más grandes. Es posible modificar el tamaño de las imágenes de los botones gracias a DVDit!, en especial, para hacerlas más pequeñas, aunque ampliar botones pequeños hará que parezcan distorsionadas. También es posible crear botones con formas extrañas creando imágenes con partes transparentes. DVDit! puede importar archivos PhotoShop con transparencias para fondos y múltiples capas (con un botón en cada capa).

Personalización del diseño

DVDit! facilita la creación de enlaces de navegación arrastrando clips multimedia a un menú. Crea de forma automática un botón rectangular predeterminado con una imagen en miniatura del clip y enlaces para el mismo. Aunque podemos crear toda la navegación de una producción DVD de esta manera, incluyendo enlaces a otros menús, también podemos utilizar DVDit! para personalizar el diseño del menú con ayuda de imágenes gráficas para los botones, texto para los títulos del menú y etiquetas para los botones.

En DVDit!, los botones y el texto son únicamente objetos gráficos que podemos utilizar de la forma que queramos. Podemos utilizarlos para decorar y rellenar los menús o para crear enlaces a los menús y las películas. Por ejemplo, si incluimos un texto largo en la parte superior de un menú, podemos utilizarlo como título del menú. También podemos diseñar el título como una imagen grafica e importarla mediante la lista Buttons. Podemos colocar un texto de menor tamaño cerca o encima del botón de enlace para utilizarlo como etiqueta de dicho botón o crear un enlace directamente a partir del texto, sin imagen alguna.

Al diseñar los menús de las producciones, es posible editarlos moviéndolos y modificando el tamaño de los botones y el texto, o bien utilizando los comandos Copy y Paste para duplicar el diseño y la distribución de los botones entre los diferentes menús.

Es posible crear enlaces entre los botones o el texto y los clips multimedia y otros menús simplemente arrastrándolos y soltándolos a los objetos del menú.

Personalización de los botones y el texto

DVDit! incluye una segunda colección de imágenes integradas dentro del motivo Corporate. Abra el menú desplegable Theme de la ventana Palette y seleccione Open Theme para seleccione el motivo Corporate (o seleccione Corporate si aparece en la lista de los últimos temas utilizados). DVDit! abre el nuevo motivo en la ventana Palette.

Haga clic en el primer botón **Backgrounds**, debajo de la ventana Palette, para ver las imágenes de fondo de ese motivo y arrastre una imagen de fondo a un espacio vacío de Menu, en la lista Menus, para crear un nuevo menú.

A continuación, haga clic en el segundo botón **Buttons** para ver las imágenes de los botones. Arrastre varias de las imágenes de los botones al fondo del menú. A diferencia de los botones rectangulares creados para clips multimedia, estas imágenes de botones pueden definirse con un fondo transparente y, por tanto, aparecer con formas irregulares.

Además, arrastre uno de los videoclips al menú de la lista Media que ha importado hasta otro motivo. DVDit! crea un botón rectangular predeterminado para el clip.

Para añadir texto al menú, haga clic en el tercer botón **Text** para ver las fuentes de texto disponibles. Desplácese por la lista Text y arrastre el nombre de una fuente hasta el menú. DVDit! añade la palabra *text* al menú en ese estilo de fuente. Puede colocar el texto sobre el fondo del menú como título o anotación, colocarlo cerca o encima de un botón como etiqueta o utilizarlo como enlace en sustitución de un botón.

Para editar el texto, haga doble clic en la palabra *text*. DVDit! resalta el campo de texto para que pueda editar el texto (véase figura 11.18). Cuando finalice la edición, haga clic en otra área del menú.

Figura 11.18. *Puede crear un menú en DVDit! diseñando los botones y el texto, y añadiendo después la navegación y los enlaces a clips multimedia.*

Para modificar las propiedades del texto, haga clic para seleccionarlo, abra el menú desplegable Effects y seleccione Text Properties.

DVDit! abre el cuadro de diálogo Text Properties en la parte derecha de la ventana. Puede modificar la fuente (Font), el tamaño (Size) y los efectos (Effects). Utilice los controles deslizantes Color, situados encima y debajo de la barra de colores, para ajustar el color y el brillo. Seleccione Save Settings para recordar la configuración la próxima vez que abra el cuadro de diálogo.

En DVDit!, el diseño del menú se puede realizar al margen de los enlaces al contenido multimedia. Es posible añadir o cambiar los enlaces de botones o textos en cualquier momento arrastrando una imagen o un clip de vídeo hasta el objeto del menú en la lista Media, dentro de la ventana Palette, desde la lista Movies o desde un punto de capítulo en la línea de tiempo (Timeline). Tras enlazar un botón a un videoclip o una imagen, es posible añadir un clip de audio de fondo. También podemos enlazar un botón a otro menú arrastrando un espacio de Menu de la lista Menus.

Truco

Los reproductores DVD no están diseñados para soportar botones solapados y enlaces de texto en un menú. DVDit! no permitirá la creación de un DVD en el que se solapan botones de menú y enlaces.

Edición de los botones y el texto del menú

Después de crear los botones y el texto de los menús, resulta muy sencillo moverlos, cambiarles el tamaño, cortarlos y pegarlos.

Para seleccionar un objeto individual de un menú, haga clic sobre él para seleccionarlo. DVDit! muestra un contorno a su alrededor con tiradores de color rojo. También se pueden seleccionar múltiples objetos pulsando la tecla **Control** y haciendo clic sobre ellos.

Para mover los objetos seleccionados, haga clic sobre ellos y arrástrelos. Para moverlos un píxel, pulse las teclas del cursor. Para moverlos en intervalos de 10 píxeles, mantenga pulsada la tecla **Mayús** mientras pulsa las teclas del cursor.

Para cambiar el tamaño de un objeto del menú (o un grupo de objetos seleccionados), haga clic y arrastre uno de los tiradores rojos (véase figura 11.9). Mantenga pulsada la tecla **Mayús** mientras arrastra para mantener la misma forma durante el cambio de tamaño.

También puede utilizar los comandos del menú Edit, Cut, Copy y Paste, para copiar objetos de menú, incluso entre diferentes menús. Se pueden eliminar los objetos seleccionados pulsando la tecla **Supr**.

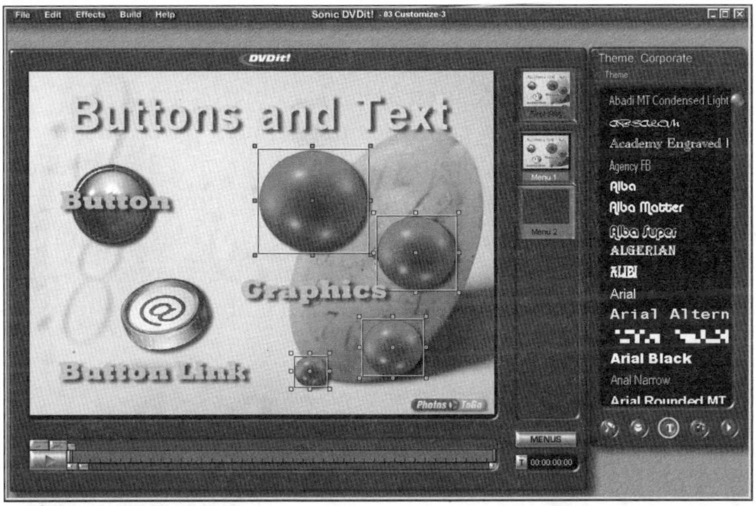

Figura 11.19. *Mueva, cambie el tamaño y copie los botones y los textos de un menú.*

Truco

Para deshacer una operación, abra el menú desplegable Edit *y seleccione* Undo. *Es posible deshacer toda una secuencia de operaciones de esta forma o seleccionar* Redo *para volver a aplicarlas.*

Personalización de los menús

DVDit! ofrece ajustes de color y efectos de sombreado para personalizar los fondos de un menú y los botones y el texto del mismo. Los efectos se pueden aplicar al fondo del menú, a un objeto individual, a un grupo de objetos seleccionados o a todos los elementos del menú.

Para ajustar los colores del menú, seleccione los objetos que desea cambiar, abra el menú desplegable Effects y seleccione Adjust Color. DVDit! abre el cuadro de diálogo Color Adjustment.

Utilice la lista desplegable Apply To para decidir si el ajuste se aplica a la imagen de fondo del menú actual, a los objetos seleccionados del menú (si ha seleccionado uno o más objetos) o a todo el menú (incluyendo el fondo de todos los objetos).

A continuación, utilice los controles deslizantes para ajustar los colores del menú: Hue (color), Saturate (de gris al color puro) y Brighten (de oscuro a claro).

Para ajustar las sombras de los botones y el texto del menú, seleccione los objetos que desea modificar, abra el menú desplegable Effects y seleccione Drop Shadow. DVDit! abre el cuadro de diálogo Drop Shadow.

Utilice la lista desplegable Apply To para decidir si el ajuste se aplica a los botones y el texto seleccionados o a todos los objetos del menú.

A continuación, utilice los controles deslizantes para ajustar el efecto de sombreado: Distance (desde el fondo), Blur (de nítido a difuminado), Opacity (de oscuro a claro) y Color (tono y brillo). Además, gire el icono Light Source para cambiar el ángulo de la sombra bajo el objeto (véase figura 11.20).

Seleccione Save Settings antes de cerrar estos cuadros de diálogo para conservar las opciones actuales cuando vuelva a abrirlos. Aplique los mismos parámetros a los demás objetos y menús.

Figura 11.20. *Utilice el cuadro de diálogo* Drop Shadow *para cambiar la distancia, el color, la nitidez y el ángulo de la sombra bajo los objetos del menú.*

Cómo trabajar con menús y películas

Utilice DVDit! para crear una sencilla producción creando unos cuantos menús, arrastrando clips de la lista Media a ellos para crear botones de enlace y arrastrando enlaces con los demás menús.

También puede diseñar una producción más sofisticada arrastrando primero los menús, organizando los clips que desea reproducir y, por último, creando enlaces entre ellos. Al arrastrar un clip directamente a un menú, DVDit! automáticamente lo añade directamente a la lista Movies, en el área de espacio Menus/Movies.

También puede arrastrar clips de vídeo e imágenes estáticas directamente a la lista Movies y a continuación prepararlos para utilizarlos en los menús. Puede añadir audio de fondo, previsualizar el clip en la línea de tiempo bajo la ventana principal Video Monitor, establecer las propiedades de reproducción e incluso definir múltiples puntos de capítulo en el clip que sirvan de enlace con los menús.

Cómo trabajar con menús

Para crear un nuevo menú para la presentación, haga clic en el botón **Menus/ Movies**, en la parte inferior del área de espacios Menus/Movies, en la parte derecha de la ventana Video Monitor, y seleccione Menus. Haga clic en el botón **Backgrounds** en la ventana Palette y arrastre una imagen de fondo para el menú en el espacio vacío Menu, al final de la lista Menus.

DVDit! crea un nuevo espacio Menu con la imagen en miniatura para el menú y muestra la imagen vacía del menú en la ventana Video Monitor. Para modificar el fondo del menú, arrastre una imagen diferente al espacio o al menú que aparece en la ventana Video Monitor.

Para añadir un audio de fondo a un menú, haga clic en el botón **Media** y arrastre un clip de audio al espacio Menu o al menú que aparece en la ventana Video Monitor. DVDit! reproduce un sonido para indicar que el audio se ha incluido en el menú y aparece el icono de un altavoz sobre el extremo derecho de la línea de tiempo cuando aparece el menú en la ventana Video Monitor.

Para modificar el audio de fondo, arrastre un nuevo clip al espacio Menu (o a la ventana Video Monitor). Para eliminar un audio de fondo, haga clic con el botón derecho del ratón en el espacio Menu (o en la ventana Video Monitor) y seleccione Clear Audio en el menú emergente.

Para comprobar los parámetros actuales de un menú, haga clic con el botón derecho en el espacio Menu (o en la ventana Video Monitor) y seleccione Properties en el menú emergente. DVDit! muestra el cuadro de diálogo Menu Properties (véase figura 11.21), con el nombre del archivo de la imagen y los archivos de audio de fondo, así como la duración del clip de audio (que se repite de forma predeterminada cuando aparece el menú).

Figura 11.21. Añada un clip de audio de fondo y se reproducirá cada vez que aparezca el menú. Utilice el cuadro de diálogo Menu Properties *para ver los archivos utilizados en el menú.*

Para eliminar un menú de la lista, haga clic en el espacio Menu para seleccionarlo y pulse la tecla **Supr** (o bien abra el menú desplegable Edit y seleccione Clear Menu/Movie). DVDit! muestra un aviso para confirmar la eliminación.

Truco

A medida que añada múltiples menús a la lista Menus, *ésta pasará a ser una lista de desplazamiento. Puede ordenar la lista arrastrando los elementos hasta otra ubicación.*

Trabajar con películas

El objetivo de los menús es incluir botones con enlaces al material que queremos reproducir en el DVD. Los botones del menú pueden servir de enlace a videoclips o imágenes estáticas, así como de enlaces a otros menús.

Para editar un menú, haga clic sobre la imagen en miniatura del menú en el área Menus/Movies. A continuación DVDit! abre el menú en la ventana principal Video Monitor para poder editarlo.

La manera más sencilla de añadir botones de enlace desde un menú a una película o imagen estática es arrastrando el clip hasta el menú. Haga clic en el botón **Media**, debajo de la ventana Palette, y arrastre un par de imágenes en miniatura de la lista Media hasta el menú. DVDit! automáticamente genera un botón para cada clip, con una imagen en miniatura del primer fotograma de dicho clip.

Si arrastra la imagen en miniatura hasta un botón ya existente, DVDit! cambia ese botón para enlazarlo al nuevo clip.

Además, DVDit! añade los clips al área Menus/Movies. Haga clic en el botón **Menus/Movies** y seleccione Movies para ver la lista de películas en uso para ese proyecto.

También es posible añadir vídeos e imágenes al proyecto antes de utilizarlos en los menús. Para ello, arrastre el clip desde la lista Media directamente al espacio vacío, en la parte inferior de la lista Movie. A continuación, podrá enlazar con esta película desde los menús. Haga clic en la etiqueta de este espacio para cambiar el nombre del clip en la lista Movies (véase figura 11.22).

Figura 11.22. *Prepare y vea los clips utilizados en la producción con la lista* Movies.

Tal y como ocurre con los espacios Menu, es posible añadir una banda sonora a la película arrastrando un clip de audio hasta el espacio o eliminar el clip de audio haciendo clic con el botón derecho y seleccionando ClearAudio en el menú emergente.

Para cambiar la película en la lista Movies, arrastre un vídeo o una imagen distinta hasta ella desde la lista Media. Para eliminar la película, haga clic para seleccionarla y pulse **Supr**. De esta forma se elimina la película del proyecto y de todos los menús que enlazan a ella.

Visualización de películas e imágenes en la línea de tiempo

Al hacer clic en un espacio Movie de la lista Movies, DVDit! muestra el clip en la ventana principal Video Monitor. Es posible utilizar los controles de reproducción y la línea de tiempo situados debajo de la ventana principal para reproducir el clip. También podemos hacer clic en el nombre de la película, sobre la parte izquierda de la línea de tiempo, para seleccionar una película diferente del proyecto en el menú emergente.

Haga clic en el botón **Play**, a la izquierda de la línea de tiempo, para iniciar y detener la reproducción. Mientras la reproducción está detenida, haga clic y arrastre el control deslizante de reproducción para saltar hasta un punto diferente de la película.

Para ir directamente hasta un punto concreto de la película, haga clic en el área del código de tiempo, a la derecha de la línea de tiempo, escriba un código de tiempo (horas:minutos:segundos:fotogramas), y después pulse **Intro**.

También puede acercar y alejar la imagen de la línea de tiempo haciendo clic en los botones **Zoom** (los iconos de la montaña), encima del botón **Play**. Cuando la línea de tiempo está en el modo más alejado (utilizando el icono de la montaña pequeña a la izquierda), podemos ver la duración total del clip, desde el punto verde de inicio, a la izquierda, hasta el punto rojo final, a la derecha. Cuando la línea de tiempo está en el modo más cercano (con el icono de la montaña grande a la izquierda), las marcas en la línea de tiempo se aproximan y podemos utilizar la barra de desplazamiento bajo la línea de tiempo para desplazarnos desde un extremo a otro (véase figura 11.23).

La lista Movie, como la lista Media de la ventana Palette, puede contener tanto videoclips (posiblemente con audio) como imágenes estáticas (posiblemente con una banda sonora de fondo). De forma predeterminada, las imágenes estáticas aparecerán durante cinco segundos.

Para revisar un objeto de la lista Movie y modificar la duración en pantalla de una imagen estática, haga clic con el botón derecho sobre el espacio Movie y seleccione Properties en el menú emergente. DVDit! abre el menú Movie Properties, con el clip de vídeo o imagen estática y el clip de audio correspondiente (si lo hay).

Para modificar la duración en pantalla de una imagen estática, haga clic en el campo Duration e inserte una nueva duración.

Figura 11.23. *Utilice la línea de tiempo situada debajo de la ventana* Video Monitor *para previsualizar los clips de la lista* Movies.

Inclusión de puntos de capítulo

Es posible añadir puntos de capítulo dentro de una película para marcar diferentes escenas de un clip individual. Estos puntos de capítulo se pueden utilizar de dos formas: podemos crear un menú de selección de escenas enlazando botones del menú con diferentes puntos de capítulo dentro de un clip, y podemos permitir que el usuario pase el clip mediante los botones **Next Chapter** y **Previous Chapter**, en el mando a distancia DVD.

Para añadir un punto de capítulo, haga doble clic en la línea de tiempo. DVDit! a continuación añade un icono triangular para el punto de capítulo en ese lugar y mueve el marcador de reproducción hasta allí para mostrar el fotograma correspondiente. Podemos reproducir desde un punto de capítulo haciendo clic sobre él para mover el marcador de reproducción y, a continuación, haciendo clic en el botón **Play**.

Para añadir más puntos de capítulo, de nuevo haga doble clic en la línea de tiempo. También puede añadir un punto de capítulo en un momento específico haciendo clic en el botón **T** (Timecode), a la derecha de la línea de tiempo, para cambiarlo por **C** (Capítulo). A continuación, escriba el código de tiempo en el que quiere añadir el punto de capítulo y pulse **Intro** (véase figura 11.24).

Para mover un punto de capítulo, haga clic en el icono del triángulo y mantenga pulsada la tecla **Control** mientras lo arrastra hasta una nueva posición en la línea de tiempo. O bien, seleccione un punto de capítulo y mantenga pulsada la tecla **Control** y pulse las teclas cursor izquierda y derecha para desplazar el punto de capítulo en incrementos de un segundo.

Para eliminar un punto de capítulo, mantenga el cursor sobre el icono del triángulo, haga clic con el botón derecho y seleccione Delete en el menú emergente.

Figura 11.24. *Inserte puntos de capítulo en el clip haciendo doble clic en la línea de tiempo o escribiendo un código de tiempo concreto.*

Por defecto, DVDit! da nombre a los puntos de capítulo en secuencias numéricas: "Capítulo 1", "Capítulo 2", etc. A medida que se añaden nuevos capítulos entre los ya existentes, reenumera los capítulos de la forma correspondiente para mantener la secuencia. También puede utilizar sus propios nombres para los puntos de capítulo; haga clic con el botón derecho sobre el icono del triángulo, seleccione Rename en el menú emergente y escriba el nuevo nombre.

Truco

Los puntos de capítulo no pueden estar demasiado cerca. DVDit! requiere que los puntos de capítulo estén a una distancia de al menos 15 fotogramas. En cualquier caso, no es especialmente útil marcar puntos de escenas importantes a menos de un segundo.

Creación de la navegación interactiva

Con DVDit!, es posible crear una navegación interactiva entre los menús y las películas diseñando los menús y preparando los clips (en la lista de espacios Menus/Movies), y después arrastrándolos y soltándolos entre ellos para crear los enlaces.

Además, DVDit! incluye numerosas herramientas para revisar los enlaces de navegación, incluyendo la visualización de las propiedades de los menús y películas individuales, la exposición en pantalla de todos los enlaces de un menú en forma de texto y, por supuesto, mediante el Remote Control (mando a distancia) para previsualizar la reproducción de la producción DVD.

Es posible controlar si el DVD debe esperar a que el usuario pulse un botón después de que aparezca un menú o se reproduzca un clip, o si éste debe continuar automáticamente hasta otro enlace. De esta manera, podemos crear una producción que reproduce automáticamente diversos clips de forma consecutiva o incluso muestra títulos entre ellos.

Selección del primer elemento de reproducción

El primer elemento de reproducción (First Play) del DVD es lo primero que ocurre cuando insertamos e iniciamos la reproducción de un DVD. DVDit! incluye una gran variedad de opciones para definir el primer elemento de reproducción. Podemos ver el menú principal, desde el que el usuario puede acceder al resto del material del DVD. Además, el DVD puede comenzar con una imagen estática como un título o un aviso de *copyright*, o incluso puede reproducir una secuencia de vídeo de presentación.

El espacio First Play de la lista Menus/Movies se utiliza para ver qué menú o clip se va a utilizar como primer elemento de reproducción (First Play). Para definirlo, arrastre cualquier menú de la lista Menus, clip de la lista Movies o archivo de vídeo o imagen de la lista Media hasta el espacio First Play.

El primer elemento de First Play de la lista siempre permanece en esa posición, ya esté en pantalla la lista Menus o la lista Movies. Simplemente, enumera el objeto actual de la lista Menus o Movies que ha sido seleccionado como primer elemento de reproducción.

En caso de especificar un vídeo o una imagen como First Play, se reproduce completamente y después pasa el primer menú de la lista Menus.

Para dejar en blanco el espacio First Play, haga clic con el botón derecho de ratón en dicho espacio y seleccione Clear First Play (véase figura 11.25). Cuando se reproduce por primera vez, el DVD espera a que el usuario pulse **Play** en el mando a distancia (Remote Control).

Figura 11.25. *Utilice el espacio* First Play *para seleccionar un menú o clip que sea lo primero que aparece al reproducir el DVD.*

Truco

Es posible conseguir un grado mayor de creatividad con First Play *enlazando diversas imágenes o películas para que se reproduzcan de forma consecutiva utilizando los cuadros de diálogo* Menu *y* Movie Properties. *También es posible reproducir menús y clips automáticamente sin que el usuario utilice el mando a distancia (*Remote Control*).*

Creación de enlaces de navegación

Como hemos visto anteriormente, es posible crear un botón para un vídeo o imagen estática arrastrando la imagen en miniatura del clip a la lista Media, en la ventana Palette, para el fondo de un menú. DVDit! automáticamente crea un botón rectangular con una imagen de dicho clip.

Podemos crear un botón a partir de un clip de la lista Movie o a partir de un punto de capítulo. Seleccione el menú de la lista Menus/Movies para ver el menú en la ventana principal Video Monitor. A continuación, haga clic en el nombre de la película sobre el botón **Play** de la línea de tiempo y seleccione la película desde el menú emergente. DVDit! abre la línea de tiempo para la película, que puede incluir múltiples puntos de capítulo. Por último, haga clic en el icono triangular del punto de capítulo en la línea de tiempo y arrástrelo hasta el fondo del menú para crear un nuevo botón. Para enlazar toda la película, limítese a arrastrar el punto por defecto "Capítulo 1" al inicio de la película.

Para modificar el fotograma del vídeo utilizado para la imagen del botón rectangular predeterminado, haga clic para seleccionar el botón, haga clic con el botón derecho del ratón en un punto distinto de la línea de tiempo y seleccione Set Button Thumb. DVDit! actualiza el botón con una imagen del fotograma seleccionado y marca el fotograma de la imagen con un icono en forma de triángulo en la parte inferior de la línea de tiempo.

Como se ha descrito previamente, en lugar de crear estos botones rectangulares automáticamente a partir de clips, también es posible crear botones a partir de imágenes de la lista Buttons, en la ventana Palette, y a partir de fuentes del área Text. Arrastre una imagen en miniatura de la lista Media o un punto de capítulo de la línea de tiempo hasta la parte superior del botón para enlazarlo a dicho clip. Para eliminar enlaces creados de esta forma, haga clic con el botón derecho del ratón sobre el botón; a continuación puede seleccionar Clear Video, Clear Audio o Clear Menu Link, respectivamente, desde el menú emergente.

A medida que añade más botones y menús, resulta conveniente poder revisar los nuevos enlaces del menú. Haga clic con el botón derecho del ratón sobre el menú y seleccione Show Button Links en el menú emergente. DVDit! modifica la imagen del menú y muestra los nombres de los enlaces para cada botón.

Para comprobar rápidamente qué clip está enlazado a qué botón, haga clic en el botón (para que quede resaltado con los tiradores de color rojo). DVDit! actualiza la línea de tiempo, muestra el nombre de la película correspondiente y resalta el punto de capítulo dentro de esta película que está enlazada al botón seleccionado. También puede hacer clic con el botón derecho del ratón sobre el botón y seleccionar Link Properties en el menú emergente para ver los nombres de los archivos multimedia y otros datos acerca de la película enlazada con ese botón (véase figura 11.26).

Un botón puede estar conectado con otro menú clip en la lista Movies. En cuanto a las películas, el botón muestra el nombre de la película en la lista Movie, con el nombre del archivo de vídeo o imagen asociado en la lista Media de la ventana Palette (y punto de capítulo dentro del clip), así como el nombre de un clip de audio de fondo, si lo hay.

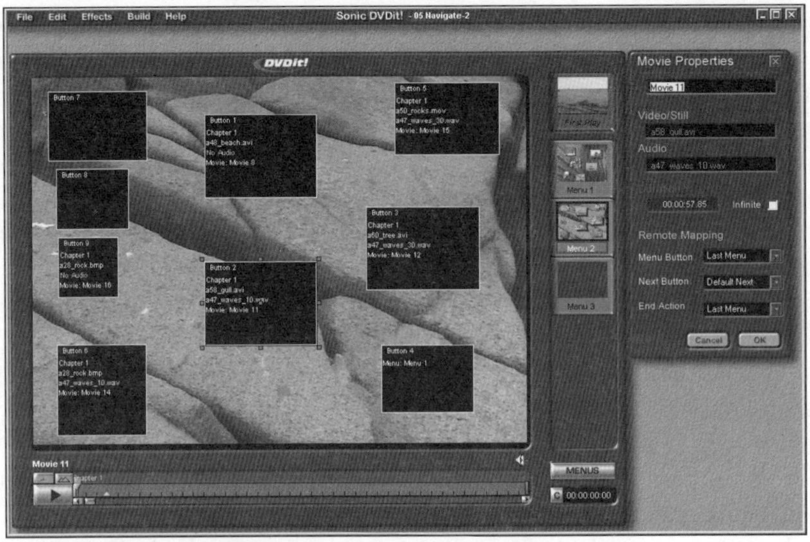

Figura 11.26. Utilice Show Button Links *para ver todos los enlaces del menú y seleccione* Link Properties *para revisar los enlaces para el botón o texto seleccionado.*

Truco

*Es posible probar los enlaces de la producción utilizando el mando a distancia (*Remote Control*) para hacer clic en los menús. En cada menú, mueva el cursor sobre los botones para comprobar que DVDit! resalta los botones que deben estar enlazados. Haga clic en los botones **Up, Down, Right** y **Down** del mando a distancia para desplazarse por los botones activos de menú. Recuerde que DVDit! gestiona automáticamente la navegación entre los botones de un menú.*

Configuración de las propiedades del menú

Además de definir los enlaces de navegación entre menús y clips, también es posible establecer las propiedades del menú y la película con DVDit! para controlar la navegación predeterminada y automática. Esto incluye la forma en que funciona la navegación cuando aparece un menú por primera vez (qué botón se selecciona por defecto); qué ocurre cuando una película termina de reproducirse; y si un menú o imagen aparece de forma indefinida, o bien termina y continúa la presentación. También determina la forma en que el DVD responde cuando el usuario pulsa botones de navegación opcionales en el mando a distancia DVD (Remote Control).

Para configurar las opciones predeterminadas en cada menú, haga clic con el botón derecho del ratón en el espacio Menu de la lista de la lista Menus y seleccione Properties en el menú emergente; o bien haga clic con el botón derecho sobre el fondo del menú y selecciones Show Properties. DVDit! seguidamente abre el cuadro de diálogo Menu Properties (véase figura 11.27).

Figura 11.27. *Utilice el cuadro de diálogo* Menu Properties *para controlar la forma en que aparece el menú y ver cómo responde a las teclas del mando a distancia (*Remote Control*).*

La parte superior del cuadro de diálogo Menu Properties muestra el nombre actual del espacio Menu, en la lista Menus, y los archivos de vídeo, audio o imágenes utilizados para el fondo del menú. Utilice la sección Remote Mapping para especificar el botón predeterminado (Default Button) que será seleccionado cuando el menú aparece, y la acción del botón de retorno (Return Button) cuando el usuario pulsa **Return** en el mando a distancia.

Por defecto, el menú aparece en pantalla de forma continua hasta que el usuario selecciona una opción con el mando a distancia, de forma que el campo Duration está vació y la opción Infinite está activada. También es posible que el menú sólo esté en pantalla un periodo concreto de tiempo: desactive la opción Infinite, introduzca una duración (Duration) y seleccione la acción a realizar después de la finalización del tiempo (EndAction); puede ser Loop (la opción predeterminada) o cualquier otra opción definida por el botón seleccionado (que puede consistir en reproducir un clip o ir directamente hasta un menú diferente).

Truco

Puede crear una producción DVD de ejecución automática configurando las opciones Duration *y* End Action *para los menús y las películas. Puede desplazarse por los elementos de un menú con audio de fondo y reproducir una serie de películas enlazadas. El usuario puede interrumpir la reproducción en cualquier momento utilizando el mando a distancia para pulsar botones del menú e ir a un menú o clip distinto; también puede utilizar* ***Return, Menu*** *y* ***Text*** *para navegar por la producción de forma más directa.*

Selección de las propiedades de la película

De forma similar, para seleccionar las opciones de los botones individuales (y la película correspondiente) haga clic con el botón derecho del ratón y seleccione Link Properties en el menú emergente, o bien haga clic con el botón derecho en el espacio Movie de la lista **Movies** y seleccione Properties. DVDit! abre el cuadro de diálogo Movie Properties (véase figura 11.28).

Figura 11.28. *Utilice el cuadro de diálogo* Movie Properties *para decidir si la película se reproduce y se detiene, continúa, o automáticamente enlaza con otra película o menú.*

La parte superior del cuadro de diálogo Movie Properties muestra el nombre actual del espacio Movie en la lista Menus y los archivos de películas. Utilice la sección Remote Mapping para determinar las acciones a realizar si el usuario pulsa los botones correspondientes en el mando a distancia: Menu Button (Do Nothing, saltar a un menú o película concretos; o la acción siguiente por defecto, Default Action).

Por defecto, los videoclips se reproducen hasta el final y las imágenes aparecen en pantalla durante cinco segundos. A continuación, puede especificar la acción End Action a realizar cuando el clip acaba (Same As Next, saltar a un menú o película concretos, Loop, o volver al último menú de forma predeterminada, Last Menu). Es posible modificar la duración (Duration) de una imagen estática o activar la opción Infinite para que la imagen se congele al final del vídeo o la imagen hasta que el usuario pulse un botón del mando a distancia.

Creación de un DVD

Tras finalizar un proyecto, DVDit! permite grabarlo en discos DVD o CD, crear un volumen de DVD en el disco duro o crear una cinta maestra DVD (con la versión PE). También es posible incluir datos informáticos (datos DVD-ROM) en el disco junto con el vídeo DVD.

Selección de los parámetros del proyecto

Para seleccionar los parámetros para el tipo de DVD que tenemos previsto crear, abra el menú desplegable File y seleccione Project Settings. DVDit! abre el cuadro de diálogo Project Settings (véase figura 11.29).

Utilice el menú desplegable Set Output Size para seleccionar el tamaño del disco de salida: CD-R, DVD-RAM o DVD-R. A continuación, haga clic en **Update** para ver los cambios en el indicador Current Project Size. Muestra qué porcentaje se utiliza del espacio en el disco de destino y cuánto espacio sigue disponible.

En la pestaña Project, escriba un nombre para el disco (Disk Name), si así lo desea.

Para añadir archivos informáticos adicionales al DVD, active la opción Include ROM Data, y a continuación seleccione la carpeta de origen (Source Folder) que contiene los archivos.

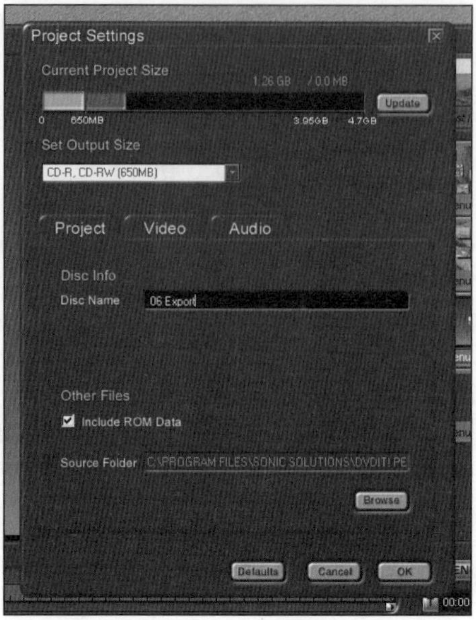

Figura 11.29. *Utilice el cuadro de diálogo* Project Settings *para seleccionar el tamaño del disco de salida y para comprobar que el tamaño del proyecto actual encaja en el tamaño de destino.*

Selección de los parámetros del vídeo

Para cancelar los parámetros de compresión del vídeo por defecto a utilizar al convertir archivos AVI o QuickTime, haga clic en la pestaña Video, en el cuadro de diálogo Project Settings (o abra el menú desplegable Build y seleccione Video Settings; véase figura 11.30).

DVDit! normalmente tiende a utilizar la compresión de mejor calidad para que el proyecto se ajuste al disco de un tamaño determinado. También es posible configurar los parámetros de compresión (Compression Settings) de forma manual. La cantidad de compresión se especifica en la velocidad de bits disponible para almacenar el vídeo: en millones de bits por segundo.

Selección de los parámetros de audio

Para anular el formato de audio predeterminado (en la versión PE de DVDit!), haga clic en la pestaña Audio del cuadro de diálogo Project Settings (o abra el menú desplegable Build y seleccione Audio Settings; véase figura 11.31). DVDit! habitualmente convierte el audio en formato PCM a una velocidad de bits fija. Con Dolby Digital, es posible cambiar la velocidad de bits y seleccionar entre formato mono y estéreo.

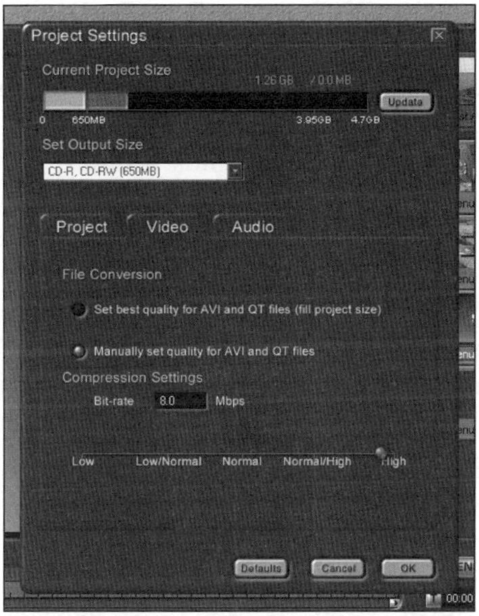

Figura 11.30. *Utilice la pestaña* Video Settings *para controlar manualmente la velocidad de compresión del vídeo.*

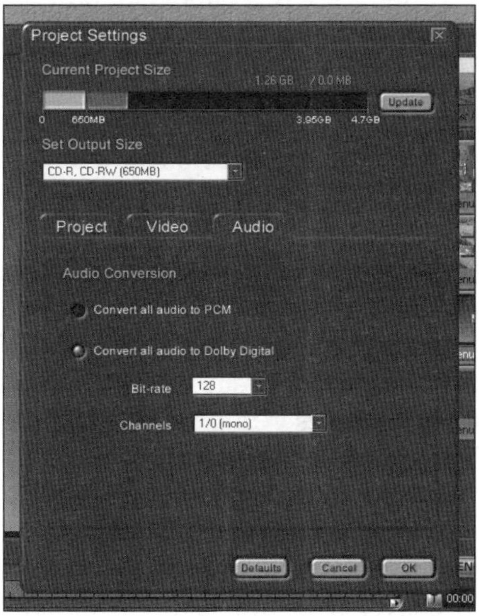

Figura 11.31. *Utilice la pestaña* Audio Settings *para seleccionar el formato de audio Dolby Digital y controlar manualmente la velocidad de bits de compresión.*

Creación de un disco DVD

Para crear la producción DVD en un disco DVD o CD, abra el menú desplegable Build y seleccione Make DVD Disc. El proceso de creación es el mismo, independientemente de crear un disco, un volumen de DVD o una cinta maestra DLT.

Al margen del tipo de DVD que vamos a crear, si el proyecto contiene archivos AVI o QuickTime que necesitan convertirse a formato DVD, DVDit! muestra en primer lugar un cuadro de diálogo que le preguntará si desea convertir los archivos utilizando los parámetros actuales o si desea modificar los parámetros de conversión.

A continuación, haga clic en View or Modify Conversión Settings, que muestra el cuadro de diálogo Project Settings, para revisar el proyecto y los parámetros de compresión. También puede hacer clic en **Return** o **Project** para cancelar el proceso y continuar la creación.

Si el proyecto está acabado y los parámetros son los correctos, haga clic en Convert Files Using Current Settings para proseguir con los parámetros predeterminados. DVDit! abre el cuadro de diálogo Make a DVD Disc.

En la pestaña General (véase figura 11.32), seleccione Source (origen) para que el DVD sea el proyecto actual (Current Project) que va a editar, un volumen DVD (DVD Volume) que ha creado anteriormente en el disco duro o un archivo de imagen de disco DVD (DVD Disc Image) de otra herramienta de creación. En Output Options para un CD-R, puede seleccionar Include DVD Player para crear un disco cDVD con un reproductor DVD incluido en el CD con el contenido DVD, de forma que el CD pueda reproducirse en cualquier equipo Windows. Por último, seleccione la grabadora (Recorder) entre CD y DVD, y Write Speed y Options para el *burner*. También puede optar por hacer múltiples copias del disco.

En la pestaña Advanced (véase figura 11.33), utilice las opciones File System para que el disco sea compatible con un número mayor de sistemas. Desactive la opción Use Joilet si el proyecto no contiene ningún archivo DVD-ROM, y desactive la opción Use Long File Names para que el disco pueda reproducirse en equipos MS-DOS. Utilice las opciones Temporary Storage para decidir dónde y de qué forma DVDit! utiliza el almacenamiento temporal al convertir el contenido y al crear el formato final del disco. Resulta de gran ayuda que DVDit! utilice un disco diferente para estos archivos de mayor tamaño.

A continuación, haga clic en **OK** para iniciar la grabación del DVD. DVDit! inicia el proceso para convertir el proyecto en formato DVD, transcodifica (recomprime) las secuencias de vídeo y audio y crea los datos del formato DVD.

Cuando llegue el momento, inserte un disco CD o DVD virgen para realizar la grabación.

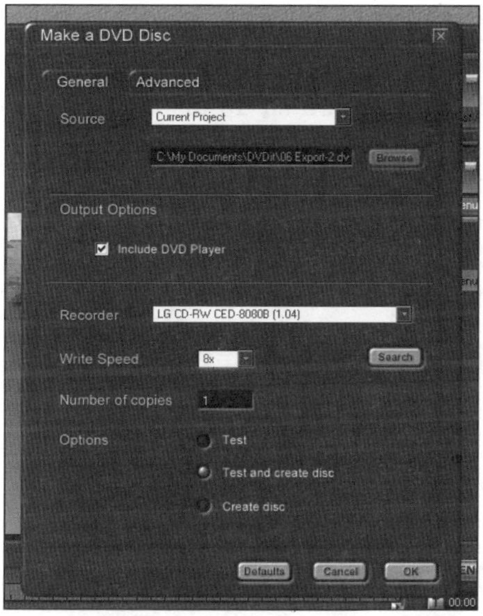

Figura 11.32. *Utilice la pestaña* General *del cuadro de diálogo* Make a DVD *para seleccionar la fuente de entrada y la grabadora de salida y las opciones de grabación.*

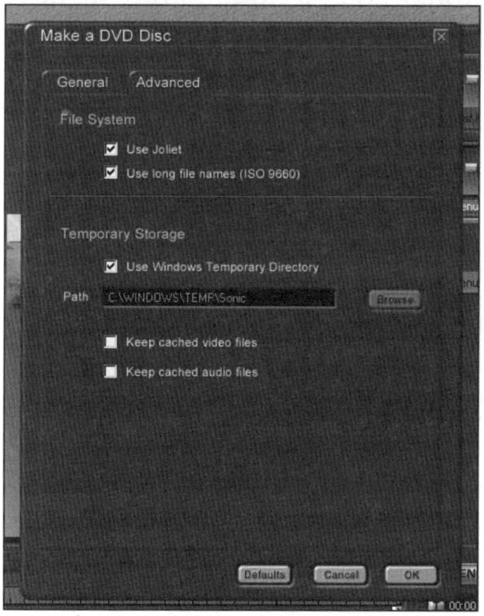

Figura 11.33. *Utilice la pestaña* Advanced *del cuadro de diálogo* Make a DVD Disc *para especificar las opciones para el sistema de archivos relativos a la compatibilidad y para controlar el uso del almacenamiento temporal.*

Creación de un volumen de DVD

También es posible copiar la producción DVD en el disco duro en forma de volumen de DVD con la misma estructura de carpetas y formato de datos utilizados para grabar la producción en un disco DVD. Puede visualizarlo en el disco duro utilizando una aplicación de reproducción DVD, y posteriormente hacer copias en un disco.

Cree la producción como volumen de DVD (DVD Volume) en el disco duro, abra el menú desplegable Build y seleccione Make DVD Folder.

DVDit! abre un cuadro de diálogo y le pregunta si desea convertir algún archivo AVI o QuickTime en el proyecto. Seguidamente, DVDit! abre el cuadro de diálogo Make DVD Folder. Utilice la pestaña General para seleccionar el proyecto de origen (Source) y la ruta (Path) para el directorio de salida. Utilice la pestaña Advanced para seleccionar las opciones de Temporary Storage (almacenamiento personal).

Creación de un DVD maestro

Con DVDit!, puede crear una cinta maestra en formato DLT para utilizarla en un equipo profesional con el fin de duplicar el DVD. Para crear una cinta, abra el menú desplegable Build y seleccione Make DVD Master. Utilice el cuadro de diálogo para seleccionar la unidad de salida y las opciones; DVDit! inicia el proceso de creación de DVD en cinta (como se ha descrito anteriormente).

Resumen

Las herramientas automatizadas para la creación en DVD, como Sonic MyDVD, resultan ideales para la distribución de clips en menús DVD. Estas herramientas automatizadas ofrecen soluciones integrales, desde la captura del vídeo hasta la grabación en un DVD. La parte negativa de toda esta simplicidad es, cómo no, un limitado control sobre el diseño gráfico y la navegación de las producciones.

Apple iDVD es una herramienta que utiliza el método "arrastrar y soltar" e incluye navegación y distribución, hasta cierto punto, automatizadas. También ofrece la posibilidad de desactivar los parámetros automatizados y personalizar el diseño.

Sonic DVDit! va más allá, combinando el diseño mediante el método "arrastrar y soltar" con acceso a unas funciones de navegación y diseño mucho más profesionales. Con un poco de trabajo manual, puede utilizarse para crear menús enlazados, como iDVD, y con algo más de planificación permite organizar y diseñar diseños de menús y estructuras de navegación más sofisticadas.

Por encima de estas herramientas para la creación en DVD, están las herramientas que se describen a continuación. Éstas ofrecen acceso a más funciones de las incluidas en las especificaciones del DVD-Video, incluyendo múltiples pistas de vídeo, audio y subtítulos y control preciso sobre los gráficos y los botones.

Parte V
Creación profesional en DVD

DVD-R

12. Creación profesional en DVD con Apple DVD Studio Pro

La Parte V de este libro describe el último grupo de herramientas para la creación en DVD, aplicaciones "profesionales" que cuestan varios miles de euros: Apple DVD Studio Pro, para Macintosh, y Sonic ReelDVD y Sonic Scenarist, para Windows. Estas herramientas aprovechan casi toda la funcionalidad del formato DVD, incluyendo gráficos de botones personalizados y múltiples fuentes de vídeo, audio y subtitulación con soporte multilingüe. Sin embargo, para proporcionar toda esta funcionalidad, estas herramientas dejan de realizar conversión de formatos y distribución automatizada.

Por el contrario, cada usuario es responsable de la creación de los gráficos del menú y de la conversión de todos los elementos a formato DVD compatible antes de importarlos a las herramientas.

El capítulo 10 de este libro ha descrito cómo la herramienta iDVD de Apple simplifica la creación en DVD mediante la distribución automática de los botones en los menús que enlazan con los videoclips. También ofrece la posibilidad de personalizar el estilo gráfico, el texto y la distribución.

Este capítulo presenta DVD Studio Pro, la herramienta para la creación profesional en DVD de Apple que crea producciones DVD con menús y enlaces de navegación a partir de una serie de elementos multimedia ya definidos. DVD Studio Pro proporciona acceso a casi todas las funciones del formato

DVD, especialmente las múltiples fuentes, las selecciones de botones, el marco y el control explícito sobre las acciones de los botones.

La interfaz de DVD Studio Pro está creada a partir de una vista gráfica de la estructura de navegación del proyecto. Incluye herramientas para construir menús, pistas, presentaciones y macros; y ofrece amplio soporte para examinar el proyecto, desde las propiedades de cada elemento hasta la visualización de todo el proyecto.

Este capítulo hace un repaso a las capacidades de DVD Studio Pro utilizando el proyecto de muestra Tutorial que viene incluido con el producto. Comienza explorando cada elemento de la interfaz de DVD Studio Pro. Seguidamente, ofrece más detalles sobre funciones avanzadas para la creación en DVD, incluyendo el diseño de botones y menús, puntos de capítulo y clips de historia enlazados, múltiples fuentes alternativas, presentaciones, macros y enlaces Web. El capítulo termina con las herramientas utilizadas para visualizar el proyecto, información sobre los elementos de importación y ayuda a crear y explorar el proyecto.

Acerca de DVD Studio Pro

DVD Studio Pro de Apple (`www.apple.com/dvdstudiopro`) es una completa herramienta de Apple para la creación en DVD que incluye casi todas las funciones del estándar DVD-Video. Cuesta alrededor de 1.000 euros.

DVD Studio Pro soporta las siguientes funciones avanzadas:

1. Número ilimitado de menús con hasta 36 botones para cada uno de ellos y menús animados (con botones y fondos de vídeo).
2. Botones sobre las pistas de vídeo.
3. Hasta 99 pistas de vídeo por proyecto, con hasta nueve ángulos de vídeo distintos por pista, con marcadores de capítulos y múltiples historias, y hasta ocho fuentes de audio y 32 fuentes de subtítulos por pista para títulos multilingües.
4. Soporte del formato de pantalla ancha en 16:9.
5. Soporte para discos DVD-5 y DVD-9 (doble capa).

DVD Studio Pro 1.0 apareció con iDVD en enero de 2001, y sólo funcionaba con Mac OS 9.2. La versión posterior 1.2, que salió al mercado en enero de 2002, incluía soporte para unidades externas DVD-R/RAM Firewire y una mejorada exportación a cintas DLT.

La versión 1.5 de DVD Studio Pro, que salió al mercado en abril de 2002, está disponible tanto para Mac OS 9 como para OS X. Soporta la codificación MPEG y compilación de proyectos en el fondo, y ofrece una mejor integración con Final Cut Pro mediante la importación de marcadores de capítulos.

El producto DVD Studio Pro incluye, además, un *plug-in* MPEG para QuickTime para la conversión de archivos de vídeo QuickTime (es decir, de Final Cut Pro) al formato MPEG-2, así como una aplicación para la codificación de Dolby AC-3 para crear sonido DVD completamente *surround*.

Exploración del proyecto Tutorial con DVD Studio Pro

La manera más sencilla de entender la naturaleza de DVD Studio Pro es utilizarlo y explorar un proyecto DVD ya existente. Este capítulo utiliza el proyecto Tutorial que Apple incluye con el producto, y que incluye ejemplos de las funciones más importantes del diseño de un DVD. Este apartado presenta los componentes de la interfaz de DVD Studio Pro mediante su uso para explorar el proyecto Tutorial y entender su estructura.

Inicio de DVD Studio Pro

Para empezar a explorar DVD Studio Pro, inicie la aplicación. DVD Studio Pro se abre con la estructura de interfaz predeterminada (véase figura 12.1).

DVD Studio Pro incluye cuatro ventanas principales para visualizar en pantalla los componentes del proyecto: la ventana principal Graphical View, a la izquierda; las ventanas Project View y Assets, en la parte inferior; y la ventana Property Inspector, a la derecha.

Podemos ampliar, recolocar y modificar el tamaño de las ventanas siempre que queramos mientras trabajamos en el proyecto, o bien utilizar el menú Windows para abrirlas y cerrarlas.

Cómo abrir el proyecto Tutorial

EL CD-ROM de DVD Studio Pro incluye la carpeta DVD Studio Pro Tutorial, que contiene un proyecto Tutorial de muestra y los elementos utilizados para crearlo (véase figura 12.2). Si no lo ha hecho antes, copie esta carpeta en el disco duro.

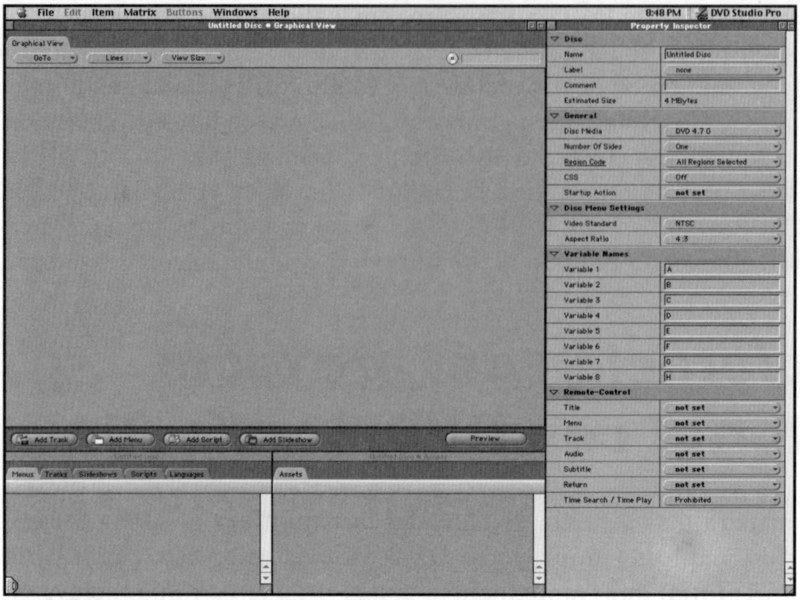

Figura 12.1. *La interfaz predeterminada de DVD Studio Pro cubre completamente la pantalla.*

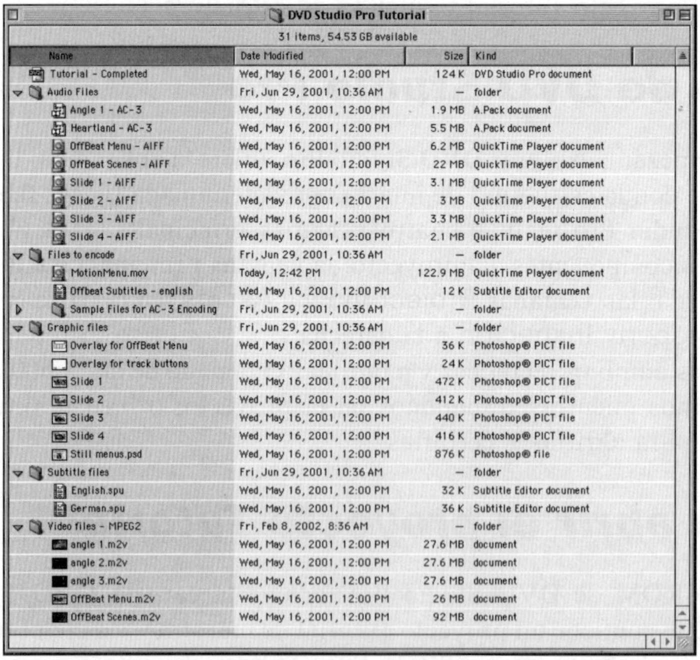

Figura 12.2. *Copie el proyecto Tutorial incluido con DVD Studio Pro en una carpeta del disco duro.*

Abra el menú desplegable File, seleccione Open y desplácese hasta la carpeta DVD Studio Pro Tutorial. Haga doble clic en el archivo Tutorial-Completed para abrir este proyecto guardado en DVD Studio Pro. Este proyecto contiene al menos un ejemplo de cada componente de la interfaz de DVD Studio Pro, y muestra la función correspondiente en el DVD (véase figura 12.3).

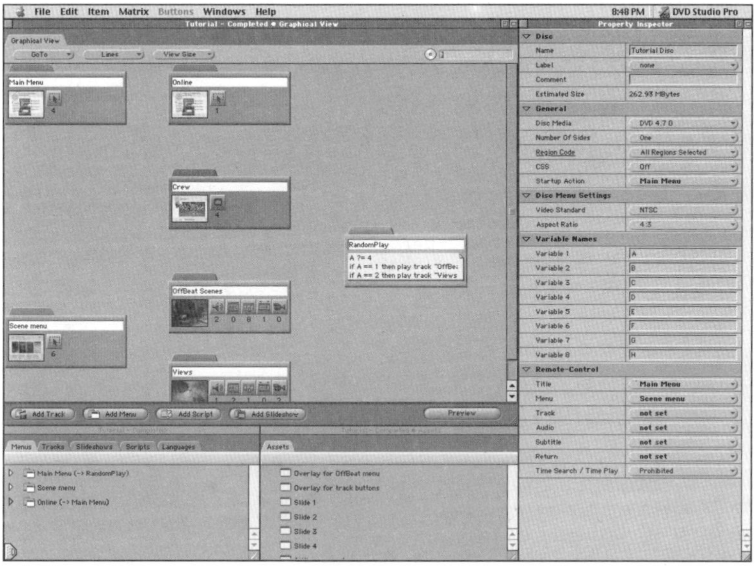

Figura 12.3. *El proyecto Tutorial incluido en DVD Studio Pro incluye un ejemplo de cada uno de los componentes del diseño de un DVD.*

Exploración de la ventana Graphical View

La ventana principal Graphical View, situada a la izquierda, contiene casillas de diferentes colores para los diferentes tipos de elementos del proyecto: Menús (azul), Pistas (verde), Presentaciones (Gris) y Texto (naranja). Los diferentes tipos de casillas contienen una imagen de sus contenidos (pista de vídeo, menú o imagen de una presentación, e incluso contenidos de texto) y uno o más iconos para los diferentes tipos de elementos que contienen (es decir, botones o fuentes), con el número debajo del icono correspondiente.

Durante la edición del proyecto, utilice los botones **Add**, situados en la parte inferior de la ventana, para añadir nuevas casillas del tipo correspondiente.

Arrastre las casillas para ordenarlos y visualizar el diseño. Haga clic en el botón del menú Lines en la parte superior de la ventana y seleccione Always para ver las líneas y flechas entre las diferentes casillas para visualizar los enlaces entre ellos. Las líneas son de diferentes colores en función del tipo de enlace. Utilice Customize para ver sólo las líneas correspondientes a los saltos (Jumps), a los botones del menú (Menu Buttons) o a los botones de Remote Control (Remote Control Bottoms).

Reorganice las casillas para entender la estructura de navegación del proyecto (véase figura 12.4).

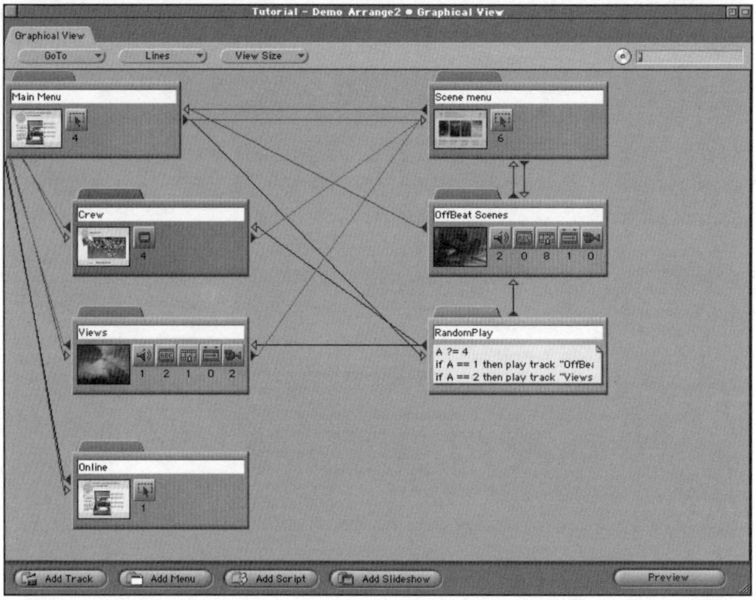

Figura 12.4. *Reorganice las casillas de los elementos del proyecto y vea las líneas de navegación para visualizar el diseño del proyecto.*

El menú principal (Main Menu) enlaza con otros cuatro menús:

1. Menú Scene, que a su vez enlaza con la pista Offbeat Scenes.
2. Presentación Crew.
3. Pista Views.
4. Menú Online.

También hay un texto RandomPlay que enlaza con todos los demás elementos.

Truco

Para visualizar el proyecto a medida que va creciendo, haga clic en el botón del menú View Size*, en la parte superior de la ventana, y seleccione* Small *para poder ver más casillas en la ventana; haga clic en el botón del menú* GoTo *para ir directamente a una casilla en concreto.*

Previsualización del proyecto

Una manera aún mejor de explorar el proyecto es verlo mediante el modo Preview, integrado en DVD Studio Pro.

Visualice un elemento individual seleccionándolo. Para visualizar el proyecto completo tal y como se reproduciría en un DVD, haga clic en el fondo de la ventana Graphical View para seleccionar el proyecto del disco y, a continuación, haga clic en el botón **Preview**, en la parte inferior derecha de la ventana. DVD Studio Pro abre el modo Preview.

El primer menú que aparece es Main, que es un menú estático con cuatro botones. Haga clic en el botón **Debugging**, en la parte superior izquierda, para ver información adicional sobre el elemento actual, factores del texto y un registro de reproducción (véase 12.5).

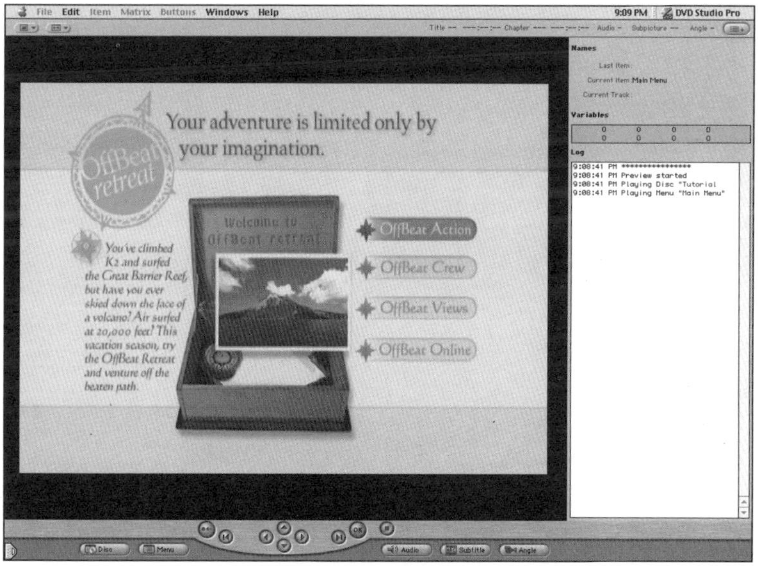

Figura 12.5. *Utilice el modo* Preview *para ver el diseño del proyecto y la navegación del DVD. Abra la ventana* Debugging *para ver un registro de las acciones del DVD.*

Los botones del menú en la parte superior de la ventana proporcionan mayor control sobre la previsualización. Utilice el menú emergente Monitor (icono del monitor) situado en la parte superior izquierda y seleccione Main Screen o un monitor externo si está disponible. Utilice el menú Aspect Ratio (icono de las flechas en un cuadrado) y seleccione las dimensiones en píxeles Square o Rectangular para un monitor de ordenador o de televisión, respectivamente.

Utilice las teclas del mando a distancia del DVD situadas en la parte inferior de la pantalla para navegar por el DVD. Haga clic en las teclas cursor (iconos triangulares), en el centro, para desplazarse por los botones del menú.

Seleccione el primer botón del menú Offbeat Action y haga clic en **OK** para activar el botón seleccionado y realizar la acción correspondiente (en ese caso, un nuevo menú). Estos botones quedan resaltados utilizando diferentes gráficos cuando se seleccionan y se activan.

El nuevo menú OffbeatAction en un menú animado, con vídeo en el fondo (véase figura 12.6). Los rectángulos de vídeo sirven como botones para saltar al clip correspondiente, y el menú incluye los botones **Main** y **Disc** para volver al menú Main y para reproducir una serie diferente de clips. Los botones quedan resaltados mediante un contorno de color amarillo.

Figura 12.6. *El menú* Offbeat Action *es un menú animado con vídeo para los botones del clip.*

Seleccione el segundo clip, Heat, y haga clic en **OK** para reproducirlo. El vídeo muestra los botones de los menús **Action** y **Main** sobre él.

Durante la reproducción de los videoclips, haga clic en **Previous Marker** y **Next Marker** (los iconos del triángulo y la línea) para saltar hacia delante o hacia atrás al siguiente punto de marcador, si está definido en la pista actual.

DVD Studio Pro también muestra información sobre las fuentes de reproducción actual en la parte superior de la ventana, incluyendo el tiempo del título (Title) y del capítulo (Chapter); así como el número de fuente del audio (Audio), del capítulo (Chapter) y sub-imagen (Subpicture).

Si explora la navegación de forma más exhaustiva, recuerde que cuando un clip termina de reproducirse, no vuelve necesariamente al menú desde el que se inició la reproducción. Ésta es una decisión que afecta al diseño cuando el disco se crea. De forma similar, pruebe a pulsar **Return** (icono de la flecha y el círculo) para volver al menú activo anterior. De nuevo, esta acción ha de ser especificada en el diseño de la navegación.

Utilice los botones **Disc** y **Menu**, en la parte inferior izquierda de la pantalla, para volver al menú Main o al menú más próximo, respectivamente.

Haga clic en el segundo botón **Offbeat Crew**, en el menú Main, para ver una presentación de imágenes estáticas y audio de fondo.

Haga clic en el tercer botón, **Offbeat View**, del menú Main, para reproducir una secuencia de vídeo. Éstas y otras pistas contienen fuentes alternativas. Utilice los botones situados en la parte inferior izquierda para desplazarse por los diferentes idiomas (Audio), texto de subtítulos (Subtitle) y ángulo de vídeo (Angle) disponibles.

Por último, haga clic en la tecla **Stop** del mando a distancia (icono cuadrado) sobre el botón **Audio** para salir del modo Preview y volver al editor de DVD Studio Pro (o pulse la tecla **Esc** del teclado).

Truco

Es posible que se sorprenda al ver que el proyecto empieza a reproducirse automáticamente si no hace una selección en el menú Main. *Esta función está disponible en el macro* Random Play.
Otra sorpresa le aguarda si selecciona el botón ***Offbeat Online*** *en el menú* Main. *Éste no sólo abre el menú* Online*; además abre un explorador Web para mostrar el enlace correspondiente en Internet.*

Visualización de las propiedades

La ventana Property Inspector, en la parte derecha de la ventana, se utiliza para mostrar información y modificar los parámetros del elemento seleccionado actualmente.

Haga clic en el fondo de la ventana Graphical para seleccionar la información del disco de todo el proyecto en la ventana Property Inspector (véase figura 12.7). Haga clic en los triángulos, si es necesario, para ampliar los elementos incluidos.

La sección Disc incluye las opciones Name (nombre) y Estimated Size (tamaño aproximado) del disco.

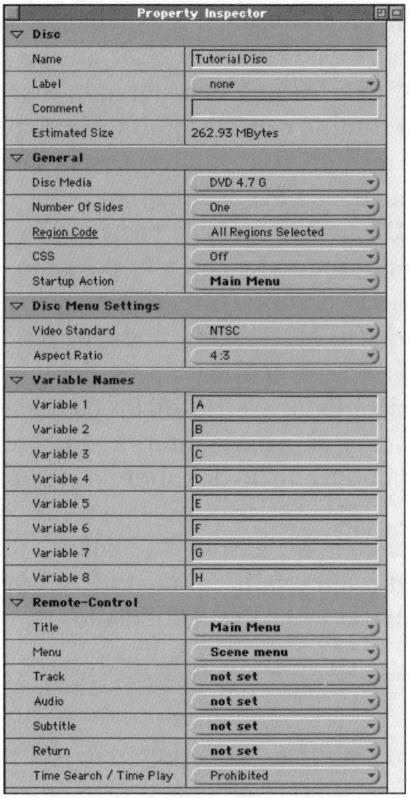

Figura 12.7. *La ventana* Property Inspector *ofrece información sobre todo el proyecto o sobre un elemento del proyecto seleccionado.*

La sección General determina las características para crear el disco, incluyendo los soportes de doble cara, el código de zona, y la protección anticopia. También muestra el menú Startup Action para determinar lo que se verá al iniciar la reproducción del DVD.

También es posible comprobar el tamaño actual del proyecto utilizando la barra situada junto al icono del disco, en la parte superior derecha de la ventana Graphical View. Muestra el tamaño aproximado del proyecto en los soportes de discos determinados.

La sección Disc Menu Settings determina el estándar de vídeo (NTSC o PAL) y el formato de imagen (4:3 o pantalla ancha en 16:9).

La sección Variable Names enumera las variables de programación utilizadas en los macros.

La sección Remote Control especifica la acción a realizar cuando el usuario pulsa varios botones del mando a distancia, incluyendo los saltos al menú principal Title.

Uso de la ventana Project View

La ventana Project View, situada en la parte inferior derecha de la ventana, ofrece una vista alternativa de los elementos del proyecto (véase figura 12.8).

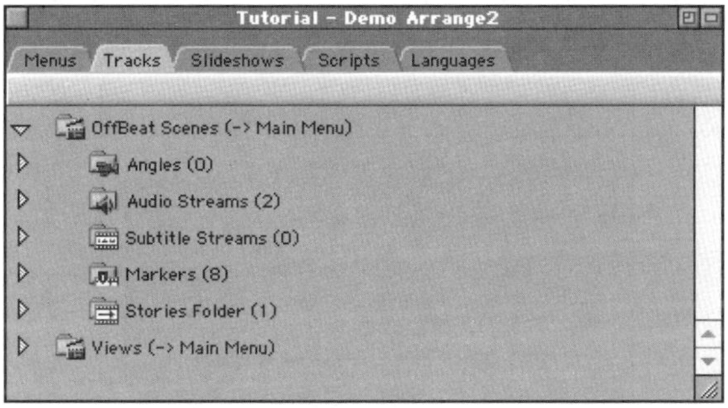

Figura 12.8. *La ventana* Project View *organiza la información relacionada con los diferentes componentes del proyecto con ayuda de pestañas que clasifican la información de forma jerárquica.*

Haga clic en las diferentes pestañas, Menus, Tracks, Slideshows, Languages, para ver contenedores de cada tipo de elemento, que aparecen organizados en carpetas.

Haga clic en el triángulo situado a la izquierda de cada carpeta para abrirla y ver los elementos individuales. Una flecha con el nombre del elemento indica un enlace a dicho elemento, y un número en paréntesis lleva la cuenta de los elementos asignados. Los elementos en itálica están incompletos y aún deben configurarse algunas de sus propiedades.

Haga clic en un elemento individual para examinar y modificar sus propiedades en la ventana Property Inspector.

La ventana Project View no sólo sirve para ver elementos y propiedades. Es posible editar el proyecto creando nuevos elementos (con el menú Item) y enlazando elementos arrastrándolos entre las ventanas.

Truco

Para trabajar de forma más efectiva con múltiples ventanas, arrastre una pestaña fuera de la ventana Project View *como una ventana separada.*

Para restablecer el orden de la ventana Project View, *cierre las ventanas y vuelva a abrir* Project View *desde el menú* Windows.

Uso de la ventana Assets View

La ventana Assets View, situada en la parte inferior central de la pantalla, contiene todos los archivos de elementos importados al proyecto, incluyendo las fuentes de vídeo y audio, los menús y los botones, y los subtítulos (véase figura 12.9).

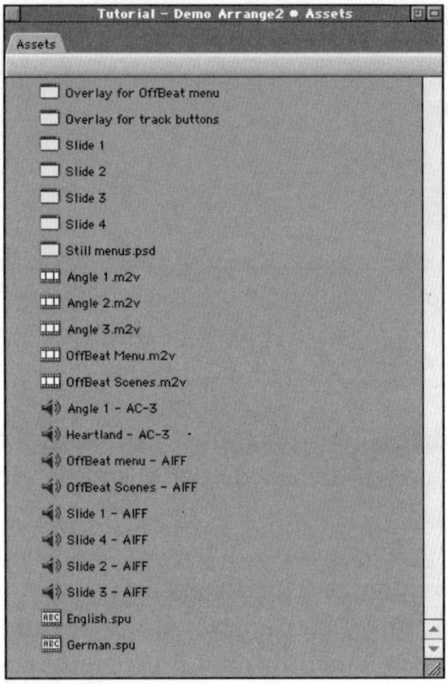

Figura 12.9. *La ventana* Assets View *enumera todos los elementos importados al proyecto.*

Para añadir nuevos elementos, abra el menú desplegable File y seleccione Import, o bien arrastre y suelte archivos desde una ventana de Finder. Seleccione Merge para integrar los elementos y la estructura de navegación de un proyecto existente en el proyecto actual.

Organice los elementos arrastrándolos; o abra el menú desplegable Item y seleccione Sort Assets, By Usage, By Name o By Type.

Haga clic sobre un elemento individual para ver y editar información sobre él en la ventana Property Inspector. También puede abrir el menú desplegable File y seleccione Get File Info para ver información sobre un archivo antes de importarlo.

Cada elemento de DVD Studio Pro está asociado a un archivo del disco. Sin embargo, los archivos pueden moverse o eliminarse, o bien utilizar un archivo diferente para un menú o una pista. Para ver la asociación entre los elementos del proyecto actual y los archivos del disco, abra el menú desplegable File y seleccione Asset Files. DVD Studio Pro abre el cuadro de diálogo Asset Files (véase figura 12.10) con columnas para los elcmentos del proyecto, así como los volúmenes, las carpetas y los nombres de archivos asociados.

Haga clic en el cuadro de verificación Show Missing Files para ver sólo los elementos que no están asociados a un archivo del disco. Seleccione un elemento, haga clic en Locate y seleccione un archivo para dicho elemento, o bien seleccione Assign para asignar un archivo nuevo.

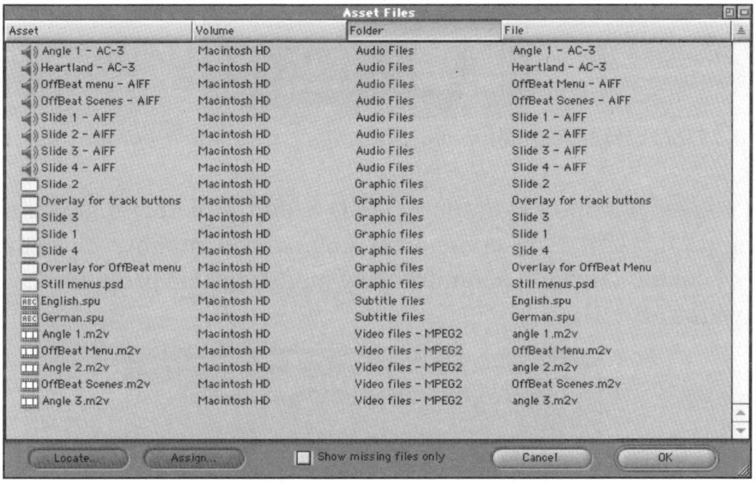

Figura 12.10. *La ventana* Asset Files *enumera todos los elementos del proyecto y los archivos del disco asociados.*

Cómo trabajar con menús y botones

DVD Studio Pro incluye la ventana Menu Editor para organizar y distribuir los componentes de un menú DVD, incluyendo el fondo (imagen o vídeo), los botones, los gráficos de los botones y las acciones predeterminadas.

Los gráficos del menú están diseñados para su importación como archivos Photoshop en capas, con los elementos del fondo y los diferentes estados de selección para cada botón en diferentes capas. Este proceso resulta más eficaz si se mantiene una estructura consistente y una convención numérica para las capas.

Creación de menús estáticos

Haga clic en la casilla del menú Main, en la ventana Graphical View, para seleccionarlo (véase figura 12.11). Las casillas del menú incluyen una imagen en miniatura del menú y un icono para el botón (cursor sobre un cuadrado) a la derecha de la imagen, con un número bajo el icono para ver la cantidad de botones utilizados en el menú.

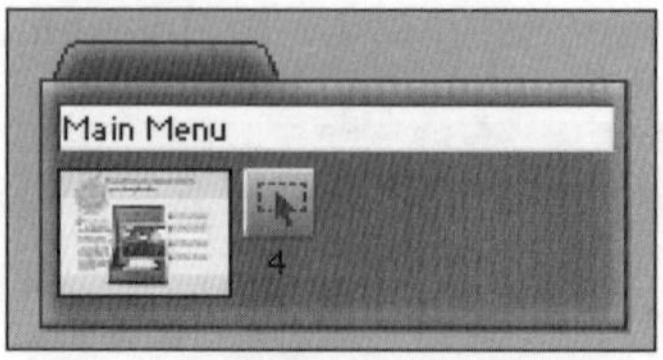

Figura 12.11. *La casilla del menú* Main *muestra cuatro botones en el menú.*

Haga clic en el icono del botón, y DVD Studio Pro abrirá la ventana Menu (véase figura 12.12). Este contenedor enumera el nombre de cada botón y muestra su enlace asociado. Compruebe y modifique las propiedades del botón haciendo clic sobre él.

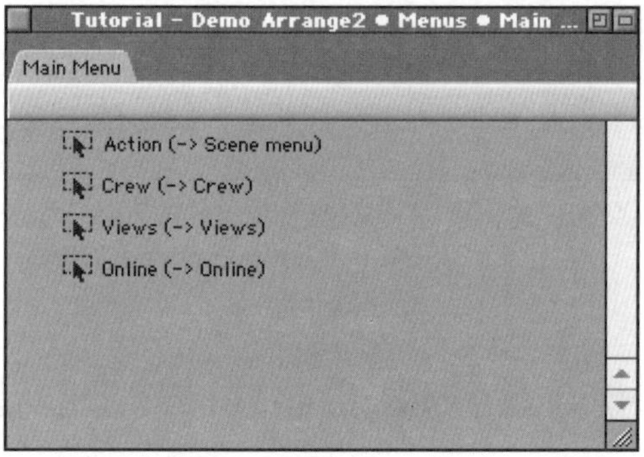

Figura 12.12. *La ventana* Menu *muestra los elementos del botón utilizados en el menú.*

Haga doble clic en la imagen en miniatura del menú (o abra el menú desplegable Item y seleccione Item) para abrir Menu Editor (véase figura 12.13).

El menú se construye a partir de un archivo Photoshop por capas, incluyendo los elementos de fondo y las capas separadas para los gráficos de los botones. Haga clic en el fondo del menú para seleccionar todo el menú y revise sus parámetros en la ventana Property Inspector (véase figura 12.14).

El parámetro Picture incluye el archivo de la imagen estática utilizada para el fondo del menú.

Figura 12.13. Utilice la ventana Menu Editor *para construir el fondo y los botones del menú.*

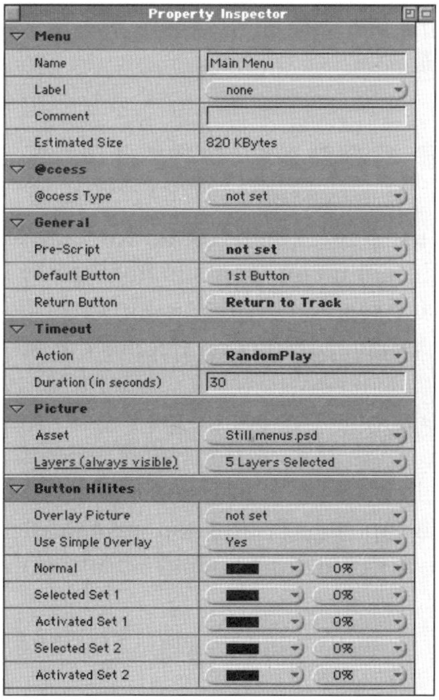

Figura 12.14. Las propiedades del menú incluyen los gráficos de los fondos y los botones.

Haga clic en el botón Layers (always visible) para ver el cuadro de diálogo Layers, que muestra todas las capas del archivo Photoshop (véase figura 12.15). Las capas seleccionadas en la parte inferior están organizadas para el fondo del menú, mientras que las capas en la parte superior contienen gráficos para los diferentes estados de selección de los botones.

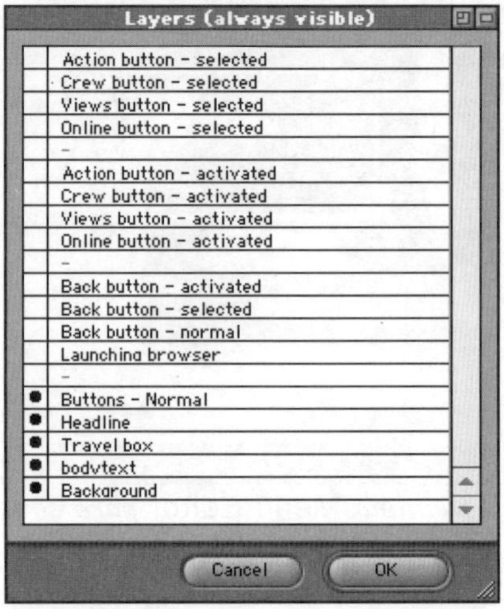

Figura 12.15. *Utilice el cuadro de diálogo* Layers *para determinar las capas del archivo Photoshop que va a utilizar para los elementos del menú.*

Creación de capas para los botones

En Menu Editor, los puntos activos de los cuatro botones muestran un contorno sobre el fondo del menú, con sus nombres y las acciones asociadas (véase figura 12.16). La sección Buttons Links la genera automáticamente DVD Studio Pro para la navegación con flechas cursor de control dentro de la pantalla del menú.

La sección Display muestra cómo las capas individuales del archivo Photoshop se asignan como los gráficos que van a aparecer en función del estado de selección del botón: Normal, Selected y Activated.

Éste es el método de capas de Photoshop para mostrar los estados de selección. El menú animado utilizado en el menú Scene utiliza una técnica diferente: el método de selección estándar.

Para salir de Menu Editor, haga clic en el cuadro de cierre en la esquina superior izquierda.

Para previsualizar el diseño del menú y las selecciones del menú, haga clic en la casilla del menú Main, en la ventana Graphical View, para seleccionarlo, y haga clic en el botón **Preview**. Puede desplazarse por los estados del botón en el modo Preview.

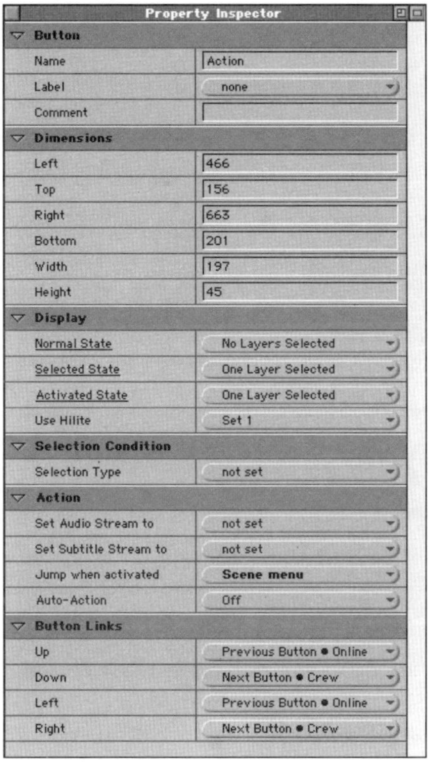

Figura 12.16. *Las propiedades de los botones incluyen los gráficos utilizados para mostrar los estados de selección.*

Creación de menús animados

El menú Scene contiene un fondo de menú animado, con botones que quedan resaltados.

Seleccione la casilla del menú Scene para seleccionarlo (véase figura 12.17). Contiene seis botones.

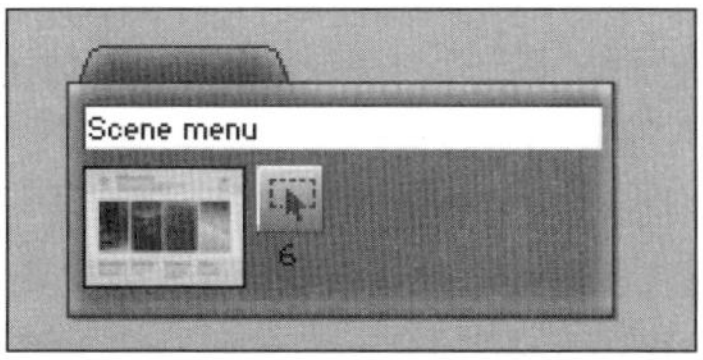

Figura 12.17. *La casilla del menú* Scene *contiene seis botones.*

Revise los parámetros del menú Scene en Property Inspector (véase figura 12.18).

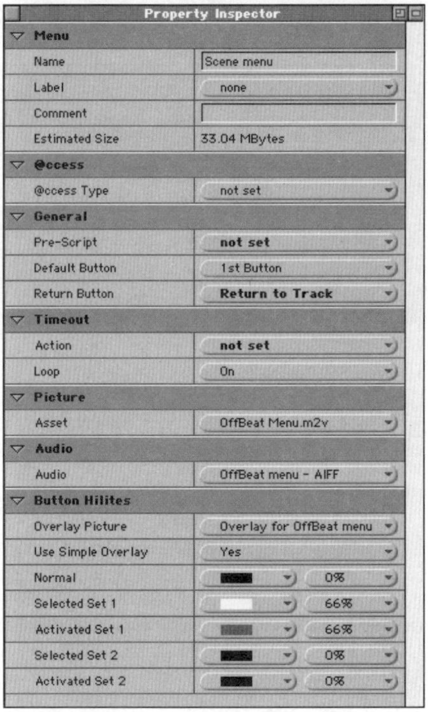

Figura 12.18. *Las propiedades del menú* Scene *muestran que el fondo es un videoclip animado. Las propiedades del menú, además, especifican los colores para resaltar los botones.*

En la sección Picture, el elemento es un videoclip, `Offbeat Menu.m2v`, no sólo una imagen estática. El menú también incluye un elemento de audio para su reproducción como audio de fondo con el menú. La sección Timeout está configurada para que la reproducción continúe si el usuario no hace ninguna selección.

Es posible encontrar el vídeo original para este clip con los archivos DVD Studio Pro Tutorial en la carpeta Files to Encode. Si reproduce el archivo `Motion Menu.mov` (con el reproductor QuickTime), ve que el archivo de vídeo contiene el fondo del menú, los cuatro videoclips animados, e incluso los gráficos de los botones **Main** y **Next**.

Para abrir Menu Editor, haga doble clic en la imagen en miniatura en la casilla del menú Scene. Como antes, los puntos activos de cada botón incluyen un contorno (véase figura 12.19).

Figura 12.19. Menu Editor *muestra los puntos activos del botón alrededor de los videoclips en el menú* Scene.

Haga clic en el botón **Waves**. Haga clic en el botón **Heat** y revise los parámetros en la ventana Property Inspector. En la sección Action, la opción Jump When Activated está configurada como pista Offbeat Scenes para el botón **Waves**, y como punto de marcador dentro de la pista para el botón **Heat** (véase figura 12.20).

Creación de realces para los botones

A diferencia de los botones del menú Main, la sección Display dentro de Property Inspector para cada botón no especifica capas de un archivo Photoshop para los gráficos de selección. Por el contrario, todos los botones especifican Use Hilite, y el realce seleccionado es Set 1.

Haga clic en el fondo del menú para ver las propiedades del menú. La sección Button Hilites especifica que el realce Normal es nulo (0 por 100); el realce Selected Set 1 es amarillo y está fundido con el fondo; mientras que el realce Activated Set 1 es rojo (véase figura 12.18). Éste es un método para resaltar áreas de los botones en un menú que a menudo es más receptivo que el método de capas de Photoshop.

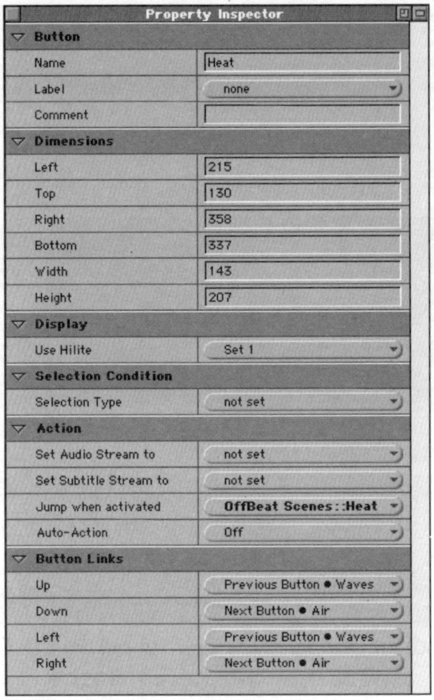

Figura 12.20. *Las propiedades de un botón utilizan realces para los estados de selección.*

Cómo trabajar con pistas de vídeo y marcadores

La ventana Graphical View muestra los elementos del diseño DVD en forma de casillas. La casilla más compleja es la de las pistas, que define no sólo la pista de vídeo base, sino además fuentes alternativas y marcadores de capítulos. Los puntos de marcadores también se pueden utilizar para crear una historia, una colección de videoclips que pueden reproducirse en un orden seleccionado, de modo que las pistas del disco muestran rutas alternativas.

Haga clic en la casilla de la pista Offbeat Scenes, en la ventana Graphical View, para seleccionarla (véase figura 12.21). Las casillas Track incluyen una imagen en miniatura del videoclip y cinco iconos para el material adicional de la pista, con el número de los elementos bajo el icono. Los iconos corresponden a pistas de audio alternativas (Audio), fuentes de subtítulos (Subtitle), marcadores (Markers), historias (Stories) y ángulos múltiples de vídeo (Angles).

Visualización de los marcadores de capítulo

La casilla de la pista Offbeat Scenes muestra que la pista incluye puntos de marcadores (el número 8 debajo del tercer icono Markers con un marcador en la película).

Figura 12.21. *Las casillas de la pista incluyen iconos y números para las fuentes de audio y subtítulos alternativas, los marcadores, las historias y los múltiples ángulos de vídeo.*

Haga clic en el icono Markers para ver el contenedor Marker de esta pista (véase figura 12.22). El contenedor incluye una lista de los puntos de marcadores, incluyendo Start of Track (inicio de la pista), tres subclips (Hear, Air y Chill), y marcadores End (fin) para cada uno de ellos. Haga clic en cada marcador para ver y modificar las propiedades de cada elemento. Para crear nuevos puntos de marcadores, abra el menú desplegable Item y seleccione New Marker.

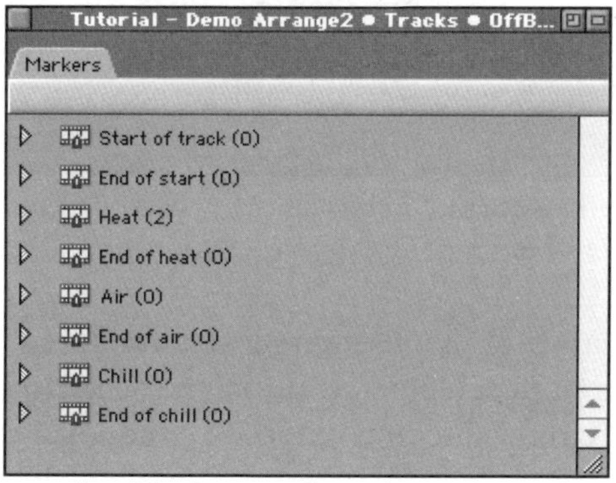

Figura 12.22. *El contenedor* Marker *incluye los puntos de marcador definidos en la pista.*

Utilización de Marker Editor

Para establecer o ver un punto de marcador, haga clic en el marcador Hear, en el contenedor, para seleccionarlo; abra el menú desplegable Item y seleccione Edit (o haga doble clic en Option, sobre el nombre del marcador del contenedor). DVD Studio Pro abre Marker Editor en este punto de marcador (véase figura 12.23). (También puede hacer doble clic en la imagen en miniatura de la casilla del título para abrir Marker Editor.)

Marker Editor ofrece una interfaz para establecer puntos de marcador mientras se visualiza el fotograma del vídeo asociado. No está diseñado para previsualizar el clip y después establecer los puntos de marcador; por el contrario, seleccione primero el punto de marcador que desea establecer, y a continuación mueva el vídeo hasta el punto correspondiente.

Figura 12.23. *Utilice* Marker Editor *para revisar los puntos de marcador actuales en la pista de vídeo y seleccione el fotograma para nuevos marcadores.*

En primer lugar, abra el menú emergente situado en la parte inferior izquierda de la ventana para seleccionar un punto de marcador. También puede utilizar los botones de reproducción externos situados a cada lado del control deslizante para desplazarse hasta el marcador siguiente o anterior. DVD Studio Pro actualiza la pantalla para mostrar el fotograma de vídeo correspondiente, mueve el control deslizante debajo del vídeo hasta el punto correspondiente y muestra un código de tiempo para ese fotograma en la parte superior izquierda de la ventana.

Para experimentar con Marker Editor sin modificar los marcadores actuales, haga clic en el botón **New Marker**, en la parte inferior de la ventana (también podría haber añadido un marcador en la ventana del contenedor Marker). Para establecer la posición del nuevo marcador, arrastre el control deslizante o haga clic en el botón **Time Code**, en la parte superior izquierda, y escriba un valor para el código de tiempo. También puede utilizar los controles de reproducción situados a cada lado del control deslizante para desplazarse hasta el fotograma anterior o siguiente.

Debido a la forma en que se comprime el vídeo DVD, no es posible iniciar la reproducción en cualquier fotograma. Por el contrario, DVD Studio Pro ajusta automáticamente el punto de marcador al fotograma más próximo posible.

Cuando acabe de experimentar, puede eliminar los nuevos marcadores y deshacer los cambios abriendo el menú desplegable Edit y seleccionando Undo. O bien elimine el nuevo marcador en la ventana del marcador Marker seleccionándolo y pulsando la tecla **Supr**.

Para ver cómo se utilizan los puntos de marcadores en una producción DVD, seleccione la casilla de la pista Offbeat Scenes en la ventana Graphical View, y haga clic en **Preview**. DVD Studio Pro inicia la reproducción de la pista. Haga clic en los botones **Previous Marker** y **Next Marker** para pasar de un punto de marcador a otro. DVD Studio Pro muestra los nombres del marcador correspondiente en la sección Log de la información Debugging, en la parte derecha de la pantalla.

Utilización botones de marcador interactivos

El marcador Hear también tiene otra función: botones que aparecen durante la reproducción de la pista. Estos marcadores interactivos se establecen como los botones del menú, con un área activa resaltada por un contorno sobre el gráfico del botón. La sección Button Hilite de la ventana Property Inspector de cada marcador incluye los parámetros de estos botones, incluyendo la imagen Overlay Picture y los colores del botón activado y seleccionado (véase figura 12.24).

Las definiciones de estos botones pueden compartirse con otros marcadores. Desplácese hasta el marcador Air para ver sus propiedades: la sección Button Hilites esta configurada como Use Button en el marcador Heat.

Al reproducir esta pista en el modo Preview, haga clic en los botones de navegación izquierdo y derecho para seleccionar entre estos dos botones mientras se reproduce el vídeo, y haga clic en **OK** para ir al menú correspondiente, incluso durante la reproducción del vídeo.

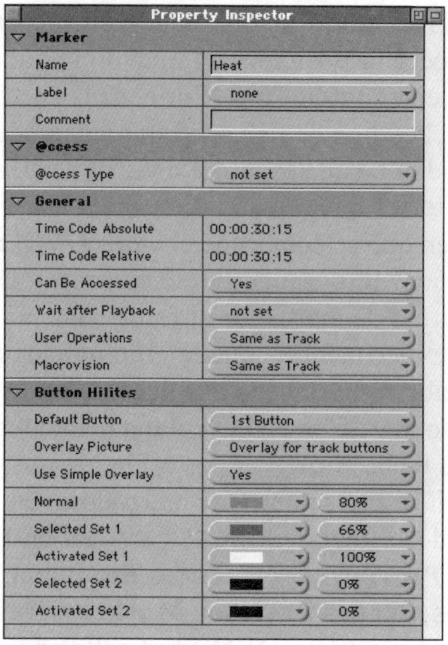

Figura 12.24. *Las propiedades de* Marker *incluyen parámetros de los botones interactivos superpuestos en la pista de vídeo.*

Truco

Los realces de los botones para los marcadores interactivos se crean mediante la función de subtítulos del DVD, de forma que no pueden combinarse con subtítulos en la misma pista.

Definición de una secuencia de historias

La casilla de la pista Offbeat Scenes muestra un número debajo del icono Stories (con punto de entrada y salida establecidos en una película). Una historia es una secuencia de clips que se reproducen en un orden concreto. Esto permite reutilizar los videoclips que ya se están utilizando en la producción DVD, pero reproducirlos en una secuencia diferente.

Haga clic en el cuarto icono Story de la casilla de la pista Offbeat Scenes para ver Stories Folder. Una historia está definida, Highlights. Haga clic en el icono del triángulo para expandir la definición de la historia, una lista de marcadores que se reproducirán en el orden específico (véase figura 12.25).

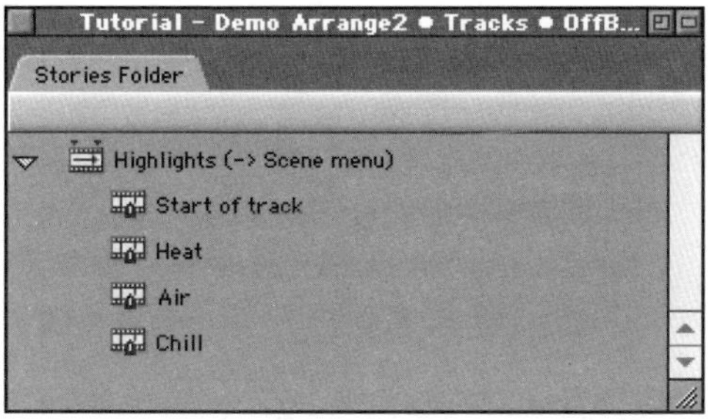

Figura 12.25. Stories Folder *define una lista de marcadores en la pista que se reproducirán en el orden especificado.*

Por esta razón, los marcadores definidos en la pista también tienen un marcador final (End). Cada clip que se va a reproducir para la historia está definido por un marcador para su punto inicial y se reproduce hasta alcanzar su marcador final.

Es posible añadir más clips a la historia abriendo la pestaña Tracks, en la ventana Project View, y arrastrando más elementos de la lista Markers.

Para reproducir una historia, debe estar enlazada desde una producción DVD. La historia Highlights está enlazada desde el botón **Next** en el menú Scene. Haga doble clic en la imagen de la casilla del menú Scene para abrir Menu Editor, y haga clic en el botón **Next**, en la parte superior izquierda, para ver sus propiedades. En la sección Action, el campo Jump When Activated tiene la historia Highlights seleccionada (véase figura 12.26).

Cómo trabajar con fuentes e idiomas alternativos

Una de las funciones más interesante del formato DVD-Video es su capacidad para proporcionar múltiples fuentes de contenido, vídeo, audio y subtítulos, para incrementar una pista de vídeo. Éstas pueden utilizarse para ofrecer más opciones al espectador, para seleccionar ángulos de cámara alternativos para ver un concierto musical, para escuchar la banda sonora en un idioma diferente o con comentarios del director y para los subtítulos de texto en varios idiomas.

Es más, el formato DVD ofrece la flexibilidad necesaria para ir más allá de estos usos concretos. Por ejemplo, podemos determinar que el DVD responda a la acción del usuario y automáticamente seleccionar fuentes alternativas, o bien utilizar los subtítulos (que son superposiciones gráficas) para otros usos, como Interactive Marker Buttons (botones interactivos) sobre las fuentes de vídeo.

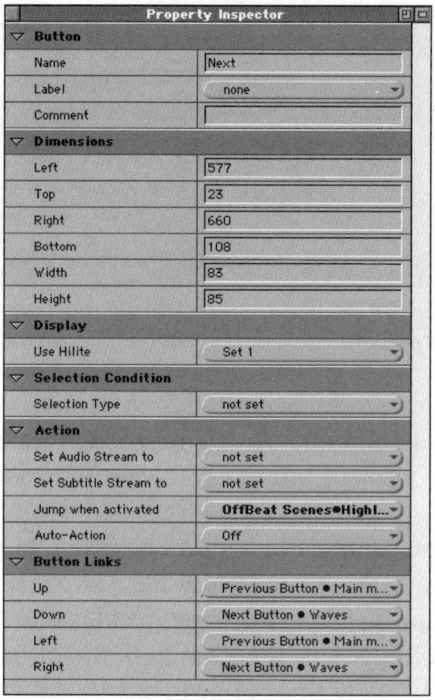

Figura 12.26. *El botón* ***Next*** *del menú* Scene *está enlazado a la historia* Highlights.

Asimismo, la especificación DVD ofrece soporte explícito para producciones multilingües. Los menús y las fuentes de audio y subtítulos alternativos pueden marcarse con un identificador de idiomas. Los usuarios, por tanto, pueden seleccionar un idioma preferido para el reproductor DVD de uso doméstico en el menú de configuración del reproductor, y cada disco DVD que reproduzcan puede reproducir automáticamente el material disponible en dicho idioma.

La pestaña Languages de la ventana Project Window se utiliza para definir los idiomas que se van a utilizar en el proyecto. Es posible asociar gráficos de menú, fuentes de audio y subtítulos alternativos con los idiomas.

Para que el reproductor DVD cambie dinámicamente de fuente, los soportes correspondientes deben crearse y comprimirse en el mismo formato y estructura.

Utilización de múltiples fuentes de vídeo

Seleccione la casilla de la pista Track en la ventana Graphical View (véase figura 12.27). Las casillas Track contienen iconos para las fuentes de audio (con el icono de un altavoz), fuentes de subtítulos (texto ABC o película), marcadores (marcador sobre una película), historias (puntos In/Out en una película) y ángulos (cámara de vídeo). La casilla Views muestra que contiene dos ángulos de vídeo y dos subtítulos.

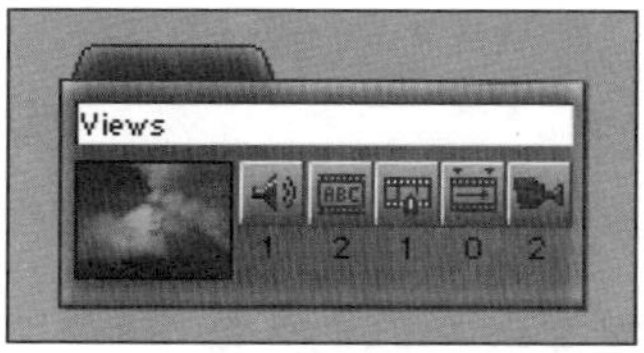

Figura 12.27. *La casilla de la pista* Views *contiene una fuente de audio, dos subtítulos, un marcador, ninguna historia y dos ángulos alternativos.*

Haga clic en el último icono Angle (cámara de vídeo) para ver el Angles Container (véase figura 12.28). Este contenedor incluye una lista de las fuentes de vídeo alternativas disponibles con esta pista. Están diseñadas para utilizarse para los diferentes ángulos de una escena, como un concierto de música. Para añadir otro videoclip, abra el menú desplegable Item y seleccione New Angle.

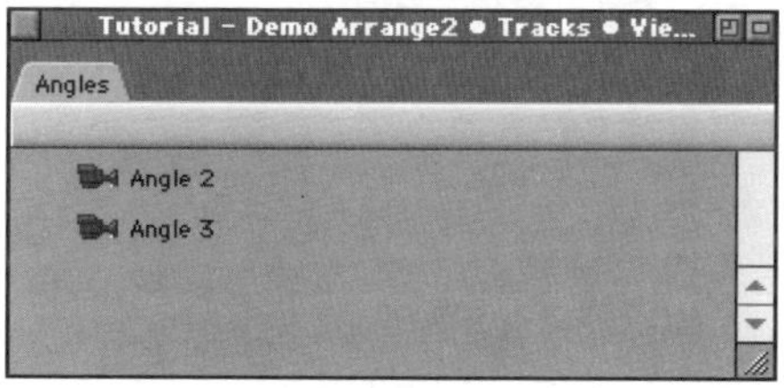

Figura 12.28. *El contenedor* Angles *enumera las fuentes de vídeo alternativas disponibles con esta pista.*

Haga clic en todos los elementos de vídeo para ver sus propiedades. La sección General incluye el archivo de vídeo Asset (véase figura 12.29).

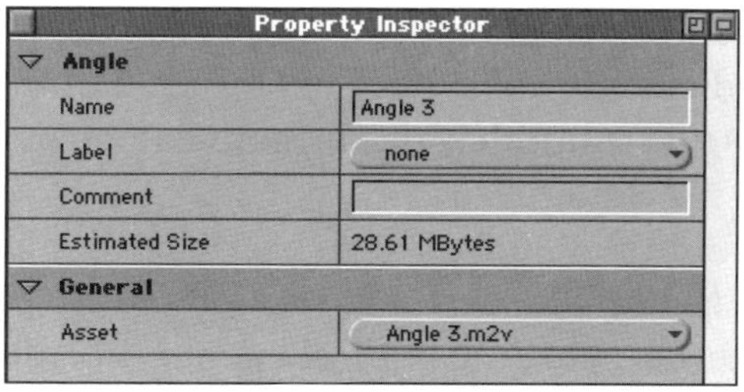

Figura 12.29. *Las propiedades de* Angle *muestran el archivo de la fuente de vídeo alternativa.*

Seleccione la casilla de la pista Views y haga clic en el botón **Preview** para ver esta pista. Durante la reproducción de la pista, haga clic en el botón **Angle**, debajo de la ventana Preview, para cambiar entre las diferentes fuentes de vídeo. El número de la fuente correspondiente aparece en la parte superior de la ventana.

En esta producción, los diferentes ángulos se han diseñado para alternar entre vistas lejanas, primeros planos e interiores para ilustrar la descripción oral de la pista de audio.

Utilización de fuentes de subtítulos

Una pista de DVD puede tener fuentes de subtítulos, que normalmente se utilizan para subtítulos de texto en múltiples idiomas.

La casilla de la pista Views muestra dos fuentes de subtítulos bajo el segundo icono Subtitle (con el texto ABC sobre una película). El contenedor enumera dos subtítulos, en inglés y alemán (véase figura 12.30).

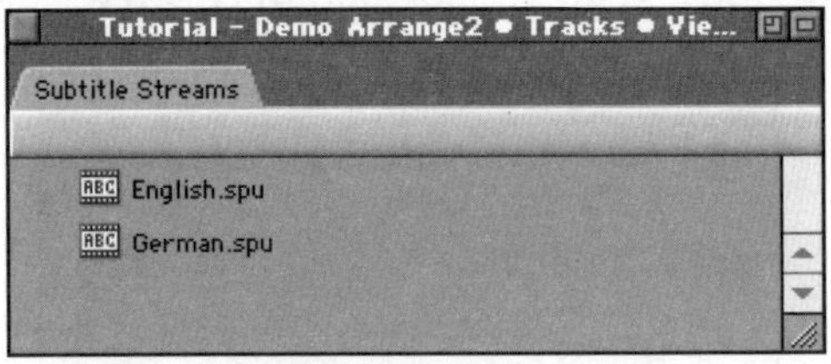

Figura 12.30. *El contenedor* Subtitles *enumera las fuentes de subtítulos disponibles con esta pista en varios idiomas.*

DVD Studio Pro incluye una aplicación independiente, Subtitle Editor, que podemos utilizar para escribir y dar formato al subtítulo, sincronizar su aspecto en la pista de vídeo. Podemos importar una lista de subtítulos desde un archivo de texto sencillo que define las líneas del texto y los códigos de tiempo asociados cuando aparece en pantalla.

Tras acabar la edición de los subtítulos, utilice Subtitle Editor para recopilarlos en una fuente de subtítulos, que a continuación pueden enlazarse a una pista de vídeo en DVD Studio Pro.

Haga clic en el subtítulo German, en el contenedor Subtitle, para ver sus propiedades (véase figura 12.31). En la sección General, el elemento Asset especifica la fuente de subtítulos. El elemento Language también debe especificarse, de forma que el reproductor DVD pueda mostrar los subtítulos adecuados.

Revise la pista Views para ver el texto de los subtítulos. Haga clic en el botón **Subtitle**, en la parte inferior de la ventana Preview, para cambiar entre los subtítulos disponibles. El número de la fuente de subtítulos actual también aparece bajo Subpicture, en la parte superior derecha de la ventana.

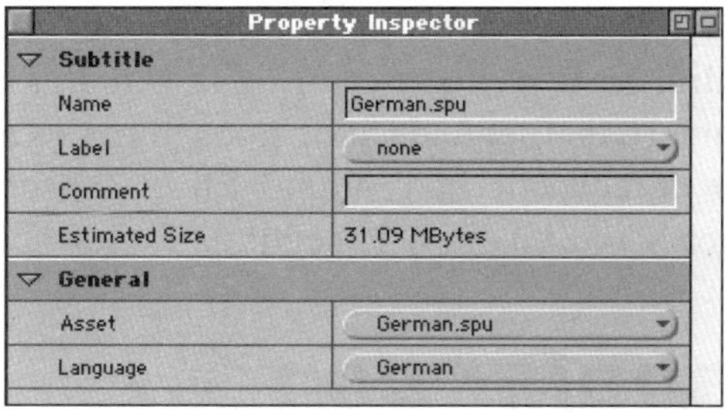

Figura 12.31. *Las propiedades de la fuente* Subtitle *incluyen su idioma.*

Utilización de fuentes de audio

Una pista DVD puede tener múltiples fuentes de audio, que se pueden utilizar para la narración en *off*, bandas sonoras e idiomas.

La casilla de la pista Offbeat muestra dos fuentes de audio bajo el primer icono **Audio** (con un altavoz). Haga clic en el icono **Audio** para ver el contenedor Audio. El contenedor enumera dos fuentes de audio (véase figura 12.32).

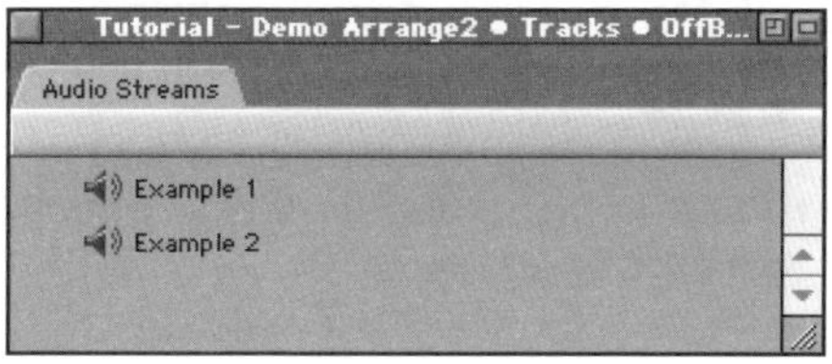

Figura 12.32. *El contenedor* Audio *enumera las fuentes de audio disponibles con esta pista.*

Las propiedades de la fuente de audio muestran el archivo de audio asociado y el idioma (véase figura 12.33).

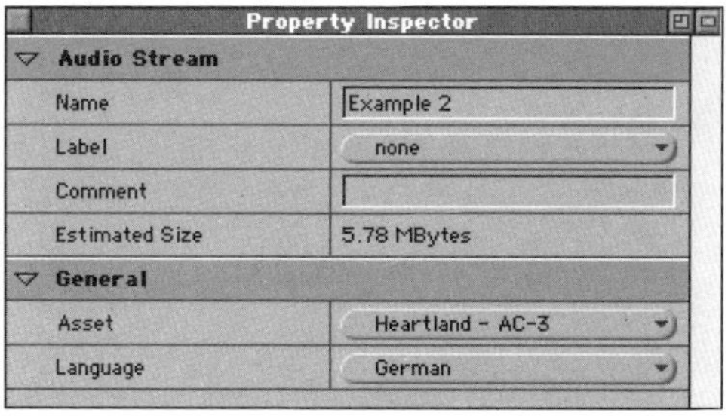

Figura 12.33. *Las propiedades de* Audio Stream *incluyen el archivo de audio en el disco y el idioma asociado.*

Revise la pista Offbeat Scenes para escuchar las pistas de audio, haga clic en el botón **Audio**, en la parte inferior de la ventana Preview, para cambiar de fuente. El número de fuente de subtítulos actuales aparece bajo Audio, en la parte superior derecha de la ventana. En esta producción, la primera fuente incluye música y voz en *off*, y la segunda fuente sólo tiene música.

Cómo trabajar con presentaciones

Aunque normalemente los proyectos DVD están compuestas por videoclips animados, también incluyen presentaciones: una serie de imágenes estáticas con audio. La casilla Crew de la ventana Graphical View es una presentación de DVD Studio Pro (véase figura 12.34). La casilla Crew muestra cuatro elementos bajo el icono **Slide**.

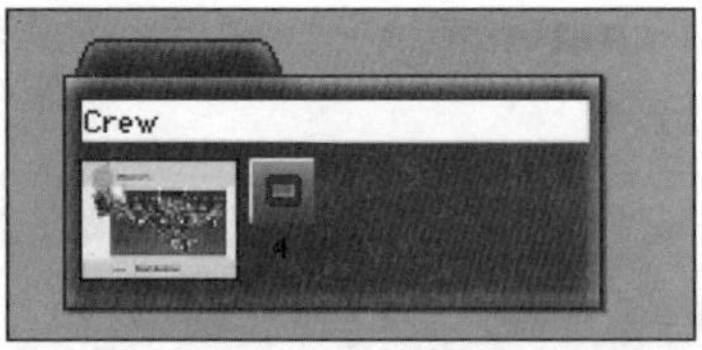

Figura 12.34. *La casilla de la presentación* Crew *indica que contiene cuatro elementos.*

Haga clic en el icono **Slide** para ver el contenedor Slideshow. El contenedor enumera los cuatro elementos junto con las pistas de audio que los acompañan (véase figura 12.35).

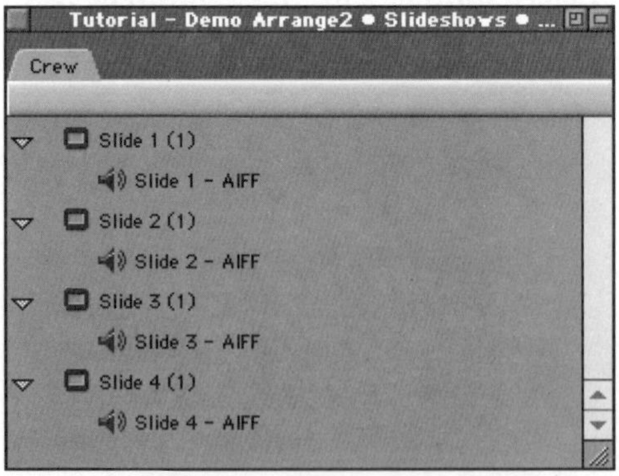

Figura 12.35. *El contenedor* Slideshow *enumera los elementos y las pistas de audio, que se reproducirán en el orden establecido.*

Haga doble clic en la imagen en miniatura de la casilla de la presentación para ver Slideshow Editor. Editor muestra los elementos de la presentación, en orden, con el tiempo transcurrido (véase figura 12.36). A la derecha, muestra los elementos apropiados que se pueden añadir a la presentación, incluyendo imágenes estáticas y clips de audio adicionales.

Revise la presentación Crew para ver cómo se reproduce. Utilice los botones **Previous Marker** y **Next Marker** en el panel de control (Control Panel) para pasar de elemento.

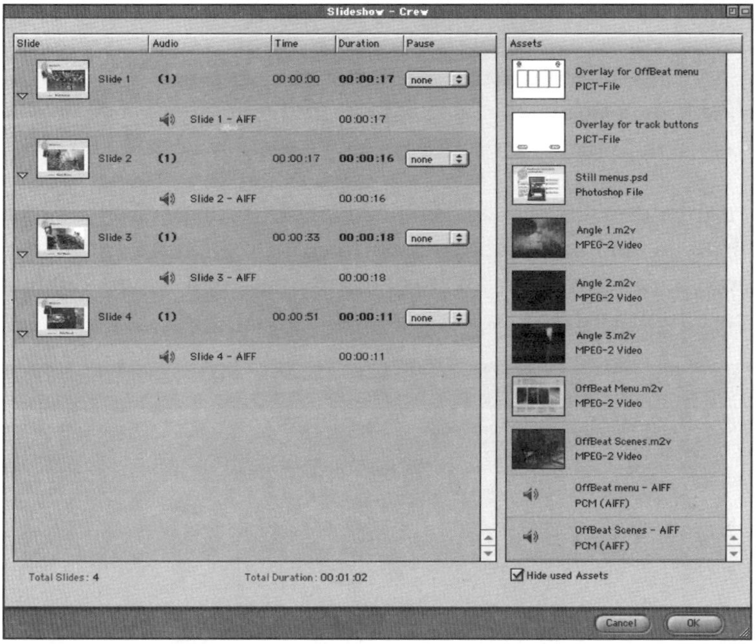

Figura 12.36. *Utilice* Slideshow Editor *para organizar las imágenes y el audio disponibles en una presentación.*

Cómo trabajar con macros

DVD Studio Pro soporta la programación de las producciones DVD con ayuda de macros. Los reproductores DVD, el hardware y el software, soportan un lenguaje de programación sencillo, que incluye un pequeño número de variables para recordar los parámetros. Gracias a los macros, una producción puede recordar la entrada de un usuario, modificar la estructura de navegación, establecer diferentes órdenes de reproducción e, incluso, comportarse de forma aleatoria. El lenguaje de macros puede realizar cálculos, acceder y establecer los parámetros actuales, como pistas y fuentes de audio, y probar los valores para realizar diferentes acciones.

La casilla RandomPlay de la ventana Graphical View es un macro de DVD Studio Pro (véase figura 12.37). La casilla muestra parte de los contenidos del macro.

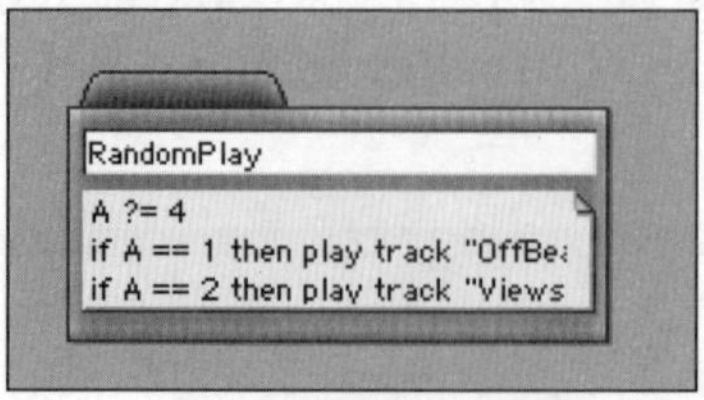

Figura 12.37. *La casilla del macro* RandomPlay *define el comportamiento de programación.*

Haga doble clic en la casilla para abrir Script Editor. EL macro RandomPlay genera un número aleatorio entre 1 y 4 en la variable A, y prueba el número para reproducir aleatoriamente una pista de vídeo o una presentación (véase figura 12.38).

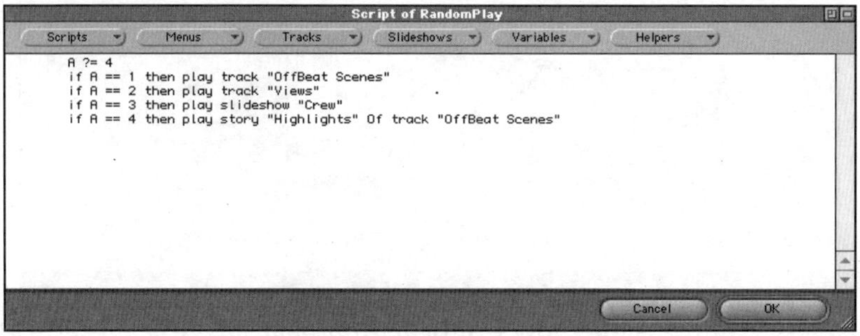

Figura 12.38. *Utilice* Script Editor *para construir un macro con variables, expresiones y funciones lógicas.*

Utilice los menús emergentes situados en la parte superior de la ventana para explorar los elementos disponibles del proyecto y las variables y comandos del macro, e insértelos en el macro.

El macro RandomPlay están enlazado desde el menú Main. Seleccione la casilla del menú Main para ver sus propiedades. En la sección Timeout, la acción (Action) después de la parada está configurada para este macro.

Revise el menú Main y espere a que pase la parada de tiempo. La sección Log del área Debugging, a la derecha de la pantalla Preview, muestra el macro ejecutándose y el valor aleatorio que ha sido computado (véase figura 12.39).

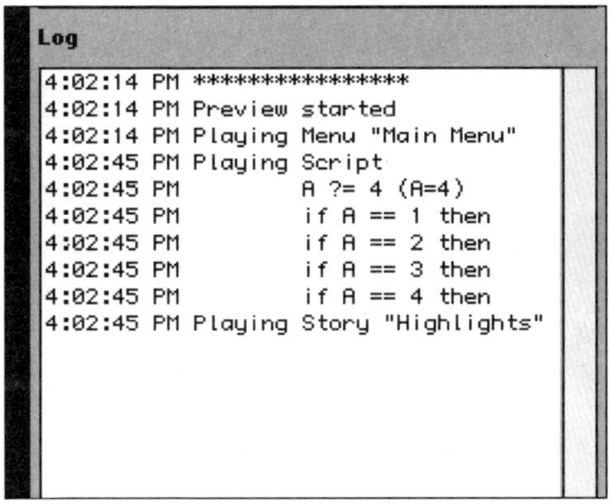

Figura 12.39. *El área* Preview Log *muestra el macro ejecutándose para seleccionar de forma aleatoria una opción del menú.*

Creación de enlaces Web

DVD Studio Pro incluye un mecanismo para enlazar una producción DVD a un sitio Web cuando se reproduce en un ordenador. Utiliza la función DVD@CCESS de Apple, que requiere que el soporte para estos enlaces se haga en la aplicación de reproducción DVD que viene con las nuevas versiones de Apple DVD Player (active el cuadro de verificación Preferences para seleccionar esta opción). Esta función también es compatible en algunas aplicaciones de reproducción DVD de Windows. DVD Studio Pro puede añadir programas de instalación al DVD para ordenador Macintosh y Windows.

Los enlaces Web pueden conectarse a una pista, un menú o una presentación, pero no a un botón. No obstante, puede enlazar un botón a un menú con un enlace Web, como en este ejemplo, en el que el cuarto botón del menú Main enlaza con el menú Online.

Seleccione la casilla del menú Online, en la ventana Graphical View, y haga doble clic en la imagen en miniatura para abrir Menu Editor. Este menú se utiliza para ver una advertencia que informa sobre el acceso a un enlace Web (véase figura 12.40).

La sección @ccess de las propiedades del menú contiene el elemento @ccess URL, que está configurado como URL en el sitio Web de Apple (véase figura 12.41).

Revise el menú Main y utilice los controles de navegación para seleccionar el botón **Online**. Cuando aparezca el menú Online, el enlace Web también aparece en el explorador.

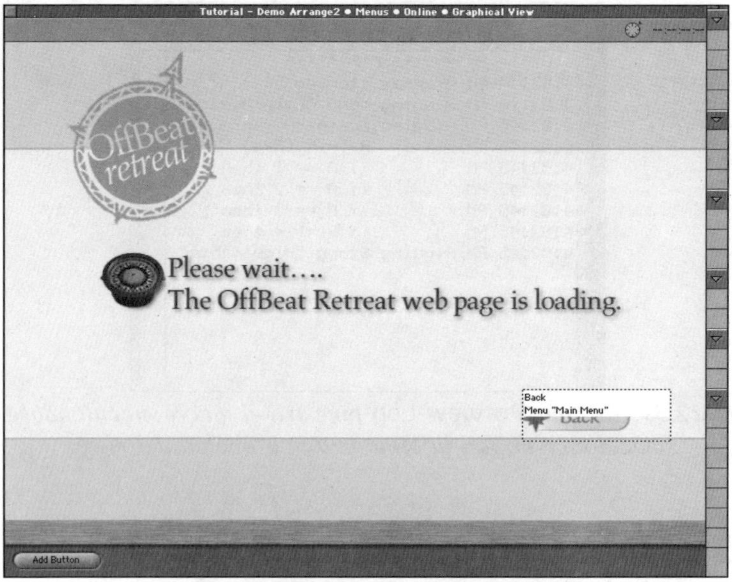

Figura 12.40. *El menú* Online *está enlazado con una página Web.*

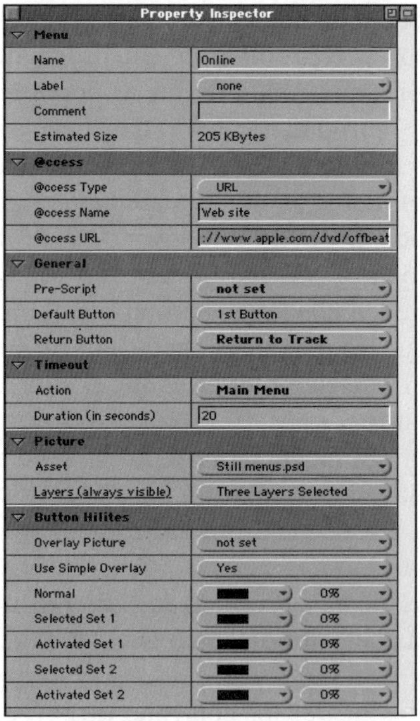

Figura 12.41. *Las propiedades del menú pueden contener una URL Web para que la aplicación de reproducción DVD la ejecute con ayuda de la función Apple DVD@CCESS.*

Visualización de un proyecto

Además de las ventanas Project View y Assets y la lista de archivos Asset, DVD Studio Pro incluye numerosas herramientas adicionales para ver y editar la estructura general del proyecto. Éstas incluyen descripciones de texto de los contenidos del proyecto y la vista de la tabla Matrix para ver cómo los diferentes elementos se utilizan y cómo funciona el flujo de navegación dentro del proyecto.

Utilización de la ventana Log

La ventana Log muestra mensajes de estado y de error, incluyendo el registro de depuración de la sesión Preview, así como los resultados de la creación de un disco. Para consultar los mensajes de error, abra el menú desplegable Windows y seleccione Log.

Utilización de descripciones de texto

DVD Studio Pro puede generar descripciones de texto de los elementos individuales y de todo el disco. Seleccione una casilla concreta o haga clic en el fondo de la ventana para seleccionar el disco, abra el menú desplegable Item y seleccione Show Description del elemento seleccionado. A continuación, DVD Studio Pro abre la ventana Log con una lista de texto formateada de cada contenedor y elemento (véase figura 12.42) al final de la lista de registros. Esto resulta útil para comprobar la estructura y los contenidos del disco.

Utilización de las vistas Matrix

DVD Studio Pro incluye una vista diferente del proyecto gracias a las vistas Matrix. Cuanto más metódico sea a la hora de organizar y dar nombre a los elementos del proyecto, más útiles serán estas vistas para ver los patrones y las inconsistencias del diseño.

Abra el menú desplegable Matrix y seleccione Assets of Disc para ver Assets Matrix, que muestra cómo están asignados los elementos disponibles a las diferentes pistas (véase 12.43).

Mueva el cursor sobre la rejilla y haga clic en un elemento para asignar o descartar elementos para la pista correspondiente.

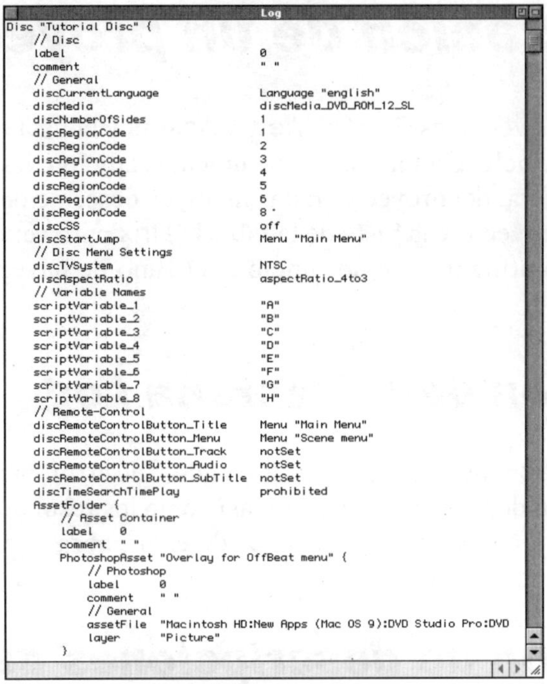

Figura 12.42. DVD Studio Pro puede mostrar las descripciones del texto de todo el proyecto o de elementos individuales.

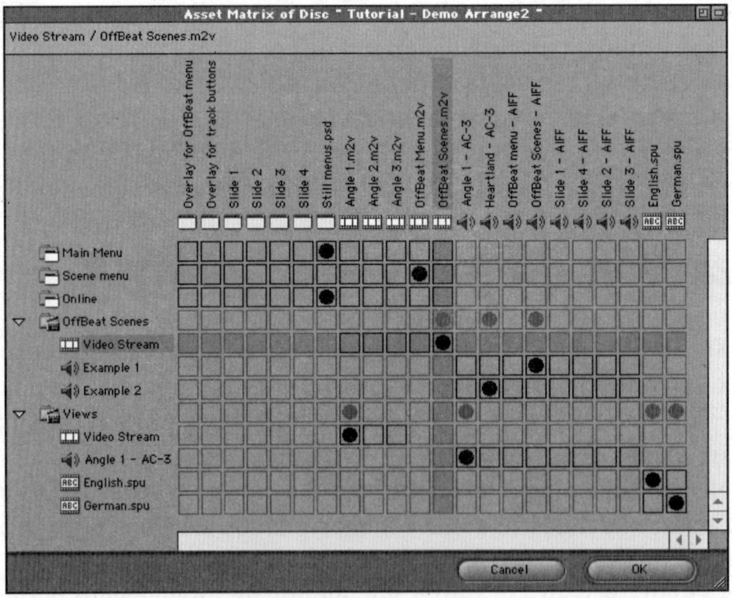

Figura 12.43. Utilice Assets Matrix *para ver y asignar los elementos disponibles a las diferentes pistas.*

Seleccione Jumps of Menu para ver Jumps Matrix. Muestra de qué forma se asignan los saltos y los enlaces a los menús y botones (véase figura 12.44).

Esto resulta dc gran ayuda para ver los enlaces de un elemento, como una historia o un macro, dentro del proyecto.

Por último, seleccione Layers of Menu para ver Layers Matriz. Muestra de qué forma se asignan las capas de los archivos Photoshop a los menús y botones (véase figura 12.45).

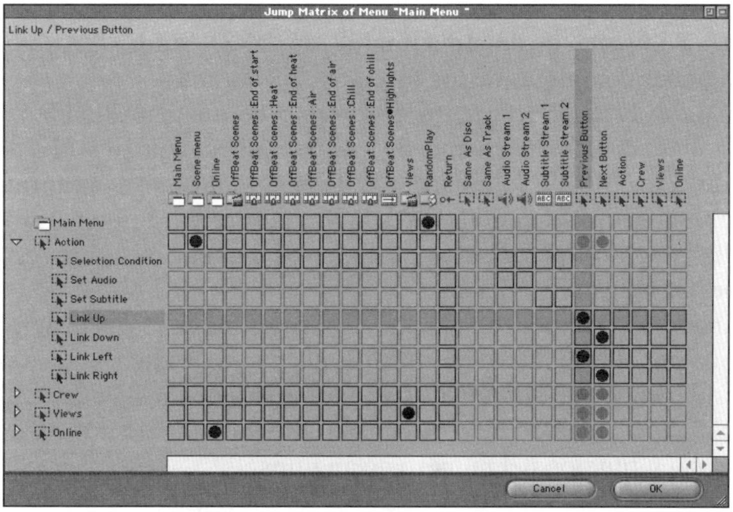

Figura 12.44. Utilice Jumps Matrix *para ver y asignar saltos y enlaces a menús y botones.*

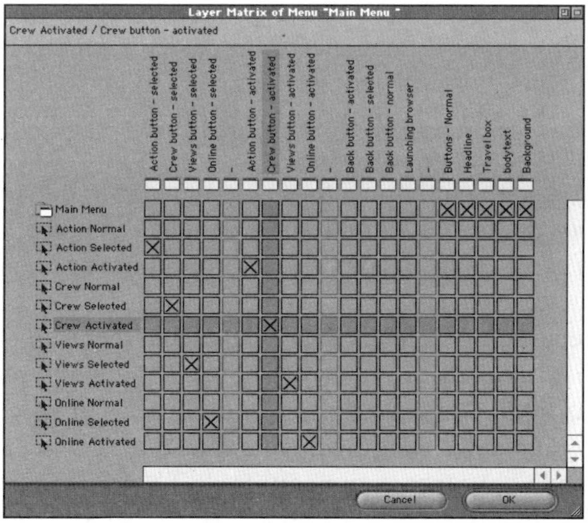

Figura 12.45. Utilice Layers Matrix *para ver y asignar las capas de los archivos Photoshop a menús y botones.*

Importación de elementos

DVD Studio Pro está diseñado para organizar elementos preformateados en una producción DVD final. No realiza una conversión automática del formato. Todo los contenidos importados deben editarse en un formato DVD, dividirse en clips individuales para cada pista o menú en los que se utilizarán, y comprimirse de forma apropiada para ajustarse a los requerimientos de la reproducción DVD. Consulte la documentación de DVD Studio Pro para ver las especificaciones completas de los formatos de entrada.

DVD Studio Pro soporta tanto el formato de imagen estándar 4:3 (1.33) como el formato de imagen anamórfico de pantalla ancha 16:9 (1.78). Si creamos un proyecto en 16:9, los elementos deben prepararse de la forma adecuada. Consulte la documentación de DVD Studio Pro para obtener información más detallada sobre los formatos de soportes compatibles, las resoluciones, velocidades de muestreo y demás.

El estándar DVD impone unos requerimientos máximos en cuanto a la velocidad de bits para las pistas, de forma que puedan reproducirse en hardware de uso doméstico sin coste adicional. Cuando utilizamos pistas con vídeo multiángulo, las velocidades de bits máximas para cada fuente de vídeo adicional son menores, en función del número de ángulos.

Importación de contenidos gráficos

DVD Studio Pro importa imágenes estáticas en formato Photoshop (.psd) para usarlas en menús, botones y presentaciones. Todos los elementos gráficos para los menús, incluyendo el estado de los botones y los fondos, pueden guardarse como capas en un solo archivo.

Los menús animados, actualmente, se crean a partir de videoclips, con los elementos gráficos de los botones situados encima del vídeo.

Las imágenes gráficas utilizadas en las presentaciones deben tener la misma resolución que el proyecto.

Durante la preparación de los gráficos del menú, tenga en cuenta la diferencia en el formato de imagen entre los monitores de ordenadores y las pantallas de televisión. Las imágenes que edita en el ordenador aparecen en el monitor de un ordenador con píxeles cuadrados, mientras que el DVD final se estrechará levemente cuando aparezca en un equipo de TV con píxeles rectangulares. Para compensar estas diferencias en las pantallas NTSC, puede preparar los gráficos con una resolución de 720x540, y a continuación modificar el tamaño a 720x480 para almacenarlos en un DVD. Por desgracia, este cambio de tamaño puede producir problemas técnicos, en especial en líneas delgadas, de modo que tendrá que realizar pruebas para conseguir un resultado óptimo.

Importación del contenido de audio

DVD Studio Pro importa clips de audio en tres formatos: PCM (AIFF o WAV), MPEG-1 y Dolby AC-3.

El codificador QuickTime MPEG (incluido en DVD Studio Pro) puede convertir archivos de audio a formato PCM.

DVD Studio Pro también incluye la aplicación Apple A.Pack para crear fuentes de audio Dolby Digital AC-3 en múltiples pistas. Los archivos Tutorial de DVD Studio Pro, dentro de la carpeta Files to Encode, incluyen una carpeta de archivos de muestra (Sample Files) para AC-3 Encoding. Es posible asignar éstos a los canales de entrada (Input Channels) de la ventana de A.Pack para crear fuentes de audio de sonido *surround* (véase figura 12.46). También podemos utilizar A.Pack para procesar los archivos en lotes.

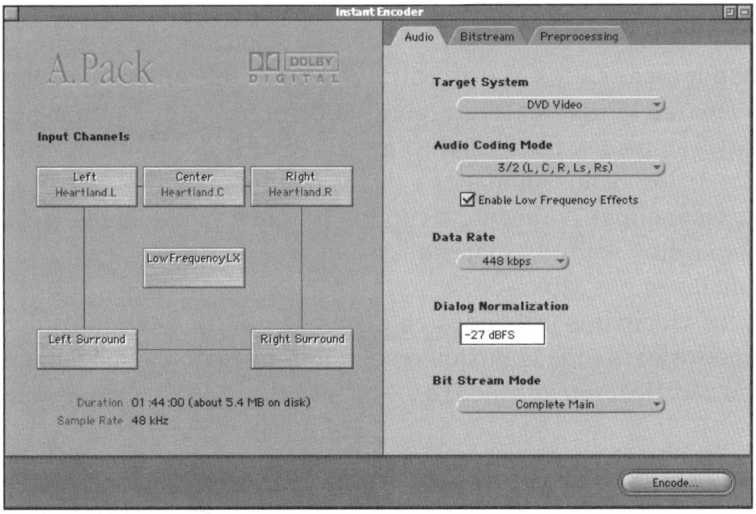

Figura 12.46. *Utilice la aplicación Apple A.Pack para crear fuentes de audio Dolby Digital AC-3 en múltiples pistas.*

A.Pack también incluye AC-3 Monitor, para reproducir un archivo codificado AC-3 (véase figura 12.47) convirtiéndolo a estéreo o mediante el hardware de reproducción de audio ASIO. Además, AC-3 Monitor puede codificar un archivo AC-3 en fuentes de audio PCM independientes para cada canal.

El audio de fondo para los menús debería diseñarse para su reproducción continua. Además, el audio de fondo tiene que ser discreto, porque la escucha repetitiva de un clip puede resultar muy irritante.

Todos los clips de audio utilizados en una presentación deben estar en el mismo formato.

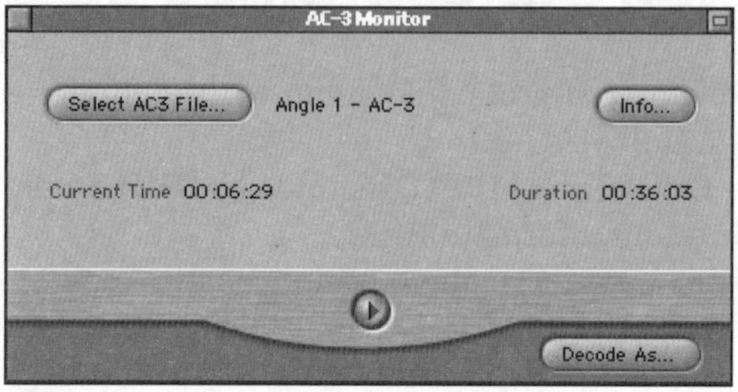

Figura 12.47. *Utilice AC-3 Monitor para reproducir fuentes de audio AC-3 codificadas.*

Importación de contenido de vídeo

El vídeo de los menús animados debería diseñarse para reproducirse de forma continua sin saltos claros entre el último fotograma y el inicial (por ejemplo, separando una textura repetitiva o rotando un objeto mediante una resolución). También se puede incluir un efecto de transición como un fundido.

El vídeo de los menús animados y de los marcadores interactivos (los botones sobre videoclips) realmente tiene los botones y los demás elementos de fondo compuestos sobre el material de vídeo. Los gráficos para resaltar un botón se incluyen por separado.

Todos los videoclips utilizados en pistas de múltiples ángulos deben estar en el mismo formato (con la misma resolución, formato de imagen, duración y formato de codificación de vídeo).

Preparación de un proyecto

Durante el desarrollo del proyecto DVD, DVD Studio Pro comprueba los formatos válidos a medida que añadimos elementos, y define los elementos incompletos con fuentes en itálica. También incluye herramientas, como el elemento Descriptions y las vistas Matrix, para revisar el diseño en marcha.

También es posible utilizar el modo Preview de DVD Studio Pro para revisar el aspecto y la navegación, utilizar el registro Debugging para verificar las acciones que se van a realizar. No obstante, en función de la velocidad del procesador, el número de ángulos que pueden previsualizarse pueden ser limitado.

Tras finalizar la creación del proyecto DVD, es momento de copiarlo en un disco. DVD Studio Pro primero crea los archivos DVD en el disco duro para poder exportar la producción de diversas formas.

Preparación del proyecto en el disco duro

Para preparar el proyecto en el disco duro, abra el menú desplegable File y seleccione Build Disc. A continuación, DVD Studio Pro pregunta por la carpeta de destino y comienza a unir los menús y las fuentes en el formato DVD final. Abre la ventana Progress, que muestra el nombre y la velocidad de bits de cada pista mientras se procesa (véase figura 12.48).

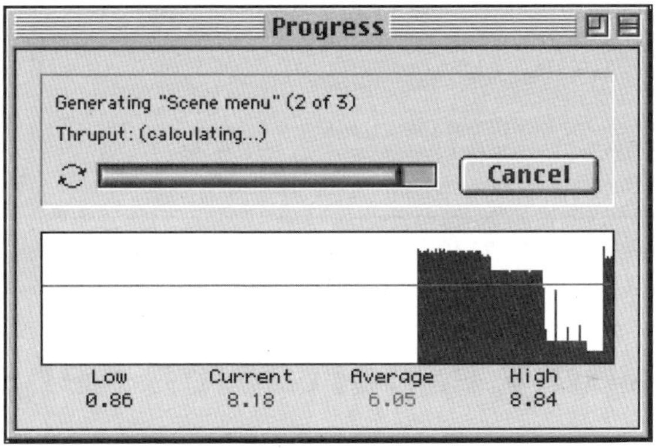

Figura 12.48. *La ventana* Build Progress *muestra cada pista mientras es procesada como datos finales del DVD, así como la velocidad de bits.*

Si se da algún error durante este proceso, que normalmente se debe a que la velocidad de bits es demasiado alta, DVD Studio Pro abre la ventana Log para mostrar el mensaje de error. De lo contrario, cuando el proceso finaliza, aparece la ventana Log con un mensaje de confirmación (véase figura 12.49).

El resultado del proceso es una carpeta en el disco duro con carpetas y archivos en formato DVD, dentro de la carpeta VIDEO_TS (véase figura 12.50).

A continuación, podemos reproducir los contenidos del DVD desde estos archivos del disco duro. Con ayuda de Apple DVD Player de Mac OS 9, primero active esta opción en el cuadro de diálogo Preferences. Abra el menú desplegable File y seleccione Open VIDEO_TS para abrir y reproducir los directorios DVD desde el disco duro.

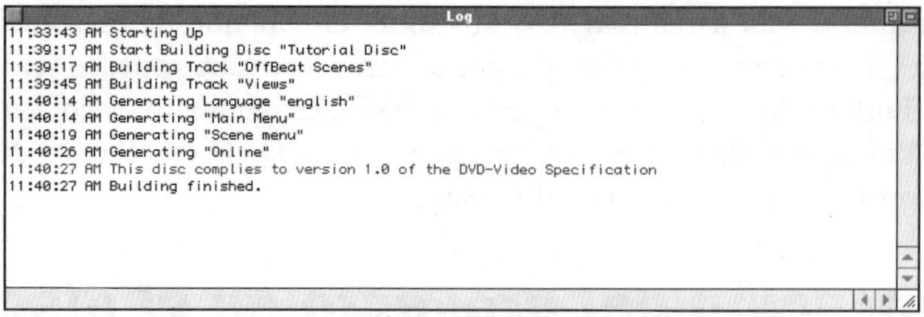

Figura 12.49. *Cuando el proceso finaliza, la ventana* Log *muestra un mensaje de confirmación.*

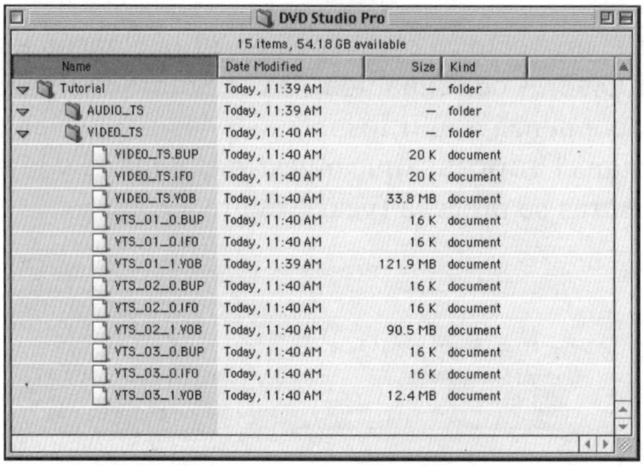

Figura 12.50. *El proceso crea la carpeta* VIDEO_TS *en formato estándar DVD-Video y los archivos de datos en la carpeta especificada del disco duro.*

Preparación y exportación del proyecto

Gracias a DVD Studio Pro, es posible copiar el proyecto en un disco DVD o exportarlo en diferentes formato para hacer copias posteriormente.

Podemos copiar el proyecto en una grabadora DVD, incluyendo DVD-R SuperDrive u otra unidad de DVD-RAM conectada. Podemos guardarlo como archivo de imagen del disco (.img), que puede utilizarse para hacer múltiples copias a DVD con las herramientas adecuadas. Además, podemos grabar el proyecto en una unidad de cinta DVD, que se utiliza para hacer copias en instalaciones diseñadas para la copia de discos.

Para exportar el proyecto, abra el menú desplegable File y seleccione Build & Format Disc. DVD Studio Pro pregunta por la carpeta de destino para preparar los archivos DVD en el disco duro, y a continuación abre el cuadro de diálogo Format Disc (véase figura 12.51). Es posible optar por crear un archivo de imagen de disco o grabarlo en un dispositivo, incluyendo una grabadora DVD o una cinta DLT. Si seleccionamos una grabadora DVD-R, es posible optar por simular el proceso de grabación en primer lugar con el fin de revisar errores durante la escritura en el dispositivo.

DVD Studio Pro compila el proyecto en el formato final DVD en el disco duro y después lo exporta en el formato especificado.

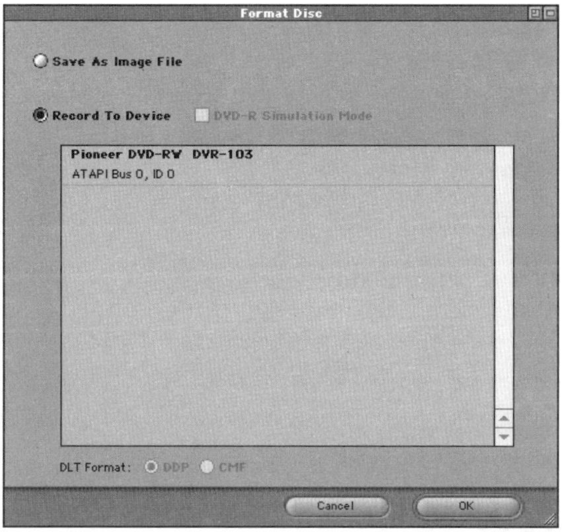

Figura 12.51. *Utilice el cuadro de diálogo* Format Disc *para guardar el proyecto en el disco duro como un archivo de imagen o para grabarlo en un disco DVD o una cinta DLT.*

Resumen

Las herramientas para la creación personal en DVD, como Apple iDVD, resultan muy efectiva para crear rápidamente un DVD a partir de una serie de videoclips organizados en menús enlazados a clips. Ofrecen motivos gráficos prediseñados, ayuda automatizada para distribuir los menús y conversión integrada de elementos multimedia a formatos DVD.

Las herramientas profesionales, como DVD Studio Pro, van más lejos para aprovechar al máximo todas las funciones que ofrece el formato DVD-Video, con gráficos para selección personalizada de menús, fuentes alternativas, subtítulos, historias en vídeo enlazadas y macros. También incluyen una interfaz más sofisticada para visualizar la estructura DVD y los elementos, así como para acceder a sus propiedades individuales. Para realizar copias profesionales, DVD Studio Pro soporta la creación de discos DVD-9 y la escritura en cintas DLT.

El capítulo 13 se encarga de describir una herramienta similar para la creación en DVD para Windows.

DVD-R

13. Creación profesional en DVD con Sonic ReelDVD

El capítulo 11 ha mostrado cómo la aplicación para la creación personal en DVD DVDit! de Sonic Solutions simplifica la creación en DVD porque permite que el usuario diseñe los menús mientras se hace cargo de los detalles, como la creación automática de los botones de un menú con imágenes en miniatura de los clips, la creación de la navegación del menú y la conversión de los clips a formato DVD. Aunque DVDit! ofrece la posibilidad de personalizar tanto el diseño gráfico como la estructura del menú para las producciones DVD, la simplificación del proceso de creación también limita las posibilidades de aprovechar al máximo las funciones que ofrece el formato DVD.

Este capítulo presenta ReelDVD, una herramienta de Sonic Solutions para la creación profesional en DVD para realizar una producción DVD a partir de una serie de elementos multimedia preparados previamente. Al igual que DVD Studio Pro de Apple, las herramientas profesionales como ReelDVD proporcionan control directo sobre la creación de una producción DVD, incluyendo múltiples fuente de audio y subtítulos, menús animados, realces del menú y enlaces para la navegación.

ReelDVD es una herramienta para la creación, en el sentido estricto, porque combina una colección de elementos y los enlaza. No es una herramienta de diseño gráfico o editor multimedia. ReelDVD es el último paso de la cadena de producción, después de preparar todos los elementos para unirlos en una producción DVD interactiva.

La idea es que podamos utilizar las herramientas profesionales adecuadas para preparar los materiales. Necesitaremos un editor de vídeo, como Adobe Premiere, para preparar los clips de vídeo y audio, y un editor de gráficos e imágenes, como Adobe Photoshop, para preparar los menús y otros gráficos. Seguidamente, podemos utilizar ReelDVD para organizar todos los elementos en pistas, añadir realces interactivos para los botones (en los menús y otras navegaciones) y, por último, enlazarlo todo.

Con este método, ReelDVD ofrece un amplio grado de libertad creativa. Puesto que no hay un editor de menús especial, los diseños de menús no están limitados a un número limitado de funciones. Por el contrario, un menú en ReelDVD es sólo una pista con fondos visuales y gráficos superpuestos. Como resultado, no hay límites para el diseño de los botones, porque somos nosotros quienes aportamos los gráficos. Los menús animados, con vídeo de fondo y vídeo en las imágenes de los botones, no deben ir de una forma concreta, porque podemos utilizar cualquier contenido de fondo para los menús, ya sea estático o animado. Obviamente, sigue estando en nuestras manos la creación del vídeo adecuado para estos tipos de usos, como por ejemplo un fondo de vídeo con vídeos en los botones superpuestos sobre ellos.

Este capítulo hace un repaso de las capacidades de ReelDVD utilizando el proyecto de muestro Tutorial incluido con la versión 3.0. Comienza explorando cada elemento de la interfaz ReelDVD, y a continuación incluye más detalles sobre las diferentes herramientas avanzadas para la creación en DVD, incluyendo capítulos de vídeo, presentaciones, múltiples fuentes de audio y subtítulos, diseño de menús y botones y enlaces de navegación. El capítulo finaliza con información sobre los elementos de importación, así como sobre la creación y exportación de un proyecto.

Acerca de Sonic ReelDVD

ReelDVD de Sonic Solutions (`www.sonic.com`) es una herramienta para la creación profesional diseñada para productores de vídeo corporativos que tiene un precio de aproximadamente 1.499 euros. ReelDVD utiliza una útil interfaz de "arrastrar y soltar" y un sencillo flujo de trabajo para ofrecer acceso a una serie de funciones avanzadas dirigidas a su público de destino, con hasta ocho fuentes de audio y 32 de subtítulos, y no pretende abarcar todas las funciones del estándar DVD-Video. ReelDVD requiere los sistemas Windows NT 4.0, Windows 200 o Windows XP.

Sonic ofrece herramientas incluso de mayor capacidad para la publicación profesional en DVD, DVD Producer y DVD Fusion, para Windows y Macintosh respectivamente. Para un control total sobre la creación en DVD, Sonic también produce Scenarist y DVD Creator, los sistemas estándar de producción en DVD para títulos comerciales en Windows y Macintosh, respectivamente.

ReelDVD se ha diseñado para ofrecer acceso a las funciones más útiles para la creación en DVD de productores de vídeo corporativos e independientes, al tiempo que mantiene un estilo familiar de interfaz de usuario y un sencillo flujo de trabajo. Las funciones DVD clave que ofrece incluyen múltiples pistas de audio y subtítulos y un control explícito sobre imágenes, vídeo, botones y subtítulos superpuestos.

La versión 3.0 de ReelDVD salió al mercado en mayo de 2002. Amplió el soporte para múltiples fuentes hasta un máximo de ocho fuentes de audio y 32 de subtítulos. También actualizó el soporte para las unidades de DVD con el fin de incluir DVD-RW y DVD+RW regrabables. El software ReelDVD incluye protección anti-copia con una mochila de hardware que debe insertarse en un puerto paralelo.

Exploración de un proyecto con ReelDVD

Este capítulo utiliza el proyecto Facepainting Tutorial con la versión 3.0 de ReelDVD, que incluye ejemplos de las principales funciones del diseño DVD. Este apartado presenta los componentes de la interfaz de ReelDVD utilizándolos para explorar el proyecto Tutorial con el propósito de entender su estructura.

Exploración de ReelDVD

Para iniciar la exploración de ReelDVD, abra la aplicación. ReelDVD abre la ventana con su distribución predeterminada (véase figura 13.1). La interfaz de ReelDVD está diseñada en torno a una vista gráfica del flujo de navegación del proyecto, con ventanas adicionales para distribuir múltiples fuentes en una pista y para diseñar enlaces de menús y botones.

La ventana principal de la aplicación está dividida en cuatro espacios principales: el área Storyboard, la ventana Track, la ventana Preview y la ventana Explorer. Se puede recolocar, modificar el tamaño y acoplar estas ventanas como se prefiera, mientras trabajamos en el proyecto, o bien utiliza el menú View o los botones de la barra de herramientas para abrirlas y cerrarlas.

La ventana Explorer, en la parte superior derecha, se utiliza para localizar y copiar elementos de archivos de origen en la producción. Incluye secciones con carpetas y archivos como el Explorador de Windows, así como opciones para filtrar los contenidos de una carpeta para mostrar sólo archivos de vídeo, audio o imágenes.

El área Storyboard, en la parte superior de la ventana de la aplicación, es el espacio principal de trabajo. Podemos añadir elementos (audio, vídeo, imágenes estáticas y subimágenes) arrastrando archivos de la ventana Explorer, y definir los enlaces de navegación entre las pistas.

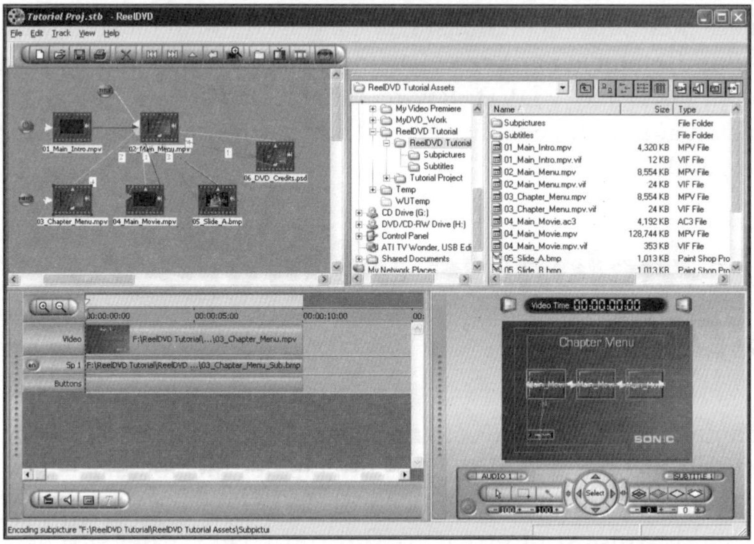

Figura 13.1. *La interfaz de ReelDVD incluye el área* Storyboard, *la ventana* Explorer, *la ventana* Track *y la ventana* Preview.

La ventana Track, en la parte inferior izquierda, se utiliza para recopilar pistas individuales, incluyendo el corte de vídeo, el montaje de presentaciones, la creación de puntos de capítulo, la inclusión de fuentes de audio e imágenes, y la configuración de los atributos referentes al idioma.

La ventana Preview, situada en la parte inferior derecha, se utiliza en dos modos. En el modo Design, se utiliza para editar visualmente la distribución de los botones del menú y los subtítulos. En el modo Simulation, se utiliza para reproducir el proyecto para revisar su estado actual.

Además, ReelDVD utiliza la ventana independiente Information para mostrar mensajes de estado, advertencia y error. Es posible ver detalles adicionales sobre los mensajes, cortar y pegar el texto del mensaje y guardar los mensajes en un archivo de registro.

La barra de herramientas en la parte superior de la ventana proporciona acceso a las funciones más utilizadas, incluyendo los comandos del menú File (New, Open, Save y Print Project; nuevo, abrir, guardar e imprimir proyecto); los comandos del menú Edit (Clear Selected Objects; eliminar objetos seleccionados); las opciones de la pantalla Storyboard (diferentes tipos de enlaces Show/Hide (mostrar/ocultar), Zoom In/Out); los comandos del menú View (Show/Hide Explorer, Preview, Track Editor; mostrar/ocultar Explorer, previsualizar, editor de pistas); y el comando Make Disc para exportar la producción. La barra de herramientas también puede colocarse en cualquier parte de la pantalla.

Utilización de la ventana Explorer

La ventana Explorer de ReelDVD, en la parte superior derecha de la ventana de la aplicación, se utiliza para localizar y arrastrar archivos de origen al proyecto, incluyendo clips de vídeo y audio, gráficos del menú y subtítulos (véase figura 13.2). Si la ventana Explorer no está visible, abra el menú desplegable View y seleccione Explorer Window, o bien haga clic en el botón correspondiente de la barra de herramientas.

Para localizar los archivos de origen para la producción, utilice la sección Folders, en el lado izquierdo de la ventana, para ver la vista de los discos y carpetas. A continuación, utilice la sección File, en la parte derecha, para desplazarse por la lista de archivos de la carpeta seleccionada. Utilice los botones situados sobre la sección File para filtrar la lista de archivos y ver únicamente archivos del tipo correspondiente: Video, Audio, Image o All (todos).

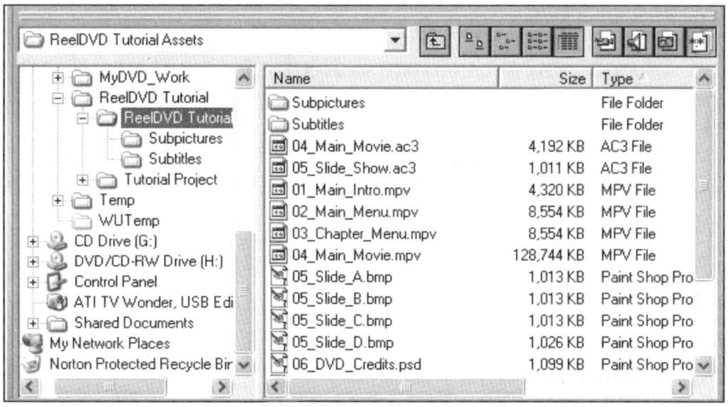

Figura 13.2. *Utilice la ventana* Explorer *de ReelDVD para ver los elementos del archivo de origen para añadirlos al proyecto.*

Exploración de la navegación en la ventana Storyboard

En ReelDVD, una producción está formada por una colección de menús y pistas enlazados. Cada pista es una parte del contenido, vídeo o presentación; posiblemente con fuentes de vídeo, audio y subtítulos adicionales. Cada pista de contenido es un elemento lineal que está diseñado para reproducirse de principio a fin. Las pistas del menú pueden definir las rutas de navegación para acceder a las diferentes pistas. Asimismo, es posible definir los enlaces de navegación entre las propias pistas, tanto para cuando la reproducción llega al final de la pista, como en respuesta al usuario cuando pulsa una tecla en el mando a distancia (Remote Control) del DVD.

Recuerde que ReelDVD no hace una gran distinción entre contenidos y menús. Algunos videoclips e imágenes estáticas pueden tener títulos y botones gráficos incluidos en ellos, y por tanto están diseñados para utilizarlos como menús. Algunos contenidos de vídeo, además, pueden tener gráficos de botones sobre ellos, y por tanto puede tener enlaces activos incluso cuando un videoclip se está reproduciendo. Depende de nosotros definir puntos activos en una pista, con frecuencia correspondientes a los gráficos del botón, y seguidamente enlazarlos a las pistas de destino.

De forma similar, no hay un comportamiento predeterminado para la navegación de las pistas; las enlazamos de la manera que mejor nos conviene. El menú de un vídeo o un clip puede enlazar de nuevo a él mismo para repetirse, o bien puede enlazar con otro menú o clip cuando finaliza su reproducción.

Desplace los iconos de la pista para ordenarlos de forma que ayuden a visualizar la estructura de navegación del proyecto, y utilice el botón **Zoom** de la barra de herramientas para alejar y acercar la imagen (véase figura 13.3).

Para añadir una pista a la producción, basta con arrastrar uno o más archivos de vídeo o imágenes estáticas desde la ventana Explorer al área Storyboard. ReelDVD crea el icono Track para cada archivo de origen, con una imagen en miniatura del primer fotograma del videoclip. De forma similar, podemos añadir audio, subimágenes y subtítulos a una pista arrastrando el archivo correspondiente al icono Track de la ventana Storyboard. Para un control más explícito del orden de las fuentes de una pista, también se pueden añadir elementos en la ventana Track.

Podemos definir los enlaces entre las pistas con sólo hacer clic y arrastrar desde el punto de enlace a otra pista.

Los enlaces entre las pistas aparecen en forma de flechas, con diferentes colores para cada tipo. Estos enlaces corresponden a diferentes teclas del mando a distancia: **Next** para Skip Forward, **Previous** para Skip Backward, **Return** o **Up** para Return, y **Command** para las selecciones del menú. El enlace Next también define la siguiente pista a reproducirse cuando el reproductor llega al final de esta pista.

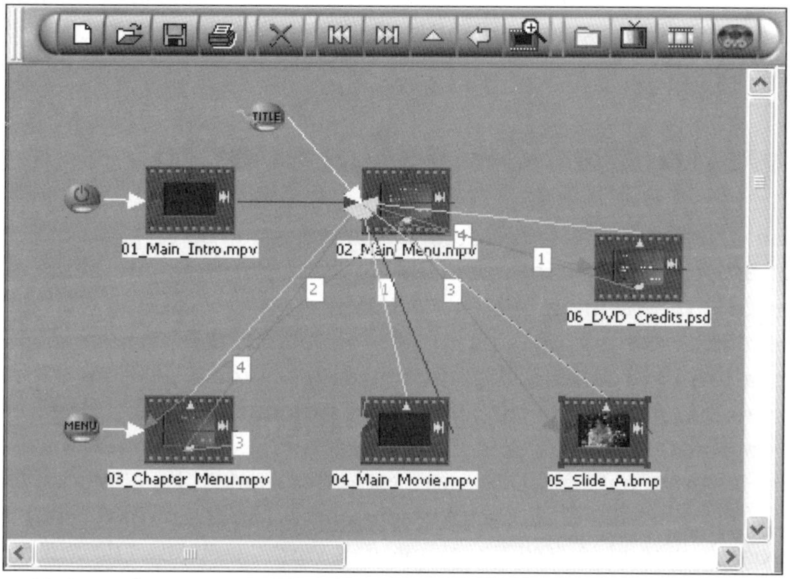

Figura 13.3. *Utilice el área* Storyboard *para ver el diseño de navegación del proyecto, con las pistas y los enlaces entre ellas.*

El área Storyboard también contiene tres iconos especiales que corresponden a los parámetros generales del DVD (flechas amarillas). El icono AutoPlay enlaza con la pista que se reproducirá automáticamente cuando el DVD se inserta en un reproductor. Los demás iconos enlazan con las pistas que se reproducirán cuando el usuario pulse las teclas **Title** y **Menu** en el mando a distancia (Remote Control).

Tal y como aparece en la visualización del área Storyboard, la estructura del proyecto Tutorial está diseñada en torno al menú Main (archivo `02_Main_Menu.mpv`). Éste contiene enlaces a numerosos submenús, tal y como ocurre en las producciones DVD:

1. Un menú con el índice de los capítulos (`03_Chapter_Menu.mpv`).
2. El videoclip principal (`04_Main_Movie.mpv`).
3. Una presentación (`05_Slide_A.bmp`).
4. Una pantalla de créditos (`06_DVD_Credits.psd`).

El icono AutoPlay enlaza con la pantalla inicial Introduction (01_Main_Intro.mpv), que a su vez está enlazada con el menú principal. Los iconos de los botones **Title** y **Menu** enlazan con los menús Main y con el índice de capítulos, respectivamente.

Recuerde que el uso de nombres consistentes y descriptivos ayuda a organizar los archivos de elementos de origen, el diseño del DVD y el área de distribución.

Previsualización del proyecto

Además de visualizar la estructura de navegación de un proyecto en el área Storyboard, es posible explorar el diseño de un proyecto interactuando con él en el modo Preview integrado en ReelDVD.

La ventana Preview, en la parte inferior derecha de la ventana de la aplicación, se utiliza para editar la distribución de los botones gráficos y los subtítulos, y para simular la reproducción de la producción DVD. Haga clic en el botón **Simulation On/off**, en la parte inferior izquierda de los controles de la ventana Preview, para alternar entre estos dos modos. En el modo Design, el botón es rojo, y el panel de control contiene controles para diseñar menús y subtítulos. En el modo Preview, el botón es verde, y el panel de control contiene controles, al igual que el mando de un DVD.

Para previsualizar el proyecto tal y como se reproduciría en un DVD, primero haga clic en el icono AutoPlay, en el área Storyboard, para seleccionar el punto inicial para la previsualización. Haga clic en el botón de modo de la ventana Preview para hacerlo de color verde, y utilice los controles de reproducción de la derecha del panel para iniciar o detener la reproducción.

La producción DVD comienza reproduciendo la secuencia introductoria, que es simplemente un videoclip que se funde hasta el menú principal, incluyendo el vídeo animado de fondo y los gráficos, así como los botones de menú incluidos en el clip (véase figura 13.4).

A continuación aparece el menú Main. Éste es en realidad otro videoclip, que comienza con el menú estático, se funde en una secuencia de vídeo de fondo y, seguidamente, vuelve a fundirse en un fondo estático para poder repetirse. El resultado es un "menú animado", que tiene el aspecto de un fondo de vídeo animado detrás de los gráficos y los botones del menú. Obviamente, este efecto se crea mediante la composición de los gráficos sobre el vídeo de fondo en un editor de vídeo, la inclusión de fundidos, y el posterior guardado del resultado como un nuevo archivo de origen para su importación a ReelDVD.

Figura 13.4. *Utilice el modo* Preview *para revisar el diseño del proyecto y la navegación del DVD, comenzando por el menú* Main.

Haga clic en los botones de navegación en el centro del panel de control (arriba, abajo, izquierda, derecha) para desplazarse por los botones del menú, y haga clic en **Enter** para activar el botón actual. La ubicación de estos botones y las rutas de navegación entre ellos se han creado en ReelDVD utilizando el modo Design en la ventana Preview. El realce de los botones, que puede ser diferente para cada uno de ellos, ha sido definido como capas gráficas de subimágenes con la pista, junto con los patrones de color para los realces.

Seleccione los botones inferiores **DVD Credits** del menú Main para ver la pantalla Credits. Este menú contiene una imagen estática con un botón para volver al menú principal.

Seleccione el botón central **Slide Show**, en el menú Main, para ver la presentación de imágenes estáticas. Cada imagen aparece durante 10 segundos, y a continuación automáticamente avanza hasta la siguiente imagen. Se reproduce también una pista de audio musical de fondo con la presentación (véase figura 13.5). Cuando finaliza la presentación, la reproducción del DVD vuelve al menú Main.

También es posible crear botones de menú en la parte izquierda del área del panel de control para saltar hasta los menús correspondientes que han sido definidos en el área Storyboard: **Title** para volver al menú Main o al menú superior; **Menu** para ir al menú del índice de capítulos; y **Return** para volver al menú anterior.

Figura 13.5. *La selección del menú* Slide Show *muestra una secuencia de imágenes estáticas con un clip de audio de fondo.*

Seleccione el botón superior **Play Movie** en el menú Main para reproducir el videoclip principal en el Tutorial. El vídeo incluye una pista de subtítulos (véase figura 13.6).

Figura 13.6. *La selección del menú* Play Video *muestra el videoclip principal y subtítulos.*

Durante la reproducción del clip, utilice los controles de reproducción para avanzar **(Skip Forward)** y retroceder **(Skip Backward)** hasta el capítulo o pista adyacente. Utilice el control deslizante Volume para ajustar el nivel del volumen para la reproducción.

La pista incluye una fuente de subtítulos, con texto correspondiente al audio y coordinado con el clip.

Los indicadores de las fuentes de audio y subtítulos en las esquinas superiores del panel de control muestran la fuente de reproducción actual. Haga clic en el botón **Subtitle** para activar y activar los subtítulos en pantalla.

Seleccione el segundo botón de **Chapter Selection** en el menú Main para ver el menú Chapter Index. Éste muestra los tres capítulos del videoclip principal (véase figura 13.7).

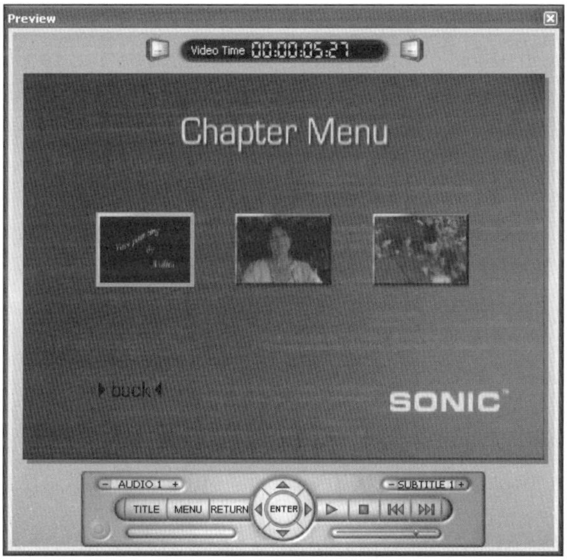

Figura 13.7. *El elemento del menú* Chapter Selection *muestra el menú* Chapter Index *con un vídeo animado para los botones del clip.*

El menú Chapter es un segundo tipo de "menú animado", y tiene el aspecto de un fondo estático con vídeo animado en los botones de los clips. De nuevo, para ReelDVD, esto es sólo una pista con vídeo y enlaces. El videoclip de esta pista está compuesto por el gráfico de fondo, el texto del título del menú y gráficos para los botones, así como los videoclips en miniatura de los capítulos. El clip final ha sido importado a ReelDVD junto con las subimágenes para resaltar los botones.

El movimiento del cursor entre los botones debe especificarse en ReelDVD. Haga clic en los botones izquierdo y derecho para desplazarse por los tres botones de capítulo diferentes. Haga clic en los botones arriba y abajo para desplazarse entre el primer clip y el botón **Back**.

Cuando termine de simular el proyecto en la ventana Preview, haga clic en el botón **Stop** para detener la reproducción, y haga clic en el botón **Simulation** para que se vuelva de color rojo.

Utilización de la ventana Track

Cada icono Track de la presentación DVD debe tener una fuente de vídeo, que puede ser vídeo animado o una serie de imágenes estáticas. Cada pista debe incluir, además, múltiples fuentes de audio y subtítulos sincronizadas con el vídeo, así como realces para los botones.

La ventana Track, en la parte inferior izquierda de la ventana de la aplicación ReelDVD, se utiliza para asignar y sincronizar las múltiples fuentes de una pista. Aunque la distribución de la ventana es similar a la línea de tiempo utilizada en un editor no lineal, como Adobe Premiere, no se utiliza para editar las fuentes; únicamente se utiliza para organizarlas y colocarlas en la reproducción de la pista y para añadir puntos de capítulo.

Cuando haga clic en el icono Track de un videoclip en la ventana Storyboard, ReelDVD muestra sus fuentes en la ventana Track. ReelDVD soporta dos tipos de fuentes adicionales: audio y subimágenes. Las fuentes de subimágenes se utilizan para todos las superposiciones graficas y de texto, incluyendo subtítulos y realces para los botones del menú.

Las pistas pueden contener hasta ocho fuentes de audio para soportar múltiples idiomas, o pistas alternativas de diálogo y música. Las pistas pueden tener hasta 32 fuentes de subtítulos para soportar múltiples idiomas u otro texto alternativo o incluso anotación gráfica.

Haga clic en el icono Track del vídeo `Main_Movie` (`04_Main_Movie.mpv`) para ver sus fuentes en la ventana Track (véase figura 13.8). Contiene la fuente de vídeo principal (`vídeo MPEG-2 04_Main_Movie.mpv`), su fuente de audio correspondiente (`audio Dolby Digital 04_Main_Movie.ac3`), y una pista de subimágenes con una serie de subtítulos (`imagen estática Subtitle.01.bmp`).

Arrastre el cursor verde de Timeline para ver el código de tiempo correspondiente y el vídeo en la ventana Preview. Haga clic en los botones **Zoom In** y **Zoom Out**, en la parte superior izquierda de la ventana Track, para ver las pistas completas. Las pistas también tienen una serie de puntos de capítulo definidos dentro de ellas, que están indicado por triángulos amarillos sobre la línea de tiempo y líneas de puntos verticales a lo largo de las fuentes.

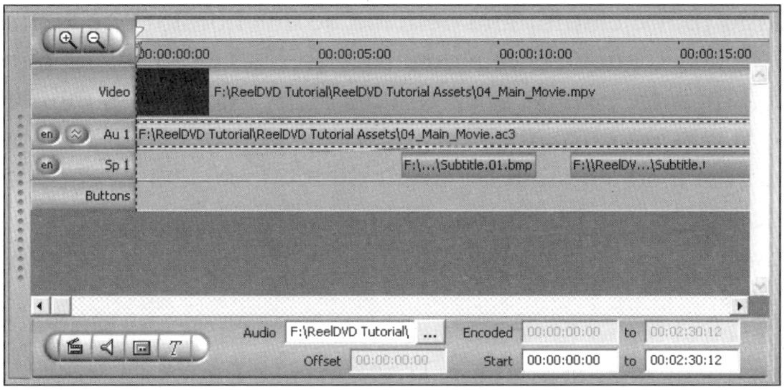

Figura 13.8. *Utilice la ventana* Track *para ver y editar las fuentes de audio y subimágenes para un icono* Track *individual.*

Es posible añadir nuevas fuentes arrastrando y soltando un archivo de la ventana Explorer en el icono Track de la ventana Storyboard o en la ventana Track. Para tener más control sobre la asignación de fuentes específicas a pistas específicas, podemos utilizar los botones situados en la parte inferior izquierda de la ventana para añadir una nueva fuente de audio, subimagen o subtítulo (el primer botón añade un nuevo punto de capítulo). Cada elemento de ReelDVD está asociado a un archivo del disco. Haga clic en una fuente para ver sus atributos en los campos situados debajo de la línea de tiempo.

Para las fuentes de audio, el campo Audio muestra el nombre del archivo de audio de origen. El campo Start muestra el código de tiempo dentro de la fuente principal de vídeo cuando la reproducción del audio comienza y acaba. ReelDVD también utiliza el código de tiempo de los archivos de audio Dolby Digital para sincronizarlo con el código de tiempo del vídeo.

Para las fuentes de subimágenes, el campo Subpicture contiene el tiempo Start y un campo Type para una superposición gráfica de menú (Menu), sencilla (Simple) o infinita (Infinite). Cuando una pista contiene una fuente de subimágenes, ReelDVD añade automáticamente una fuente de botones, que contiene los puntos activos de los botones y los comandos de enlaces, tal y como se ha definido en la ventana Preview y en el área Storyboard respectivamente.

Cómo trabajar con pistas de vídeo y capítulos

La función más visible del diseño DVD es la interactividad, con menús y enlaces en los videoclips. Sin embargo, incluso un sencillo clip puede ser bastante largo (por ejemplo, una película de dos horas), por lo que el formato DVD incluye una segunda forma de interactividad en forma de puntos de capítulo para saltar entre puntos predefinidos dentro de un clip individual.

Cuando vemos un clip, podemos pulsar los botones **Skip Forward** y **Skip Reverse** en el mando a distancia para ir directamente hasta el punto de capítulo siguiente o anterior. Los puntos de capítulo pueden utilizarse para menús con índices de escenas con el fin de ofrece un índice visual de un clip o un grupo de clips.

Haga clic en el icono Task del vídeo `Main_Video,` en el área Storyboard, para ver sus fuentes en la ventana Track (véase figura 13.9).

Para ver la pista entera, haga clic en el botón **Zoom Out**, en la parte superior izquierda de la ventana Track, para ver toda la línea de tiempo, con su fuente de audio correspondiente y una pista de subimágenes con subtítulos. Para que haya más espacio, es posible ocultar la ventana Preview utilizando el menú View o la barra de herramientas.

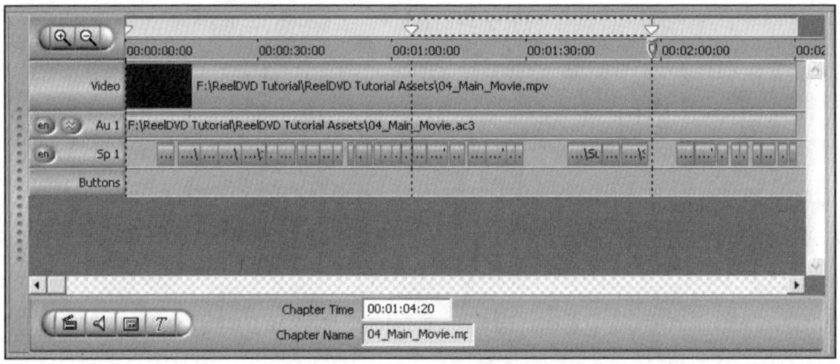

Figura 13.9. *Reduzca la imagen de la ventana* Track *para ver los puntos de capítulo.*

Creación de nuevas pistas

Cada pista de ReelDVD contiene una fuente principal de vídeo. Una fuente de vídeo puede ser una secuencia de vídeo animado MPEG (MPEG-1 o MPEG-2), o una serie de imágenes estáticas para una presentación.

Para crear una nueva pista de vídeo como ésta, cree en primer lugar la pista arrastrando y soltando el archivo del videoclip de fondo de la ventana Explorer hasta el área Storyboard. A continuación, ReelDVD crea un nuevo icono Track con el nombre del archivo del clip.

Seguidamente, arrastre y suelte el archivo del clip de audio correspondiente en el icono Track. ReelDVD crea de forma automática una fuente de audio en la pista e inserta el archivo de audio al inicio de la fuente.

Es posible añadir hasta ocho fuentes de audio en cada pista. El usuario puede alternar entre estas fuentes pulsando el botón **Audio** en el mando a distancia, o pueden seleccionarse automáticamente por la configuración del idioma actual del reproductor.

Podemos crear una fuente de audio a partir de un archivo de audio u ordenar múltiples archivos más pequeños en una sola fuente. La fuente de audio no puede ser más larga que la fuente de vídeo principal, y no puede haber ningún intervalo entre los múltiples clips de una fuente. Asimismo, es necesario prestar atención a la forma en que se asigna el audio a las fuentes disponibles, tanto dentro de una pista como a lo largo de diferentes pistas. No se puede tener una pista vacía sobre una fuente con un número mayor (es decir, se utiliza la fuente 3, pero la fuente 2 ó 1 están vacías). Además, todas las fuentes con un número de fuente determinado debe tener el mismo formato en todas las pistas (en el mismo formato de audio y velocidad de bit).

Creación de puntos de capítulo

Los puntos de capítulo definidos en la pista están señalados con triángulos amarillos sobre la línea de tiempo y por líneas de puntos verticales a lo largo de las fuentes.

Para crear un nuevo punto de capítulo, arrastre el cursor verde en la línea de tiempo hasta la posición aproximada del nuevo capítulo. Mientras arrastra el cursor, ReelDVD muestra el vídeo correspondiente en la ventana Preview y actualiza el código de tiempo sobre ella. Es posible ser más precisos a la hora de colocar el cursor acercando la línea de tiempo, o bien se puede ajustar el punto de capítulo después de crearla.

A continuación, haga clic en el botón **New Chapter**, en la parte inferior izquierda de la ventana Track, para crear un nuevo punto de capítulo en la posición actual del cursor. ReelDVD añade un nuevo marcador de capítulo en forma de triángulo amarillo en la línea de tiempo y traza una línea de puntos vertical a lo largo de las fuentes. Debido al modo en que el vídeo MPEG se comprime en grupos de fotogramas, la posición del capítulo tal vez haya que ajustarla hacia el grupo más cercano.

Para ver y ajustar un punto de capítulo, haga clic en la barra gris situada a la derecha del triángulo que sirve de marcador de capítulo. ReelDVD muestra los campos Chapter Time y Name en la parte inferior de la ventana. Para ajustar el punto de capítulo, arrastre el marcador de capítulo o escriba un nuevo código de tiempo en Chapter Time.

Cómo trabajar con presentaciones

Las pistas de ReelDVD pueden contener un videoclip, una única imagen estática (normalmente para un menú), o una presentación con una serie de imágenes estáticas. ReelDVD soporta dos formas diferentes de presentaciones de imágenes estáticas: una presentación automática o una presentación estática por la que el usuario se desplaza manualmente.

Una presentación de ReelDVD es una presentación automática de imágenes en la que cada una de las imágenes aparece en pantalla durante un periodo definido por el autor del DVD y avanza automáticamente hasta la siguiente. Las presentaciones pueden tener una o más pistas de audio o subtítulos de acompañamiento.

Las presentaciones estáticas no avanzan automáticamente; por el contrario, el usuario debe pulsar una tecla del mando a distancia (Remote Control) para desplazarse por las imágenes. Puesto que este tipo de presentaciones no tiene una duración determinada, no cuenta con fuentes de audio o subtítulos.

Haga clic en el icono Track de vídeo de la imagen (`05_Slide_A.bmp`) para ver sus fuentes en la ventana Track (véase figura 13.10). La fuente principal de vídeo contiene una serie de imágenes estáticas. La fuente de audio utiliza la pista de fondo `05_Slide_Show.ac3`.

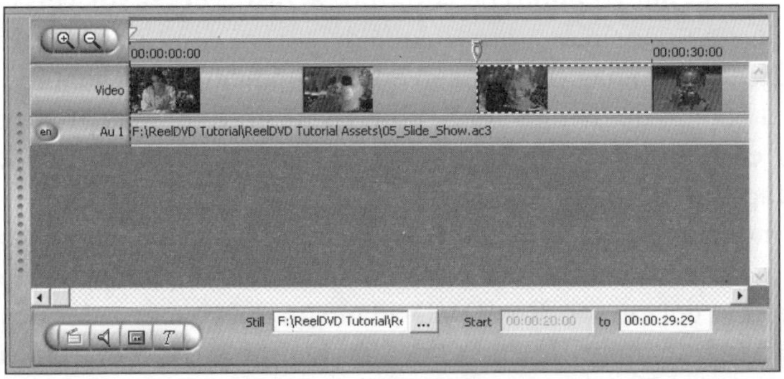

Figura 13.10. *Una presentación contiene una secuencia de imágenes estáticas que aparecen automáticamente durante un periodo determinado y acompañada por una fuente de audio.*

Creación de una presentación

Para crear una nueva presentación, arrastre y suelte el primer archivo de imágenes en el área Storyboard. ReelDVD le pedirá que especifique el tipo de pista que va a crear a partir de la imagen: Still Menu (menú estático), Still Show (presentación estática) o Slide Show (presentación automática). A continuación, ReelDVD crea un nuevo icono Track para la presentación, con una imagen en la fuente de vídeo. Seleccione las imágenes restantes de la presentación en grupo, y arrástrelo y suéltelo en la fuente de vídeo, a la derecha de la primera imagen. ReelDVD irá añadiendo cada imagen a la fuente.

Cada imagen tiene una duración predeterminada de 10 segundos. Se puede ajustar la duración arrastrando el extremo de la imagen en miniatura en la fuente o seleccionando la imagen en miniatura e insertando una nueva duración en los campos situados en la parte inferior del editor de pistas.

Inclusión de audio

Tal y como ocurre con una pista de vídeo, es posible añadir una fuente de audio a una presentación arrastrándola y soltándola en el icono Track. Seguidamente, ReelDVD añade una nueva fuente de audio a la pista.

Si el archivo del audio en la fuente de audio dura menos que la presentación de la fuente de vídeo (normalmente porque se utiliza como fondo repetitivo), es posible arrastrar múltiples copias del archivo de audio (o diferentes archivos) a la fuente para que se ajuste a la duración de la pista.

Cómo trabajar con subtítulos e idiomas

Además de múltiples fuentes de audio, las pistas pueden contener múltiples fuentes de subtítulos. Al igual que el audio, sólo puede aparecer en pantalla un subtítulo a la vez.

Las fuentes de subimágenes se utilizan para superponer gráficos y texto sobre el vídeo o las imágenes de una pista. Las subimágenes se crean a partir de una paleta limitada de sólo cuatro colores (dos bits).

Para los menús, las subimágenes se utilizan para crear realces interactivos para los botones del menú compuestos sobre la imagen de fondo del menú estático.

Para los subtítulos, las múltiples subimágenes aparecen en una secuencia temporal sobre el vídeo o presentación de fondo. Los subtítulos aparecen sólo si han sido activados por el usuario o el reproductor.

Las subimágenes y los subtítulos del menú son simplemente archivos de imágenes que aparecen superpuestas en la fuente de vídeo principal. Pueden importarse archivos de imágenes creados fuera de ReelDVD, aunque los subtítulos también pueden crearse con el Subtitle Editor (editor de subtítulos) integrado en ReelDVD.

Haga clic en el icono Track del vídeo Main_Movie para ver sus fuentes en la ventana Track con una serie de subtítulos (véase las figuras 13.8 y 13.9). Estos subtítulos están sincronizados con la reproducción del vídeo y las fuentes de audio. ReelDVD soporta dos tipos de subtítulos: subtítulos sencillos (Simple) con una duración determinada, y subtítulos infinitos (Infinite), que aparecen en imagen hasta el siguiente subtítulo o hasta el final del capítulo.

Utilización de subtítulos

Podemos crear imágenes de subtítulos manualmente como un archivo de imagen en el editor de gráficos. Además, ReelDVD incluye un editor de subtítulos (Subtitle Editor) integrado. Haga clic en el último botón, **New Subtitle**, en la parte inferior izquierda de la ventana Track, para ver el cuadro de diálogo Create Subtitle. Edite el texto, ajuste sus atributos, su ubicación en pantalla, el color y el contraste, y ajuste el tiempo de inicio y de parada. También puede editar un subtítulo ya existente en la posición actual del indicador verde de la línea de tiempo.

El Tutorial incluye una serie de imágenes de subtítulos en la carpeta Subtitles (`Subtitle.01.bmp`) con el texto correspondiente a los diálogos (véase figura 13.11). El texto queda definido por el tipo de fuente, además de aparecer con contornos externos e internos para hacer que resalte sobre el fondo de vídeo.

Figura 13.11. *Los subtítulos se definen como archivos de imágenes gráficas de cuatro colores.*

Las imágenes de subtítulos se pueden importar en ReelDVD como archivos individuales o en un grupo, utilizando un macro de subtítulos. El Tutorial incluye un archivo de macros de subtítulos (`subtitles.sst`) que enumera todos los archivos de imágenes de subtítulos individuales (véase figura 13.12). El archivo de macro contiene información del aspecto, y además contiene una lista de los subtítulos que aparecerán con puntos de inicio de fin.

```
st_format 2
SubTitle Face_Painting
Display_Star non_forced
TV_Type NTSC
Tape_Type  NON_DROP
Pixel_Area (2 479)
Display_Area (0 2 719 479)
Color (3 3 4 4)
Contrast(7 15 15 0)
BG  (255 255 255 = = =)
PA  (0 0 0   = = =)
E1  (255 0 0 = = =)
E2  (0 0 255 = = =)
directory F:\\ReelDVD Tutorial\ReelDVD Tutorial Assets\Subtitles
##################################################################
SP_NUMBER START END FILE_NAME
1 00:00:07:10 00:00:11:00 Subtitle.01.bmp
2 00:00:12:00 00:00:17:00 Subtitle.02.bmp
3 00:00:17:01 00:00:21:00 Subtitle.03.bmp
4        00:00:21:03  00:00:26:07  Subtitle.04.bmp
5        00:00:26:10  00:00:31:24  Subtitle.05.bmp
6        00:00:32:01  00:00:34:20  Subtitle.06.bmp
7        00:00:34:22  00:00:38:20  Subtitle.07.bmp
8        00:00:39:00  00:00:41:00  Subtitle.08.bmp
9        00:00:41:03  00:00:44:00  Subtitle.09.bmp
10       00:00:44:03  00:00:47:02  Subtitle.10.bmp
11       00:00:47:04  00:00:49:03  Subtitle.11.bmp
12       00:00:50:11  00:00:51:15  Subtitle.12.bmp
13       00:00:52:00  00:00:54:15  Subtitle.13.bmp
14       00:00:54:19  00:00:55:18  Subtitle.14.bmp
15       00:00:56:00  00:00:57:15  Subtitle.15.bmp
```

13fig14.eps
798727528
8/27/02
SCI

Figura 13.12. *El archivo de macro de los subtítulos enumera las imágenes de subtítulos, con un tiempo y con las fuentes de vídeo y audio.*

Configuración de idiomas

Al incluir múltiples fuentes de audio y subtítulos, el autor de un DVD puede hacer que el material esté disponible en numerosos idiomas. Aunque el usuario del DVD puede utilizar las teclas **Audio** y **Subtitle** del mando a distancia para seleccionar manualmente un idioma preferido en cada disco, la especificación DVD ofrece una mejor forma. Los autores de DVD pueden marcar fuentes individuales para que contengan idiomas determinados. Esto significa que el espectador puede seleccionar los idiomas deseados para el audio y los subtítulos en el menú de configuración del reproductor, de forma que todos los discos reproduzcan automáticamente la fuente correspondiente en el dicho idioma.

Para asignar un idioma a una fuente individual de audio y subtítulos, haga clic en el botón **Language**, a la izquierda de la fuente de la ventana Track, y seleccione el código del idioma deseado en el cuadro de diálogo Select Language (véase figura 13.13). Cuando seleccione el código de un idioma, éste se utiliza como configuración general para el disco y se aplica a la posición determinada de la fuente (es decir, Audio 2) para todas las pistas del proyecto.

Figura 13.13. *Utilice el cuadro de diálogo* Select Language *para especificar el código del idioma para una fuente de audio individual.*

Revise y configure los códigos de idiomas para cada fuente de audio y subtítulos en la pestaña Languages del cuadro de diálogo Project Settings (abra el menú desplegable Edit y seleccione Project Settings).

Cómo trabajar con menús y botones

Como hemos explicado anteriormente, ReelDVD no considera a los menús un tipo especial de objeto. Un menú es simplemente una pista con texto de menú y gráficos de botones, con los puntos activos de los botones y sus enlaces. La pista del menú puede ser una imagen estática o un videoclip, creada en una aplicación para la edición de vídeo o imágenes independiente, y después importada a ReelDVD con el texto del menú y los gráficos ya incluidos en el archivo de vídeo o imágenes.

Haga clic en la pista del menú DVD Credits (`06_DVD_Credits.psd`) para ver sus fuentes en la ventana Track (véase figura 13.14). Contiene la fuente principal de vídeo con una imagen estática, sin fuente de audio, una pista de subimágenes con los gráficos para resaltar los botones y la capa Buttons correspondiente con los puntos activos y los enlaces.

Gracias a ReelDVD, los gráficos utilizados para resaltar botones se especifican en archivos Adobe Photoshop en capas. Para los menús de imágenes estáticas, los realces puede almacenarse como una capa separada en el mismo archivo de la imagen estática. Los menús con vídeo animado pueden almacenarse en un archivo de imágenes diferente.

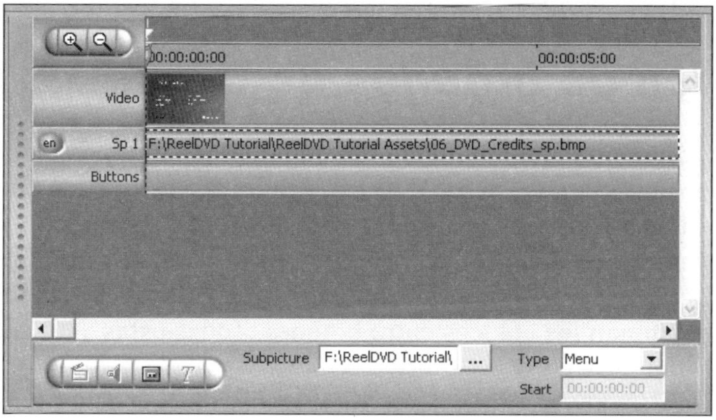

Figura 13.14. *La pista del menú* DVD Credits *contiene la imagen estática de fondo, la fuente de subimágenes para resaltar los botones y la fuente de botones para los puntos activos y los enlaces.*

Creación de pistas de menú

Para crear una pista de menú, cree la pista arrastrando el archivo de la imagen estática o el videoclip de la ventana Explorer hasta el área Storyboard. Si lo que va a crear es una pista a partir de una imagen estática, ReelDVD le preguntará qué tipo de pista va a crear: Still Menu (menú estático), Still Show (presentación estática), Slide Show (presentación automática), Still Menu with Subpicture (menú estático con subimagen) o Slide Show with Subpicture (presentación con subimagen). Las opciones para las subimágenes aparecen cuando el archivo contiene múltiples capas.

Los gráficos para resaltar el menú se importan a ReelDVD como archivos Photoshop con capas, con los realces para cada botón en diferentes capas. Este proceso resulta mucho más eficaz si se mantiene una estructura consistente para las capas.

Al importar un archivo de imagen para los menús estáticos con capas de subimágenes, ReelDVD también le pedirá que seleccione las capas del archivo. El cuadro de diálogo Select Layers muestra las capas del archivo y puede generar automáticamente la fuente de subimágenes con los puntos activos de los botones del menú, e incluso los enlaces estándar entre los botones en función de su distribución.

A continuación, ReelDVD crea un nuevo icono Track que lleva el nombre del archivo del clip. También es posible arrastrar un archivo de audio asociado hasta el icono Track. ReelDVD crea automáticamente una fuente de audio en la pista e inserta el archivo de audio al comienzo de la fuente.

Creación de botones de menú

Las imágenes (o vídeos) de fondo del menú y las superposiciones de subimágenes que importamos a ReelDVD ofrecen un diseño gráfico para las pantallas, los botones y las superposiciones del menú; sin embargo, sigue siendo necesario añadir los elementos que proporcionan la interacción. Éstos definen los puntos activos de los botones, establecen los colores utilizados para los realces y determinan los enlaces entre botones. Todas estas acciones se realizan en la ventana Preview.

La ventana Preview se utiliza para editar la distribución de los botones gráficos y los subtítulos y para simular la reproducción de la producción DVD. Haga clic en el botón **Simulation**, a la izquierda de los controles de la ventana Preview, para alternar entre estos dos modos. En el modo Preview, el botón el verde y el panel contiene controles como un mando a distancia DVD. En el modo Design, el botón el rojo y el panel contiene controles para el diseño de menús y subtítulos.

Los controles del modo Design incluyen los indicadores de las fuentes de audio y subtítulos en las esquinas superiores del panel, así como los botones de control de edición a la izquierda, las herramientas para enlazar botones a la derecha y los botones del modo de color a la derecha.

Haga clic en la pista Main Menu del área Storyboard para ver el diseño en la ventana Preview (véase figura 13.15). Los botones que aparecen en el modo Design incluyen los puntos activos rectangulares en el contorno de los botones, los gráficos y colores para resaltar los botones y las flechas de enlace entre los botones.

Para crear botones de menú, haga clic en la herramienta Create Menu Buttons, a la izquierda de los controles (icono rectangular), y arrastre un contorno rectangular sobre el gráfico del botón hasta el fondo del menú para señalar el punto activo. Esto define un área interactiva del botón en el menú, que se utiliza para definir el enlace del botón como una máscara para el gráfico del realce.

Utilice los botones **Link**, en el centro de los controles, para definir las rutas entre los botones (arriba, abajo, izquierda, derecha). Utilice Link Vertically (arriba/abajo) y Link Horizontally (izquierda/derecha), a la izquierda y derecha del control central, para crear enlaces bidireccionales. Estos enlaces determinan el orden en el que el reproductor resaltará los botones cuando el usuario pulsa las teclas arriba/abajo/izquierda/derecha en el mando a distancia del DVD.

Utilice los botones **Color**, a la derecha de los controles, para seleccionar los esquemas de color para los realces en cada uno de los modos de interacción de los botones: color original (Original Color), mostrar color cuando no está seleccionado (Display Color), color de selección (Color Selection) cuando está seleccionado y color de la acción (Action Color) cuando se activa pulsando la tecla **Enter**. Para cada modo, utilice cuatro colores en la parte inferior de los controles para seleccionar el color y el valor del contraste para los cuatro (como máximo) colores diferentes utilizados en la imagen del realce.

De esta forma, es posible crear botones de formas arbitrarias, crear superposiciones de realces asociadas para rodear (o solapar) la forma de los botones, y después determinar los colores utilizados para resaltar cada botón cuando es seleccionado.

Figura 13.15. *Utilice el modo* Design *de la ventana* Preview *para definir cada botón en el menú* Main, *incluyendo los puntos activos, el color de los realces y los enlaces para navegar entre botones.*

Creación de enlaces de navegación

ReelDVD utiliza el área Storyboard para definir y ver los enlaces entre las pistas de un proyecto (véase figura 13.16). Para visualizar mejor la estructura de navegación del proyecto, podemos ampliar o reducir la ventana y utilizar los botones de la barra de herramientas para acercarse y alejarse y para ocultar y mostrar los diferentes tipos de flechas de enlace.

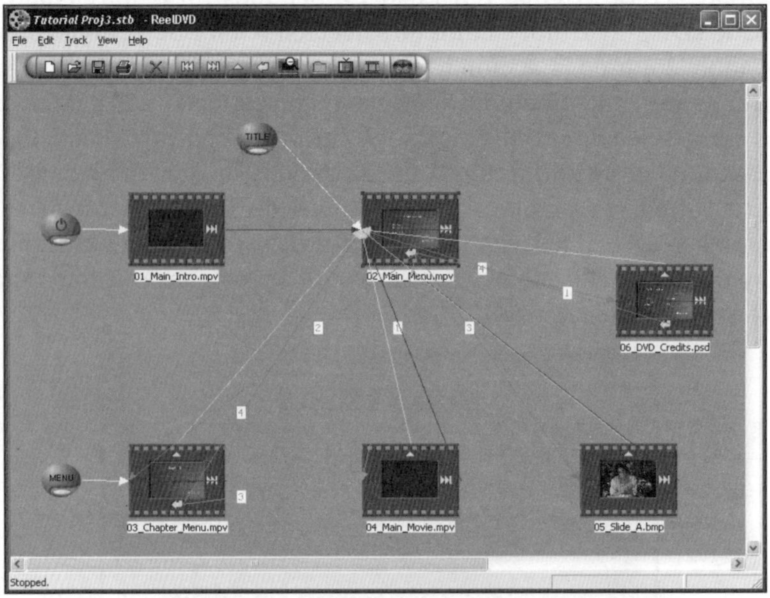

Figura 13.16. *Utilice el área* Storyboard *para crear enlaces entre los iconos* Track *arrastrando flechas desde el borde correspondiente de la pista de origen.*

Definición de enlaces globales

La especificación DVD incluye la capacidad de designar tres pistas a las que el usuario puede acceder directamente en cualquier momento pulsando botones dedicados en el mando a distancia del DVD. El área Storyboard contiene tres iconos especiales que corresponden a estos parámetros DVD globales (que aparecen en forma de flechas amarillas).

El icono AutoPlay establece la pista que se reproducirá automáticamente al insertar el DVD en un reproductor. Puede ser simplemente el menú principal del disco o se puede utilizar para una secuencia inicial o un aviso legal.

El icono Tile establece la pista que se reproducirá cuando el usuario pulse la tecla **Title** del mando a distancia. Esta diseñado para acceder al menú principal del disco.

El icono Menu establece la pista que se reproducirá al pulsar la tecla **Menu** del mando a distancia. Está diseñado para al acceder al menú Main del título o sección actual del disco. En el proyecto Tutorial, enlaza con el menú Chapter Index.

Para crear estos enlaces, haga clic y arrástrelos desde la parte inferior de cada icono hasta el icono Track, al que se accederá desde el botón correspondiente. ReelDVD traza una flecha amarilla desde el icono hasta el icono Track. De forma predeterminada, ReelDVD designa el primero icono Track creado como la pista AutoPlay, aunque esto puede modificarse. Es conveniente definir las tres acciones para la reproducción para que el usuario pueda aprovecharse de esta convención para la navegación DVD.

Definición de enlaces de pistas

La especificación DVD además incluye tres botones de navegación que se aplican a cada pista individual: **Next**, **Previous** y **Return**. La parte exterior roja de cada icono Track contiene los cuatro tipos distintos de flechas de enlace para ver la navegación a través de dicho enlace. Para crear estos enlaces, arrastre una flecha desde el extremo correspondiente del icono Track a la pista enlazada.

El enlace Next (desde el extremo derecho de un icono Track, con una flecha azul) establece la pista a la que el reproductor irá directamente cuando el usuario pulse la tecla **Skip Forward** en el mando a distancia. También se utiliza para indicar la siguiente pista que se reproducirá cuando el reproductor llegue al final de la pista.

El enlace Previous (desde el extremo izquierdo, con una flecha roja) establece la pista a la que el reproductor irá directamente cuando el usuario pulse la tecla **Skip Backward**. Estas teclas se utilizan habitualmente para saltar de capítulo en una presentación DVD más larga.

El enlace Return o Up (desde el extremo superior, con una flecha verde) establece la pista a la que irá el reproductor cuando el usuario pulse la tecla **Return**. Se utiliza normalmente para volver al siguiente nivel superior dentro de la jerarquía de un menú.

Si la pista de destino de un enlace es una pista de vídeo con capítulos definidos en él, ReelDVD abre el cuadro de diálogo Select Chapter para seleccionar el punto de destino dentro de un videoclip. El cuadro de diálogo incluye una lista de los puntos de capítulo, con una imagen en miniatura del videoclip en este punto para ayudar a seleccionar el capítulo adecuado.

De nuevo, es conveniente definir estas acciones cuando son útiles para ayudar al usuario a aprovechar las convenciones DVD para navegar por el disco. En particular, es necesario definir el enlace Next para que el reproductor DVD sepa qué hacer al final de una pista. Normalmente, la pista de un menú vuelve al comienzo de la misma pista, de forma que continúa la reproducción hasta que el usuario haga una selección, y todos los elementos del menú animado o pista de audio siguen repitiéndose. Una pista de vídeo puede volver al menú desde el que se ha accedido a ella, o puedo saltar a otra pista de vídeo en una secuencia.

Definición de enlaces de comandos en el menú

Los iconos de la pista que contienen menús con puntos activos para los botones también necesitan tener un destino definido para los enlaces del botón.

Cuando se crea un botón en una pista, el enlace Command (desde el extremo inferior) se utiliza para definir el enlace de un botón a otra pista (flecha morada) o un capítulo dentro de una pista (flecha naranja).

Para crear enlaces de comando en el menú, arrastre una flecha desde el extremo del icono Track hasta la pista enlazada. ReelDVD abre el cuadro de diálogo Choose Command Button para seleccionar el botón de origen para el enlace que se ha creado.

Creación e importación de elementos

ReelDVD está diseñado para ordenar archivos de elementos creados previamente en una producción DVD final y para añadir la navegación interactiva. No realiza una conversión automática del formato. Todos los contenidos importados primero deben editarse en el formato DVD correspondiente, dividirse en clips individuales para cada pista o menú en los que se utilizarán y comprimirse adecuadamente para ajustarse a los requerimientos de reproducción DVD.

La especificación DVD y la capa de creación de ReelDVD imponen restricciones a la hora de mezclar los distintos tipos de materiales en el mismo proyecto. Por ejemplo, todo el vídeo del proyecto debe estar comprimido en el mismo formato MPEG (bien MPEG-1 o MPEG-2) y tener el mismo formato de imagen. ReelDVD soporta tanto el formato de imagen estándar 4:3 (1.33) como el formato de imagen anamórfico en pantalla ancha 16:9 (1.78), modificando automáticamente los gráficos para lograr un formato encuadrado, si es necesario.

De forma similar, todos los clips de una fuente individual de audio deben tener el mismo formato y velocidad de bits, y todas las fuentes en la misma posición y en todas las pistas deben compartir también el mismo formato. No puede haber ningún intervalo entre las fuentes de audio o subimágenes dentro de una pista.

Los parámetros generales del formato de un proyecto se definen en la pestaña Project, en el cuadro de diálogo Project Settings (véase figura 13.17). Consulte la documentación de ReelDVD para conocer todas la especificación de los formatos de entrada y los requisitos.

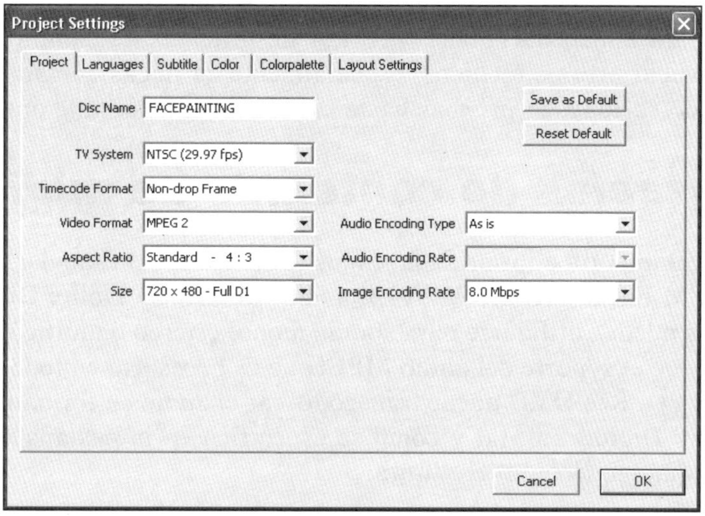

Figura 13.17. *Los parámetros generales del formato de todos los elementos se definen en la pestaña* Project *del cuadro de diálogo* Project Settings.

Importación de imágenes estáticas y subimágenes

ReelDVD importa imágenes estáticas en diversos formatos para su uso en menús, botones y presentaciones. Todos los elementos gráficos para los menús, incluyendo el realce de los botones, se pueden guardar como capas en un solo archivo Photoshop con formato .psd. ReelDVD soporta las resoluciones de vídeo NTSC y PAL.

Los menús animados se crean ahora a partir de videoclips, con botones animados, títulos estáticos de menú y elementos gráficos para los botones combinados en la parte superior del vídeo.

Las subimágenes deben tener el mismo tamaño que la imagen o el vídeo de fondo. Las imágenes de subtítulos pueden importarse como imágenes individuales o utilizando un archivos de macros de subtítulos (.sst).

Durante la preparación de los gráficos del menú, es necesario recordar la diferencia en el formato de imagen entre el monitor de un ordenador y una pantalla de televisión. Las imágenes que editamos en el ordenador aparecen en el monitor de un ordenador con píxeles cuadrados, mientras que el DVD final se estrechará levemente cuando aparezca en una pantalla de televisión con píxeles rectangulares. Para compensar esta diferencia en las pantallas NTSC, tal vez sea conveniente preparar la imagen de los gráficos con una resolución rectangular del formato de imagen y, seguidamente, modificar su tamaño a 720x480 para almacenarla en DVD. Por desgracia, este cambio de tamaño puede provocar errores técnicos, especialmente en líneas delgadas, de modo que será necesario hacer pruebas hasta conseguir un resultado óptimo.

Importación de contenido de audio

ReelDVD importa clips de audio en los formatos DVD estándar para NTSC y PAL: PCM lineal (AIFF o WAVE), audio MPEG-1 y Dolby Digital AC-3. Todos ellos pueden utilizarse para sonido mono, estéreo o multicanal.

Puesto que el soporte del audio MPEG no es necesario en todos los reproductores DVD, ReelDVD puede transcodificar el audio en formato de dos canales Dolby Digital 2.0, tal y como se especifica en la pestaña Project del cuadro de diálogo Project Settings.

Importación de contenido de vídeo

ReelDVD importa videoclips en formato comprimido MPEG-1 y MPEG-2 con resoluciones NTSC y PAL. Los clips MPEG-2 normalmente se codifican a una velocidad de bits de entre 4 y 6 Mbps, en función de la complejidad del clip y de si la velocidad de bits disponibles necesita ser la misma en las diferentes fuentes de audio y subtítulos.

Todos los elementos de vídeo deben compartir el mismo formato básico, incluyendo el tipo de compresión (MPEG-1 o MPEG-2), el sistema de TV (NTSC o PAL), el formato de imagen (estándar 4:3 o pantalla ancha de 16:9) y la resolución de fotogramas (es decir, NTSC 720x480).

Creación del proyecto

Tras finalizar el proceso de diseño del proyecto DVD, podemos darle forma y copiarlo en un disco. Con ReelDVD, primero utilizamos el modo de simulación de la ventana Preview para comprobar el diseño y el flujo del proyecto. De esta forma podemos crear el proyecto en el disco duro para realizar más pruebas o para compartirlo con otros. Por último, podemos crear un archivo de imagen de disco y copiar el proyecto en un disco DVD o CD, o bien en una cinta DLT para su replicación.

Simulación del proyecto

La ventana Preview de ReelDVD se utiliza tanto para diseñar los menús del DVD como para simular la reproducción del mismo. Para alternar entre los modos Design y Simulation, haga clic en el botón situado en la parte inferior izquierda de la ventana. En el modo Simulation, el botón es de color verde, y el panel inferior contiene las teclas estándar que se encuentran en un mando a distancia (véase figura 13.5).

Para probar la reproducción de todo el DVD, haga clic en el icono AutoPlay, en el área Storyboard, para seleccionarlo, y pulse a continuación el botón **Play**, en los controles de la ventana Preview. ReelDVD iniciará la reproducción del proyecto comenzando por la pista AutoPlay.

Durante la reproducción del proyecto, revise el diseño de todos los menús, la distribución de los botones y la ubicación de los puntos activos de los mismos, así como las rutas y el realce de los distintos estados de selección. Compruebe el flujo del proyecto durante la reproducción y los enlaces de navegación entre menús y botones. Asimismo, revise el idioma por defecto y las pistas alternativas de audio y subtítulos si las hay.

Creación del proyecto en el disco duro

ReelDVD crea el proyecto primero multiplexando las pistas individuales y fuentes para realizar el volumen en formato DVD-Video en el disco duro (el directorio VIDEO_TS). También podemos optar por crear un archivo de imagen del disco del volumen de DVD y prepararlo para copiarlo en un disco DVD o CD, o en una cinta DLT.

Para crear el proyecto en el disco duro, abra el menú desplegable File y seleccione Make Disc (o bien haga clic en el botón Make Disc de la barra de tareas). ReelDVD abre el cuadro de diálogo Make Disc (véase figura 13.18). Haga clic y seleccione la opción Create DVD Video Files en el paso 1, especifique el directorio de salida en el paso 2 y haga clic en **Start** para comenzar. Seguidamente, ReelDVD muestra mensajes del progreso en la ventana Information durante la creación del DVD (véase figura 13.19).

Una vez creado el volumen de DVD, podemos utilizar la aplicación DVD Player para reproducir el DVD y revisar de nuevo su diseño y sus enlaces.

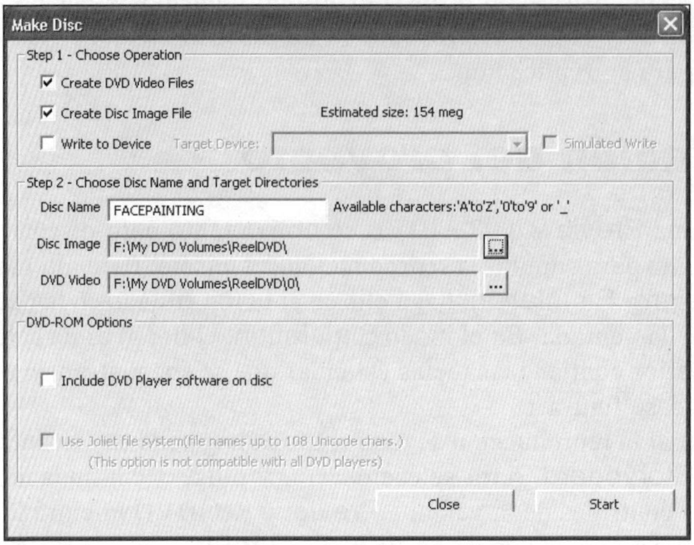

Figura 13.18. *Utilice el cuadro de diálogo* Make Disc *para crear un volumen de DVD en el disco duro y para copiar el proyecto en un disco DVD o CD.*

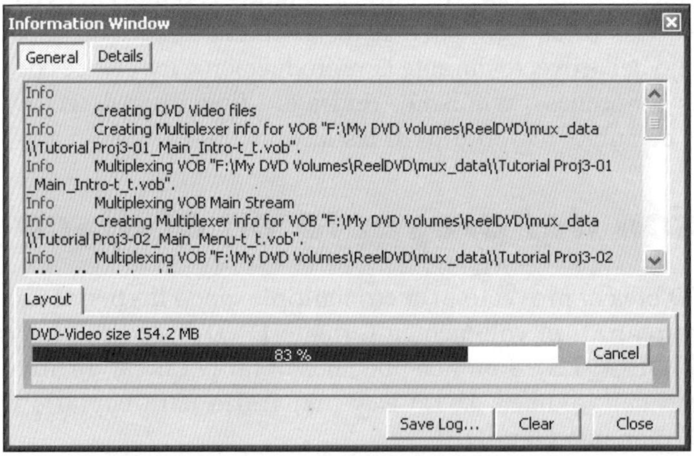

Figura 13.19. *Durante la creación del disco, ReelDVD muestra mensajes de estado y progreso en la ventana Information.*

Copia del proyecto en disco o cinta DLT

Para copiar el proyecto en un disco o en una cinta, utilice el cuadro de diálogo Make Disc para crear el volumen de DVD y seleccionar Create DVD

Image File y Write to Device en el paso 1. A continuación, especifique el *burner* en Target Device DVD. Además, podemos seleccionar una unidad de cinta DLT (*Digital Linear Tape*) para exportar el proyecto a una cinta DLT para su fabricación y replicación. Especifique también el directorio dc destino y el dispositivo de DVD o CD.

Resumen

Las herramientas para la creación personal en DVD, como Sonic DVDit! y Apple iDVD, son muy efectivas para crear rápidamente un DVD a partir de una serie de videoclips organizados en menús que enlazan con los clips. Estas herramientas incluyen motivos gráficos prediseñados, ayuda automatizada para distribuir menús, y conversiones integradas de elementos multimedia en formatos DVD.

Las herramientas profesionales, como Sonic ReelDVD, van más allá, y ofrecen un mayor acceso a capacidades del formato DVD-Video, con gráficos personalizados para los menús, idiomas y fuentes alternativos, subtítulos y enlaces explícitos de navegación. También incluyen una interfaz más sofisticada para ver la estructura y los elementos del DVD, así como para editar fuentes dentro de las pistas individuales.

Con ReelDVD, es posible utilizar la ventana Track para crear pistas con múltiples fuentes de audio y subtítulos. Seguidamente, podemos diseñar los puntos activos de los botones, los gráficos y la interacción del menú en la ventana Preview. A continuación, cree los enlaces de navegación entre las pistas trazando enlaces en el área Storyboard y simule la producción DVD final en la ventana Preview. ReelDVD ofrece control directo sobre las funciones del DVD, incluyendo los gráficos para resaltar los botones del menú, los enlaces de navegación y la selección y coordinación de las fuentes de audio y subtítulos. Puesto que los usuarios crean todos los gráficos del menú y los elementos de vídeo, ReelDVD puede crear menús animados con fondos de vídeo e imágenes en miniatura de los clips. Permite exportar a un disco o imagen de disco y copiar directamente a DVD. Además, para realizar copias a nivel profesional, ReelDVD soporta la escritura en cinta DLT.

El capítulo 14 describe el siguiente nivel de herramientas de creación. Sonic Scenarist elimina todo el grado de abstracción de la interfaz de usuario para el diseño del DVD con el fin de ofrecer acceso directo a las estructuras subyacentes de la especificación DVD-Video.

DVD-R

14. Creación de películas en DVD con Sonic Scenarist

El capítulo 13 ha presentado ReelDVD, una herramienta profesional para la creación en DVD que va mas allá que las herramientas de uso domestico y proporciona funciones DVD avanzadas. Algunas de éstas son las múltiples fuentes de audio y vídeo, los menús animados, el realce de menús y el enlace de navegación.

Las herramientas profesionales, como ReelDVD, están diseñadas para ofrecer las funciones mas útiles en la creación de DVD y están dirigidas a un público de productores de vídeo independientes y corporativos, aunque logra mantener el estilo familiar de interfaz de usuario y un sencillo flujo de trabajo. No obstante, la abstracción de la interfaz de usuario evita el acceso a todas las capacidades de la especificación DVD-Video.

Sonic, además, ofrece herramientas profesionales de mayor capacidad, como DVD Producer y DVD Fusion. Para un completo control sobre la creación en DVD, Sonic produce Scenarist y DVD Creator, los sistemas estándar de producción DVD de los títulos comerciales de Hollywood en Windows y Macintosh.

Sonic describe Scenarist como el sistema de creación en DVD más completo del mundo, pues ofrece el soporte más amplio para la especificación DVD. Se utiliza en las instalaciones de posproducción de Hollywood para producir la mayor parte de los lanzamientos de títulos comerciales en DVD de la actualidad. Algunas de las funciones DVD más avanzadas incluidas en Scenarist son el cambio de ángulo perfecto e imperfecto, soporte para karaoke y subimagenes activas.

Mientras las herramientas profesionales, como ReelDVD, aprovechan la especificación DVD para dar acceso a objetos de nivel superior (como pistas, fuentes y capítulos), Scenarist funciona más como un microscopio: utiliza hasta el más mínimo detalle de la estructura de datos del DVD.

Aunque Scenarist es demasiado complejo para describirlo en un solo capitulo, ofrece un vehículo de gran ayuda para explorar y entender los detalles de nivel inferior de la especificación DVD. Este capítulo ofrece un resumen de los elementos principales de la interfaz de Scenarist y los utiliza para mostrar los elementos de datos utilizados en la creación de una producción DVD.

Acerca de Sonic Scenarist

Scenarist de Sonic Solutions (`www.sonic.com`) es un completo sistema para la creación en DVD que se utiliza para producir títulos DVD para su lanzamiento comercial. Sonic compró el producto Scenarist a Daikin Industries en febrero de 2001, e introdujo la versión Scenarist bajo la marca Sonic en abril de ese mismo año. Esta versión incluía el motor de imágenes de los discos CD y DVD de Sonic y soportaba los codificadores de hardware MPEG de la serie SD de Sonic. Scenarist 2.6 salió al mercado a principios de 2002, e incluía soporte para Pioneer DVD-R en relación con las unidades generales y los archivos DTS creados utilizando el Surcode Surround Sound Software Encoder. El software Scenarist funciona en Windows y cuenta con protección anti-copia con una mochila de hardware.

Sonic integra Scenarist como estación de trabajo y soporta el uso del hardware de codificación Sonic SD-1000 MPEG-2 para conseguir compresión de vídeo profesional de excelente calidad.

Creación de un proyecto

El primer paso en la creación de un nuevo proyecto o boceto en Scenarist consiste en definir los parámetros generales del proyecto. Scenarist incluye un Project Wizard (asistente de proyecto) para guiarnos a lo largo del proceso.

El asistente (Wizard) se utiliza para definir los parámetros predeterminados de un proyecto, aunque éstos se pueden modificar durante la creación o para los diferentes elementos del proyecto (véase figura 14.1).

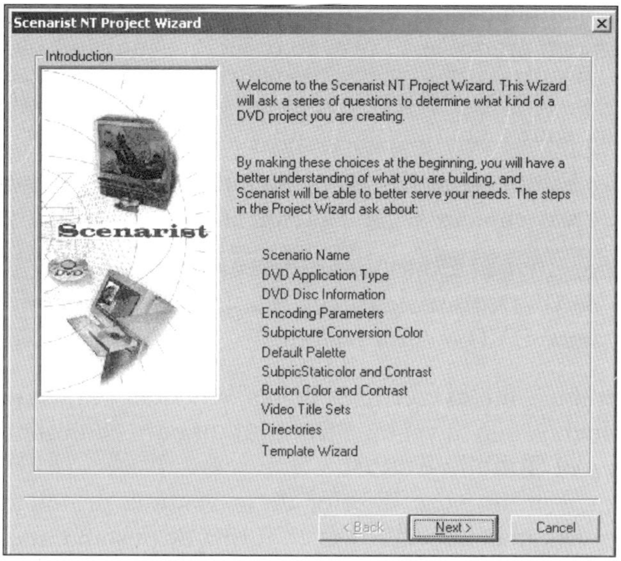

Figura 14.1. *La última pantalla de Scenarist Project Wizard resume los parámetros generales del proyecto.*

Exploración de la interfaz de Scenarist

Scenarist utiliza una interfaz compuesta por pestañas para ofrecer acceso a las múltiples vistas y editores asociados para crear y gestionar un boceto DVD (véase figura 14.2).

La pantalla principal de Scenarist cuenta con una enorme área de edición en la parte superior y unas ventanas de información y exploración más pequeñas en la parte inferior. También incluye una serie de botones de la barra de tareas en la parte superior de la ventana para ofrecer acceso a los comandos más utilizados.

El área principal de edición está dividida en dos secciones, la izquierda muestra una vista en forma de directorio jerárquico de los elementos, y la derecha muestra un espacio de trabajo con vistas detalladas de los objetos que se están editando. Scenarist ofrece acceso a los cuatros editores principales de esta área. Haga clic en las pestañas sobre el espacio de trabajo para alternar entre las diferentes selecciones:

1. Data Editor se utiliza para registrar y gestionar los elementos del proyecto. Scenarist mantiene una base de datos de enlaces a todos los archivos de elementos registrados en el proyecto, incluyendo clips de vídeo y audio.
2. Track Editor se utiliza para combinar elementos en las pistas, sincronizar múltiples fuentes, configurar los idiomas y crear menús.
3. Scenario Editor se utiliza para organizar pistas en los programas y títulos, y crear enlaces de navegación entre ellos.
4. Por último, Layout Editor se utiliza para distribuir el proyecto en un volumen de DVD, formatearlo en una imagen DVD y premasterizar el disco en disco DVD o cinta DLT.

Scenarist también incluye otras muchas ventanas para tareas de edición determinadas, incluyendo la ventana Simulation para editar botones del menú y subimágenes y el Subtitle Editor.

El área situada en la parte inferior de la ventana principal de Scenarist incluye muchas ventanas informativas en forma de pestaña, incluyendo información de estado, y el Property Browser para ver y establecer los atributos del elemento seleccionado actualmente.

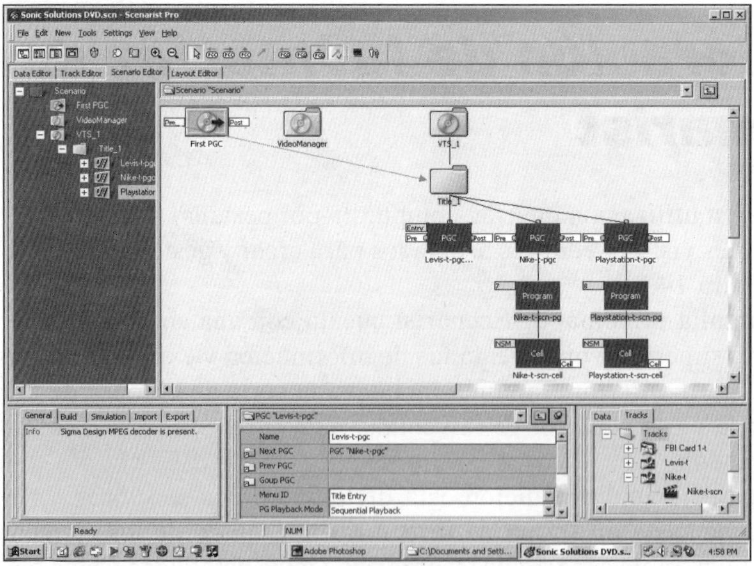

Figura 14.2. *La interfaz de Scenarist incluye acceso mediante pestañas a* Data, Track, Scenario *y* Layout Editor *para gestionar las diferentes vistas del proyecto.*

Exploración de un boceto

Scenarist denomina boceto al diseño de un disco e incluye la herramienta Scenario Editor para crear y gestionar los componentes del disco. Esto incluye las fuentes de soportes actuales (vídeo, audio e imágenes), los menús y la navegación que los enlaza y la agrupación lógica de este material en diferentes grupos. La organización del disco está representada gráficamente en Scenario Editor, con diferentes iconos para cada tipo de componente (carpetas y datos; véase figura 14.3).

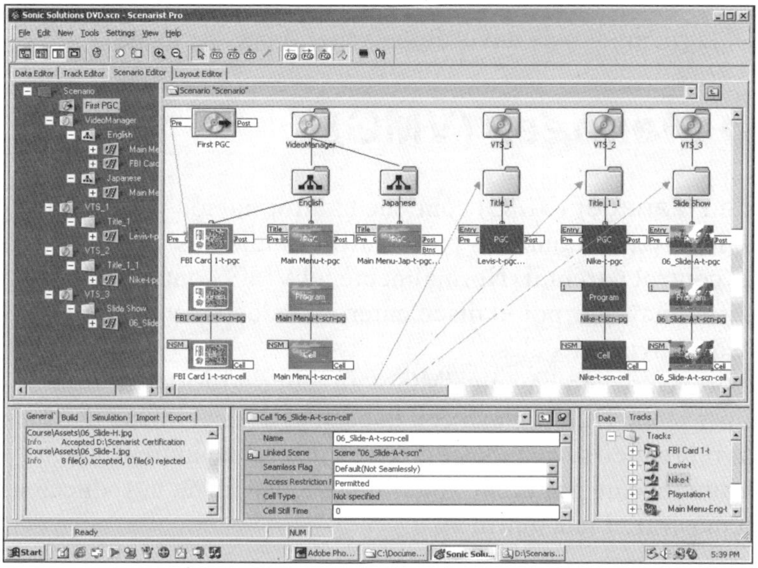

Figura 14.3. Scenario Editor *se utiliza para explorar y modificar la organización del disco en grupos de títulos y cadenas de programas.*

Los dos principales elementos organizativos de un DVD se encuentran en el Video Manager (VMG), que contiene los parámetros generales del sistema, secuencias introductorias, y por lo general también el menú principal; y uno o más Video Title Sets (VTS), que contiene una serie de contenidos DVD en formatos comunes organizados en una estructura de menú común. El VMG y el VTS, además, contienen múltiples dominios de idiomas con el fin de organizar la presentación en diferentes idiomas.

La organización general de un disco dentro de Scenario Editor es como sigue:

1. Video Manager (VMG).
2. Carpeta(s) Language.

3. Menú Title.
4. Assets (contenidos).
5. Video Tile Sets (VTS).
6. Carpeta(s) Language y Title.
7. Menú Root.
8. Assets (contenidos).
9. Cadenas de programas (PGC).
10. Programa (PG) (por ejemplo, capítulo de vídeo).
11. Celda (la unidad de navegación general más pequeña).

Video Manager (VMG)

El Video Manager (VMG) contiene la información y el directorio general del disco, incluyendo dominios para múltiples idiomas y parámetros para las zonas y el control parental. Normalmente, el VMG contiene el menú de título principal para navegar por el disco entero y todos los videoclips de introducción, así como avisos legales.

En un proyecto sólo hay un VMG y un icono Video Manager.

El primer icono PGC enlaza con la cadena de programas que ha sido diseñada para reproducirse cuando el disco se inserta en un reproductor DVD. Se utiliza habitualmente para reproducir una secuencia de introducción, y a continuación mostrar el menú principal.

Video Title Set (VTS) e idiomas

El Video Title Set (VTS) es un método para agrupar el contenido definido en el formato DVD-Video. Por lo general, esto no está disponible en las herramientas de menor capacidad. El agrupamiento de VTS ofrece dos ventajas importantes a la hora de organizar el disco.

En primer lugar, podemos organizar el material en grupos lógicos con su propia jerarquía de menú. Ésta es, en realidad, la razón por la que el mando a distancia de los DVD tiene las dos teclas, **Title** y **Menu**, separadamente. La tecla **Title** vuelve al menú principal o superior de todo el disco. La tecla **Menu** se utiliza para volver al menú superior de la sección actual del disco, tal y como se organiza en el VTS actual.

En segundo lugar, muchas de las normas que exigen que todo el material de origen se formatee, codifique y organice en fuentes en formatos compatibles sólo se aplican dentro de un VTS, no en todo el disco.

Por estas dos razones, las películas comerciales en DVD a menudo organizan la película en un VTS en formato de vídeo en pantalla ancha y con múltiples pistas de idiomas y subtítulos. El material secundario, como los reportajes "Making of" rodados en formato de vídeo estándar, se coloca en un VTS separado.

Un proyecto puede contener múltiples carpetas VTS. El Video Title Sets y el Video Manager pueden incluir múltiples carpetas Language para soportar discos multilingües con múltiples fuentes de audio, fuentes de subimágenes para subtítulos e, incluso, jerarquías de menús para los diferentes idiomas.

Títulos y cadenas de programas (PGC)

Cada VTS puede contener muchos menús y títulos. Scenarist utiliza las carpetas Title para organizar las diferentes colecciones de contenidos.

Un título es un grupo lógico de material dentro de un VTS; normalmente una muestra determinada de material, como un videoclip o una presentación.

El material de un título está dividido en cadenas de programas (PGC). Los PGC son la unidad básica de reproducción de un DVD, y contienen información sobre la reproducción y la navegación. La navegación básica de un DVD consiste en reproducir cada cadena de programas (por ejemplo, un videoclip), y especificar los comandos anteriores y posteriores para controlar la navegación entre cada una de estas unidades. No obstante, una cadena de programas puede ser mucho más sofisticada, y de hecho puede definir una lista de materiales para que se reproduzcan en un orden determinado. De esta manera, podemos crear discos multi-historia con secciones controladas por el usuario y por el programa para presentar versiones alternativas del mismo material del programa.

El icono Program Chain contiene una cadena vertical de iconos para sus contenidos, programas y celdas. Un programa es normalmente una parte secuencial del material, como un capítulo de vídeo. Una celda es la unidad de navegación general más pequeña para definir puntos de salto del material, con el contenido de vídeo y audio. Un menú PGC contiene además el icono Buttons (menú).

Para simplificar la pantalla de Scenario Editor, podemos plegar los elementos del PGC para mostrar únicamente el icono principal.

La navegación básica de enlaces se define en Scenarist trazando flechas de enlace entre las cadenas de programas. Scenarist también soporta las capacidades más sofisticadas de la especificación DVD-Video para la ramificación condicional y para ejecutar los comandos de navegación.

Utilización de Template Wizard

Para minimizar el esfuerzo a la hora de crear bocetos de la nada, Scenarist incluye un Template Wizard (asistente de plantillas) para crear dos organizaciones comunes del proyecto.

Loop Wizard se utiliza para reproducir una lista de clips. Crea una lista secuencial de PGC que enlaza unos con otros y vuelve después al principio. También podemos incluir un clip de introducción que se reproduzca una vez.

Branch Wizard crea una estructura de menú, que puede utilizarse para seleccionar un clip de una lista, y después lo dirige de nuevo al menú.

Edición de pistas

Scenarist Track Editor se utiliza para organizar pistas de múltiples pistas (véase figura 14.4). La sección izquierda de la ventana muestra una vista en forma de directorios de las pistas y sus contenidos en carpetas. La sección derecha muestra una vista en forma de espacio de trabajo con iconos de los elementos de las pistas y una vista en forma de línea de tiempo de las fuentes de una pista.

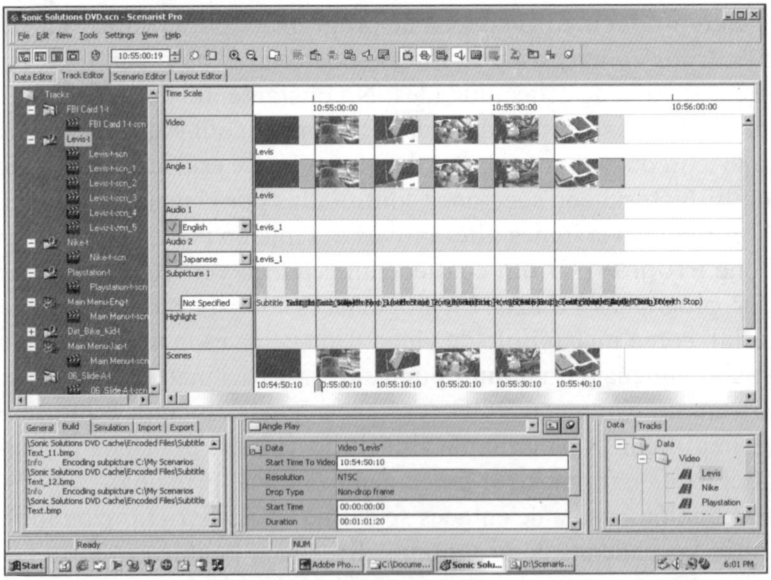

Figura 14.4. Track Editor *se utiliza para organizar y sincronizar múltiples fuentes de una pista.*

Es posible arrastrar y soltar elementos en la carpeta de una pista en el Scenario Editor o el Track Editor. A medida que añadimos elementos, éstos quedan automáticamente registrados en la vista Data, y también quedan añadidos como nuevas fuentes en la línea de tiempo (Timeline).

Utilización de la vista Timeline

La vista Timeline, en la sección derecha, muestra las fuentes de una pista, incluyendo Video, Audio, Still, Subpicture y Highlight. Éstas están sincronizadas con la fuente Time Scale.

Scenarist soporta múltiples pistas, con múltiples fuentes de vídeo. Las pistas multi-ángulo pueden ser perfectas si comparten las mismas fuentes de audio, de forma que el usuario puede alternar entre las diferentes vistas de un concierto musical sin problemas técnicos o cortes durante la reproducción. Las pistas multi-ángulo también pueden tener una distinta fuente de audio para cada fuente de vídeo. En este caso, la reproducción no es perfecta, puesto que puede haber una breve interrupción cuando se cambia de fuente.

Una pista también puede contener una serie de imágenes estáticas para utilizarlas como una presentación automática o estática. Las presentaciones están diseñadas para avanzar automáticamente después de una duración determinada, y pueden tener una pista de audio de acompañamiento. Las presentaciones estáticas están diseñadas para un avance manual por parte del usuario o pulsando una tecla en el mando a distancia; además, no tienen pistas de audio.

Scenarist incluye numerosas y potentes herramientas de edición para trabajar con pistas. Podemos modificar los parámetros de múltiples pistas con un solo comando, por ejemplo, para establecer el código del idioma. También es posible combinar múltiples archivos de vídeo en una sola pista para que queden concadenado en una única fuente de vídeo en el disco. La vista Timeline también se utiliza para definir puntos de capítulo dentro de la pista.

Utilización de Subtitle Editor

Scenarist también incluye Subtitle Editor para crear textos para subtítulos para que aparezcan sobre las pistas de vídeo. Subtitle Editor se utiliza para editar y formatear cadenas de texto. Los subtítulos, en realidad, se crean como objetos gráficos de subimágenes, que pueden sincronizarse con la reproducción del vídeo.

Creación de menús

Es posible crear un menú en Scenarist como pista estática o de vídeo, con una capa de subimágenes para definir el realce de los botones. Como se ha descrito en los dos capítulos anteriores, la imagen de fondo tiene los gráficos del botón del menú agrupados en la imagen, y la capa de la subimagen define los efectos gráficos para el realce. Podemos editar la interactividad de los botones en el menú dentro de la ventana Simulation (véase figura 14.5).

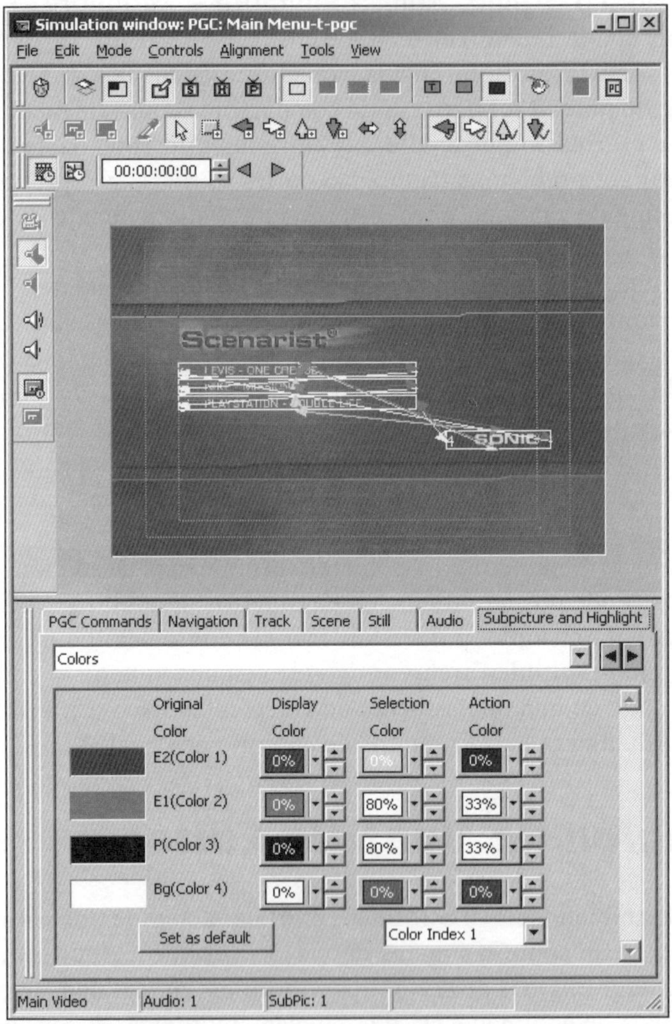

Figura 14.5. La ventana Simulation *se utiliza para diseñar la interactividad de los botones y las subimágenes del menú.*

Creación de botones

Comenzamos creando los botones en la ventana Simulation trazando las zonas de realce alrededor del gráfico de los botones. Scenarist incluye herramientas adicionales para conseguir que la distribución de los botones resulte consistente mediante la alineación de grupos de botones y la unificación de su altura y anchura.

A continuación, es necesario crear los enlaces de ruta entre los botones para que respondan a los botones del cursor en el mando a distancia. Scenarist además incluye el comando Auto Route para crear automáticamente estas rutas en función de la distribución de los botones.

Es más, es posible crear botones de acción automática (**Auto Action**) para activar de forma automática un enlace. Por ejemplo, cuando nos desplazamos a lo largo de una serie de menús enlazados con los capítulos de un clip, creamos un botón **Auto Action**, para que cuando el usuario pulse repetidamente la siguiente tecla del mando a distancia, el menú avance por los capítulos y salte automáticamente hasta el siguiente capítulo, sin que el usuario tenga que pulsar la tecla **Select** para activar un botón **Next**.

Edición de colores

Según la especificación DVD-Video, las subimágenes y, por tanto, los subtítulos, sólo pueden tener cuatro colores. Éstos están definidos en una paleta con 16 colores disponibles, que pueden ser diferentes en cada cadena de programas.

La imagen de los gráficos que importamos para los realces, y los subtítulos deberían definirse con cuatro colores, pero los colores pueden ser redefinidos cuando la subimagen aparecen en pantalla. En Scenarist, podemos definir la correlación de entrada en colores lógicos. Incluso podemos seleccionar un grupo de colores en la imagen de entrada.

Los cuatro colores utilizados para el realce de los botones del menú y el texto de los subtítulos se definen de la siguiente forma:

1. **E1**. Borde interior, Énfasis 1.
2. **E2**. Borde exterior, Énfasis 2.
3. **P**. Fuente/Diseño.
4. **Bg**. Fondo.

Para cada una de las áreas definidas por colores en el gráfico de la subimagen importada, podemos definir el color y el contraste (transparencia) a utilizar para la subimagen en pantalla. Para el realce de los menús, los colores se definen para los tres estados de los botones: Display (en pantalla), Selection (selección) y Action (acción).

Scenarist también soporta efectos de subimágenes, atributos de las subimágenes de animación, como una localización y un contraste, junto con efectos de fundido o desplazamiento. Podemos fundir una subimagen durante un periodo determinado entre diferentes niveles de contraste. Podemos desplazar una subimagen hacia arriba o hacia abajo a lo largo de un fotograma y opcionalmente fuera del mismo. También podemos desplazar una subimagen hacia la izquierda o la derecha, modificar el color y el contraste mientras se desplaza. Para cada uno de estos efectos, podemos determinar el tiempo de inicio y la duración del efecto en la línea de tiempo (Timeline).

Definición de la navegación

Scenarist soporta tres tipos de flujos de navegación: enlaces entre cadenas de programas o pistas, puntos de capítulo dentro de un único programa o clip y comandos de navegación. Los comandos de navegación utilizan la programabilidad integrada de los reproductores DVD para cambiar el flujo de la reproducción DVD a partir de pruebas condicionales de los parámetros actuales del DVD o los valores guardados.

Enlaces de cadenas de programas

La forma principal de navegación en Scenarist es entre cadenas de programas (PGC). En Scenario Editor, el icono PGC contiene las pestañas Pre y Post para definir enlaces entre los PGC (véase figura 14.6). Haga clic y arrastre los diferentes elementos de Scenario Editor para añadir uno o más comandos a las áreas Pre y Post.

Enlaces de capítulos

Los discos DVD tienen una segunda forma de navegación cuando reproducen un clip: las teclas **Previous** y **Next Chapter** del mando a distancia. Éstas están definidas en la especificación DVD_Video como Part-of-Titles (PTT), es decir, partes de títulos. Habitualmente nos referimos a ellas como capítulos. Scenarist indica la secuencia de reproducción del capítulo usando banderas numeradas en los iconos Program (PG). También incluye Chapters Editor para añadir, eliminar y organizar el orden de los capítulos dentro de un VTS.

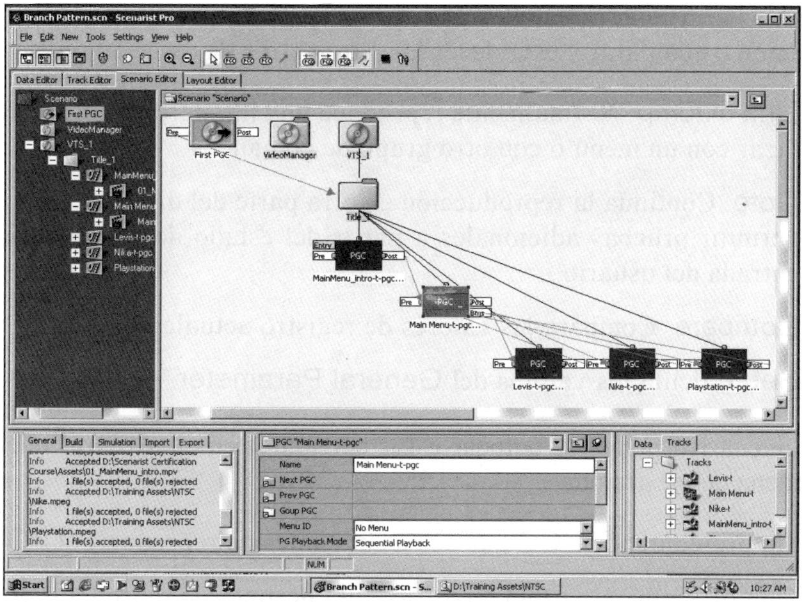

Figura 14.6. Scenario Editor *muestra los enlaces de navegación en forma de flechas que unen las cadenas de programas (*PGC*).*

Comandos de navegación

Sin embargo, además de saltos a enlaces fijos, la especificación DVD-Video define una serie de comandos para controlar el flujo de reproducción de un DVD, incluyendo la capacidad para controlar el programa de reproducción y las fuentes, y realizar pruebas condicionales para controlar el enlace.

Los reproductores DVD incluyen los registros System y General Parameter (usuario), que pueden utilizarse para examinar y guardar el estado actual de reproducción.

Los 24 registros integrados de System Parameter (SPRM) contienen los parámetros actuales del reproductor, incluyendo los valores definidos por el usuario como parte de la configuración (es decir, el idioma del menú y el control parental), establecidos por la navegación de la reproducción (es decir, el título actual) y establecidos por las acciones del usuario o los comandos del DVD (es decir, las fuentes actuales de audio y subimágenes).

Los 16 registros integrados de General Parameter (GPRM) se utilizan para almacenar valores para utilizarlos con los comandos de navegación; por ejemplo, para recordar cuándo el usuario utiliza un menú para optar por reproducir una ruta alternativa a través del contenido del DVD.

Los seis grupos de comandos de navegación, bien para cambiar el flujo de navegación o comparar y establecer los parámetros de navegación, son:

1. Link o Jump. Normalmente reproduce un clip, pero también puede enlazar con un menú o con otro grupo de comandos.
2. Goto. Continúa la reproducción en otra parte del disco. Se utiliza para permitir pruebas adicionales a partir del estado de reproducción o la entrada del usuario.
3. Compare. Compara los valores de registro actuales.
4. Set. Calcula los valores del General Parameter.

En Scenarist, podemos colocar estos comandos en cuatro áreas dentro de una cadena de programas:

1. Un pre-comando PGC que se ejecuta antes de reproducir el PGC.
2. Un post-comando PGC que se ejecuta después de reproducir el PGC.
3. Un comando celda que se ejecuta después de reproducir la celda.
4. Un comando Btns (botón) en el menú para enlazar un botón resaltado del menú.

Podemos crear acciones sencillas combinando estos comandos, o bien utilizar la pestaña Commands en la ventana Simulation para crear el macro entero de comandos.

Aunque no tenemos libertad total para saltar de una parte de un VTS a otro, podemos lograr este efecto creando un PGC de prueba en el Video Manager y enlazar desde ahí hasta un destino deseado en el Scenario.

Creación del proyecto

Scenarist incluye Layout Editor para ofrecer control total sobre la creación del proyecto en el disco duro para posteriores pruebas, la creación de un archivo de imagen del disco y la grabación del resultado en un disco DVD o cinta DLT para su duplicación.

Las opciones y los directorios de este proceso están definidos en el Layout Editor (véase figura 14.7).

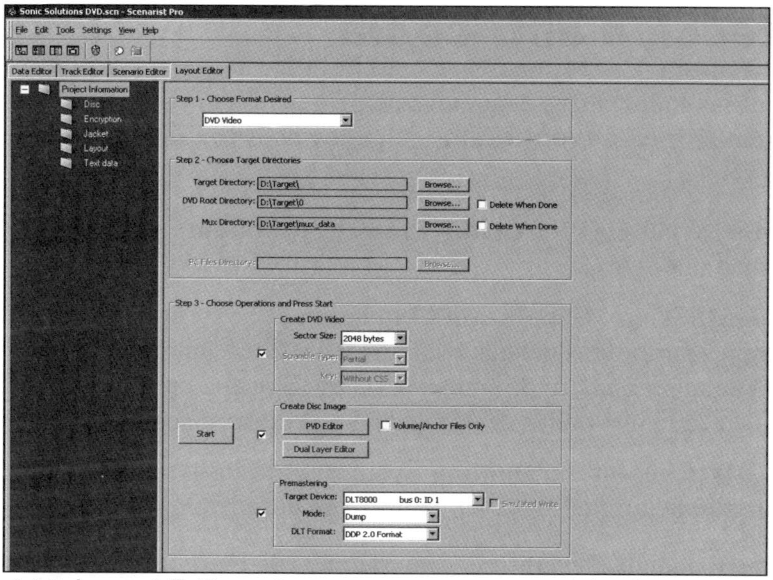

Figura 14.7. Layout Editor *ofrece opciones para crear el volumen DVD-Video, creando una imagen del disco y premasterizando el proyecto en un disco o cinta.*

La terminología utilizada para estos pasos varía, pero se pueden describir de la siguiente forma:

1. Layout (distribución). Combinar los datos del DVD y de navegación en un volumen de DVD del disco duro. Multiplexar las fuentes de vídeo, audio, imágenes y subimágenes, junto con la información de navegación, para crear los objetos de vídeo en el formato DVD. El resultado es un volumen de DVD en el disco duro con los mismos directorios DVD y archivos (bajo VIDEO_TS) que se grabarán en un disco. El proyecto DVD puede reproducirse y probar en el disco duro con una aplicación de software para la reproducción DVD.
2. Formatting (formateo). Organizar el volumen de DVD desde la distribución a una imagen del disco. El resultado es un único archivo de imagen del disco que coincide con los datos y el formato que se grabará en un disco DVD.
3. Premaster (premasterizar). Escribir un archivo de imagen del disco en un disco DVD o cinta DLT. La imagen del disco puede copiarse directamente en DVD para crear las estructuras de datos adecuada y los directorios del volumen de DVD. También puede transferirse a una cinta DLT para utilizarlo en unas instalaciones de duplicación con el objetivo fabricar múltiples copas del disco.

Protección anti-copia

Scenarist soporta tres esquemas de protección anti-copia, seleccionados por parámetros en Layout Editor. Algunos de éstos se pueden aplicar a un único VTS.

1. **Macrovision APS (Analog Protection System)** impide la copia a una cinta analógica.
2. **CGMS (Copy Generation Management System)** define el número de copias permitidas del material en DVD. Puede optarse por ninguna, una o cualquier número de copias. El CGMS queda definido por una bandera en cada uno de los sectores de datos de un disco DVD.
3. **CDD (Content Scrambling System)** cifra los datos digitales del DVD para impedir que se lea sin la clave de descifrado adecuada.

También podemos establecer las opciones de Region Management para determinar que el disco sólo puede reproducirse en ciertas zonas geográficas del mundo. Esto se hace para evitar la piratería mediante la creación de discos que sólo se reproducirán en reproductores de una zona concreta.

Creación de la distribución

Layout Editor contiene un directorio y un espacio de trabajo en los que el proceso de distribución se organiza en tres pasos.

Scenarist puede crear tres tipos de discos DVD: DVD-Video, DVD-ROM (sólo ordenadores) o Enhanced DVD (DVD-Video con datos DVD-ROM).

Layout Editor proporciona control total sobre los directorios utilizados para organizar, distribuir y formatear el volumen y la imagen del disco. Podemos asignar estos directorios a diferentes discos, y también determinar si los directorios intermedios se eliminar para ahorrar espacio:

1. **DVD Root**. Copia archivos DVD-Video.
2. **DVD Mux**. Crea archivos de objetos del vídeo multiplexados.
3. **PC Data**. Archivos PC utilizados en DVD-ROM o Enhanced DVD.
4. **Target Directory**. Archivo de imagen del disco.

La creación de un disco requiere espacio en el disco al menos tres veces superior a los elementos originales para poder almacenar los elementos originales, los objetos de vídeo multiplexados y para tener espacio de transferencia. Para un disco de una sola capa y una sola cara de 4.7 GB, esto supone más de 14 GB o más de 18 GB si los directorios intermedios Root y Mux no se han eliminado. Para un disco de doble capa de 8.5 GB, el espacio mínimo del disco es de casi 26 GB.

En la creación de la imagen de un disco, Scenarist incluye la capacidad para definir la información del proyecto Primary Volume Descriptor (PVD). El PVD contiene información descriptiva del proyecto, como el nombre, el editor, los derechos de autor y la fecha de creación del volumen.

Scenarist también puede utilizarse para crear discos DVD de doble capa. Podemos determinar el punto del disco de doble cara donde los datos se reparten entre las dos caras. Puesto que la transición entre capas provoca una interrupción visible durante la reproducción, resulta conveniente planificar el punto de interrupción adecuadamente. Scenarist Dual Layer Editor permite organizar el orden de los archivos en la imagen del disco y establecer el punto de interrupción entre las dos capas del disco. También podemos controlar la dirección de las rutas espirales de las dos capas del disco, ambas girando en la misma dirección (paralela) o de ida y vuelta (opuesta). Esto determina la duración de la interrupción cuando se realiza la transición entre las capas, así como la cantidad de datos que pueden colocarse en la segunda capa.

Scenarist soporta muchas funciones DVD diseñadas para ofrecer información adicional durante la reproducción del disco, pero que en realidad no se utilizan con frecuencia en los productos de uso doméstico. Algunas de éstas son la extensión Text Data, que proporciona información sobre el disco, como el título del disco y las pistas, y la información Jacket Picture para ver una imagen estática.

Resumen

Como hemos podido comprobar, Sonic Scenarist llegar al fondo de las estructuras de los datos DVD-Video para ofrecer control total sobre el diseño del DVD. Esto permite crear un disco que aprovecha al máximo el formato DVD, como discos multi-historia, múltiples VTS con diferentes formatos de vídeo, fuentes de vídeo multi-ángulo, cadenas de programas y menús con comandos de navegación para acceder al registro de los parámetros, al control directo sobre las paletas de subimágenes y colores, e incluso los efectos de las subimágenes.

Estas herramientas más profesionales, incluyendo Apple DVD Studio Pro y Sonic ReelDVD, no sólo ofrecen acceso a más funciones DVD; además proporcionan más control creativo sobre el diseño de los menús y el realce de los botones. También exigen que el usuario prepare y codifique los clips de vídeo y audio antes de importarlos a las herramientas de creación, que también ofrece más control sobre el equilibro entre la calidad del audio y el tamaño de los archivos y el ancho de banda.

Las herramientas más sencillas de creación en DVD resultan claramente más eficientes para convertir de forma rápida una colección de clips o una cinta de vídeo en formato DVD. Sin embargo, es de gran ayuda también poder poner a prueba las herramientas más profesionales para un proyecto más personalizado. Incluso si no necesitamos los detalles minuciosos de Scenarist para las producciones, resulta muy útil entender los detalles del formato DVD-Video, de forma que veamos cómo utilizan las demás herramientas la funcionalidad DVD para proporcionar interfaces más sencillas y abstractas.

Parte VI
Apéndices

DVD-R

Apéndice A. Resumen técnico de DVD

Tal y como hemos visto a lo largo de este libro, el DVD es mucho más que una forma óptima de ver películas; es una inmensa familia de formatos para diferentes fines.

Como hemos visto en el capítulo 1, el DVD sirve para vídeo, audio y datos. Los discos DVD pueden fabricarse como soportes sólo de lectura o bien grabarse en dispositivos de uso doméstico o en ordenadores. Existen numerosas variedades para cada versión.

Este apéndice ofrece un resumen técnico de los diferentes formatos DVD. Para aquellos consumidores que pretendan entender los logotipos de un producto DVD, el primer apartado incluye un índice visual de los diferentes logotipos DVD y CD. Para entender las diferencias entre los formatos DVD lógicos y físicos, el segundo apartado nos muestra los elementos de un disco DVD, su estructura física, el sistema de archivos y los contenidos de datos.

El apéndice B ofrece enlaces a información más técnica, desde las longitudes de onda del láser hasta la creación de marcas en la superficie del disco. Este apéndice tiene como objetivo ayudar a entender las diferencias prácticas entre los diferentes tipos de formatos tanto en aparatos de uso doméstico como en ordenadores.

Resumen de formatos y logotipos DVD

Los discos, las unidades y los reproductores DVD y CD a menudo se presentan en una amplia variedad de formatos. El resumen técnico ofrece un repaso visual de los formatos y sus finalidades. Diversos consorcios industriales han desarrollado logotipos con designación comercial que ofrecen a los usuarios finales una referencia sobre las capacidades de un reproductor, unidad o soporte en concreto. En todo caso, depende de nosotros entender las especificaciones del reproductor, la unidad, los soportes y el software que adquirimos para asegurarnos de que son compatibles con los formatos que necesitamos.

Formatos y logotipos CD

Aunque este libro trata sobre el DVD, muchos reproductores DVD de uso doméstico, unidades informáticas y aplicaciones para la reproducción también son compatibles con diversos formatos de discos compactos (CD).

Para revisar los tipos de formatos CD que un reproductor de música CD o incluso un reproductor DVD de uso doméstico pueden leer y reproducir, la tabla A.1 muestra los logotipos utilizados para identificar los diferentes formatos lógicos de CD.

Tabla A.1. *Formatos y logotipos lógicos de los discos compactos (CD).*

Formato	Logotipo	Compatibilidad
CD-ROM	COMPACT disc	*Compact Disc Read Only Memory*: Lee discos CD pregrabados sólo de lectura. Normalmente se utiliza para unidades CD de ordenadores que pueden leer CD de datos y CD de audio pregrabados. Casi todas las unidades también leen formatos grabados grabables (CD-R) y regrabables (CD-RW).
CD-Audio	COMPACT disc DIGITAL AUDIO	*Compact Disc Digital Audio* (CDDA, Audio CD): Reproduce CD de música, con un máximo de 74 u 80 minutos de audio digital.

Formato	Logotipo	Compatibilidad
Video-CD (VCD)	COMPACT disc DIGITAL VIDEO	*Compact Disc Digital Video*: Reproduce CD de vídeo, con un máximo de 74 minutos de vídeo y audio de calidad VHS.
Super Video CD (SVCD)	COMPACT disc SUPER VIDEO	*Compact Disc Digital Super Video* (Super CD): Reproduce CD de Super Video de mayor calidad, con aproximadamente 35 minutos de vídeo y audio de calidad DVD, e interactividad.

Logotipos utilizados con la autorización de Philips Electronics.

A pesar de que un reproductor de uso doméstico con estos logotipos puede reproducir un CD creado en los formatos correspondientes, es posible que no pueda leer diferentes tipos de discos grabables que contienen los mismos datos (como puede verse en la siguiente tabla). En la actualidad, la mayor parte de reproductores de música CD y unidades de CD-ROM que pueden reproducir discos CD-Audio pregrabados también pueden reproducir música grabada en formato CD-Audio, tanto en discos CD-R como CD-RW.

Al grabar nuestros propios discos, bien en un *burner* de CD del ordenador o en un producto de grabación de audio independiente, la tabla A.2 enumera los logotipos utilizados para identificar los formatos de soportes de discos CD físicos grabables que un dispositivo puede leer y reproducir (si es un reproductor) o escribir (si es una grabadora o un *burner*).

Tabla A.2. *Formatos y logotipos de discos compactos (CD) grabables*

Formato	Logotipo	Compatibilidad
CD-R	COMPACT disc Recordable	*Compact Disc Recordable*: Graba en discos de una sola escritura (grabables).
CD-RW	COMPACT disc ReWritable	*Compact Disc ReWritable*: Graba en discos CD grabables.

Logotipos utilizados con la autorización de Philips Electronics.

Formatos y logotipos DVD

Al igual que ocurre con los formatos CD, el logotipo de los formatos DVD se ha desarrollado para identificar tanto las clases de formatos lógicos que un producto puede reproducir, como los formatos físicos grabables que un reproductor puede leer y una grabadora puede grabar. También muestra los correspondientes soportes DVD vírgenes que pueden utilizarse para la grabación.

En lo que se refiere a los reproductores DVD de uso doméstico y las unidades informáticas, la tabla A.3 incluye los logotipos utilizados para identificar los formatos lógicos de vídeo y audio DVD que un producto en concreto puede leer y reproducir. Éstos son los formatos pregrabados y básicos definidos por el DVD Forum.

Aunque un reproductor con estos logotipos puede reproducir un disco pregrabado en el formato correspondiente, es posible que no pueda leer diferentes clases de discos grabables que contienen los mismos datos (como puede verse en la siguiente tabla). En la actualidad, muchos reproductores DVD y unidades de DVD-ROM que pueden reproducir películas en discos DVD-Video pregrabados también pueden reproducir vídeo grabado en formato DVD-Video en discos grabables (DVD-R) y, en ocasiones, en discos regrabables (DVD-RW).

Tabla A.3. *Formatos y logotipos lógicos de los DVD de vídeo y audio*

Formato	Logotipo	Compatibilidad
DVD-ROM	DVD ROM™	*DVD Read Only Memory*: Lee discos DVD pregrabados sólo de lectura. Normalmente se utiliza para unidades informáticas de DVD que pueden leer datos pregrabados en discos DVD y DVD-Video. Las unidades más modernas también leen formatos grabables (DVD-R) y en ocasiones regrabables (DVD-RW). A menudo también lee formatos CD-ROM, CD-R y CD-RW.
DVD-Video	DVD VIDEO™	*Video DVD*: Reproduce películas en DVD, durante dos o más horas, con menús interactivos.

Formato	Logotipo	Compatibilidad
DVD-VR	Sin logotipo oficial	*Video Recording*: Nuevo formato avanzado DVD-Video con capacidad de edición no lineal. Reproduce discos de grabadoras DVD de uso doméstico que utilizan el formato VR para ofrecer grabación en tiempo real y actualización de los discos.
DVD-Audio	DVD AUDIO ™	*Audio DVD*: Reproduce DVD de audio de alta fidelidad, con gráficos e interactividad.

Logotipos utilizados con la autorización del DVD Format/Logo Licensing Corporation.

El formato Super Audio CD (SACD) que se incluye en la tabla A.4 es un formato de alta fidelidad alternativo para los amantes de la música promocionado por Sony y Philips, entre otros.

Tabla A.4. *Formatos y logotipos de Super Audio CD (SACD)*

Formato	Logotipo	Compatibilidad
Super Audio CD (SACD)	SUPER AUDIO CD	*Super Audio CD*: Reproduce discos SACD de alta fidelidad, tanto con capas SACD como CD. Super Audio CD es una marca comercial registrada.

Logotipo utilizado con la autorización de Philips Electronics.

La tabla A.5 incluye los logotipos utilizados para identificar el formato de los soportes de discos DVD grabables que un dispositivo concreto puede leer y reproducir (si es un reproductor) o escribir (si es una grabadora o un *burner*).

Éstos son los formatos pregrabados básicos definidos por el DVD Forum. La designación "Multi" se utiliza para identificar aquellos productos compatibles con los tres formatos grabables.

Tabla A.5. *Formatos y logotipos grabables del DVD Forum.*

Formato	Logotipo	Compatibilidad
DVD-R	DVD R	*DVD Recordable*: Graba en discos DVD de una escritura. Incluye DVD-R para la grabación de uso doméstico y DVD-R para la grabación profesional con protección anti-copia.
DVD-RW	DVD RW	*DVD ReWritable*: Graba en discos DVD regrabables.
DVD-RAM	DVD RAM	*DVD Random Access Memory*: Graba en discos DVD regrabables con acceso parecido a un disco magnético.
DVD-Multi Player	DVD MULTI PLAYER	*DVD Multi Drive Read-Only*: Reproductor que lee los formatos de disco físicos DVD-ROM, DVD-R, DVD-RW y DVD-RAM. A menudo lee también formatos CD-ROM, CD-R y CD-RW.
DVD-Multi Recorder	DVD MULTI RECORDER	*DVD Multi Drive Writable*: Grabadora que lee formatos Multi y graba en formatos de discos físicos DVD-R, DVD-RW y DVD-RAM. También escribe en formatos CD-R y CD-RW.

Logotipos utilizados con la autorización del DVD Format/Logo Licensing Corporation.

Los formatos DVD+RW de la tabla A.6 son formatos grabables alternativos soportados por la DVD+RW Alliance. Están diseñados para grabar discos que son compatibles con los reproductores y las unidades de DVD existentes.

No obstante, cada formato requiere el soporte correspondiente para la grabación; las grabadoras de uso doméstico y los *burners* informáticos "+" no graban en soportes "-", y viceversa.

Tabla A.6. *Formatos y logotipos grabables de la DVD+RW Alliance.*

Formato	Logotipo	Compatibilidad
DVD+R	RW DVD+R	*DVD Recordable*: Graba en discos DVD de una escritura.
DVD+RW	RW DVD+ReWritable	*DVD ReWritable*: Graba en discos DVD regrabables.

Logotipos utilizados con la autorización de Philips Electronics.

Formatos DVD: de los discos a los datos

El concepto más importante para comprender los formatos DVD es que un DVD es simplemente un sistema de almacenamiento de datos digitales. Los datos pueden representar bits y bytes de documentos de datos, como memorandos, presentaciones, hojas de cálculo, audio digitalizado, fuentes de vídeo digitalizado, o una combinación de todo esto. No obstante, a un nivel inferior, un disco DVD sólo contiene una fuente de datos, unos y ceros binarios.

Antes de explicar los detalles técnicos sobre cómo un DVD almacena estos ceros y unos (y cómo permite que la fuente se recupere en forma de documento, canción o película), primero es necesario señalar las características de los soportes, archivos y sistemas para el almacenamiento de datos. Por ejemplo, muchos de nosotros estamos más familiarizados con el contexto de los discos y los sistemas de archivos de nuestro ordenador personal.

Podemos pensar en los protocolos y estándares de los sistemas de archivos informáticos como si se tratasen de una serie de capas, en la que las capas superiores dependen de las inferiores para ofrecer el soporte necesario. La tabla A.7 muestra un modelo simplificado de cómo se organizan los datos en un dispositivo de almacenamiento, desde el soporte físico hasta los archivos de datos. O, en el caso del DVD, desde las marcas en la superficie de un disco

DVD que representan ceros y unos hasta el directorio VIDEO_TS y los archivos .VOB utilizados para almacenar los contenidos de un disco DVD-Video.

Tabla A.7. *Modelo simplificado de la arquitectura del sistema de archivos*

Capa	Nombre	Qué define	Ejemplos
0	Soporte físico	Materiales, geometría, tamaño y mecanismos de grabación y reproducción	Disquete, CD, DVD, disco extraíble, disco duro
1	Partición	Distribución de los datos en el disco en bloques	FAT, FAT32, NTFS, MSF
2	Sistema de archivos	Archivos que contienen información sobre el sistema de archivos: qué bloques están en uso; qué bloques están asignados a qué archivos	FAT, FAT32, NTFS, MSF
3	Sistema operativo	Interfaz de programación para el sistema de archivos	DOS, Windows, Macintosh OS
4	Formatos de archivos de la aplicación	Distribución detallada de los datos dentro de los archivos	Archivos de documentos de procesadores de texto y hojas de cálculo, DVD-Audio y DVD-Video
5	Aplicación	Crea y modifica documentos	Aplicaciones de procesa dores de texto y hojas de cálculo, reproductores DVD

El nivel inferior es la capa "soporte físico", en la que se almacenan los datos. La especificación de un soporte físico debe incluir información sobre los materiales utilizados para el almacenamiento de datos y los detalles de lectura/escritura. En el caso de los soportes extraíbles, la especificación necesita incluir información sobre la geometría y el tamaño de los soportes y la cápsula (si hay) en la que los soportes residen, de forma que puedan intercambiarse entre las unidades. Ejemplos de soportes físicos son los disquetes, los discos magnéticos extraíbles, los discos duros y los discos ópticos, como el CD o el DVD.

El siguiente nivel es la capa "partición", que define la distribución de los datos en los soportes físicos. Los datos se distribuyen en bloques numerados. Esta capa define la dimensión de los bloques de datos, dónde se encuentran, cómo se enumeran y dónde almacena el sistema de archivos sus datos particulares. El comando `FDISK` de los PC se utiliza para crear y editar particiones. Ejemplos son FAT para DOS y las primeras versiones de Windows, y el Macintosh Hierarchical File System (MHFS). Un soporte físico puede dividirse en múltiples particiones lógicas de diferentes tipos, y cada uno de ellos puede soportar un sistema de archivos.

La capa "sistema de archivos" está estrechamente relacionada con la anterior, y con frecuencia tiene el mismo nombre que el tipo de partición. En los PC, el sistema de archivos se crea dentro de una partición mediante el comando `FORMAT`. Este comando elimina la lista de los nombres de archivo y la lista de los bloques de datos utilizados.

La capa "sistema operativo" ofrece una interfaz de programación para el sistema de archivos que los desarrolladores de aplicaciones utilizan cuando codifican programas.

Por último, los programas de aplicación se sitúan por encima del sistema operativo y almacenan sus datos en archivos cuya distribución depende del programa. La capa "formato de archivos de la aplicación" define el formato de los datos almacenados en archivos por varias aplicaciones que utilizamos en el sistema. Algunas aplicaciones, como los procesadores de texto, utilizan formatos de archivos de aplicación muy distintos, que deben convertirse para poder compartirlos con otras aplicaciones. Otros formatos de archivo, como HTML para documentos de la Web y DVD-Video, se han estandarizado para utilizarlos con diferentes aplicaciones.

Sistemas de archivos DVD

Una consecuencia importante de la definición de los estándares utilizando un modelo como éste es que es posible modificar una carpeta de nivel inferior del sistema sin afectar a los niveles superiores. Una aplicación puede utilizar archivos en disquetes, CD, DVD y discos duros porque la capa "formato de archivos de la aplicación" está conectada únicamente con la capa "sistema operativo"; no ve la capa "soporte físico".

Sin embargo, si tenemos un disco que ha sido configurado para un sistema de archivos concreto, como NTFS, no funcionará en un sistema informático que sólo comprende FAT.

Cuando los discos CD-Audio se desarrollaron, los estándares para los discos no previeron su uso como dispositivos de almacenamiento de datos para ordenadores. Por ello, varios distribuidores desarrollaron sus propias versiones de sistemas de archivos para los CD utilizados como memoria sólo de lectura (CD-ROM). Algunos de estos sistemas de archivos eran tan incompatibles como NTFS y FAT; los CD-ROM preparados con diferentes sistemas de archivos no podían leerse fácilmente en el mismo ordenador. El resultado fue el formato High Sierra, que se estandarizó como ISO 9660. ISO 9660 se diseñó para soportar el entonces famoso sistema operativo DOS, así que carecía de soporte para las funciones importantes de los sistemas operativos modernos, como nombres de archivos largos.

Los desarrolladores del DVD aprendieron gracias a las dificultades que presentaba el CD-ROM, e intentaron definir un sistema de archivos que fuera uniforme para todos los DVD, y lo bastante flexible para soportar todos los usos posibles del DVD. El resultado fue Universal Disk Format (UDF). El UDF, junto a otros estándares adicionales para la interfaz de programación del sistema de archivos, se encarga de las capas 1-4 de la arquitectura del sistema de archivos, y por tanto permite la fabricación de reproductores DVD que pueden procesar audio, vídeo y datos.

Puesto que todos los sistemas DVD utilizan UDF, los usuarios no tienen que preocuparse por los detalles, ni necesitan entender los detalles básicos de FAT o NTFS para hacer un buen uso de sus PC.

Soportes físicos DVD

Dos aspectos no definidos por UDF y los estándares de archivos correspondientes son los soportes físicos y las aplicaciones.

Los soportes físicos para CD y DVD se dividen en tres amplias categorías:

1. Sólo de lectura.
2. De una escritura (grabables).
3. Regrabables.

Sólo de lectura significa que la información (audio, vídeo y datos) se incluye en el disco en el momento que es fabricado; la información, por tanto, no se puede modificar y se puede leer utilizando una unidad sólo de lectura (por ejemplo, CD-ROM).

Los soportes de una escritura (grabables) pueden ser grabados por el usuario final mediante una unidad de una sola escritura (por ejemplo, CD-R), pero una vez escritos no pueden modificarse.

En los soportes regrabables se puede escribir repetidas veces mediante un dispositivo regrabable (por ejemplo CD-RW), aunque hay un límite en cuanto al número de veces que se puede realizar la escritura.

Para comprender las diferencias entre los tres soportes y las necesidades para las diferentes clases de unidades que pueden utilizar los diferentes soportes físicos, hay que tener en cuenta cómo una unidad de CD o DVD lee el disco.

Las unidades enfocan un rayo láser sobre un pequeño punto, y exploran el punto a lo largo del disco. El disco tiene una capa que refleja la luz del láser en un detector. La información del disco se codifica en variaciones de la luz reflejada.

Hay muchos mecanismos físicos que se pueden utilizar para modificar el reflejo. El método utilizado para los discos sólo de lectura consiste en variar la distancia física entre la capa reflectiva y el láser, como nuestra la figura A.1. El reflejo de una marca es diferente de una superficie porque la distinta distancia provoca que el láser enfoque de forma diferente en una marca y en una superficie; las marcas reflejan menos luz que las superficies.

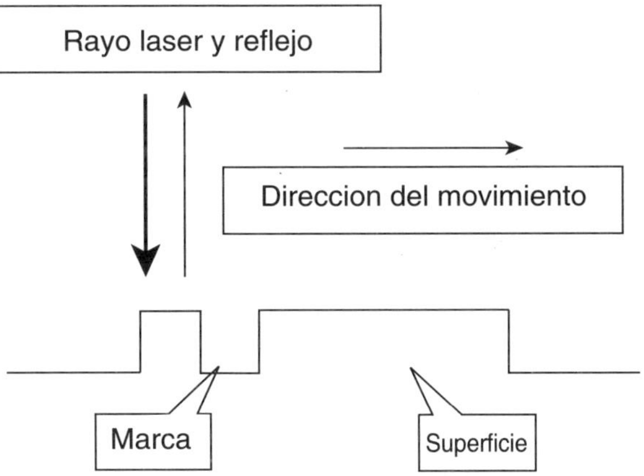

Figura A.1. *Cómo un láser lee un disco óptico.*

El método utilizado para los discos de una escritura (grabables) está basado en pigmentos orgánicos. La capa reflectiva del disco tiene una profundidad de surco constante que se crea durante la fabricación; la capa reflectiva está cubierta por una capa de pigmento. Durante la grabación y la reproducción, el surco se utiliza para guiar al láser. Durante el proceso de grabación, el láser aumenta su potencia para calentar la capa de pigmento. El calor provoca que el pigmento se oscurezca y se vuelva menos transparente. Cuando el mismo láser se utiliza para leer el disco, lo hace a menor potencia. Puesto que el cambio de pigmento no es reversible, el láser puede escribir en una parte concreta del disco una sola vez.

El método utilizado para los discos regrabables está basado en soportes de cambio de fase. La capa activa del disco es un emparedado de películas dieléctricas, reflectivas y de grabación. La película de grabación es una aleación metálica que tiene un índice de reflexión relativamente alto cuando se recristaliza por el calor, y tiene un índice de reflexión relativamente bajo cuando adquiere un estado amorfo al calentarse hasta un grado de derretimiento, seguido por un rápido enfriamiento. La emisión del láser de grabación a un nivel alto da como resultado una "marca" con bajo índice de reflexión, mientras que la emisión del láser de grabación a un nivel bajo lo devuelve a su estado cristalino con alto índice de reflexión. Al igual que ocurre con los discos de una escritura (grabables), los discos regrabables tienen una profundidad de surco constante que se crea durante la fabricación y se utiliza para guiar al láser.

La tabla A.8 muestra una selección de varios parámetros físicos para los soportes DVD. Si combinamos las diferentes opciones para el diámetro, el número de caras, el número de capas por cada cara y la longitud de onda del láser; y las opciones sólo de lectura, de una escritura (grabable) y regrabable, surge una sorprendente cantidad de variaciones a nivel de los soportes físicos al utilizar estos parámetros.

Tabla A.8. *Selección de parámetros físicos DVD*

Parámetro físico	Valor(es)
*	120 mm u 80 mm
Grosor del disco	1,2 mm (dos sustratos laminados de 0,6 mm)
Número de caras	1 ó 2
Número de capas por cara	1 ó 2
Longitud de onda del láser	650 nm o 630 nm

Todas estas variaciones pueden resultar confusas, especialmente para un usuario medio que simplemente quiere asegurarse de que el hardware, el software y los soportes que adquiere funcionarán en conjunto. Esto nos lleva a explicar el concepto de los formatos.

La palabra formato tiene múltiples significados. En el contexto del DVD, el formato abarca partes de estas tres definiciones. Un formato DVD es el resultado de seleccionar las opciones disponibles en las capas 0-4 del modelo simplificado de la tabla A.7.

Por ejemplo, DVD-RW es una versión regrabable del formato DVD-R, aunque se distingue por numerosos detalles técnicos. RW utiliza velocidad lineal constante (CLV), en lugar de velocidad angular constante (CAV), para el control de rotación. Esto lo hace más adecuado para el acceso secuencial (películas) que para los datos informáticos.

DVD-RAM es una versión regrabable de DVD-ROM. DVD-RAM utiliza velocidad lineal constante por sectores, a medio camino entre CLV y CAV. Esto proporciona un equilibrio entre la mejor capacidad de almacenamiento del CLV y el mejor tiempo de acceso de CAV. Este equilibro es una buena opción tanto para los datos informáticos como para las películas. Los discos DVD-RAM habitualmente vienen en cápsulas diseñadas para proteger el disco. Una vez que el disco se escribe, puede extraerse de la cápsula para su reproducción. DVD+RW soporta tanto CAV como CLV, aunque DVD-RW utiliza CLV y DVD-RAM utiliza CLV por sectores. DVD+RW utiliza un método distinto para dirigir sectores que el utilizado por los otros dos soportes. Los partidarios del DVD+RW afirman que las diferencias ofrecen una mejor compatibilidad con DVD-ROM y DVD-Video con menos esfuerzo por parte del usuario, y además ofrecen mejores capacidades de edición para los discos que han sido escritos previamente.

DVD Video Recording es un formato más reciente que está diseñado para grabar en tiempo real en cualquier soporte DVD grabable. Este formato se desarrolló porque los formatos de los discos pregrabados dan por hecho que sabemos el tamaño y la duración de la pista de la película o el audio cuando iniciamos la grabación, cuando en realidad no lo averiguamos hasta que finalizamos la grabación. Por desgracia, estos formatos no son compatibles con los reproductores DVD Video actuales. Por ello, los productos para la grabación DVD ofrece la opción de "finalizar" o "cerrar" el disco después de la grabación para conseguir un mejor grado de compatibilidad después de conocer el tamaño y la duración.

DVD-R

Apéndice B. Referencias DVD

Este apéndice ofrece una breve lista de referencias y enlaces Web de información y productores relacionados con el DVD, prestando especial atención al material incluido en el libro.

Los enlaces están organizados de forma similar al libro, con información general, productos de hardware de uso doméstico y para ordenadores, y software para la creación.

Consulte el apéndice D para obtener información y enlaces sobre las herramientas de creación y el software para la edición de vídeo.

Visite la página de Manifest Technology para conocer las actualizaciones de esta lista: `www.manifest-tech.com`.

Recursos de información sobre DVD

Este apartado incluye recursos básicos para obtener información sobre la tecnología, la producción y los productor DVD.

Publicaciones sobre DVD

Taylor Jim. 2000. *DVD Demystified*, 2ª edición. McGraw-Hill.
LaBarge, Ralph. 2001. *DVD Authoring and Production*. CMP Books.
De Lancie, Philip y Mark Ely. 2001. *DVD Production*. Focal Press.
Camcorder & Computer Video Magazine (www.candcv.com)
DV Magazine (www.dv.com)
EMedia Magazine (www.emedialive.com)

Recursos DVD online

DVD FAQ, Jim Taylor

www.dvddemystified.com/dvdfaq.html

Recipe 4 DVD, Bruce Nazarian

www.recipe4dvd.com

Video CD Help

www.vcdhelp.com

Organizaciones industriales

DVDA, DVD Association

www.dvda.org

DVD Forum

www.dvdforum.com

Recordable DVD Council

www.rdvdm.org

DVD+RW Alliance

www.dvdrw.com

DVD+Resources

www.dvdpludrw.org

Productos de hardware para DVD

Destacados productos de hardware para DVD, incluyendo productos de uso doméstico y para ordenadores, grabadoras DVD para ordenadores y soportes de discos DVD.

Productos/unidades DVD de uso doméstico

Pioneer, DVD-R/RW

`www.pioneerelectronics.com`

Panasonic, DVD-RAM

`www.panasonic.com`

Philips Consumer Electronics, DVD+RW

`www.dvdrecorder.philips.com`

Otras unidades DVD para ordenadores

LaCie, DVD Drives

`www.lacie.com`

QPS Inc., QPS Que! Drives

`www.qps-inc.com`

Otros soportes DVD

Maxell

`www.maxell-data.com`

Verbatim

www.verbatimcorp.com

Vivastar

www.vivastar.com

Sistemas informáticos con DVD integrados

Cada sistema informático integrado con grabadoras y software para la creación en DVD.

Sistemas Mac OS

Apple Computer, Power Mac, iMac, SuperDrive

www.apple.com

Sistemas Windows

Compaq, Presario, MyMoviesSTUDIO

www.compaq.com

Hewlett-Packard, DVD+RW

www.hp.com

Sony, VAIO Digital Studio PC

www.sony.com/vaio

Software para DVD

Referencias para el soporte de software para grabación y compresión de vídeo (consulte el apéndice D).

Actualizaciones de Microsoft Windows

Microsoft, DirectX Download

www.microsoft.com/directx/homeuser/downloads/default.asp

Microsoft, Windows Media Download

www.microsoft.com/windows/windowsmedia/en/download/default.asp

Software de grabación DVD

Prassi/VERITAS, PrimoDVD

www.prassieurope.com

Roxio Easy CD Creator y Direct CD (anteriormente Adaptec)

www.roxio.com

VOB Information Systems, InstantCD/DVD

www.vobinc.com

Software para la compresión y conversión de vídeo

Canopus Corp., ProCoder

www.canopuscorp.com

Discreet, Cleaner

www.discreet.com/products/cleaner

DVD-R

Apéndice C. Glosario

1.33. Formato de imagen estándar para la televisión; su anchura es un tercio mayor que su altura. Véase *formato de imagen*.

1.78. Formato de imagen de pantalla ancha utilizado para el cine; su anchura es casi dos veces mayor que su altura (16:9). Véase *formato de imagen*.

1394. Véase *FireWire*.

16:9. Formato de imagen de pantalla ancha utilizado para el cine; su anchura es casi dos veces mayor que su altura (1.78:1). Véase *formato de imagen*.

4:3. Formato de imagen estándar utilizado para la televisión; su anchura es un tercio mayor que su altura. Véase *formato de imagen*.

5.1. Audio de sonido *surround*. Véase *Dolby Digital*.

A

AC-3. Véase *Dolby Digital*.

Activo. Elemento individual importado a un proyecto DVD, habitualmente desde un archivo asociado del disco duro. Los activos incluyen clips de vídeo y audio, imágenes estáticas, subtítulos y gráficos para el menú y los botones.

AIFF. Siglas de *Audio Interchange File Format*; formato de archivos de audio de Macintosh. Se puede utilizar para datos comprimidos y descomprimidos. Véase *WAV*.

Altavoz de graves. Altavoz dedicado para efectos de baja frecuencia, como explosiones o estruendos. Véase *sonido surround*.

Amplificar. Aumentar el volumen del audio.

Anamórfico. Un método de almacenamiento de vídeo en pantalla ancha en DVD. La imagen original en pantalla ancha 16:9 se estrecha horizontalmente y se almacena en disco con la resolución de vídeo estándar o queda encuadrado en un monitor de televisión estándar. El reproductor de vídeo lo devuelve a su formato de imagen original, bien en pantalla ancha o encuadrado en un monitor de televisión estándar. Véase *formato de imagen*.

Ancho de banda. La cantidad y velocidad de datos que puede procesar o transmitir un dispositivo concreto. Un módem analógico tiene un ancho de banda muy limitado en comparación a un módem por cable de alta velocidad, por ejemplo, puesto que el primero no puede descargar vídeo de Internet a la misma velocidad que el segundo. Véase *velocidad de datos*.

Animar. Mover y manipular un objeto sobre el tiempo, como un título, un logotipo superpuesto o una transición entre fotogramas.

Antialias. Suavizar la imagen en movimiento entre puntos adyacentes para que parezcan consecutivos.

Aplicación de reproducción DVD. Una aplicación de software informática que reproduce películas DVD desde la unidad de DVD de un ordenador. Véase *reproductor DVD de uso doméstico*.

Archivo BUP. Archivo de seguridad del formato de discos DVD-Video para el archivo de navegación IFO de un grupo de títulos. Véase *volumen de DVD*.

Archivo IFO. Archivo de información sobre la navegación de un grupo de títulos en el formato de disco DVD-Video. Véase *volumen de DVD*.

Archivo VOB. Archivos de objetos de vídeo en el formato de disco DVD-Video. Véase *volumen de DVD*.

Archivo VTS. Archivos Video Title Set utilizados para almacenar contenidos de vídeo (archivos VOB) e información de navegación (archivos IFO) para cada título de formato de disco DVD-Video.

Área de seguridad. También conocida como zona de seguridad. Los márgenes alrededor de los extremos de una imagen. Se utiliza cuando se trabaja con material para la televisión. Los márgenes de seguridad evitan que los títulos aparezcan poco nítidos en pantalla. Véase *overscan*.

Audio MPEG. Un formato de audio digital multicanal creado por el Moving Pictures Experts Group. Uno de los tres formatos requeridos para los reproductores PAL DVD-Video. Véase *Dolby Digital*, *PCM*.

Audio multicanal. Audio almacenado en más de un componente, por lo general representando las diferentes posiciones en el espacio, para su reproducción en diferentes altavoces. Incluye audio estéreo (dos canales) y sonido *surround*.

Audio multifuente. Presentaciones DVD que contienen múltiples fuentes de audio entre las que se puede alternar sin dificultad alguna. Éstas están diseñadas para el soporte de múltiples idiomas y comentarios. El formato DVD-Video soporta hasta ocho fuentes de audio paralelas. Véase *fuente de audio, DVD multidiomas*.

AUDIO_TS. El directorio raíz de una producción DVD-Audio tal y como se almacena en un disco DVD. Véase *volumen de DVD, VIDEO_TS*.

Aumento. Volumen general de salida del audio. Increméntelo para amplificar un clip, o reduzca el aumento para atenuar un clip, hacerlo más silencioso.

AVI. Siglas de *Audio Video Interleave*. El antiguo formato de archivos multimedia utilizado en Windows para las fuentes de vídeo y audio interconectadas. Véase *Video for Windows, Windows Media*.

B

Bit. Un dígito binario. El elemento esencial de la lógica y los números informáticos. Representa uno de dos valores: cero o uno, *off* u *on*, falso o verdadero. Véase *byte*.

BMP. El formato de archivos estándar de las imágenes estáticas en mapas de bits de Windows. Los archivos de mapas de bits no están comprimidos, y por tanto tienen un volumen mayor que la misma imagen almacenada en formatos como GIF y JPEG.

Botón. Una opción que se puede seleccionar en el menú de un DVD. Los botones pueden ser gráficos, texto, imágenes en miniatura o vídeo animado; e incluyen un realce gráfico para indicar el estado de selección actual. Véase *menú, fuente de subimagen*.

Búsqueda progresiva. Imagen de vídeo en la que toda la pantalla queda actualizada al instante. Normalmente se utiliza para monitores informáticos y sistemas de vídeo de alta capacidad. Véase *vídeo entrelazado*.

Byte. Un elemento de datos que contiene ocho bits o 256 valores distintos. Habitualmente se utiliza para almacenar un carácter de texto individual. La velocidad de transferencia de datos informáticos se mide normalmente en bytes, como Mb para megabits (millones de bits, con "b" minúscula); mientras que el almacenamiento de datos informáticos habitualmente se mide en bytes, cómo MB para megabytes (millones de bytes, con "b" mayúscula). Véase *bit, GB, MB*.

C

Cadena de programas (PGC). Los elementos de datos DVD-Video dentro de un título que es la unidad básica de reproducción utilizada tanto para la reproducción como para la navegación. Una cadena de programas puede definir una lista de materiales que se reproducen en un orden concreto para presentar versiones alternativas del mismo material del programa. La navegación básica de un DVD consiste en la reproducción de cada una de las cadenas de programas (es decir, un videoclip), y posteriormente en la especificación de los comandos para controlar la navegación entre los distintos PGC.

Caja. Un estuche para almacenar y proteger un disco cuando no se utiliza. Muchos DVD-RAM utilizan una caja para llevar el disco.

Campo. Para las fuentes de vídeo entrelazadas, se construye un fotograma completo alternando las líneas pares e impares de dos campos de vídeo en momentos levemente distintos. Véase *vídeo entrelazado*.

Canal. Los subcomponentes de un clip. Para las imágenes, un canal alfa contiene una imagen máscara para marcar ciertas partes de la imagen y hacerlas transparentes. Para el audio, los canales independientes izquierdo y derecho de un clip estéreo.

Canal alfa. Información adicional almacenada con una imagen para definir las áreas transparentes utilizadas para adaptaciones y superposiciones. También se denomina "máscara alfa". En ocasiones, está presente en archivos preparados utilizando una herramienta como Adobe Photoshop o Illustrator.

Capturar. Digitalizar, o importar y convertir vídeo y audio en formato digital en el ordenador para dispositivos externos, como una videocámara o VCR. Normalmente se utiliza una tarjeta de captura de vídeo especial para importar vídeo analógico al ordenador. Posteriormente, se convierte y se guarda en archivos digitales del disco. Con las videocámaras DV, se transfieren datos digitales directamente al ordenador mediante una interfaz FireWire/1394. Véase *importar*.

CBR. Siglas de *Constant Bit Rate* (velocidad binaria constante). Un esquema de compresión en el que cada unidad del material importado siempre se comprime en el mismo tamaño de salida. Para el vídeo MPEG-2, por ejemplo, esto significa que los datos comprimidos siempre tienen la misma velocidad de datos (es decir, en bytes por segundo), incluso cuando el material de entrada es muy fácil de codificar. Véase *VBR*.

CD. Véase *disco compacto*.

CD-Audio. Formato electrónico de uso doméstico para música pregrabada en un disco compacto. Los discos CD-Audio incluyen sólo los datos de audio de cada pista. Se puede acceder a bases de datos *online* para obtener más información, como el título de las canciones o información sobre el intérprete. Véase *Video CD*.

CD-R. *Compact Disc-Recordable* (disco compacto grabable). Formato de disco compacto de una escritura. Aunque el disco se puede grabar el varias sesiones mediante la inclusión de más datos, los que hay en cada área del disco sólo pueden grabarse una vez. Puesto que los datos no pueden eliminarse, el CD-R resulta útil para hacer copias de seguridad permanentes. Véase *CD-RW*.

CD-ROM. *Compact Disc-Read-Only Memory* (disco compacto de memoria de lectura). Formato de disco compacto sólo de lectura utilizado para datos y audio pregrabados. Véase *CD-R*.

CD-RW. *Compact Disc-ReWritable* (disco compacto regrabable). Un formato de disco compacto regrabable. Los contenidos del disco se pueden grabar, y el disco entero puede eliminarse y reutilizarse. Véase *CD-R*.

Celda. El elemento de datos de DVD-Video dentro de un programa que es la unidad de navegación general más pequeña para la definición de puntos de salto del contenido de vídeo y audio.

CGMS. Siglas de *Copy Generation Management System* (sistema de gestión de generación de copias). El mecanismo de gestión de las copias DVD-Video que define el número de copias permitido del material DVD. Puede ser ninguna, una, o cualquier número de copias. Véase *protección de contenidos*.

Clip. Una breve sección de vídeo o audio que a menudo contiene una escena individual. Es posible importar clips a un proyecto DVD, o utilizar un editor de vídeo para editar una serie de clips y crear una producción completa con transiciones entre clips, títulos y otros efectos añadidos.

Códec. Un componente de compresión de vídeo y audio que puede comprimir y descomprimir (codificar y descodificar) archivos. Los formatos y reproductores multimedia, como Windows Media, RealMedia y QuickTime, incluyen una selección de *Códecs* integrados, y pueden añadir *codecs* adicionales para soportar los nuevos formatos de archivos. Véase *comprimir*.

Codificar. Véase *comprimir*.

Código de tiempo Un momento exacto utilizado para identificar un fotograma concreto en un clip o producción. Se mide en horas, minutos, segundos y fotogramas. Véase *duración*.

Colores seguros para NTSC. Colores dentro de la zona de seguridad del vídeo de televisión NTSC. Los colores de los títulos que están fuera de este margen aparecen mal y poco nítidos en televisiones NTSC. Véase *área de seguridad*.

Comando de navegación. Instrucciones de programación que pueden crearse en la producción DVD y ser ejecutadas dinámicamente por el reproductor DVD.

Éstas pueden utilizarse para examinar el estado actual de reproducción; calcular, almacenar y recuperar valores y alternar la reproducción seleccionando diferentes fuentes y pistas según la selección del usuario o incluso de forma aleatoria. Véase *macro*.

Component video. Una señal de vídeo que separa la señal de vídeo en tres señales diferentes (y tres cables diferentes) para impedir una pérdida de calidad al mezclar las señales. Los componentes pueden ser RGB; luminosidad (Y) y dos señales croma, como Y, Y-R, Y-B; u otros formatos, incluyendo YUV, YCbCr o Y Pr Pb. Requiere una señal de audio deparada y un conector. Véase *composite video, DV, RF Video, S-Video*.

Compresión perceptiva. Una técnica de compresión que aprovecha la capacidad perceptiva de los humanos, es decir, elimina detalles visuales que el ojo no puede ver o frecuencias de audio que el oído no puede oír fácilmente.

Compresor. Programa por el cual los archivos se comprimen. Un compresor que también descomprime archivos (restablece su estado original) se denomina *codec*. Véase *comprimir*.

Comprimir. Reducir el tamaño de los datos de vídeo o audio con ayuda de un esquema de compresión. También se denomina codificar. Véase *descomprimir, sin pérdidas* y *con pérdidas*.

Compuesto. Véase *superponer*.

Con pérdidas. Cualquier esquema de compresión, especialmente para datos de audio y vídeo que elimina parte de la información original para reducir de forma notable el tamaño de los datos comprimidos. Los esquemas de compresión de audio e imagen con pérdidas, como JPEG o MP3, tratan de eliminar la información de forma sutil para que el cambio apenas se perciba, de modo que la calidad del sonido y la imagen no se reduzca de forma considerable.

Conector BNC. Un conector que habitualmente se utiliza para sistemas de vídeo de alta capacidad. Se utiliza para señales analógicas y digitales. Véase *conector F, conector FireWire, conector RCA, conector S-Video*.

Conector de audio. Véase *conector RCA*.

Conector F. Un conector de vídeo con un fino cable central que normalmente se utiliza para conexiones de antena y señales RF. Véase *conector BNC, conector FireWire, conector RCA, RF Video, conector S-Video*.

Conector FireWire. Un conector rectangular utilizado para las conexiones digitales de FireWire/IEEE 1394, especialmente señales de vídeo digital, como videocámaras DV. Los conectores pueden tener distintos tamaños: tamaño completo (6 clavijas), para la conexión a un ordenador o nodo, y tamaño más pequeño (4 clavijas), para la conexión a un equipamiento, como videocámaras DV. Véase *conector BNC*, *DV*, *conector F*, *conector RCA*, *conector S-Video*.

Conector RCA. Un conector con un solo enchufe central, habitualmente utilizado para señales de audio y *composite* y *component video*. Se llama también conector de audio. Véase *conector BNC*, *conector F*, *conector FireWire*, *conector S-Video*.

Conector S-Video. Un conector especializado utilizado para señales de S-Video. Contiene múltiples clavijas para los componentes de vídeo independientes. Véase *conector BNC*, *conector F*, *conector RCA*, *S-Video*.

Controles parentales. El mecanismo del DVD-Video que permite que un padre prohíba que un reproductor DVD reproduzca discos DVD con más material para adultos. Esta opción depende de que los discos DVD reciban adecuadamente una clasificación moral y del uso del menú de configuración del reproductor DV para restringir la reproducción de películas que estén por encima de dicha clasificación. Véase *protección de contenidos*.

Conversión 2-3/3-2. Proceso utilizado para convertir material de una película en formatos de pantalla NTSC, de 24 a 30 fotogramas por segundo. Esto se hace duplicando campos: 2 de un fotograma, y a continuación 3 del siguiente fotograma (o bien 3 y después 2). Ambos términos se utilizan indistintamente para describir el efecto. Véase *telecine inverso*.

Copiar. Grabar datos en un disco extraíble. Normalmente se utiliza para grabar una lista de reproducción musical en un CD grabable o una producción de vídeo en un CD o DVD grabables.

Corriente de bits. Una serie de datos, como los datos de vídeo y audio comprimidos en un archivo o transmitidos entre dispositivos.

Cortar. Hacer que una imagen sea físicamente más pequeña eliminando uno o más bordes. De esta forma se reducen las dimensiones de la imagen y se reduce el tamaño del archivo informático.

Corte. Saltar directamente de un clip a otro. Un corte de vídeo aparece de repente en pantalla sin ningún otro efecto de transición. El corte es el tipo de transición más básico para cambiar de escena y para que aparezcan los títulos en pantalla. Véase *fundido*, *transición*.

Crominancia. El color de una señal de vídeo. Las señales de vídeo se dividen en los componentes luminosidad y croma (color), para una mayor calidad y para una transmisión y codificación más eficiente. La señal croma se divide normalmente en dos componentes o señales de color diferentes, como el formato YUV. Véase *luminosidad*.

CSS. Siglas de *Content Scrambling System*. El mecanismo de protección anti-copia de DVD-Video que cifra los datos digitales DVD para evitar que sean leídos sin la clave de descifrado adecuada. Véase *protección de contenidos*.

D

DAT. El tipo de archivo utilizado para los datos de vídeo en un disco Video-CD. Contiene vídeo MPEG-1.

Descodificar. Véase *descomprimir*.

Descomprimir. Procesar una corriente de bits comprimida y recuperar los datos originales (si la compresión es sin pérdidas) o una aproximación del original (si la compresión es con pérdidas). También se denomina descodificar. Véase *comprimir*.

Desplazamiento. Una transición de vídeo en la que el nuevo vídeo físicamente se desplaza hasta el fotograma mientras desplaza al vídeo antiguo.

Disco. Término habitualmente utilizado para los dispositivos de almacenamiento ópticos/magnéticos, como DVD, CD y el disco duro..

Disco compacto (CD). Un formato de disco digital óptico utilizado para el almacenamiento de música pregrabada y datos informáticos. El disco de diámetro de tamaño completo de 120 mm (12 cm) originalmente almacenaba 650 MB o 60 minutos de CD-Audio, y en la actualidad también están disponibles para almacenar 700 MB u 80 minutos. También está disponible en tamaños más pequeños y formas especiales (tarjetas comerciales, por ejemplo). Véase CD-R, CD-ROM, CD-RW, DVD, Video CD.

Disco de doble capa. Un disco DVD con dos capas de datos en una sola cara; se accede a ellas reenfocando el rayo láser a través de la capa superior para leer la segunda. A menudo, se utiliza para separar un título comercial que es demasiado largo para un DVD de una sola cara y para evitar tener que continuar la película en un segundo disco. Con la segunda capa, la capacidad de almacenamiento casi se duplica de 4.7 a 8.5 GB (en realidad, millones de bytes). También se llama DVD-9. Véase *disco de doble cara*.

Disco de doble cara. Un disco DVD con dos caras para el almacenamiento de datos (a diferencia de un disco pregrabado DVD-Video o CD-Audio con una cara que se utiliza para la etiqueta). A menudo se utiliza para separar dos versiones comerciales de una película, con una versión en pantalla ancha en una cara y con un formato de imagen 4:3 estándar en el otro. Gracias a las dos caras, la capacidad de almacenamiento se duplica de 4.7 a 9.4 GB (en realidad, billones de bytes). También se llama DVD-10. Véase *disco de doble capa*.

Disco de una cara. Un disco DVD con una sola cara. La segunda cara se utiliza para la etiqueta, como en un disco CD. La capacidad de almacenamiento de los formatos DVD es de 4.7 GB (en realidad, billones de bytes) por cara. También se llama DVD-5. Véase *disco de doble cara, disco de doble capa*.

Disco magnético. Término utilizado para almacenar soportes, como discos duros y disquetes, que graban datos utilizando campos magnéticos. Véase *disco óptico*.

Disco óptico. Soporte de almacenamiento extraíble, como DVD y CD, que lee y escribe una luz de láser. Véase *disco magnético*.

Distribución. En la creación DVD, se utiliza por lo general para describir un paso en el proceso de creación que consisten en combinar el contenido DVD y los datos de navegación dentro del volumen de DVD del disco duro. La distribución multiplexa las fuentes de vídeo, audio, imágenes y subimágenes junto con la información de navegación, para crear los directorios y los archivos del formato para el volumen de DVD. Además, el resultado de este paso en la distribución es el volumen de DVD en el disco duro. Véase *volumen de DVD, formatear, multiplexar, premasterizar*.

DLT. Siglas de *Digital Linear Tape*. Un formato de cinta magnética de media pulgada utilizado para realizar copias de seguridad y recuperar archivos informáticos. Se utiliza habitualmente para transferir producciones DVD premasterizadas con el fin de realizar copias a nivel industrial.

Dolby Digital. También llamado AC-3. Codificación de audio de sonido *surround* multicanal utilizado para salas de cine y el hogar. Soporta de uno a cinco canales de máxima capacidad, además del canal Low-Frequency Effects (LFE) para los sonidos graves bajos. Los cinco canales son Front Left, Front Center, Front Right, Left Surround y Right Surround. El sonido Dolby Digital completo se denomina "5.1", por estos cinco canales más el ".1", el canal de baja frecuencia. Los discos DVD-Video para NTSC son necesarios para proporcionar al menos una pista de audio Dolby Digital o PCM. Los discos PAL/SECAM son necesarios para proporcionar al menos una pista de audio Dolby Digital, PCM o MPEG-2. Los discos, además, pueden tener una pista estéreo independiente, o bien los reproductores DVD pueden mezclar una señal de sonido *surround* en estéreo. Véase *Dolby Headphone, Dolby surround, DTS, SDDS, sonido surround virtual*.

Dolby Headphone. Procesamiento de las señales de audio que permite que los auriculares estéreo convencionales creen un efecto de sonido *surround*. Véase *Dolby Digital, sonido surround virtual*.

Dolby Surround. Un método para procesar audio con el objetivo de conseguir sonido *surround* de cuatro canales con señales de audio analógicas convencionales. La señal suena como sonido estéreo normal, con los canales izquierdo y derecho durante la reproducción en un equipo estéreo convencional. Al reproducirse en un sistema de audio equipado con el descodificador Dolby Surround Pro Logic, extrae los dos canales adicionales (centro y *surround*). Véase *Dolby Digital, sonido surround virtual*.

Dolby Surround Pro Logic. La tecnología que descodifica material de programas codificado en formato Dolby Surround.

DTS. Siglas de *Digital Theater System*. Un sistema de audio con sonido *surround* utilizado en muchas salas de cine. Un formato opcional para DVD-Video para requiere un descodificador independiente. Véase *Dolby Digital, PCM*.

Duplicación. Grabar una pequeña cantidad de discos DVD (o CD) utilizando una grabadora dedicada. Véase *replicación*.

Duración. Una extensión de tiempo. Para un clip, la extensión de tiempo que se reproducirá, determinada por su extensión total. Si el clip se ha cortado, la diferencia en tiempo entre su punto *In* y su punto *Out*. Véase *código de tiempo*.

DV. Una cinta de Digital Video y un formato de compresión para los equipos de vídeo de usuarios y profesionales. El formato de compresión DV se utiliza en las videocámaras DV y Digital-8. El vídeo y audio en formato DV puede ser capturado con ayuda de una interfaz FireWire/IEEE 1394. El formato de cinta para uso doméstico se denomina, de forma más precisa, mini-DV. Véase *soportes analógicos*.

DVD. Originalmente, siglas de *Digital Versatile Disc* (o *Digital Video Disc*). Una familia de formatos de discos ópticos utilizados tanto para contenido pregrabado, especialmente películas, como para soportes grabables para dispositivos y ordenadores de uso doméstico (es decir, DVD-ROM, DVD-R, DVD-RW, DVD-RAM). Una familia de estándares para formatos de datos de almacenamiento de vídeo, audio y datos (es decir, DVD-Video y DVD-Audio) para productos electrónicos y ordenadores de uso doméstico. Los discos DVD tienen el mismo diámetro que los discos CD (120 mm o 12 cm de diámetro), y la mayoría de formatos albergan 4.7 GB (en realidad, millones de bytes) de datos en una cara. Un disco de menor tamaño, el mini-DVD, también se utiliza, especialmente en videocámaras.

DVD avanzado. Un término general para un disco DVD-Video que también contiene material de lectura informática. El disco incluye tanto una sección de DVD-Video como una sección de datos DVD-ROM, que es ignorada por los reproductores DVD de uso doméstico. Las funciones avanzadas pueden incluir aplicaciones informáticas (específicas para PC o Macintosh, páginas Web o enlaces dinámicos) desde la reproducción DVD a contenido Web *online*. También se llama DVD híbrido. Véase *Web DVD*.

DVD en CD. Un disco CD que contiene un directorio de formato DVD (`VIDEO_TS`) y archivos. El almacenamiento de los contenidos de un disco DVD en un CD ofrece una forma conveniente y más económica para distribuir una breve producción DVD (alrededor de 18 minutos con calidad razonable).

Los discos DVD en CD pueden reproducirse en un ordenador que tenga software de reproducción DVD, pero por lo general no se pueden reproducir en reproductores DVD de uso doméstico. Para que estos discos se reproduzcan de forma más habitual en cualquier ordenador, algunas herramientas de creación ofrecen una opción para incluir una aplicación de software para la creación en DVD en el disco CD. Véase *Video CD*.

DVD for General. Formato DVD grabable para uso general. Discos de menor coste que no soportan las funciones de protección de contenidos. Véase *DVD-R for Authoring*.

DVD Forum. Un consorcio industrial de fabricantes de hardware, empresas de software y otras compañías relacionadas con el DVD de todo el mundo que desarrollaron los estándares iniciales para el disco físico DVD y los formatos de datos lógicos.

DVD híbrido. Un término general para un disco DVD-Video que contiene contenido de vídeo e informático. Véase *DVD avanzado*.

DVD multi-historia. Una producción DVD con una versión alternativa del programa del mismo material, a la que se accede mediante las opciones para el usuario o controladas por el programa.

DVD multidiomas. El formato DVD-Video soporta diferentes discos que pueden reproducirse en múltiples idiomas. Discos que contienen diferentes versiones del material; cada uno queda señalado con un código de idioma, incluyendo las fuentes de audio, las fuentes de subimágenes para los subtítulos e incluso las rutas del menú para los diferentes idiomas. El usuario puede elegir el material deseado o seleccionar un idioma preferido el menú de configuración del reproductor.

DVD-5. Formato de disco DVD de un único tamaño, con una capacidad de almacenamiento de 4.7 GB (en realidad, millones de bytes).

DVD-9. Formato de disco DVD de doble capa, con una capacidad de almacenamiento de 8.5 GB (en realidad, millones de bytes).

DVD-10. Formato de disco DVD de doble cara, con una capacidad de almacenamiento de 9,4 GB (en realidad, millones de bytes).

DVD-Audio. Un formato definido por el DVD Forum para audio con sonido *surround* de alta calidad. También soporta texto, imágenes, vídeo y menús opcionales. Fabricado o equipado con una versión del álbum en formato DVD-Video. Actualmente se diseña para amantes de la música, y no es compatible con muchos reproductores DVD. Véase *DVD-Video*, *SACD*.

DVD-Multi. Un logotipo patrocinado por el DVD Forum para identificar productos, reproductores y grabadoras DVD, que soportan los formatos DVD-R, DVD-RW y DVD-RAM.

DVD-R. *DVD Recordable* (grabable). El formato DVD de una sola escritura definido por el DVD Forum. Puesto que los datos no pueden eliminarse, el DVD-R resulta útil para hacer copias de seguridad permanentes. Los discos grabables son más compatibles con reproductores DVD de uso doméstico que los discos regrabables. Véase *DVD-R for Authoring, DVD-R for General, DVD+R, DVD-RW*.

DVD+R. Formato DVD alternativo de una escritura desarrollado por la DVD+RW Alliance. Véase *DVD-R, DVD+RW*.

DVD-R for Authoring. Formato DVD grabable para la creación profesional. Discos de mayor coste que soportan las funciones de protección de contenidos profesionales. Véase *DVD-R for General*.

DVD-RAM. *DVD Random-Access Memory*. El formato de datos DVD de acceso aleatorio definido por el DVD Forum. Diseñado para aplicaciones de almacenamiento de datos, con capacidad para acceder a él como si se tratase de un disco duro mediante la lectura y escritura aleatoria y con gestión integrada de corrección de errores y defectos. Mientras los discos DVD-RW puede sobrescribirse 1000 veces, DVD-RAM está diseñado para escribirse más de 100.000 veces. Véase *DVD-R, DVD-RW*.

DVD-ROM. *DVD Read-Only Memory*. El formato DVD sólo de lectura definido por el DVD Forum. Se utiliza para datos y audio pregrabados. También los contenidos de lectura informática en un disco DVD-Video. Véase *DVD-R*.

DVD-RW. *DVD ReWritable* (regrabable). El formato DVD regrabable definido por el DVD Forum. Al igual que el CD-RW, los discos regrabables pueden reutilizarse, pero son más caros que los grabables y menos compatibles con reproductores de uso doméstico. Véase *DVD-R, DVD+RW, DVD-RAM*.

DVD+RW. Formato DVD regrabable alternativo desarrollado por la DVD+RW Alliance. Diseñado para sustituir la capacidad de DVD-RW y DVD-RAM, ofrece mayor grado de compatibilidad con reproductores DVD de uso doméstico. Véase *DVD+R, DVD-RW*.

DVD+RW Alliance. Un consorcio industrial desarrolló los formatos DVD grabables alternativos DVD+R y DVD+RW (DVD+). Véase *DVD Forum*.

DVD-Video. Un formato DVD definido por el DVD Forum para películas en DVD, incluyendo vídeo de alta calidad y audio con sonido *surround*; navegación interactiva con menús y control programable; soporte multilingüe y de visión alternativa con múltiples fuentes de vídeo, audio y subtítulos. Véase *DVD-Audio, DVD-ROM*.

DVD@ACCESS. Mecanismo para enlazar una producción DVD a un sitio Web. Desarrollado por Apple y compatible con DVD Studio Pro. Véase *DVD avanzado, Web DVD*.

E

Efecto. El resultado de procesar clips de vídeo y audio para mejorarlos, optimizarlos o distorsionarlos. Véase *filtro*.

Efectos de baja frecuencia (LFE). Un canal de audio independiente diseñado para llevar los sonidos graves bajos, como explosiones y truenos. Se utilizan con sistemas de sonido *surround* multicanal para separar estos sonidos graves que no tienen una dirección perceptible y descargar los principales canales de graves más fuertes. Por norma general, este canal lleva a un altavoz de graves. Es el ".1" de audio del canal Dolby Digital (AC-3) "5.1".

Encabezado. El texto del título que acompaña a una escena o identifica una ubicación o persona en pantalla.

Encabezado cerrado. Caracteres de texto oculto dentro de una señal de vídeo. Pueden descodificarse y aparecer como subtítulos en un equipo de televisión. Independiente de todas las fuentes de subtítulos incluidas en una pista de DVD-Video.

Encadenado. Una transición de vídeo en la que un videoclip se funde con el siguiente. Véase *fundido, transición*.

Encuadrado. Una técnica utilizada para mostrar la imagen de vídeo en pantalla ancha (con un formato de imagen de 16:9) en una pantalla estándar de TV (con un formato de imagen de 4:3). La imagen en pantalla ancha rellena el ancho de la pantalla, con barras negras encima y debajo. Véase *formato de imagen, pan & scan*.

Enlace. Una conexión de navegación entre los diferentes elementos de una producción DVD, incluyendo menús y videoclips. Véase *navegación, ruta*.

Escalar. Reducir o ampliar una imagen o secuencia de vídeo estrechando o estirando toda la imagen con una resolución de imagen menor o mayor.

Escena. Una secuencia de vídeo individual, normalmente rodada en una toma continua. Para la edición, es útil capturar o cortar el material de vídeo para que cada escena quede marcada o almacenada como un clip individual. Véase *clip*.

Estéreo. Audio de dos canales, con los canales izquierdo y derecho. Véase *mono, sonido surround*.

Extraer. Extraer datos de un disco extraíble, normalmente para copiar canciones de un disco CD-Audio pregrabado en el disco duro con el fin de realizar una colección y reproducir y grabar listas de reproducciones personalizadas.

F

Filigrana. Un pequeño gráfico semitransparente que identifica una escena o un hablante. Muchas emisiones de TV utilizan una filigrana para que sepamos qué canal estamos viendo.

Filtro. Una transformación que se aplica a un clip de vídeo o audio para mejorarlo o crear un efecto visual o sonoro. Véase *efecto*.

FireWire. Una interfaz estándar de datos digitales que ofrece una interfaz de alta velocidad y de fácil uso para los ordenadores personales. Se utiliza para conectar videocámaras DV a ordenadores, así como al disco duro y unidades de DVD. Soporta una velocidad de datos de hasta 480 Mbps. También conocida como IEEE 1394 y Sony iLink. Véase *USB*.

First Play. Identifica el primer elemento que se reproduce cuando se inserta un DVD en un reproductor. Por lo general, una secuencia de presentación, como un aviso de *copyright* o el menú Title del disco. Véase *menú Title*.

Formatear. Preparar soportes de almacenamiento, como discos CD o DVD, para la escritura. Además, en la creación DVD, se utiliza para describir el agrupamiento de los directorios y los archivos de un volumen de DVD para su copia en un disco DVD. Véase *imagen de disco*, *premasterizar*.

Formato de imagen. La forma de una imagen o fotograma, expresada en valores de anchura y altura. Una película en pantalla ancha utiliza un formato de imagen 16:9 (1.78:1), mientras que la televisión estándar utiliza un formato de imagen 4:3 (1.33:1). Un disco DVD puede almacenar vídeo en cualquiera de los dos formatos. Los reproductores DVD pueden formatear automáticamente el vídeo en pantalla ancha. Véase *anamórfico*, *encuadrado*, *pan & scan*.

Fotograma estático. Una imagen o fotograma individual de un videoclip.

Fotogramas. Las imágenes de vídeo individuales que forman una secuencia de vídeo. Los formatos de vídeo y los clips individuales normalmente se describen en función de la resolución de los fotogramas individuales y la velocidad de fotogramas a la que se reproducen. Véase *velocidad de fotogramas*, *campo*.

FPS. *Frames per second* (fotogramas por segundo). Véase *velocidad de fotogramas*.

Fuente de audio. Cada pista DVD puede tener pistas de audio adicionales que se reproducen junto a la pista. El formato DVD-Video soporta un máximo de ocho fuentes de audio por pista. Véase *fuente de vídeo*.

Fuente de subimágenes. Cada pista DVD tiene unas fuentes de subimágenes que aparecen junto a la pista. Éstas son superposiciones gráficas de cuatro colores utilizadas para resaltar botones en el menú y para los subtítulos de las pistas de vídeo. El formato DVD-Video soporta hasta 32 fuentes de subimágenes por pista. Véase *fuente de subtítulos*.

Fuente de subtítulos. Cada pista DVD tiene fuentes de subtítulos que aparecen junto a la pista. Están diseñadas para permitir que el usuario seleccione la traducción que desee del diálogo de audio. Los subtítulos se implementan como fuentes de subimágenes, de forma que pueden contener imágenes y texto. Véase *fuente de subimágenes*.

Fuente de vídeo. Cada pista DVD-Video está basada en una fuente principal de vídeo, que puede ser vídeo animado, una imagen estática o una serie de imágenes estáticas. La pista también puede contener fuentes de vídeo alternativas y adicionales. El formato DVD-Video soporta una pista de vídeo principal y hasta ocho fuentes de vídeo alternativas. Véase *fuente de audio*, *vídeo multiángulo*, *pista*.

Fundido. Una transición gradual entre un clip y otro. Con el vídeo, el clip pasa de ser transparente a completamente opaco (o viceversa) para realizar un fundido. Con el audio, cambia entre silencio y volumen total.

Fundido encadenado. Véase *fundido*.

G

Gamma. Una configuración de pantalla relacionada con el brillo de los tonos medios de una imagen. Es posible ajustar el gamma de una imagen para iluminar u oscurecer los tonos medios (los niveles grises medios), sin modificar notablemente las áreas oscuras y claras (las sombras y los realces).

GB. Gigabytes (billones de bytes). En el uso informático, un gigabyte, en realidad, representa la potencia binaria más cercana de 2 a un billón, o 1024^3. En el uso general, para publicitar la capacidad de los discos DVD, el número de GB realmente se utiliza para especificar un valor diferente, un billón decimal. Véase *byte*, *MB*.

General Parameter (GPRM) Registerers. Dieciséis variables generales de los reproductores DVD que pueden utilizarse para almacenar los valores para su uso con guiones y comandos de navegación con el fin de programar comportamientos interactivos. Véase *System Parameter (SPRM) Registerers*.

Gestión anti-copia. Mecanismos diseñados para controlar la capacidad de copiar los contenidos DVD de un disco. Véase *CGMS*.

Gestión de zonas. El mecanismo del DVD-Video contra la piratería que determina que un disco sólo puede reproducirse en regiones geográficas concretas del mundo. Véase *protección de contenidos*.

GIF. Siglas de *Graphics Interchange Format*. Formato de un archivo de imágenes estáticas habitualmente utilizado en páginas Web para ilustraciones y animaciones sencillas. Utilice el formato JPEG para imágenes fotográficas.

GOP. Siglas de *Group of Pictures*. En la compresión de vídeo MPEG-1, una breve secuencia de fotogramas encadenados.

Grabadora DVD. Producto de hardware de uso doméstico que funciona como un vídeo digital. Graba programas de televisión y vídeo de entrada (como una videocámara) en un disco DVD. Algunas aplicaciones de software para la creación en DVD pueden grabar directamente de la entrada de vídeo a una unidad de DVD. Véase *reproductor DVD de uso doméstico*.

Grabar. Para DVD o CD, copiar datos en un disco grabable.

Guión gráfico (storyboard). En la producción de vídeo, una serie de paneles al estilo de los cómics realizados para describir una película toma a toma. En la edición de vídeo, una interfaz que permite organizar el flujo secuencial de la producción ordenando imágenes en miniatura de cada videoclip. Véase *línea de tiempo*.

H

Hz. Hertz. Una medida utilizada para la velocidad de audio, por la cantidad de muestras de audio por segundo. Véase *velocidad de muestreo*.

I

IEEE 1394. Véase *FireWire*.

iLink. Véase *FireWire*.

Imagen de disco. Un archivo individual que contiene los datos de una producción DVD completa. Una imagen de disco puede copiarse de forma muy eficaz en un disco DVD, porque está en el formato en el que los datos quedarán almacenados en un DVD. La imagen de disco puede grabarse directamente en DVD para crear las estructuras de datos adecuadas y en directorios de volúmenes de DVD. También puede transferirse a una cinta DLT para utilizarlo en la creación de múltiples copias del disco. Véase *formato*.

Importar. Llevar elementos multimedia al área de trabajo actual. Véase *capturar*, *exportar*.

ISO-9660. Sistema de archivos utilizado para el CD-ROM. Véase *UDF (Universal Disc Format)*.

J

JPEG. Un formato de archivos de imágenes estáticas desarrollado por el Joint Photographic Experts Group, que puede comprimir imágenes fotográficas para conseguir que el tamaño del archivo sea mucho más pequeño a costa de una calidad levemente inferior. Por lo general se utiliza para fotografías de páginas Web y correos electrónicos. Véase *GIF*.

L

Lista de reproducción. Por lo general, una lista de canciones que se reproduce en un orden concreto. Se utiliza para organizar colecciones para descargarlas a un reproductor de audio portátil a copiarlas en un CD.

Línea de tiempo (timeline). En la edición de vídeo, una interfaz que permite ordenar una serie de clips en una producción con múltiples pistas solapadas. Una línea de tiempo ofrece la visualización de las múltiples fuentes que se combinan sobre el tiempo, con pistas separadas para vídeo, audio y vídeo superpuesto, así como transiciones y efectos. Véase *guión gráfico (storyboard)*.

Luminosidad. La intensidad de brillo de una señal del vídeo, normalmente representada por la letra Y. Las señales de vídeo se dividen en los componentes luma y croma (color), para una mayor calidad y una transmisión y codificación más eficiente. En el formato de color YUV, por ejemplo, la información sobre el color almacenada en U y V (las señales de diferencia del color).

M

Macro. Una lista de comandos de programación que el reproductor DVD debe ejecutar dinámicamente para modificar el comportamiento de reproducción del disco. Véase *comando de navegación*.

Macro de subtítulos. Una lista de subtítulos que aparecen durante la reproducción de una pista sincronizada con las fuentes de audio y vídeo. Contiene el texto de los subtítulos (en realidad, un archivo de gráficos) y el tiempo de inicio y fin dentro del código de tiempo de la pista.

Macrovision APS (Analog Protection System). El mecanismo de protección anti-copia del vídeo DVD que impide la copia de un reproductor DVD de uso doméstico a una cinta de vídeo analógica. Introduce distorsiones en las señales de sincronización de la salida de vídeo, de forma que las grabadoras de vídeo no puedan sincronizar la señal adecuadamente, aunque las televisiones podrá reproducirlo correctamente. Véase *protección anti-copia*.

Marcador. Un espacio utilizado para señalar un código de tiempo concreto en una secuencia. Se utiliza para llevar la cuenta de los cambios, hechos o los puntos de sincronización de una secuencia más larga. Véase *punto In, punto Out*.

Margen dinámico. La diferencia entre los sonidos más suaves y más altos. Redúzcalo para comprimir el margen y reducir el ruido, o amplíelo para enfatizar las diferencias en el volumen.

Masterizar. Crear el molde maestro utilizado en la fabricación de discos DVD (y CD). Véase *replicación*.

MB. Megabytes (millones de bytes). En el uso informático, un megabyte, en realidad, representa la potencia binaria de 2 a un millón, o 1024^2. Véase byte, GB.

Menú. El mecanismo principal para navegar en producciones DVD. Por lo general, está compuesto por un fondo (imagen estática o vídeo animado), un texto de título, botones para enlazar los diferentes elementos del DVD (menús o pistas de vídeo) y audio de fondo. El usuario interactúa con el menú pulsando las teclas arriba, abajo, izquierda y derecha en el Remote Control (mando a distancia), con el fin de desplazarse por los botones; a continuación, pulsa Select para activar el botón actualmente resaltado. Véase *botón, menú animado*.

Menú animado. Un menú DVD que incorpora vídeo animado como imagen de fondo y botones con imágenes en miniatura como enlace a las pistas de vídeo. El vídeo, por lo general, es un breve clip que se repite hasta que se hace una selección del menú.

Menú Scene Index. Una pantalla de menú DVD o grupo de pantallas enlazadas que contiene botones con imágenes en miniatura para ir a cada capítulo o escena clave dentro de la secuencia de vídeo. Las películas comerciales en DVD contienen normalmente un *Scene Index* (índice de escenas) para saltar directamente a una escena concreta y reproducir desde este punto hasta el final. Las herramientas de creación automatizada en DVD crean menús *Scene Index* para acceder a cada clip incluido en un DVD. También se llama menú *Chapter Index*.

Menú Setup. Para los reproductores DVD de uso doméstico, un menú integrado en el hardware del reproductor para acceder a los parámetros generales del sistema, como el idioma preferido o el control parental. Para las películas comerciales en DVD, un menú que normalmente ofrece acceso a formatos de audio alternativos, como sonido *surround* Dolby Digital 5.1, pistas de audio alternativas en diferentes idiomas y texto para subtítulos.

Menú Title. El menú de una producción DVD diseñado como menú principal o superior del disco. El menú *Title* aparece cuando el disco comienza a reproducirse (a veces, tras una secuencia de introducción), y contiene enlaces de navegación a los contenidos de todo el disco. El espectador puede acceder a este menú en cualquier momento pulsando la tecla **Title** del mando a distancia. Véase *First Play...*.

Menú Top. Véase *menú Title*.

Mezclar. Convertir un programa de audio multicanal en menos canales. Para los usuarios que no tengan un sistema de audio con sonido *surround*, los reproductores DVD pueden mezclar la banda sonora son sonido analógico de dos canales, de forma que el DVD pueda reproducirse en una televisión o un equipo estéreo.

Mic. Entrada del audio del micrófono. Véase *nivel de línea*.

MIC lineal. Véase *MIC*.

Mini-DVD. Un formato de disco DVD de menor diámetro, especialmente utilizado en videocámaras portátiles. El diámetro del disco es de 8 cm (80 mm), en comparación de los 120 mm (12 cm) de los discos DVD de tamaño normal.

Mono. Audio monofónico. Un solo canal de audio. Véase *estéreo*.

MOV. Formato de QuickTime Movie. Véase *QuickTime*.

MP3. Un formato de archivos de audio, especialmente popular para descargar canciones de la Web y para almacenar música en reproductores de música portátiles. Utiliza compresión con pérdidas para reducir de forma notable el tamaño del archivo, pero a menudo con una pérdida perceptible en la calidad del sonido. Utilizado para almacenar grandes colecciones de canciones en el disco duro, descargar audio a reproductores de audio portátiles y guardar múltiples horas de música en CD. Algunos reproductores de audio y reproductores DVD de uso doméstico pueden reproducir archivos de audio MP3 almacenados en discos CD-R/RW. Véase *WAV*, *Windows Media Audio*.

MPEG. Una familia de populares formatos de archivos multimedia y esquemas de compresión definido por el Moving Pictures Expert Group. El vídeo MPEG-1 se diseñó para su uso en CD-ROM y ofrece calidad de imagen comparable al VHS. El vídeo MPEG-2 se diseñó para el vídeo de uso doméstico y se utiliza en DVD, proporciona vídeo de alta calidad en pantalla completa con tamaños de archivos inferiores. El vídeo MPEG-4 se diseñó para una gama más amplia de aplicaciones multimedia y se utiliza para el vídeo Web. MP3 es un formato de compresión de audio muy utilizado, especialmente en descargas de la Web y reproductores de música portátiles.

MPEG-1. Un antiguo formato de compresión de vídeo digital desarrollado a principios de los 90 por el Moving Picture Experts Group. El vídeo MPEG-1 se diseñó para el vídeo de baja resolución reproducido en CD-ROM, y ofrece calidad de imagen comparable al VHS (por lo general, resolución a 352x240). Se usa para discos Video CD.

MPEG-2. Un formato de compresión de vídeo digital con calidad de TV desarrollado a mediados de los 90 por el Moving Picture Experts Group. El vídeo MPEG-2 ofrece vídeo de alta calidad a pantalla completa (resolución a 720x480 para NTSC), con un tamaño de archivos más pequeño que MPEG-1. Se utiliza para discos DVD y aumenta la resolución de alta definición y la velocidad de bits.

MPEG-4. Un formato de compresión multimedia digital desarrollado a finales de los 90 por el Moving Pictures Experts Group que incluye vídeo, audio e interactividad. El vídeo MPEG-4 está diseñado para redes multimedia interactivas y funciona bien para la Web y el vídeo de flujo inalámbrico.

Multiplexar. Combinar múltiples fuentes de datos en una sola fuente, normalmente enlazando elementos secuenciales de cada fuente. En la creación DVD, a menudo se utiliza para describir la combinación de archivos de contenido DVD independientes y datos de navegación en el formato DVD final. Véase *formatear*, *distribución*.

N

Navegación. El flujo de reproducción entre los diferentes elementos de una producción DVD, incluyendo menús, pistas y capítulos dentro de los videoclips. La navegación puede estar controlada por el usuario mediante selecciones del menú, puede definirse durante la creación de la producción (como volver a un menú cuando la reproducción llega al final del clip) o puede controlarse dinámicamente mediante comandos de navegación. Véase *enlace*, *ruta*.

Nivel de línea. Una conexión de audio analógica diseñada para conectar equipos de audio interconectados sin la amplificación necesaria para la conexión a los altavoces. Véase *Mic*.

NOUN. Una extensión de los reproductores DVD con contenidos avanzados relacionados con los juegos y el entretenimiento.

NTSC. Formato de vídeo de televisión utilizado en los EE.UU. y otros lugares. Muestra 525 líneas de resolución a 60 campos por segundo, 30 fotogramas por segundo (en realidad, 29.97). Sus siglas corresponden a *National Television Standards Committee*. Véase *PAL*.

P

PAL. Siglas de *Phase Alternation Line*. Un formato de vídeo de televisión utilizado en Europa y otros lugares. Aparece con 625 líneas de resolución a 50 campos por segundo, 25 fotogramas por segundo. Véase *NTSC*.

Paleta. En DVD-Video, un grupo de 16 colores disponibles para su uso en subimágenes. Puede definirse para cada cadena de programas. Las subimágenes y los subtítulos deben definirse con sólo cuatro colores, pero éstos pueden trazarse con un color de la paleta y un nivel de contraste (transparencia) cuando aparece la subimagen.

Pan & scan. Una técnica utilizada para cortar una película en pantalla ancha (con un formato de imagen de 16:9), para almacenarla y mostrarla en un formato de imagen estándar de 4:3. En lugar de cortar los dos laterales de la imagen en pantalla ancha, un operador amplía una ventana 4:3 dentro del marco de la pantalla ancha para ver la acción o personaje más importante.

Pantalla ancha. Un formato de imagen ancha para películas con un formato de imagen de 16:9. Véase *formato de imagen*.

PCM. Siglas de *Pulse Code Modulation*. Un formato descomprimido (sin pérdidas) de audio digital. El formato utilizado para CD-Audio y uno de los formatos requeridos para los reproductores DVD-Video. Véase *Dolby Digital*, *audio MPEG*.

PICT. Formato estándar de archivos de imágenes estáticas de Apple Macintosh.

Pista. Se utiliza normalmente para describir una parte secuencial individual de material, como un videoclip o una presentación, en un proyecto DVD que está conectado mediante enlaces de navegación. Una pista contiene una fuente principal de vídeo además de fuentes adicionales, incluyendo fuentes alternativas de vídeo multi-ángulo, audio y subtítulos. Una pista también puede actuar como menú, con realces para los botones.

Píxel. Los elementos visuales individuales o "puntos" de color, que están ordenados en una serie bidimensional, para definir una imagen digital.o un fotograma de vídeo. Las dimensiones de resolución de una imagen están descritas en términos de píxeles horizontales y verticales..

Premasterizar. Proceso para preparar el formato de imagen de un disco con el fin de grabarlo en un disco DVD o llevarlo a una instalación para su fabricación. Véase *formatear*, *distribución*.

Presentación. Presentación de una secuencia de imágenes estáticas que avanzan automáticamente en la duración especificada y que puede ir acompañada de una pista de audio. Véase *presentación estática*.

Presentación estática. Presentación de una secuencia de imágenes estáticas que deben pasarse de forma manual pulsando una tecla del mando a distancia; no tiene ninguna pista de audio. Véase *presentación*.

Programa (PG). Los elementos de datos DVD-Video dentro de una cadena de programas que habitualmente contienen una parte secuencial del material, como un capítulo. Véase *celda*.

Protección anti-copia. Mecanismos diseñados para impedir que los contenidos DVD sean copiados. Éstos incluyen el Macrovision APS para evitar la copia de señales de vídeo analógicas y el Copy Generation Management System (CGMS), para determinar cuántas copias se pueden hacer del disco.

Protección de contenidos. Una serie de mecanismos diseñados para proteger los contenidos DVD mediante el control de su uso. Éstos incluyen técnicas de protección anti-copia para impedir que el disco sea copiado, el Content Scrambling System (CSS), para cifrar los contenidos del disco, incluso si se copia, y la gestión de zonas para especificar las zonas geográficas en las que el disco puede reproducirse.

Punto In. Un espacio utilizado para marcar un código de tiempo específico como punto de inicio de un segmento en una secuencia mayor. Véase *marcador, punto Out*.

Punto Out. Un espacio utilizado para marcar un código de tiempo específico como punto final de un segmento en una secuencia mayor. Véase *marcador, punto In*.

Q

QuickTime. Multiplataforma, formato de archivos de películas multimedia de Apple Computers (.MOV).

R

Recortar. Eliminar un segmento de un clip eliminando fotogramas del comienzo y del final. Ajustar los puntos *In* y *Out* de un clip para identificar la parte que se va a utilizar en la producción final.

Renderizar. Generar una producción de vídeo en su forma definitiva incluyendo transiciones, efectos y pistas superpuestas.

Replicación. Fabricar discos DVD (y CD) en serie en una fábrica. Incluye además la masterización. Véase *duplicación, premasterizar*.

Reproducción imperfecta. Un corte o interrupción perceptible durante la reproducción. La reproducción DVD puede tener breves pausas visibles durante la reproducción al cambiar de pista. Por ejemplo, esto puede ocurrir cuando el láser necesita desplazarse hasta un punto diferente del disco, enfocar la segunda capa del disco o cuando el reproductor necesita ejecutar un comando de navegación. Véase *reproducción perfecta*.

Reproducción perfecta. Reproducir de forma continua sin cortes o problemas técnicos perceptibles. El formato DVD-Video está diseñado para permitir que el usuario cambie de forma fluida entre las diferentes fuentes alternativas de audio, vídeo y subtítulos durante la reproducción de una pista. Las fuentes deben crearse en formatos compatibles. Véase *reproducción imperfecta*.

Reproductor DVD. Un producto de hardware de uso doméstico diseñado para conectarlo en un equipo de televisión y reproducir películas DVD (un reproductor DVD de uso doméstico) o una aplicación de software informática que reproduce películas DVD desde la unidad de DVD de un ordenador (una aplicación de reproducción DVD). Véase *grabadora DVD*.

Reproductor DVD de uso doméstico. Producto de hardware de uso doméstico que reproduce películas DVD. El elemento principal puede conectarse a un equipo de televisión, a una pantalla digital y a un equipo de audio de sonido *surround*. Véase *aplicación de reproducción DVD, grabadora DVD*.

Resolución. La dimensiones de una imagen, en píxeles, expresada habitualmente por el número de píxeles horizontales y verticales.

RGB. Siglas de *Red, Green, Blue*. Formato de señal de vídeo de color, que consiste en tres elementos. Véase *YUV*.

Ruta. Un flujo de reproducción de los diferentes elementos de una producción DVD. Además, el orden en el que los botones de un menú quedan resaltados cuando el usuario pulsa los botones arriba, abajo, izquierda y derecha del mando a distancia de un DVD. Véase *enlace, navegación*.

S

S-Video. Una señal de vídeo que transmite la información sobre el brillo y el color de forma separada. En realidad, utiliza un único cable, pero con dos conectores. Puesto que esta información está separada, S-Video proporciona una mayor calidad que el vídeo compuesto (*composite video*). Requiere una señal de audio y un conector independientes. También se llama Y/C, y a veces (incorrectamente) S-VHS. Véase *composite video, component video, DV, vídeo RF*.

SACD. Siglas de *Super Audio Compact Disc*. Un formato de audio de alta calidad promocionado por Sony y Philips como competidor del DVD-Audio. Normalmente se fabrica como disco de doble capa, con una capa CD-Audio con una versión del álbum que puede reproducirse en reproductores CD estándar.

SDDS. Siglas de *Sony Dynamic Digital Sound*. Un formato de audio de sonido *surround* utilizado en los cines. Un formato opcional para DVD-Video. Véase *Dolby Digital*, *DTS*.

Separar. Procesar imágenes de televisión entrelazadas, en las que cada fotograma contiene parejas de líneas alternativas de dos campos separados capturados en momentos levemente distintos. El movimiento entre los campos puede provocar problemas si se reproduce en el monitor de un ordenador. La separación utiliza las demás líneas de un campo e interpola las nuevas líneas intermedias sin causar problemas. Véase *vídeo entrelazado*, *NTSC*.

Simular. Previsualizar el aspecto visual y la navegación interactiva de un proyecto DVD. Las herramientas de creación en DVD, por lo general, incluyen un simulador integrado para probar el diseño antes de exportarlo a formato DVD.

Sin pérdidas. Cualquier esquema de compresión, especialmente para datos de vídeo y audio, que utiliza un método no destructivo para conservar toda la información original, y que, por tanto, no degrada la calidad del sonido y la imagen.

Sincronizar. Mantener dos secuencias en reproducción al mismo tiempo. Una presentación o serie de videoclips pueden sincronizarse en función del ritmo de la pista de audio. Un vídeo en el que aparezca gente hablando necesita sincronizar los labios para que audio concuerde con los movimientos de la boca del hablante.

Sonido surround. Material de audio multicanal diseñado para crear el efecto de estar en medio de una serie de fuentes de audio. Creado para reproducirse a través de cuatro o más altavoces situados a la izquierda, en el centro, a la derecha y delante del oyente. Véase *Dolby Digital*, *Dolby Headphone*, *sonido surround virtual*.

Sonido surround virtual. Procesamiento de audio que crea un efecto de sonido *surround* convirtiendo una señal de sonido *surround* en una señal estéreo, bien para la reproducción en dos altavoces o especialmente para la reproducción con auriculares estéreo. Véase *Dolby Digital*, *Dolby Headphone*, *sonido surround*.

Soportes analógicos. Fuentes de audio, como casetes de audio y micrófonos, y fuentes de vídeo, como reproductores VUH y de 8 mm, y videocámaras, que es necesario digitalizar y convertir en formato digital para su procesamiento informático. Los últimos formatos digitales, como DV y DVD, tienen una mejor resolución y una mejor calidad que los antiguos formatos de uso doméstico, como VHS, y además no pierden calidad cuando se realizan copias. Véase *component video, composite video, soportes digitales*.

Soportes digitales. Fuentes de audio y vídeo, como CD, VD, miniDV, videocámaras Digital8 y DVD, que almacenan el audio y el vídeo en formato digital. Como resultado, los datos pueden importarse y procesarse directamente en un ordenador y copiarse sin ningún tipo de pérdida en diversas ocasiones. Véase *soportes analógicos, DV*.

Subtítulo. Un texto superpuesto sobre el vídeo que se utiliza para mostrar el diálogo en varios idiomas o para transcribir diálogos difíciles de entender. Pueden utilizarse de forma más general en producciones DVD para ver otros gráficos. Véase *fuente de subtítulos*.

Super Video CD. Véase *SVCD*.

Superponer. Colocar múltiples pistas. Incluir partes de múltiples clips en la producción final superponiendo clips con zonas transparentes para permitir que las pistas inferiores se puedan ver.

SVCD. Siglas de *Super Video CD*. Un formato para vídeo en discos CD de mayor calidad que el Video CD. El formato SVCD utiliza el mismo formato de compresión de vídeo que MPEG-2, aunque a menor resolución, para incluir 35 minutos de material de calidad "casi DVD" en un CD. Puesto que muchos reproductores DVD de uso doméstico no soportan el formato SVCD, tampoco lo hacen algunas herramientas de creación en DVD. Véase *Video CD (VCD)*.

Systems Parameter (SPRM) Registerers. Veinticuatro variables integradas en los reproductores DVD que contienen los parámetros actuales del reproductor. Pueden utilizarse con macros y comandos de navegación para programar un comportamiento interactivo. Véase *General Parameter (GPRM) Registerers*.

T

Tecla Menu. Una tecla dedicada del mando a distancia de un DVD que habitualmente devuelve la reproducción al menú principal de la sección actual del disco (es decir, el Video Title Set. La acción de esta tecla es definida por el autor del DVD. Véase *tecla Return, tecla Title*.

Tecla Return. Una tecla dedicada en los mandos a distancia DVD que se utiliza para volver al menú más reciente desde el que se accedió al menú actual. La acción de esta tecla queda definida por el autor del DVD. Véase *tecla Menu, tecla Title*.

Tecla Title. Una tecla dedicada en el mando a distancia que devuelve la reproducción al menú principal o superior del disco. La acción de esta tecla queda definida por el autor del DVD. Véase *tecla Menu*, *tecla Return*, *Video Title Set*.

Telecine inverso. El proceso utilizado para invertir el efecto de la conversión 3-2, eliminando los campos adicionales insertados para pasar una película de 24 fotogramas por segundo a un vídeo entrelazado de 60 campos por segundo. Véase *conversión 2-3/3-2*.

TIFF. Formato de archivos de imagen sin pérdidas para imágenes fotográficas que comprime el tamaño de la imagen conservando toda su calidad. Los archivos finales son, por tanto, mayores que los JPEG, que sacrifican algunos detalles para reducir notablemente el tamaño de la imagen.

Título. Elementos de datos DVD-Video dentro de un grupo de títulos (VTS) que contiene una serie lógica de material del programa. Se utiliza para describir toda la producción DVD. Véase *cadena de programas (PGC)*.

Transcodificar. Convertir un formato de compresión en otro (es decir, vídeo DV de una videocámara a MPEG-2 para DVD). Se hace de forma inteligente para minimizar la pérdida de calidad debido a repetidas compresiones, y no necesita descompresión total de la entrada y después de la salida.

Transición. Un efecto visual desde el final de un clip o escena hasta el inicio del siguiente. La transición más básica es el corte, en el cual al último fotograma de un clip le sigue inmediatamente el primer fotograma del siguiente clip. Efectos de transición más interesantes incluyen fundidos y encadenados entre clips adyacentes.

U

UDF (Universal Disc Format). El sistema de archivos utilizado para los DVD (técnicamente, el micro-UDF condensado). Diseñado para ser uniforme en todos los DVD y ser lo bastante flexible para soportar una amplia variedad de usos de DVD. Véase *ISO-9660*, *UDF Bridge*.

UDF Bridge. Un sistema de archivos DVD que combina el antiguo sistema de archivos ISO-9660 para CD y micro-UDF para DVD para proporcionar compatibilidad total para los reproductores DVD y los ordenadores.

USB (Universal Serial Bus). Interfaz estándar de datos digitales que incluye una interfaz "Plug-and-Play" para ordenadores personales. Se utiliza normalmente para periféricos de baja velocidad, como ratones, teclados, impresoras y escáneres. También se utiliza para funcionar con cámaras digitales, el estándar USB 1 existente ofrece una velocidad de datos de hasta 12 Mbps (millones de bits por segundo). El nuevo estándar USB 2 ofrece una velocidad de datos de hasta 480 Mbps. Véase *FireWire*.

V

VBR. Siglas de *Variable Bit Rate*. Un esquema de compresión en el que cada unidad de material de entrada puede comprimirse en diferentes tamaños. Para el vídeo MPEG-2, por ejemplo, esto significa que las secuencias "más sencillas" (sin animación) pueden comprimirse a tamaños muy pequeños, mientras las secuencias "difíciles" (con mucha animación y cortes de escena) pueden comprimirse a tamaños mucho mayores. La compresión VBR puede aprovechar mejor el ancho de anda disponible de un reproductor DVD, ubicando inteligentemente los bits disponibles de las partes difíciles de una secuencia. Véase *CBR*.

Velocidad de bits. Véase *velocidad de datos*.

Velocidad de datos. La velocidad a la que se transfieren los datos, en bytes por segundo. También se denomina velocidad de bits. Por ejemplo, la velocidad para descargar un archivo de vídeo en Internet o la velocidad a la que el archivo debe reproducirse en un disco duro. Al crear un archivo de vídeo o audio, es posible especificar la velocidad de bits a la que se reproducirá el archivo. Véase *ancho de banda*.

Velocidad de fotogramas. Velocidad de reproducción determinada por fotogramas por segundo.

Velocidad de muestreo. La velocidad a la que las muestras de una señal continua, como música o sonido, se capturan en una representación digital de la señal original. Una velocidad de muestreo de audio mayor, con más muestras por segundo, crea una representación más precisa del sonido original. Véase *Hz*.

Vídeo CD (VCD) Formato de uso doméstico para almacenar presentaciones de vídeo en discos CD. VCD puede albergar 74 minutos de vídeo de "calidad VHS" en un CD, pero a una resolución menor que el DVD, utilizando el antiguo formato de compresión MPEG-1. El formato VCD es especialmente popular en Asia, pues es el formato de distribución de películas comerciales y vídeos. Muchas herramientas para la creación en DVD ofrecen la posibilidad de crear en formato VCD, y la mayoría de reproductores DVD puede reproducir el formato. Esto proporciona una opción económica para compartir producciones con la mayor parte de los ordenadores. Muchos reproductores DVD de uso doméstico también pueden reproducir VCD. Véase *DAT*, *DVD en CD*, *SVCD*.

Vídeo entrelazado. Una técnica utilizada para los formatos de vídeo de televisión, como NTSC y PAL, en la que cada fotograma completo de vídeo en realidad consiste en líneas alternativas tomadas de dos campos independientes capturadas en momentos levemente distintos. Los dos campos quedan entrelazados o conectados a las líneas pares e impares del fotograma completo de vídeo. Al reproducirse en un equipo de televisión, los campos alternativos aparecen en secuencia, dependiendo del predominio de campo del material de origen. Véase *vídeo progresivo*.

Video for Windows El formato de archivos multimedia utilizado con Microsoft Windows (.AVI). Soporta muchos formatos de compresión de vídeo y audio (*codecs*). Véase *Windows Media*.

Video Manager (VMG). El elemento de datos DVD-Video que contiene la información global y el directorio del disco, incluyendo dominios para múltiples idiomas y la configuración de zonas y control parental. El VMG también contiene el menú del título principal para navegar por todo el disco, todos los videoclips introductorios, como avisos de *copyright*. Véase *Video Title Set (VTS)*.

Vídeo multiángulo. Pistas DVD que contienen múltiples fuentes de vídeo entre las que se puede cambiar sin dificultad. Estas pistas permiten al usuario que seleccione entre diferentes ángulos de visión durante el visionado de un convierto. El formato DVD-Video soporta una pista principal de vídeo y hasta ocho fuentes de vídeo alternativas. Véase *fuente de vídeo*.

Video Object (VOB) Una fuente de programas de vídeo con vídeo, audio y subimágenes multiplexados, e información de control. Véase *volumen de DVD*.

Vídeo progresivo. Vídeo que consiste un fotogramas completos, no en campos entrelazados. Cada fotograma individual es una imagen coherente capturada por la cámara en un momento de tiempo concreto. Véase *vídeo entrelazado*.

Vídeo RF. Siglas de *Radio Frequency*. Una señal de vídeo compuesta que ha sido modulada con audio en una onda de radio de alta frecuencia que podría trasmitirse a través de una antena. Habitualmente conectado a la entrada de la antena de un receptor de TV y recibido en el canal 3 ó 4. La señal de conexión de vídeo más sencilla y de peor calidad. Véase *component video*, *composite video*, *DV*, *S-Video*.

Video Title Set (VTS) El elemento de datos DVD-Video que contiene un grupo de materiales del programa, que comparte la misma jerarquía del menú y el formato de datos básico. Las herramientas profesiones soportan múltiples VTS para organizar los contenidos de un DVD en grupos locales y para incluir diferentes clases de materiales y formatos en un solo disco. Véase *título*, *Video Manager (VMG)*.

Volumen de DVD. Estructura y archivos del directorio del disco DVD. Es posible crear un volumen de DVD en el disco duro para reproducirlo y probar un proyecto con una aplicación de software para la reproducción DVD o copiar los mismos archivos en un disco DVD. El volumen de DVD está almacenado bajo el directorio `VIDEO_TS` para el formato DVD-Video. Inluye los archivos Video Object (VOB) con los datos multimedia, vídeo y audio; además de información de navegación (IFO) y archivo de seguridad (BUP) que describen su contenido. Estos archivos se crean para cada Video Title Set (VTS), con los datos repartidos en múltiples archivos VOB para que cada archivo no supere 1 GB. Véase *distribución*.

VTR. Siglas de *Video Tape Recorder*. También se llama VCR (*Video Cassette Recorder*).

W

WAV Formato de archivos de audio Wave descomprimidos con Microsoft Windows. Véase *AIFF*, *MP3*, *WAV*, *Windows Media Audio*.

Web DVD. Un término general para un disco DVD-Video con contenido DVD de la Web. Puede incluir páginas Web que combinan el vídeo DVD local con contenidos *online*, o enlaces dinámicos de la reproducción DVD a contenidos Web *online*. Véase *DVD@ACCESS*, *DVD avanzado*.

Windows Media Plataforma multimedia integrada en Microsoft Windows y una serie de formatos para almacenar y transmitir vídeo y audio. Utiliza tipos de archivos ASF, WMA y WMF. Véase *Video for Windows*, *Windows Media Audio* y *Windows Media Video*.

Windows Media Audio (WMA). El formato de archivos de audio original de Microsoft Windows Media. Se utiliza para comprimir, almacenar y organizar CD, y descargar álbumes de audio en disco. También se utiliza para descargar audio en reproductores de audio portátiles. Algunos reproductores de audio y reproductores DVD de uso doméstico pueden reproducir archivos de audio WMA almacenados en discos CD-R/RW. Véase *MP3*, *WAV*, *Windows Media*.

Windows Media Video (WMV). Formato de Microsoft Windows Media para archivos de vídeo y audio comprimidos. Véase *Windows Media Audio*.

Y

YUV. Formato de señal de vídeo en color que consiste en tres elementos: Y (luminosidad), U y V (crominancia). Véase *RGB*.

DVD-R

Apéndice D. Galería de software para la creación en DVD

Este apéndice ofrece una galería visual de aplicaciones de software para la autoría de DVD. Cada aplicación aparece con una imagen representativa y una breve descripción a partir de la información proporcionada por la empresa.

Las aplicaciones están organizadas en los mismos grupos utilizados en las distintas partes de este libro, de reproductores DVD de uso doméstico a herramientas de creación más profesionales:

1. Reproductores de software para DVD.
2. Edición de vídeo integrada con autoría de DVD.
3. Creación automatizada en DVD.
4. Creación personal en DVD.
5. Creación profesional en DVD.
6. Software de edición de vídeo.
7. Compresión de vídeo y software de conversión.

Estas categorías, al igual que muchas de estas herramientas, están descritas más detalladamente en capítulos anteriores. Los productos, por lo general, varían de precio y capacidades de una categoría a otra (los precios corresponden a mediados de 2002). Están incluidos los productos Macintosh ofrecidos por Apple junto con una amplia variedad de herramientas de terceras partes para PC/Windows.

Visite los sitos Web de las empresas para obtener más información sobre estas aplicaciones. Muchas de ellas incluyen versiones de prueba de las aplicaciones que se pueden descargar de Internet.

Consulte el apéndice B para conocer referencias y enlaces Web de la tecnología y los productos DVD.

Además, visite el sitio Web de Manifest Technology para conocer enlaces y referencias actualizadas relacionadas con el DVD: `www.manifest-tech.com`.

Reproductores de software para DVD

Las aplicaciones de software para la reproducción DVD en el ordenador, con opciones avanzadas de visionado y capacidad para explorar la estructura del DVD. Integradas con sistemas operativos gratuitos o aplicaciones de terceras partes por un precio entre 50 y 80 euros.

Apple Computer. DVD Player para Macintosh OS X

`www.apple.com/dvd`
`www.apple.com/macosx`
Reproductor de vídeo DVD de Macintosh

La versión 3.1.1 de Apple DVD Player salió al mercado en marzo de 2002; incluida con Macintosh OS X.

Apple DVD Player es la aplicación de Macintosh para la reproducción de películas en DVD. Ofrece una interfaz sencilla para controlar la reproducción DVD en el Mac con ayuda de un mando gráfico, muy parecido al mando a distancia de los reproductores DVD de uso doméstico.

Reescrito para Mac OS X, Apple DVD Player permite controlar el visionado como si estuviéramos utilizando un mando a distancia con todas las funciones de un reproductor DVD normal. Es posible acceder a la película capítulo a capítulo, detener la acción, saltar hacia delante y hacia atrás a lo largo de la película, reproducir a cámara lenta o pasar la película fotograma a fotograma.

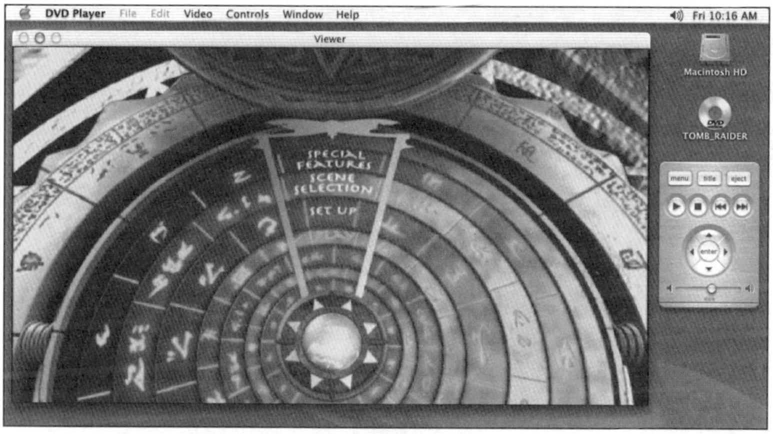

©Paramount Home Entertainment

DVD Player 3.1.1 incluye funciones para la autoría de DVD, entre ellas la posibilidad de seleccionar y reproducir los contenidos de una carpeta VIDEO_TS de un volumen local. También incluye soporte AppleScript para la selección y reproducción del contenido DVD.

Microsoft Corp. Reproductor de Windows Media para Windows XP

`www.microsoft.com/windows/windowsmedia/players.asp`
`www.microsoft.com/windowsmedia`
`www.microsoft.com/windowsxp`

Reproductor y organizador todo en uno para música y vídeo, CD y DVD, Internet y dispositivos portátiles.

La versión 8 del Reproductor de Windows Media viene incluida con Microsoft Windows XP; seleccione Check Windows Update para obtener la última versión.

Microsoft Windows Media es una aplicación todo en un uno para reproducir soportes digitales, acceder a soportes a través de Internet y organizar y gestionar una colección de soportes. Con los CD de audio, Media Player puede seleccionar canciones de CD, descargar información sobre el álbum de bases de datos *online* y crear listas de reproducción para CD y dispositivos portátiles, desde reproductores de música hasta Pocket PC. Con el vídeo, Media Player puede descargar información de bases de datos *online*, reproducir vídeo Web y transferir videoclips a Pocket PC.

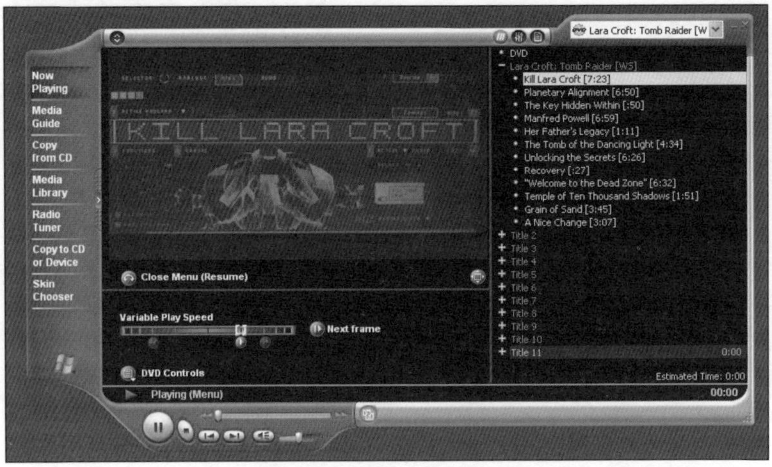

©Paramount Home Entertainment

El Reproductor de Windows Media para Windows XP extiende el diseño de la nueva interfaz introducida con el Reproductor de Windows Media 7. Las nuevas funciones de Windows XP Media Player incluyen acceso CD directo de la carpeta My Music, codificación MP3 (mediante *plug-ins*), soporte para múltiples unidades de CD y DVD y reproducción DVD (mediante *plug-ins*).

CyberLink Corp. PowerDVD XP 4

`www.gocyberlink.com`

Reproductor DVD personalizable con funciones de vídeo y audio avanzadas.

CyberLink PowerDVD XP 4.0 salió al mercado en enero de 2002; versión Standard desde 49 euros y versión Deluxe desde 69 euros.

CyberLink PowerDVD ofrece potentes herramientas para la reproducción y exploración de DVD. Soporta una amplia variedad de aceleración de hardware de vídeo, incluyendo monitores de visión dual. También soporta descodificación de sonido *surround*, sonido *surround* virtual y mejora de audio. La versión Deluxe soporta DTS Digital Surround y mejora de audio SRS TruSurround.

Para la reproducción de vídeo, PowerDVD ofrece controles ajustables y predefinidos para el color y el contraste, soporte para monitores de visión dual, zoom digital y reproducción de vídeo a pantalla completa. Para la reproducción de audio, WinDVD ofrece control dinámico, mejora de graves y sonido *surround* virtual mediante dos altavoces o utilizando Dolby Headphone.

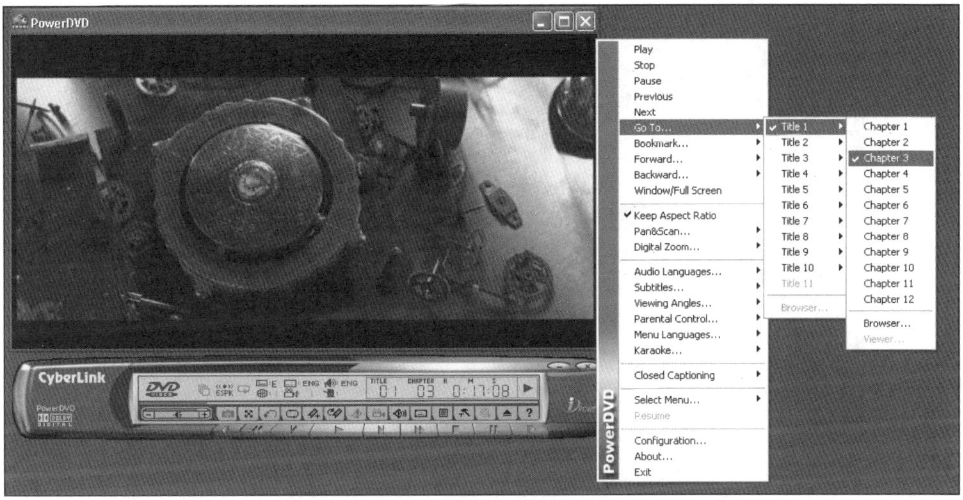

©Paramount Home Entertainment

PowerDVD es compatible con una gran variedad de formatos DVD, incluyendo DVD-Video, Video-CD (VCD 2.0), Super Video CD (SVCD) y el formato VR (Video Recording) utilizado en reproductores DVD de uso doméstico. PowerDVD es también un reproductor de soportes generales y reproduce una gran variedad de archivos de vídeo y audio del disco duro, incluyendo AVI, QuickTime MOV, Windows Media, MPEG y MP3.

InterVideo Corp. WinDVD 4

`www.intervideo.com`

Reproductor DVD personalizable con funciones avanzadas de vídeo y audio.

InterVideo WinDVD salió al mercado en mayo de 2002; la versión Standard cuesta 49 euros y la versión Plus 79.

InterVideo WinDVD ofrece una interfaz flexible para la reproducción y exploración del contenido DVD. Incluye amplio soporte para la reproducción avanzada de audio y una función de ampliación de tiempo para una rápida o lenta reproducción conservando el audio normal. La versión Plus incluye sonido *surround* avanzado.

Para la reproducción de vídeo, WinDVD ofrece controles para el contraste y el color, soporte para múltiples monitores y TV, zoom y panoramización y reproducción de vídeo como fondo de escritorio. Para la reproducción de audio, WinDVD ofrece mejoras dinámicas, mejora de diálogos, ecualización y efectos de audio y sonido *surround* virtual mediante dos altavoces o utilizando Dolby Headphone.

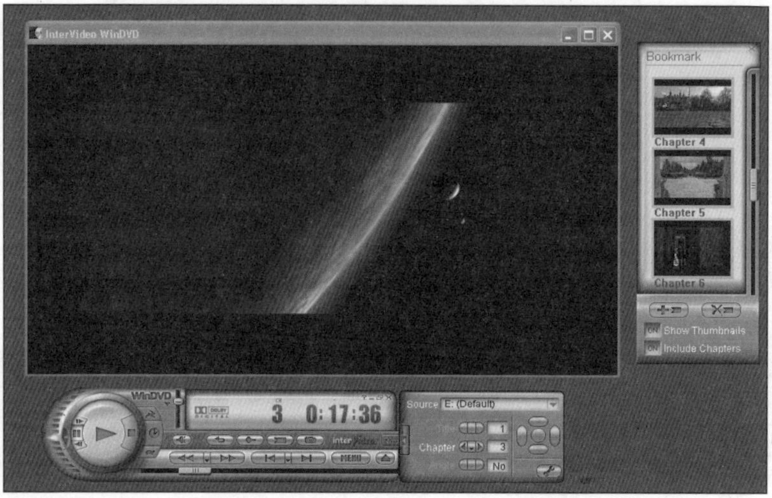

©Paramount Home Entertainment

WinDVD es compatible con una amplia variedad de formatos DVD, incluyendo DVD-Video, Video CD (VCD 2.0), Super Video CD (SVCD), Audio CD y el formato VR (Video Recording) utilizado en los reproductores DVD de uso doméstico. WinDVD también reproduce DVD, MPEG, MP3 y otros archivos de vídeo y audio del disco duro.

InterActual Technologies. InterActual Player 2

`www.interactual.com`

Reproduce a la perfección DVD-Video integrado con contenido Web almacenado en el disco o en la Web.

InterActual Player 2.0 salió al mercado en agosto de 2000 (anteriormente, PC Friendly); incluido en DVD de películas.

Muchas películas comerciales en DVD incluyen funciones avanzadas DVD-ROM a las que sólo se puede acceder mediante un ordenador, incluyendo aplicaciones informáticas, páginas Web, enlaces a recursos *online* adicionales y enlaces dinámicos entre la reproducción DVD y el contenido Web *online*. InterActual es el proveedor líder de software y servicios para contenidos DVD avanzados con películas comerciales. InterActual Player viene incluido con la película en cada uno de los DVD avanzados.

InterActual Player es una aplicación de software que reproduce a la perfección DVD-Video integrado con una gran variedad de contenido Web HTML almacenado, bien en el disco o en la Web. Los enlaces Web pueden crearse en el DVD-Video o integrarse dentro del contenido HTML. Estas conexiones pueden ser el resultado de la acción del usuario o activarse por el propio contenido. El contenido más actualizado puede obtenerse *online* o combinado con el contenido DVD-Video del disco.

InterActual Player 2.0 es totalmente compatible con todos los títulos de PC Friendly y ofrece soporte para Macintosh, así como para los reproductores conectados a Internet. Es compatible con DVD-Video y CD-Audio. También ofrece la posibilidad de personalizar el aspecto mediante diferentes diseños.

©Paramount Home Entertainment

Sonic CinePlayer 4

`www.cineplayer.com`
`www.sonic.com`

Reproductor DVD con un descodificador de vídeo "High Definition" de alta calidad.

Sonic CinePlayer 4.0 salió al mercado en junio de 2002 (anteriormente, Ravisent); 49 euros.

Sonic CinePlayer DVD traslada a los ordenadores la calidad y la emoción de los sistemas de "cine en casa" de alta capacidad. CinePlayer extrae más detalles de imagen del vídeo digital y lo muestra con más precisión, lo que tiene como resultado vídeo DVD de velocidad total de fotogramas con una claridad y detalles sorprendentes. CinePlayer 4.0 incluye una nueva aplicación de reproducción con un descodificador de vídeo GUI, "High Definition" (muestra resoluciones de hasta 1080i), y una arquitectura de modulación estrechamente integrada en DirectX.

CinePlayer reproduce todos los juegos y títulos DVD-ROM, soporta Video CD 1.1 y 2.0, reproduce en cualquier resolución o detalle de color y soporta Dolby Digital (AC-3), Dolby Digital, LPCM, MPEG-1 Layer 2 y formatos de audio MPEG-2.

©Paramount Home Entertainment

Edición de vídeo con creación automatizada en DVD

Herramientas simplificadas para la edición de vídeo con interfaces "para usuarios" y recientemente ampliadas para incluir la autoría de DVD. Van desde 80 a 150 euros.

CyberLink Corp. PowerDirector 2

`www.gocyberlink.com`

CyberLink PowerDirector 2.0 salió al mercado en febrero de 2002; la versión Standard cuesta 79 euros y la versión Pro para la autoría de DVD cuesta 119 euros.

CyberLink PowerDirector 2.0 es un editor de vídeo diseñado en forma de guión gráfico (*storyboard*). La versión Pro incluye Disc Wizard para la creación de producciones en CD o DVD. PowerDirector cuenta con una interfaz visualmente sencilla, con una Modes Wheel (rueda de modos) en la esquina superior derecha de la pantalla para seleccionar cada tipo de edición y ver los elementos de la interfaz correspondiente a dicho modo.

PowerDirector 2.0 Standard se diseñó como un programa de software de fácil manejo para la edición de vídeo. Es posible importar archivos de vídeo de numerosas fuentes, como videocámaras DV, videocámaras, sintonizadores de TV y otras. PowerDirector ofrece una sencilla interfaz con el método "arrastrar y soltar" y una gran cantidad de herramientas para la edición de vídeo.

Con Disc Making Wizard de PowerDirector 2.0 Pro, podemos seleccionar las películas, darles menús y capítulos DVD y copiarlos en un CD o DVD.

InterVideo Corp. WinProducer 3

`www.intervideo.com`

Editor de vídeo con línea de tiempo (*timeline*) para la autoría deDVD.

InterVideo WinProducer 3 salió al mercado en julio de 2002; CD por 79 euros y DVD por 149 euros.

WinProducer ofrece una interfaz para la edición de vídeo con una línea de tiempo en la que se capturan e importan clips. A continuación agrupamos y editamos la producción ordenando los clips en la línea de tiempo. Para la creación en DVD, en lugar de un componente de autoría de DVD independiente, WinProducer puede crear un CD o DVD directamente de la producción de la línea de tiempo especificando un motivo gráfico para los menús y definiendo puntos de capítulo en la producción.

WinProducer 3 soporta los formatos DivX, SVCD, VCD y DVD para importar, editar y copiar. WinProducer puede importar vídeo de una cámara o disco duro, y al instante los comprime en un archivo MPEG de alta calidad, ahorrando espacio y preparándolo para copiarlo en un DVD. Puede combinar los formatos MPEG-1, MPEG-2, MPEG-4, DV y AVI.

Es posible utilizar el método "arrastrar y soltar" para editar y añadir efectos especiales, transiciones, filtros, reproducción rápida/lenta, títulos e imágenes sobre imágenes. Puede revisar su trabajo al instante en la ventana de edición sin tener que esperar a la renderización.

Pinnacle Systems. Studio 8

www.pinnaclesys.com

Editor de vídeo de uso doméstico con funciones profesionales y herramientas para la autoría de DVD.

Pinnacle Studio 8 salió al mercado en agosto de 2002; el software por 99 euros; con FireWire, PC Card o hardware de captura analógica, 129 euros.

Pinnacle Studio combina una interfaz de "arrastrar y soltar" con funciones profesionales como reproducción rápida/lenta, audio personalizado, más de 100 transiciones, corrección avanzada de color y control de brillo y contraste. Studio incluye el software SmartSound, que permite seleccionar música de fondo de un menú y automáticamente alinea bandas sonoras musicales con la duración del vídeo.

Studio 8 añade transcodificación en tiempo real de DV a MPEG2, funciones de edición, efectos de calidad profesional y herramientas para la autoría de DVD/VCD/SVCD. Los discos creados con la versión 8 de Studio incluyen menús con música de fondo de reproducción continua, fondos de vídeo animado y vídeo animado en los botones del menú. Los usuarios pueden crear fácilmente múltiples menús enlazados y agrupados para una interactividad más compleja.

Roxio. VideoWave 5 Power Edition

`www.roxio.com`

Editor de vídeo de uso doméstico integrado con autoría de DVD.

Roxio VideoWave 5 Power Edition salió al mercado en agosto de 2002 (anteriormente MGI); 99 euros.

Roxio VideoWave 5 ofrece una completa experiencia dentro del vídeo digital con un programa de fácil manejo que incluye funciones de calidad profesional para la creación y grabación en DVD y para la publicación en la Web. Desde presentaciones comerciales a películas domésticas en DVD, VideoWave nos guía a lo largo del proceso de producción de forma muy sencilla.

VideoWave 5 Power Edition incluye potentes herramientas profesionales para aquellos usuarios que exigen más control sobre los proyectos de vídeo. Los usuarios tienen acceso completo para una serie de herramientas de alta capacidad que pueden aplicarse al vídeo mediante el sencillo método "arrastrar y soltar". Incluye además gestión de Media Library y un modo de simulación para la autoría de DVD.

Roxio. VideoWave Movie Creator

`www.roxio.com`

Creación automatizada de películas y DVD

Roxio VideoWave Movie Creator salió al mercado en agosto de 2002; 79 euros.

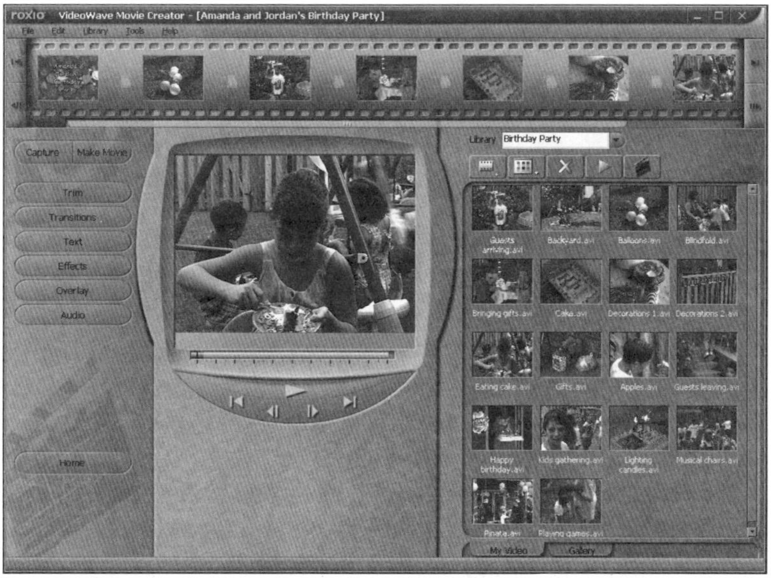

Roxio VideoWave Movie Creator permite a los consumidores crear películas domésticas en minutos, llevar el vídeo de una videocámara al PC, sintonizar el vídeo a la música y, por último, copiarlo todo en Video CD o DVD.

VideoWave Movie Creator es ideal para crear películas breves, que pueden utilizarse como capítulos para el DVD. Seleccione entre los diferentes estilos que mejor se ajusten a su gusto. Utilice el estilo Action para crear un vídeo musical, Personal para resaltar primeros planos de gente, o Nostalgia para darle a la película un toque "retro". Con unos cuantos clics, es posible transformar vídeo en bruto y una canción en una convincente película con introducciones, transiciones, títulos y efectos.

El programa nos guía a lo largo del proceso mientras seleccionamos las plantillas iniciales y finales, personalizamos los títulos y arrastramos y soltamos los videoclips. Para editar y perfeccionar una película ya existente, las herramientas de edición de fácil manejo nos ayudan a conseguir resultados excepcionales. Podemos elegir entre docenas de plantillas para todas las ocasiones; añadir transiciones; aplicar efectos especiales y superposiciones; personalizar introducciones, títulos y créditos; editar música; y crear menús DVD para navegar fácilmente por la película.

Ulead Systems. Ulead VideoStudio 6

www.ulead.com/vs
Edición de vídeo de uso doméstico con DVD/Video CD Authoring Wizard.
Ulead VideoStudio 6 salió al mercado en enero de 2002; desde 89 euros.

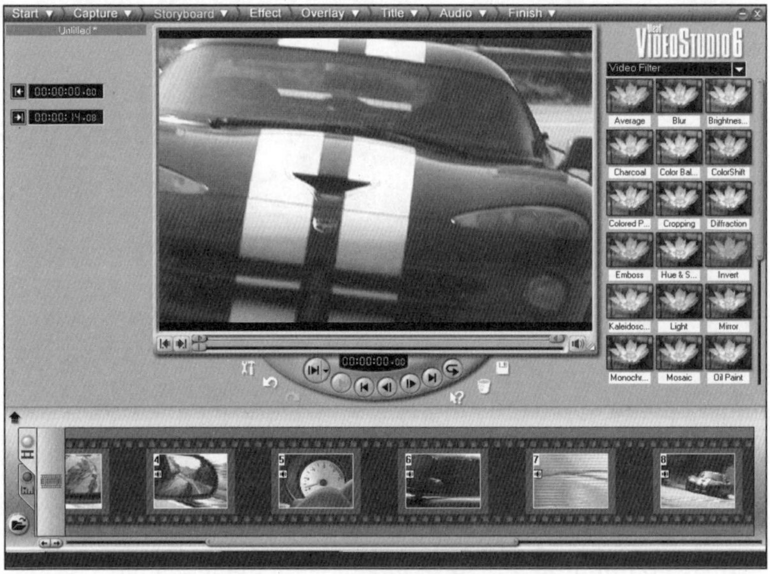

Ulead VideoStudio ofrece una amplia gama de herramientas para la edición de vídeo para ayudarnos a producir películas inolvidables. DVD/Video CD Authoring Wizard ofrece plantillas prediseñadas para crear menús de escenas interactivos con sólo unos pasos.

Aquellos que tengan poca o ninguna experiencia en la edición de vídeo agradecerán lo fácil que resulta utilizar VideoStudio. Cortar vídeo, añadir una banda sonora propia, crear atractivos títulos e incluir efectos sorprendentes utilizando una interfaz de fácil manejo convierten la edición de vídeo en una divertida experiencia.

VideoWave 6 permite obtener vídeo DVD-ready MPEG directamente de una videocámara DV/D8 u otro dispositivo. La función Enhanced Scene Detection lee automáticamente la línea de tiempo de la cinta DV y divide el vídeo capturado en archivos de fácil gestión.

Creación automatizada en DVD

Autoría de DVD lista, directa de DV a DVD. Importación y conversión de una amplia variedad de formatos de soportes. Con plantillas y asistente, distribución automatizada del menú; y algunas funciones para editar y personalizar. De 30 a 100 euros.

MedioStream Inc. NeoDVDstandar/Plus 4

www.mediostream.com

Grabación doméstica integral "Direct-to-Disc" de DVD y VCD en tiempo real.

MedioStream neoDVD 4.0 salió al mercado en agosto de 2002; la versión neoDVDstandard, desde 29 euros; la versión neoDVDplus, desde 49 euros.

Diseñada expresamente para su uso doméstico, la versión 4.0 de MedioStream neoDVD ofrece una solución de software completa en tiempo real para que los usuarios capturen, editen, compriman, creen y copien DVD o VCD con sus unidades grabables de CD y DVD. Asimismo, con funciones como la grabación "Direct-to-Disc" y "Smart Buffering", neoDVDstandard reduce de forma drástica los requerimientos de la unidad del disco duro para que los usuarios copien DVD. La versión neoDVDplus ofrece mayores posibilidades para personalizar y distribuir vídeos personales con funciones avanzadas de edición.

NeoDVD 4.0 ofrece una nueva interfaz modular con la barra de tareas NEO para ofrecer acceso directo a funciones y opciones clave. También incluye soporte para el modo DVD+RW Video Recording (VR), lo que permite que el mismo disco se distribuya y edite en PC y grabadoras de vídeo de uso doméstico. Podemos también editar un disco en cualquier plataforma, añadiendo e insertando nuevo material y guardando los cambios en el mismo disco.

Pinnacle Systems. Express DV

`www.pinnaclesys.com`

Sencillo Software para la creación de CD y DVD doméstico.

Pinnacle Express 1.1 salió al marcado en abril de 2002; la versión Express por 49 euros y la versión Express DV con tarjeta FireWire por 79 euros.

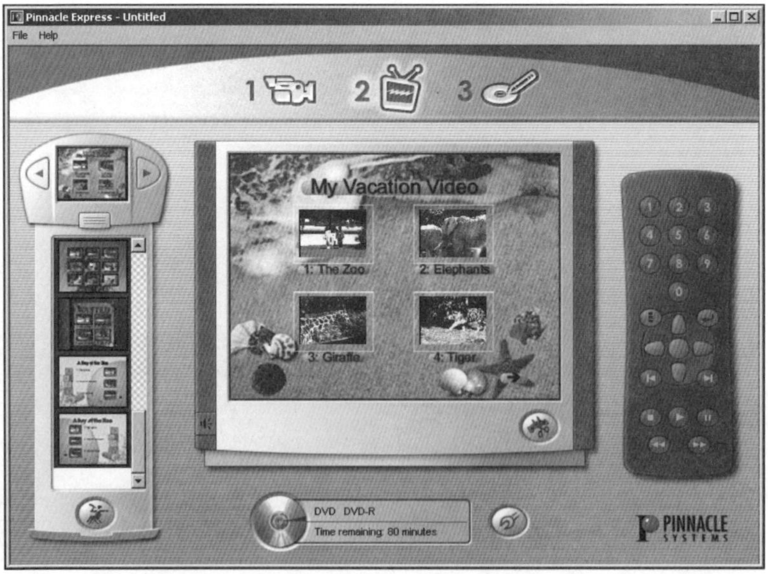

Pinnacle Express es la forma más rápida y sencilla de ver películas domésticas o imágenes digitales en DVD. Basta con conectar la videocámara DV al PC, y Pinnacle Express permite capturar vídeo o imágenes estáticas digitales, añadir menús y títulos, y copiar CD o DVD para reproducirlos en un reproductor DVD de uso doméstico. Pinnacle Express también importa archivos AVI.

Gracias a la detección de escenas integrada, Express genera automáticamente un índice de escenas para que podamos ir directamente a cualquier punto del vídeo. Después de capturar el vídeo, podemos copiar un disco inmediatamente y verlo en un reproductor DVD o bien personalizar el proyecto añadiendo menús y efectos de nivel profesional. Express permite añadir fundidos, títulos, música y menús de escenas de gran calidad. Pinnacle Express permite importar fotografías y crear presentaciones interactivas.

Sonic Solutions. MyDVD 4

`www.mydvd.com`
`www.sonic.com`

Aplicación para la grabación y edición de DVD para ordenadores personales.

Sonic MyDVD 4.0 salió al mercado en julio de 2002; versión Plus por 79 euros y versión Video Suite por 99 euros.

Sonic MyDVD es una herramienta para la creación personal en DVD para grabar, editar y distribuir contenidos de vídeo en discos DVD y CD grabables. MyDVD permite crear fácilmente producciones DVD a partir de vídeo, incluyendo menús gráficos con botones que muestran imágenes en miniatura para reproducir los clips.

Es posible importar clips de archivos multimedia en el disco duro, o bien capturar clips directamente dentro de MyDVD. Automáticamente, MyDVD distribuye la estructura del menú y la navegación de los clips. Podemos añadir puntos de capítulo y crear una jerarquía de menús agrupados.

MyDVD puede copiar las producciones en formato DVD o Video-CD (VCD). También puede grabar "Direct-to-DVD" de DV a DVD.

MyDVD 4.0 añade una nueva interfaz de usuario, menús animados y presentaciones. MyDVD crea discos OpenDVD, títulos DVD que pueden abrirse y reeditarse como un nuevo proyecto.

Ulead Systems. DVD MovieFactory

www.ulead.com/dmf

Programa de creación de DVD de uso doméstico con asistente para la copia de películas en DVD o CD.

Ulead DVD MovieFactory salió al mercado en octubre de 2001; por 44 euros.

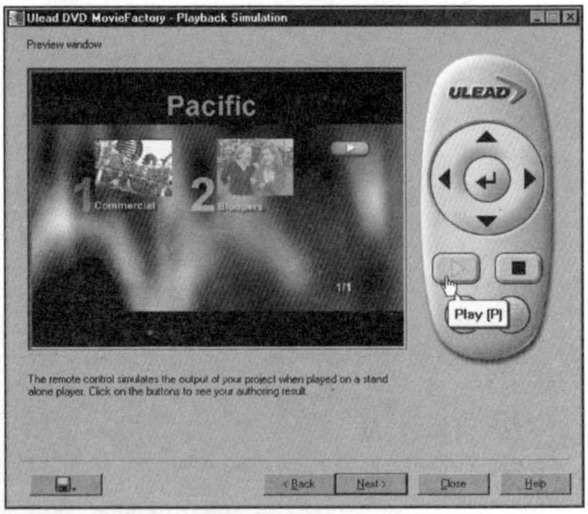

Ulead DVD MovieFactory ofrece a los usuarios una sencilla y económica solución para distribuir vídeos de alta calidad en DVD y CD. DVD MovieFactory emplea un método de creación con asistente que convierte la colocación de películas domésticas en soportes DVD y CD en una experiencia "de la videocámara al DVD" fácil y divertida.

Gracias a DVD MovieFactory, los principiantes y los más entusiastas pueden crear menús interactivos de selección de escenas y de diseño profesional con dos capas de navegación. Ulead ofrece una gran variedad de motivos de plantillas, y los usuarios pueden incluso diseñar sus propios fondos para una personalización e impacto totales. La inclusión de música de fondo para mejorar los menús se hace mediante el uso de archivos de audio MP3, WAV o MPEG. DVD MovieFactory soporte múltiples proyectos de películas, de forma que los usuarios pueden presentar numerosas películas en un solo disco. El software hace que la organización del menú DVD sea sencilla; con un menú principal de todas las películas disponibles en un disco más un menú de escenas para navegar dentro de cada videoclip. Los usuarios pueden incluir un vídeo de introducción a los proyectos para que se reproduzca un vídeo antes de que aparezca el menú de los capítulos.

Creación personal en DVD

Autoría de DVD simplificada que funciona con una "capa de abstracción" para ocultar los detalles y algunas funciones de las especificaciones del DVD-Video. Ofrece distribución automatizada y plantillas integradas con más capacidad para personalizar el diseño. De 300 a 600 euros.

Apple Computer. iDVD 2

`www.apple.com/idvd`

Cree DVD de aspecto profesional con unos pocos pasos.

Apple iDVD 2 para Mac OS X salió al mercado en octubre de 2001. La versión 2.1 salió al mercado en julio de 2002; la versión mejorada por 19 euros.

Gracias a su rápido codificador MPEG y al soporte QuickTime, Apple iDVD 2 para Mac OS X ofrece las herramientas necesarias para crear DVD de primera con aspecto profesional realizando sólo unos pasos.

Organice el contenido arrastrando y soltando los archivos QuickTIme en la interfaz de iDVD. Arrastre y suelte las imágenes digitales en iDVD para realizar una presentación. Utilice uno de los motivos para menús estáticos o cree el suyo propio utilizando imágenes digitales.

IDVD 2 permite crear menús y botones animados utilizando videoclips como fondos de menú e imágenes para los botones. El actualizador de iDVD 2.1 incluye soporte de datos DVD-ROM híbridos, soporte AppleScript, mejoras para el proceso de grabación y avances generales de rendimiento.

Sonic Solutions. DVDit! 2.5

www.dvdit.com
www.sonic.com

Aplicación potente pero asequible para la publicación de producciones de vídeo en DVD.

Sonic DVDit! 2.5 salió al mercado en noviembre de 2001; Standard Edition por 299 euros y Professional Edition por 599 euros.

DVDit! es una aplicación potente pero asequible para la publicación de producciones de vídeo en DVD. Combinando una interfaz de usuario sencilla y la premiada tecnología de Sonic para formatear DVD, DVDit! ofrece a los profesionales del vídeo, a los diseñadores gráficos, a los artistas y a los entusiastas del vídeo poder para crear contenidos DVD interactivos en el PC.

DVDit! ofrece el sencillo método "arrastrar y soltar" para crear modestas producciones (con menús agrupados con enlaces a clips de vídeo y de imágenes estáticas, y una conversión automática de formatos de películas AVI y QuickTime). DVDit!, además, ofrece acceso a diseños DVD más sofisticados, con botones y títulos personalizados y una línea de tiempo de vídeo para establecer puntos de capítulo, determinar el control de enlaces de navegación y la posibilidad de reproducir automáticamente enlazando menús y clips. Soporta funciones DVD avanzadas, incluyendo control sobre la velocidad de bits de compresión, formato de vídeo en pantalla ancha, audio estéreo Dolby Digital y escritura de la producción final en una cinta DLT para la masterización profesional.

DVDit! PE, la edición profesional, incluye soporte para vídeo en pantalla ancha, audio Dolby Digital y masterización en cinta DLT.

Ulead Systems. Ulead DVD Workshop

www.ulead.com/dws

Potente software para la autoría de DVD para creativos profesionales y entusiastas del vídeo.

Ulead DVD Workshop salió al mercado en junio de 2002; desde 279 euros.

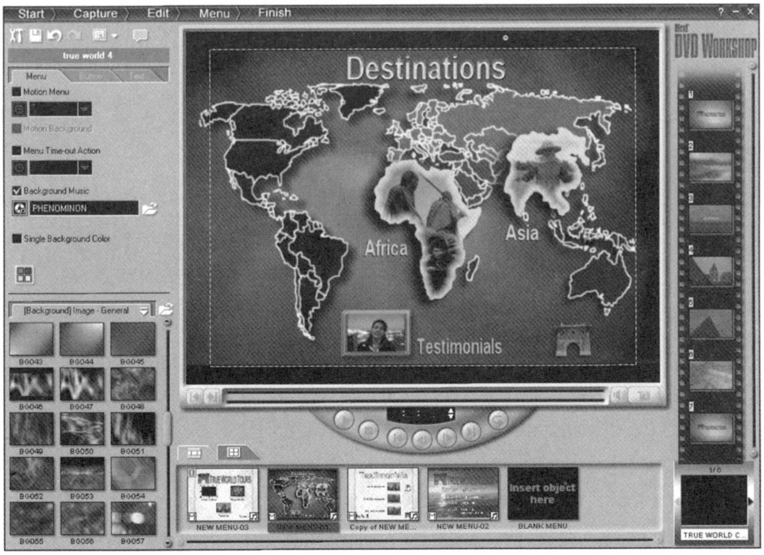

Ulead DVD Workshop es un potente y flexible software para la autoría de DVD dirigido a creativos profesionales y entusiastas del vídeo. Es posible capturar vídeo MPEG, crear menús dinámicos animados y estáticos, así como películas interactivas en DVD, VCD y SVCD.

Exporte sofisticados DVD, VCD y SVCD con funciones como menús animados, efectos de texto especiales y resalte la personalización del color. Cree presentaciones fotográficas instantáneas con imágenes estáticas y audio. Establezca los controles de navegación de reproducción automática para que las presentaciones y los vídeos vayan directamente a otros vídeos y menús una vez finalizada la reproducción.

Creación profesional en DVD

Creación manual en DVD con soporte para casi todas las funciones del DVD-Video: gráficos para el menú y los botones, múltiples fuentes de vídeo y audio, subtítulos, enlaces de navegación, macros y audio Dolby. Requiere que ciertos materiales se preparen y se conviertan en los formatos DVD. Alrededor de 1000 euros.

Apple Computer. DVD Studio Pro 1.5

`www.apple.com/dvdstudiopro`

Autoría de DVD para profesionales creativos; no para técnicos de DVD.

Apple DVD Studio Pro 1.5 para Mac OS X salió al mercado en abril de 2002; 999 euros.

Gracias a Apple DVD Studio Pro, podemos crear DVD que aprovechan todas las funciones del estándar DVD-Video. Empezando donde terminan las aplicaciones de edición de vídeo, como Final Cut Pro, DVD Studio Pro maneja la codificación MPEG, la creación de menús, la organización de elementos, los enlaces, y el formateo de salida que son necesarios para producir discos DVD-Video.

DVD Studio Pro incluye funciones avanzadas para el diseño de los menús y los botones, capítulos de vídeo y clips de historias enlazados, múltiples fuentes alternativas, presentaciones, macros y enlaces Web. Podemos visualizar la estructura del proyecto de diversas formas; DVD Studio Pro crea una previsualización en tiempo real para ver qué aspecto tiene el proyecto y cómo funciona.

DVD Studio Pro 1.5 incluye la capacidad para importar puntos de marcador de Final Cut Pro 3.0.2 para utilizar puntos de capítulo en el DVD.

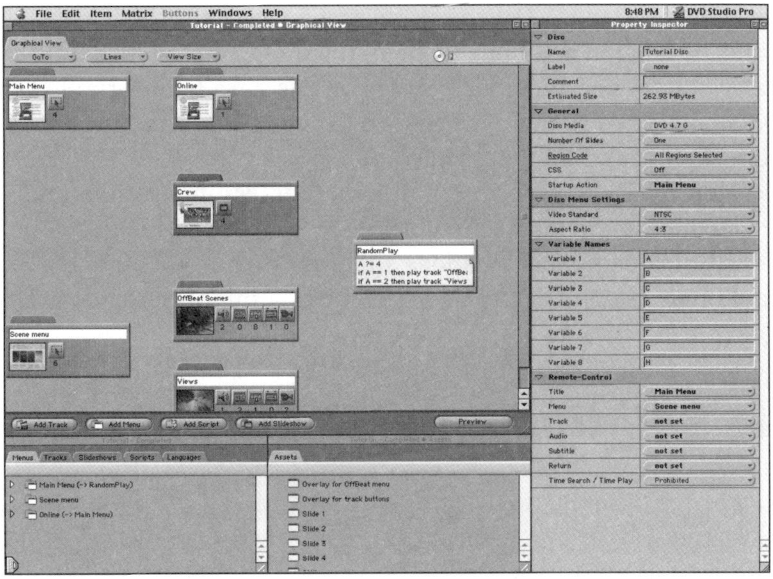

Pinnacle Systems. Impression DVD-Pro 2.2

www.pinnaclesys,com

Software profesional para crear títulos DVD interactivos y convincentes.

Pinnacle Impression DVD-Pro 2.2 salió al mercado en junio de 2002; 599 euros.

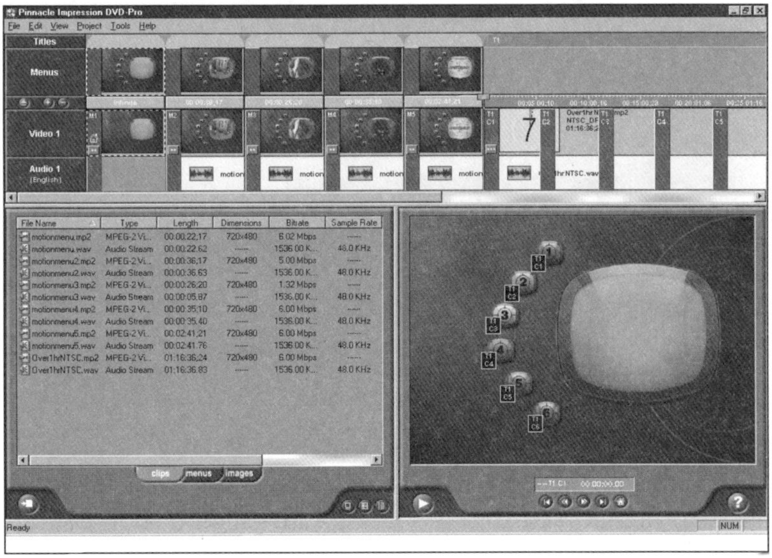

Pinnacle Impression DVD-Pro está diseñado para editores de vídeo. Combina una interfaz de edición con línea de tiempo para la edición mediante el método "arrastrar y soltar" con funciones profesionales para la autoría de DVD.

Impression DVD-Pro incluye menús o submenús ilimitados para la navegación y soporta menús completamente animados.

Impression DVD-Pro soporta múltiples fuentes, incluyendo múltiples ángulos de vídeo, hasta 32 pistas de subtítulos y hasta ocho fuentes de audio para soporte múltiple de idiomas y bandas sonoras.

Pinnacle Impression DVD-Pro 2.2 incluye la importación de archivos DV AVI y la exportación a discos DVD-R/RW y DVD+RW.

Sonic Solutions. ReelDVD 3

`www.sonic.com/products/reeldvd`
`www.sonic.com`

Herramienta de autoría de DVD de nivel profesional diseñado para proyectos de vídeo corporativos.

Sonic ReelDVD 3.0 salió al mercado en el verano de 2002; 1500 euros.

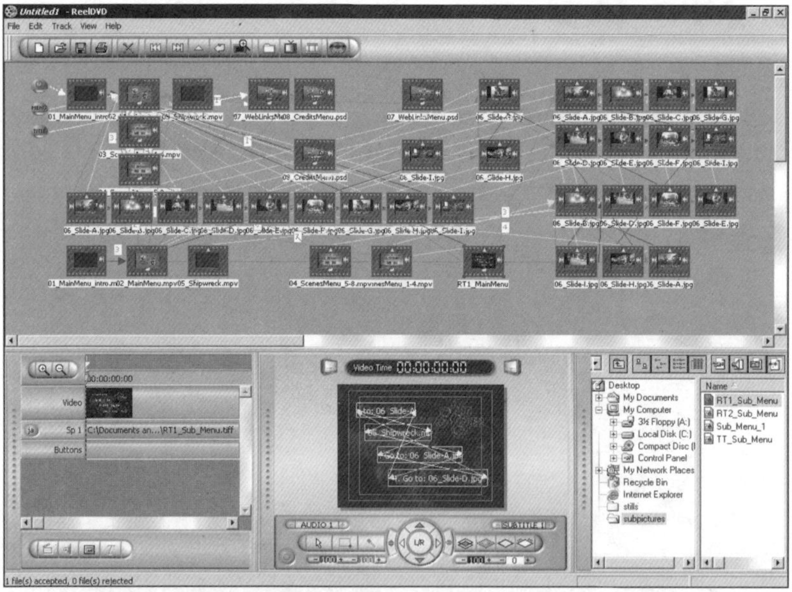

Sonic ReelDVD es una herramienta de autoría de DVD de nivel profesional dirigida expresamente a proyectos de vídeo independientes y corporativos. ReelDVD utiliza una interfaz de "arrastrar y soltar" y un sencillo flujo de trabajo para ofrecer acceso a un grupo de avanzadas funciones diseñadas a su público de destino sin pretender cubrir todas las funciones del estándar DVD-Video.

Las funciones DVD clave que ReelDVD ofrece incluyen múltiples pistas de audio y subtítulos; y control explícito sobre el vídeo, las imágenes los botones del menú y los subtítulos.

Creado a partir de la misma tecnología de formateo de DVD de Sonic Scenarist para la creación de películas, ReelDVD combina la fuerza del software de nivel profesionales con una amable interfaz de usuario y un sencillo flujo de trabajo.

ReelDVD 3.0 incluye soporte para un máximo de ocho fuentes de audio y 32 fuentes de subtítulos.

Sonic Solutions. Scenarist 2.6

www.sonic.com

El estándar para la producción de películas DVD en Windows.

Scenarist 2.6 salió al mercado en febrero de 2002; de 10.000 a 30.000 euros.

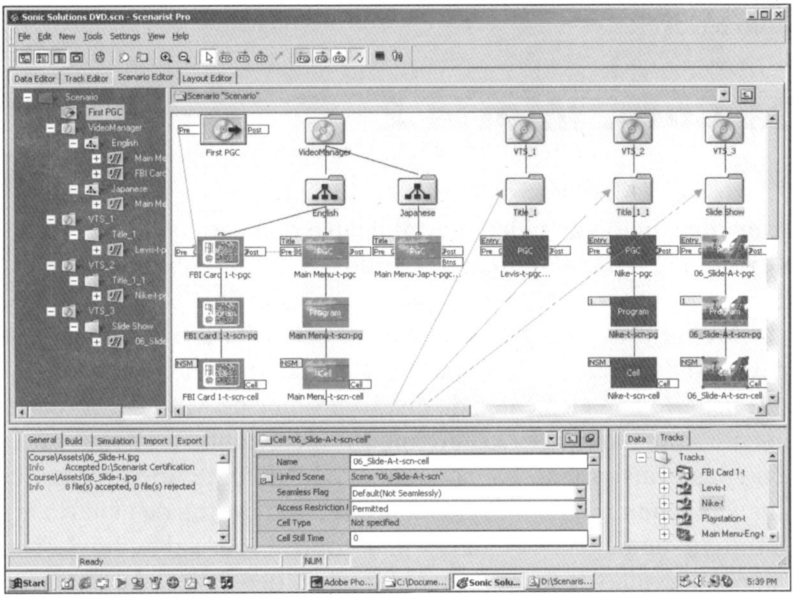

Scenarist es un sistema integral de autoría de DVD para producir títulos DVD de Hollywood con fines comerciales. Scenarist ofrece completo control sobre la creación en DVD, porque trabaja directamente los componentes de menor nivel de las especificaciones del DVD-Video.

Las funciones DVD ofrecidas por Scenarist incluyen cambio perfecto e imperfecto de múltiples ángulos, soporte para karaoke y subimágenes activas.

La línea comercial Sonic de herramientas profesionales de creación incluye lo siguiente:

1. Sonic DVD Fusion. Para profesionales multimedia en Macintosh.
2. Sonic DVD Producer. Para profesionales multimedia en Windows.
3. Sonic DVD Creator. Para la producción de largometrajes DVD en Macintosh.
4. Sonic Scenarist. Para la producción de largometrajes DVD en Windows.

Software para la edición de vídeo

Herramientas autónomas para la edición de vídeo, desde herramientas de uso doméstico integradas hasta herramientas profesionales de alta capacidad desde 1000 euros.

Apple Corp. iMovie 2

`www.apple.com/imovie`

Software de edición de vídeo digital de uso doméstico.

Apple iMovie 2 salió al mercado en julio de 2000. Integrado en los sistemas Macintosh.

Apple iMovie 2 es la siguiente versión del software de edición de vídeo digital para uso doméstico más famoso del mundo. iMovie incluye una refinada interfaz de usuario con elementos de diseño propios de Mac OS X, capacidades notablemente avanzadas para la edición de vídeo, controles avanzados para la titulación y las transiciones, así como nuevos y potentes efectos especiales.

Las nuevas funciones de iMovie incluyen una interfaz de usuario más completa e intuitiva, un panel de efectos y más control sobre el audio. Los usuarios pueden importar vídeo de una videocámara de vídeo digital directamente en un sistema Mac mediante FireWire, y a continuación ordenar los clips y añadir efectos especiales, como encadenados y títulos de desplazamiento. El resultado final puede almacenarse en el ordenador, transferirlo a una videocámara para verlo en una TV estándar o compartirlo con los amigos y la familiar a través de un sitio Web personal.

Apple Corp. Final Cut Pro 3

`www.apple.com/finalcutpro`

Editor profesional no lineal con previsualización en tiempo real.

Apple Final Cut Pro 3 salió al mercado en diciembre de 2001; la versión mejorada 3.0.2 salió al mercado en mayo de 2002; 999 euros.

Final Cut Pro 3 es el único editor profesional no lineal que permite trabajar en todos los formatos de edición profesionales, desde DV a SD y HD, dentro de la misma aplicación. Final Cut Pro 3 permite trabajar a la perfección en diferentes modos (edición, efectos, cortes, por ejemplo). Gracias a los efectos G4 en tiempo real de Final Cut Pro, no es necesario hardware de PCI para previsualizar transiciones y efectos en tiempo real.

Apple Final Cut Pro 3 es la primera solución para la edición de vídeo de la industria porque consigue efectos de calidad profesional en tiempo real sin la necesidad de un hardware especializado. Aprovechando las potentes capacidad para procesar vídeo del Velocity Engine del procesador PowerPC G4, los nuevos efectos G4 en tiempo real de Final Cut Pro 3 llevan la creatividad y la productividad del tiempo real a un mayor número de editores de vídeo.

Además, Final Cut Pro 3 presenta por primera vez OfflineRT, un formato *offline* que alberga hasta cinco veces más material que el formato DV y tiene nuevas herramientas profesionales para la corrección de color, antes disponibles sólo en aplicaciones que costaban miles de euros más. Final Cut Pro 3.0.2

presta especial atención al rendimiento y la fiabilidad, e incluye soporte para exportar marcadores de compresión y de capítulos para DVD Studio Pro 1.5.

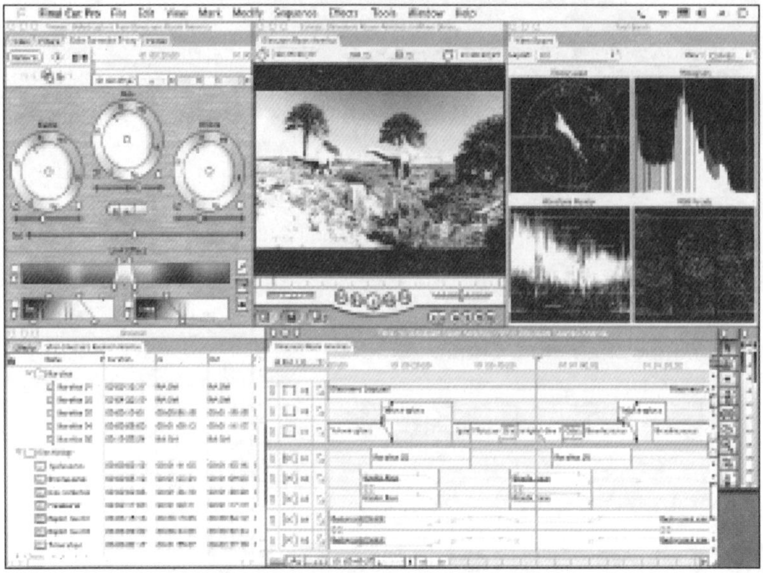

Microsoft Corp. Windows Movie Maker para Windows XP

www.Microsoft.com/windowsxp/moviemaker
www.microsoft.com/windowsmedia
www.microsoft.com/windowsxp

Editor de vídeo básico de Windows XP, con captura de DV y exportación a Windows Media.

Incluido con Windows XP.

Microsoft Windows Movie Maker es la herramienta básica de edición de vídeo integrada en las últimas versiones de Windows. Con Movie Maker para Windows XP, podemos importar archivos multimedia, capturar vídeo de videocámaras DV o grabar desde otros dispositivos e importar y editar clips en los proyectos. Podemos exportar la película a un archivo de película, copiarlo en un dispositivo portátil o colocarlo en un sitio Web.

Es posible capturar vídeo, audio e imágenes estáticas en varios formatos. También es posible capturar vídeo, audio e imágenes estáticas de todos los dispositivos de entrada disponibles, incluyendo fuentes digitales y analógicas. Movie Maker puede grabar en archivos a partir de videocámaras digitales con ayuda de conexiones FireWire o USB.

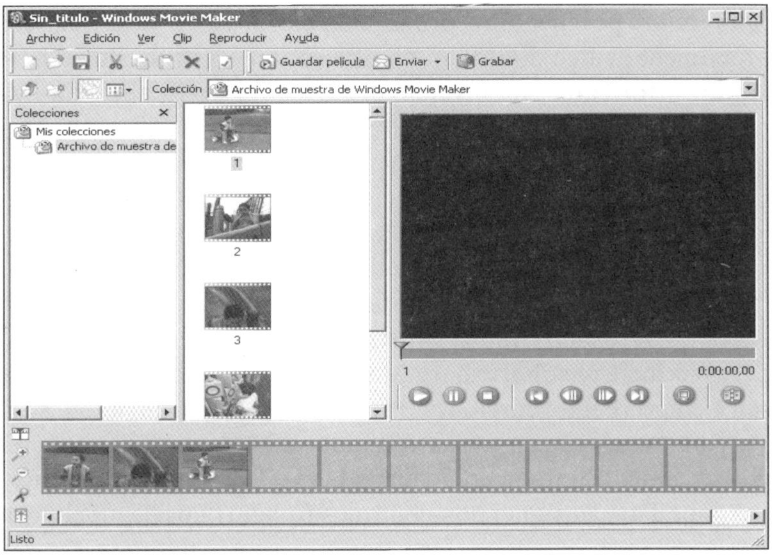

Adobe Systems. Adobe Premiere 6.5

www.adobe.com/products/premiere

Software profesional para la edición de vídeo para profesionales del vídeo y los negocios.

Premiere 6.5 salió al mercado en agosto de 2002; 549 euros.

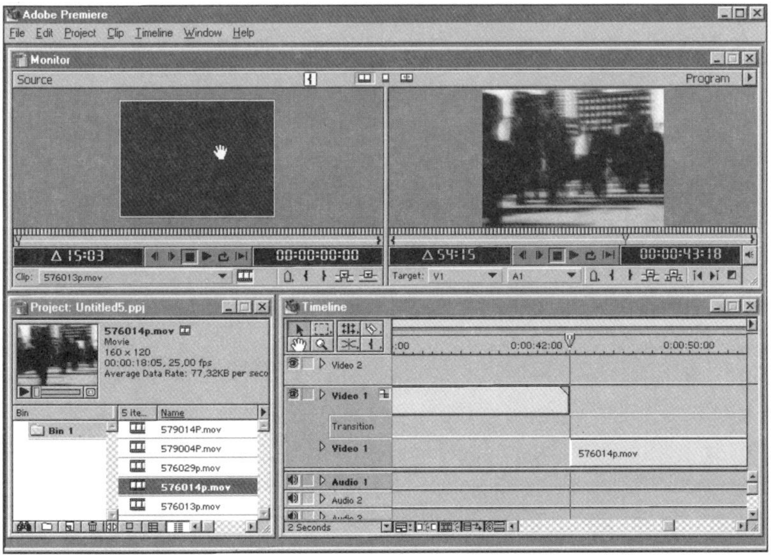

Adobe Premiere permite a los profesionales del vídeo y los negocios editar rápida y fácilmente vídeo digital en un ordenador y publicarlo en la Web mediante múltiples formatos, incluyendo RealNetworks, RealMedia, Microsoft WindowsMedia y Apple QuickTime. Premiere abarca las necesidades del profesional proporcionando importantes avances en el proceso de edición de vídeo, desde la captura de vídeo hasta la edición del proyecto final. Ofrece soporte integrado para diversas plataformas en una amplia selección de dispositivos DV; herramientas profesionales de edición incluyendo un mezclador de audio y una perfecta integración con otras aplicaciones de Adobe, como Adobe After Effects, Adobe Photoshop, Adobe Illustrator y Adobe GoLive.

Premiere 6.5 incluye soporte para Mac OS X y Windows XP, con previsualización en tiempo real de ediciones, efectos, títulos y transiciones. Podemos importar y editar archivos en formato Windows Media, y exportar en formato MPEG-2 directamente para la creación en DVD. Premiere 6.5 también incluye un nuevo Adobe Title Designer con controles tipográficos de nivel profesional.

Pinnacle Systems. Edition

`www.pinnaclesys.com`

Edición de vídeo y autoría de DVD profesional para profesionales corporativos y del vídeo.

Pinnacle Edition salió al mercado en julio de 2002; 699 euros.

Pinnacle Edition es un potente producto de software para la edición de vídeo y la autoría de DVD profesional que ofrece una completa solución para profesionales corporativos y profesionales del vídeo, educadores y aficionados entusiastas que desean alta calidad y funciones integrales para la creación de contenidos.

Edition incluye la nueva aplicación de software de Pinnacle para la edición no lineal, junto con el software Hollywood FX para efectos especiales y el software TitleDeko RT para gráficos. Edición puede copiar inmediatamente en DVD y SVCD directamente de la línea de tiempo, o exportar la línea de tiempo como MEPG-2 para la autoría de DVD incluyendo Impression DVD Pro,

El procesamiento de fondo permite seguir trabajando en el proyecto mientras la aplicación renderiza incluso los efectos más complejos. Edition está integrado en la tecnología de comunicación, con un motor de procesamiento avanzado de píxeles que llega mucho más lejos que cualquier otro producto para la edición de vídeo y ofrece opciones que garantizan la calidad de emisión de los efectos de vídeo digital 2D/3D, herramientas para la corrección de color y funciones de cámara lenta.

Ulead Sistems. Ulead MediaStudio Pro 6.5

`www.ulead.com/msp`

Paquete profesional para la edición de vídeo digital con soporte completo para DV y MPEG-2

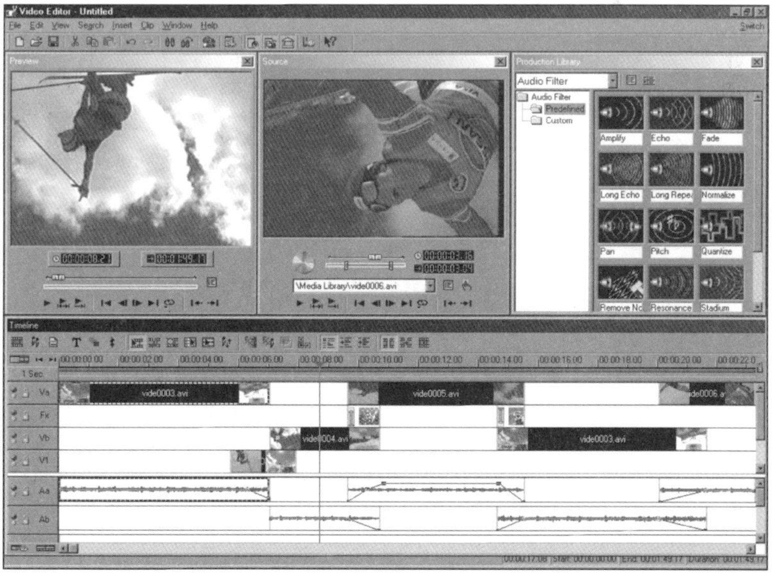

MediaStudio Pro 6.5 salió al mercado en agosto de 2001; Director's Cut desde 199 euros, y la versión completa desde 405 euros.

Ulead MediaStudio Pro 6.5 es un completo paquete para la edición de vídeo digital con soporte completo para DV y MPEG-2. Seis módulos bien integrados ofrecen edición de vídeo en múltiples pistas, captura de vídeo, edición de audio, potente diseño de vídeo, creación de gráficos e incluso creación integrada en DVD/VCD.

MediaStudio Pro 6.5 está compuesto por cinco elementos: Video CAPture, Video Editor, Video Paint, CG Infinity (gráficos vectoriales para títulos y gráficos animados) y Audio Editor.

La versión Director's Cut de MediaStudio 6.5 no incluye el programa Video Paint ni el programa de gráficos vectoriales CG Infinity.

Índice alfabético

E

F

G

H

I

J

K

L

M

N

O

P

Q

R

S

T

U

V

W